图书在版编目（CIP）数据

中国电视：掌声·嘘声：2011—2017年度经典案例 / 俞虹主编. — 北京：北京大学出版社，2019.2
 ISBN 978-7-301-30024-4

Ⅰ.①中… Ⅱ.①俞… Ⅲ.①电视节目制作 – 案例 – 中国 – 2011—2017 Ⅳ.①G222.3

中国版本图书馆CIP数据核字(2018)第255695号

书　　名	中国电视：掌声·嘘声——2011—2017年度经典案例 ZHONGGUO DIANSHI: ZHANGSHENG·XUSHENG ——2011—2017NIANDU JINGDIAN ANLI
著作责任者	俞虹 主编
责任编辑	张文华　李书雅
标准书号	ISBN 978-7-301-30024-4
出版发行	北京大学出版社
地　　址	北京市海淀区成府路205号　100871
网　　址	http://www.pup.cn　新浪微博：@北京大学出版社 @培文图书
电子信箱	pkupw@qq.com
电　　话	邮购部 010-62752015　发行部 010-62750672　编辑部 010-62750883
印 刷 者	三河市国新印装有限公司
经 销 者	新华书店
	880毫米×1230毫米　16开本　31.5印张　378千字 2019年2月第1版　2019年2月第1次印刷
定　　价	66.00元

未经许可，不得以任何方式复制或抄袭本书之部分或全部内容。
版权所有，侵权必究
举报电话：010-62752024　电子信箱：fd@pup.pku.edu.cn
图书如有印装质量问题，请与出版部联系，电话：010-62756370

中国电视：掌声 · 嘘声
——2011—2017年度经典案例

俞虹 主编

北京大学出版社
PEKING UNIVERSITY PRESS

2011年北京大学电视研究中心特聘研究员与中国电视年度掌声·嘘声发布会暨论坛（以下简称"掌嘘"）"获掌"节目主创代表合影

2012年掌嘘现场

2013年北京大学电视研究中心特聘研究员合影

2014 北京大学电视研究中心特聘研究员合影

2015 年北京大学电视研究中心特聘研究员与掌嘘"获掌"节目主创代表合影

2016年北京大学电视研究中心特聘研究员与掌嘘工作团队合影

2017年北京大学电视研究中心特聘研究员与掌嘘"获掌"节目主创代表合影

目 录

导 言 001

掌声篇 011

文化类节目（2017）：《朗读者》《中国诗词大会（第二季）》
《国学小名士》《诗书中华》...... 013

纪录片《二十二》（2017）...... 071

科技类节目（2017）：《我是未来》《机智过人》...... 088

电视剧《白鹿原》（2017）...... 121

纪录片《我在故宫修文物》（2016）...... 138

中央电视台"一带一路"特别报道《数说命运共同体》（2015）...... 149

《生命缘》与《急诊室故事》（2015）...... 169

央视新闻频道"纪念曼德拉报道"全天整体编排（2014）...... 200

电视剧《北平无战事》（2014）...... 213

纪录片《五大道》（2014）...... 234

《开坛》《论道》在坚守中创新（2013）...... 255

《新闻1+1》十八大及新常委评论的新语态新突破（2012）...... 277

纪录片《舌尖上的中国（第一季）》（2012）...... 294

中央电视台新闻频道《走基层·塔县皮里村蹲点日记》（2011）...... 317

浙江卫视《新闻深一度》（2011）...... 332

嘘声篇 357

"王宝强离婚"事件舆论风波（2016）...... 359

电视媒体中国际新闻评论的泛军事化现象（2014）...... 364

"虐童"等事件马赛克缺失及"杨武事件""小悦悦事件"报道凸显的

  媒介伦理问题（2011&2012）...... 372

特别关注篇 381

电视新闻怎样走进新时代？（2017）...... 383

电视问政节目：媒体一小步，民主一大步（2012）...... 401

中央电视台纪录频道：国家电视台厚重的人文追求和历史气象（2011）...... 424

附 录 445

我与掌嘘 447

中国电视年度掌声·嘘声（2011—2017年）一览表 469

北京大学电视研究中心特聘研究员暨中国电视年度掌声·嘘声推选委员会名单 481

中国电视年度掌声·嘘声历届获奖单位出席代表名单 485

后 记 491

导 言

2017年12月22日，冬至，中国电视年度掌声·嘘声（以下简称"掌嘘"）发布会暨论坛在北京大学英杰交流中心阳光大厅如期举行。七年了！又要在结束语中说再见了。我站在演讲台上，望着台下座无虚席的四百人现场，那一张张全神贯注的脸庞，近三个小时了，几乎没有人走动、没有人离场，有的只是伴随着演讲与对话的一次次掌声与呼应；会场两旁，工作团队的硕士、博士生们清一色的黑西装，飒爽英姿，各就其位，好一道夺人眼目的风景线；台上，中心所有的特聘研究员们，也是中国传媒界站在理论研究与业界最前沿的学人们伴在我身后，仿佛一堵厚重的城墙支撑着我……我被眼前的一切深深地感动着。那一刻，我知道这之前所有的收官念想都终将如烟散去；那一刻，那种期待、信任、支持的力量汇合成一股无可阻挡的巨流冲入我的血脉。于是，原本精心选择设计的与第一届掌嘘相呼应的背板红，成了开启新一轮征程的好兆头。

阳春三月，中心特聘研究员们雅集商议将七年来的掌嘘活动资料梳理结集，作为2018年年底第八届掌嘘的开场重礼奉献给过去与未来。这本书，就此起航了。

一、关于"掌嘘"

中国电视年度掌声·嘘声发布会暨论坛是在每年的冬至时节举办的,北京大学电视研究中心的特聘研究员们针对这一年中国电视媒体中对当下公共事件的报道和各种类型节目的传播,以掌声和嘘声的方式,表达自己独立的立场、独特的发现、独到的评论,发出学人富有社会责任感的价值选择、专业判断与学术观点。

掌声,意味着认同与致敬,更表达了一份诚挚的褒赏。

嘘声,意味着批评与提醒,更表达了一份深切的关注。

五个年度掌声:是对本年度最值得肯定的电视实践的肯定。一个电视节目、一条电视新闻、一次媒体行动、一种特别编排都可能在鼓掌之列。

两个年度嘘声:是对本年度电视传播中对公共事件的报道中所呈现的某个问题发出学界独立的警醒之声。一种行为、一个画面、一句话、一种态度都可能在嘘声之列。

一个年度特别关注:评委会集体讨论投票确定,给予本年度最具电视发展的标志性意义的媒体实践。

从 2011 年开始,每到年底,我们把掌声和嘘声献给这一年的中国电视,献给这一年中相关的重要瞬间。它传递着我们的责任坚守与独立的价值理想,渗透着我们对传媒与人类未来发展的理性思考与热诚情怀。

在掌嘘发布会暨论坛上,我们将针对掌声和嘘声,请获得掌声的主创人员走到前台与评选委员对话交流。专家将针对中国电视值得鼓励和警醒的节目、行动、现象,发出学人的专业评点、文化批评、审美判断与前瞻思考。

2011—2017年历届掌嘘主持人 俞虹

为什么会选择这样一种方式？它究竟有怎样独特的气质？在奖项如云的今天，它的存在价值又是什么？

简言之，是因补缺而生发，因纯粹而独特，因吝啬而稀缺。因此，掌嘘生而烙下北大的精神气质，行而成为中国的不可替代的唯一。

七年前，对传媒界而言，评奖的项目远没有今天这么多、这么热。有的只是政府主管或职能部门组织的评奖或者各级各类媒体自己主办的评奖，或者二者合一的评奖，在这些评奖中，学者们只是被邀请的参与者之一。显然，学人作为主体出现的相对客观、超脱一些的第三方视角的评奖是缺位的，北京大学电视研究中心的学人们下决心来做这件事，填补这个空白。这就是缘起。

可如今，每到年底各种评奖纷至沓来，主办方身份更加多元，很多电视节目主创者都被多种奖项的邀请书所困扰，分身无术。我们也在想掌嘘是否可以退场不参与这个喧嚣的市场角逐了，但只要稍微冷静地环顾一下，就会清晰地发现，掌嘘以其学人的纯粹而特立独行，是不可替代的。并且，经过七年的积累与打磨，它也已经形成了自己独特的品牌和特别的影响力。除了"独立的立场，独特的发现，独到的评论"的核心诉求所呈现出的特质外，它以事实证明自己与众不同的价值：这是一个苛刻的、吝啬的奖。因为，每一年中国电视和网络视频节目的生产量成百上千，而我们每年颁发的掌声奖只有五个，这是在任何评奖中都不可能出现的。即便是目前不断瘦身的政府奖，也需要比较周全地考虑到各个基本层面。五个掌声，是这拨学人对一年电视荧屏的梳理、归纳、提炼与选择，通过有限的节目载体，发出自己的价值判断与价值取向。我们是站在一个个历史的节点上表达我们的认知与观点。希望若干年后，这些掌声、嘘声、特别关注能够被记载在学术历史上，在中国广播电视发展的史册中留下印痕，让后人有所了解、有所发现、有所启示。

需要指出的是，这是一个程序清晰、操作严谨的评选活动。初选名单来自北京大学新闻与传播学院的研究生课堂，二十多个研究生以做课题的方式，按照要求分区块对全国所有电视台，尤其卫视进行一年创新节目的全面梳理，提出报告并在课堂上进行交流讨论。这不仅是学术训练和了解中国电视的过程，也是为掌嘘做基础提名的工作过程。然后经过每个评委的复议、删减、增加，形成复选名单，在所有评委到会讨论、观摩、复议后，通过投票获得最终名单。所以，尊重程序、遵守规则、坚守原则，是掌嘘获得公平、公正的保证。

最后，对于掌嘘最重要的要素，就是谁在评。人是本质的决定。他们是北京大学电视研究中心的特聘研究员们（具体名单见附录）。他们中没有行政官员，没有企业家，无论来自学界还是业界，一个共同的符号就是传媒学人——一拨有责任感、有理想、有情怀、有情趣，简单又丰富的传媒学人。从2005年9月北京大学电视研究中心成立起，这拨志同道合的学人便走在了一起，愉快地做有意义的事儿。掌嘘是其中的一项。他们在这里直抒己见，坦诚相对，没有成见，无须遮盖，互通有无。大家在一个健康愉快的氛围中踏踏实实地专注地以传媒的名义做对国家、对社会、对未来有意义有价值的事儿。

二、关于本书构成

面对七年来积累下来的众多资料，怎样呈现能获得最大化、最有效的表达呢？是纪实性地按时间顺序逐一推出所有掌嘘的内容，还是精选后的再编辑呈现呢？精选又如何选、如何编为最佳方案呢？最后确定为以收录经典案例的方式，在精选的基础上深耕细种，从而扩展信息量，放大对掌嘘案例的深入认知，以期待给予当下也留给未来更多的思考空间。

全书以经典案例研究为主体构成，用由近及远的时序编排案例。每个案例从掌嘘实录展开，增加了主创采访录和特聘研究员暨评委点评篇章，构成了史料与评论、过去与当下、主创与评委、学生与专家的不同层面的丰富表达与多元呈现，使掌嘘在实证的背景下，增添了当下的色彩、反思的视角和理性的力度。书的附录部分，除了有基本资料的补充说明外，还有一个特别的篇章——"我与掌嘘"，它是掌嘘工作团队的学生代表的心声。我常说，北京大学电视研究中心做了这么多事儿，这些叱咤风云的特聘研究员们是不可或缺的中坚力量，但是仅有他们也是成不了事儿的；我们的硕博工作团队，以他们超强的执行力，使我们的每一项活动以高完成度面向社会。因此，军功章里始终折射出他们的光芒。"我与掌嘘"的作者是这些学生们的优秀代表，他们现在大多已经毕业走上工作岗位，但是提到掌嘘无不亲切有加。他们的感想，其实从另一个侧面书写了掌嘘许多不为人知的幕后。

三、关于掌嘘案例的认识

回望七年掌嘘，共评出掌声三十四个，嘘声八个，特别关注七个，总数四十九个。书中选用了掌声十五个，嘘声三个，特别关注三个，总共二十一个，不足总数的二分之一。案例的选择与确定受到版面篇幅的限制，也有部分联系落实不畅的缘故，有一定的无奈，但总体上达到了我们的预期。这些独立的案例，放在中国电视2011—2017年发展的坐标体系中，便有了相互的关联，具有窥一斑见全貌的意义。

从时间顺序的纵坐标看，可以看到这些掌嘘案例串起了七年中每一个节点传媒变革的进步与存在的问题。这七年，对于中国电视传媒而言，确实处于激荡变革的历史时期。互联网时代将不可能变为可能，无论你想到还是没想到，接受抑或不接受，它都已是无处不在的存在。当传统媒体还纠结于自身的细节问题时，互联网开始直接挑战传统媒体的存亡，不是吗？这七年，电视的热点话题不断转换，延续最持久的就是唱衰、将亡论点。媒体融合也是不绝于耳的热词，不过似乎至今仍是进行时的观念。但掌嘘是以实体案例说话的。七年的记录，就是七年中每个节点下的年轮印痕，记录着过程中每一个典型的、对未来有影响的记忆。

若从横坐标思考：在创新的步履中探寻发展的变与不变，你会欣喜地看到，中国电视从未停止过创新探索的步伐。这七年，中国电视，从依赖于引进外国节目，到原创节目如雨后春笋般出现，从无到有，从少到多，前后不过两至三年的时间。如今我们的原创节目已经走出国门，变买入为卖出，从乙方成为甲方；从引进节目的规范化探索，到原创节目的规模化现实。这些都可以在掌声中看到。

2011 年，走过五十三年的中国电视，迷失在泛娱乐化的十字街头。上星频道的黄金时间被娱乐真人秀所充斥，卫视的核心定位在市场的胁迫下开始摇摆，地方台自制新闻无可奈何地在瘦身中艰难生存，节目的生死存亡被高扬的收视率皮鞭掌控着……于是，这一年的 10 月下旬国家广电总局出台了《关于进一步加强电视上星综合频道节目管理的意见》，即坊间所说的"限娱令"。也正是在这一年我们的掌嘘开评了。

首届获得掌声的五个节目中有三个是新闻节目，既在差异中表达了不同指向，又整体体现出这一年新闻传播是有亮点的年份。央视的《走基层·塔县皮里村蹲点日记》强调了记者走基层、回归职业本能的重要性，也是对当下记者走向精英化、疏远一线的动态发出的警钟。

央视的《看见·专访药家鑫案双方父母》展示了节目主创团队以冷静、平静、客观、平衡的态度与方式，让人们在群情激愤的旋涡当中，看见与当事人相关的每个家庭成员的真实表达。节目也告知人们无论做一个记者还是做一个普通人，理性永远是让我们看而得见的前提。浙江卫视的《新闻深一度》在电视荧屏上首创网络公民评论员这一代表公众言论的角色，开拓了电视新闻评论崭新的形式与内容空间。获得掌声的还有《地球之声 云南卫视大型跨年公益晚会》——一个充满人文精神、以环保为主题、大制作的跨年晚会，与当时攀比明星的跨年演唱体相比，风格积极、健康、尚美，在媚俗成风的娱乐真人秀中独树一帜。这些掌声在选择中带出了鲜明的导向意识。

2012年是中国电视发展历程中的一个重要拐点，在看似严苛的限令中，真人秀节目被限制播出，新闻节目被规定了播出量，一线卫视成为众矢之的，面临着全面整改。这一年的掌声给予了两个新闻节目，两个很有热度的现象级节目。我们一直强调不跟风、不追风、不热捧，如果一定要给，那一定是有自己独特的评价视角的。我们是从版权规范化角度给予《中国好声音》肯定，为那些年出现的引进潮设置了一个标杆；《舌尖上的中国》是从其真正打开纪录片大门，消除阶层、文化、地域等障碍，获得最广泛传播的角度加以张扬。《新闻联播》是一个很特别的栏目，和我们还是有点距离。然而，出乎意料，掌嘘第二届，就能够让《新闻联播》榜上有名。记得一次会上，一位学者很严肃地说，中国这几十年变化太大，什么都在变，唯一不变的就是《新闻联播》。但是，恰恰我们欣喜地看到了《新闻联播》在变，从新闻主播年轻的脸，到新闻内容、编排的调整。比如嫦娥号飞船发射直接在《新闻联播》头条播出；而其在2012年的变化几乎使我们猝不及防、非常意外，如"你幸福吗""我姓曾"、寻人广告、江南 Style 等。所以，我们把掌声给予了这个特别的栏目。另一个是《新闻 1+1》，这个有观点有态度有情怀的新闻评论节目，是我们第一届就想给予掌声的节目，被白岩松挡住了。2012 年其节目中的"十八大专题评论"又被大家一致点赞了。

2013 年的中国电视，走过了 2012 的磨合期，有了更清晰的方向感，增加了更多的主动性。从汉字与家文化中开启了真人秀节目的中国传统文化之旅。来自陕西台和贵州台的大型文化访谈节目《开坛》《论道》，是中国电视一道亮丽的人文风景线，也是西部地区电视人的骄傲，值得大家致敬和鼓掌。与此同时，2013 年被称为自媒体元年。移动互联网大发展带动传媒生态风起云涌，自媒体对信息第一落点的抢占和设置社会公共议程的巨大潜力，对公民声音公开传送的渠道和方式的拓展，给中国电视带来了全新的机遇与挑战。我们以现象选择的特别关注方式表明了一种态度。

2014 年，彰显时间的力量！无疑，我们的出发点与目的决定了现象级、高热度、无特质的节目一般不在我们的关注视野之中，做不追风、不迎合、不摆动的独立知识分子是我们共同的愿望。所以在掌嘘进入第四个年头时，我们把目光聚焦到快速奔跑的大时代中那些沉静的坚守者，他们以与时代格格不入的慢节奏，坚守初心、匠心酝酿、厚积薄发。这些主创者在躁动时代有方向，有定力，用慢功夫在作品中表达深刻的价值追求，用专业的水准释放出理想的光芒。关注他们，放大他们，就是相信榜样的力量无穷，就是期待明天更美好。他们是：七年磨一剑的电视剧《北平无战事》，这也是"掌声"第一次为电视剧响起；用做学术的严谨态度和专业的水准做出的纪录片《五大道》；让中国媒体走上世界舞台的央视新闻频道"纪念曼德拉报道"全天整体编排，谁能想到这个新闻报道的资料搜集开始于 2009 年！

2015—2017年，各种好节目开始让我们看花了眼。在互联网、移动视频、自媒体盛行天下之时，传统媒体看似四面楚歌，然而这是真相吗？未必。电视媒体以它活跃的创新力、雄厚的视频传播技术基础与专业能力，借助融媒体的翅膀，依然坚定地站在视频传播的桥头堡。特别是这两年找准方向、理顺机制、齐心发力后的中央电视台，以国家台的大家风范，大作频出，引领着中国电视在文化传播、科技创造等多种题材和类型的创新之路上大步前行。这些掌声案例书中选用较多，就不在此赘述了。

与掌声同在的是嘘声，每年都是白岩松在现场"领嘘"，从内容到形式都是发布会现场的重要峰点。我们用这样的声音，展示一种思考、一种焦虑，希望对中国电视的发展有所引导。虽然我们对掌声挺吝啬，有一年连仅有的五个都有缺位，但嘘声从不吝啬，从来没有空缺过。书中选择了三个，主要聚焦在了媒介伦理、明星隐私网络传播对舆论空间的绑架、国际新闻评论的泛军事化现象。

七年来，我们坚持"不求面面俱到，不为热点跟掌，但求独立立场、独特发现、独到评论"的评判理念，重在不断凝练"公益定位、学术独立、价值引领"的独特品质。时任北京大学常务副校长的吴志攀教授曾多次参加发布会暨论坛，他认为："掌嘘这个活动，从一个侧面反映了北大的精神，那就是海纳百川，兼容并包。它的覆盖面是非常丰富和多元的。它不仅是北大的，更是中国的。北京大学电视研究中心已成为展现北大学术品质和精神的一个重要窗口。"

感谢电视研究中心的"大朋友"们！感谢我的硕士、博士生们！感谢每一位这项活动的参与者！

掌声篇

文化类节目（2017）：
《朗读者》《中国诗词大会（第二季）》
《国学小名士》《诗书中华》

致掌辞

2017年，电视文化类节目精彩纷呈，形成了电视荧屏一道亮丽的风景线。这种突破与焦点的呈现，必将载入中国电视史册。其中以《朗读者》《中国诗词大会（第二季）》《国学小名士》《诗书中华》为代表，它们以开阔的人文视野、丰富的思想内涵、新颖的节目形态、广泛的百姓参与为文化类节目的发展提供了新范式，为浮躁的综艺圈带来一股诗书清香，为浅薄的电视文化注入了思想的力量。

《朗读者》充分彰显了国家媒体平台的责任与担当、潜力与能量，昭示了适合的土壤可以让一个优秀节目主持人的发展具有无限可能性。

作为较早开播的文化类电视节目之一，《中国诗词大会（第二季）》在继承首季的文化底蕴与审美格调的基础上，在内容与形式上守正创新，对2017年中国文化类电视节目的丰富与繁荣具有开拓性意义。

少年强，则中国强。山东卫视《国学小名士》以孔孟之乡为起点，以国学少年为榜样，通过国学知识的比拼竞技培养青少年的国学兴趣，真正从少年开始注入我们的文化自信心与民族自豪感，是电视

2017年文化类节目"获掌"现场

节目参与青少年人文思想教育的有效探索。

《诗书中华》作为东方卫视"中华系列"的首档节目，在传递诗文之美的同时，注重展现家庭、家风中的诗礼传承与文化濡养，不分群体与阶层，不分地域和国境，充分汇聚了当代中国人对优秀传统文化的热情与自信。

《朗读者》节目简介

播出时间：2017年2月18日至2017年5月6日，每周六、日20:00

播出平台：中央电视台综合频道（CCTV-1每周六）、中央电视台综艺频道（CCTV-3每周日）

季播：共13期，每期约70分钟

类型：文化综艺节目

制作人：董卿

主持人：董卿

《中国诗词大会（第二季）》节目简介

播出时间：2017年1月29日至2017年2月7日，每天20:00

播出平台：中央电视台综合频道（CCTV-1）、中央电视台科教频道（CCTV-10）

季播：共10期，每期90分钟

类型：文化综艺节目

总导演：颜芳

主持人：董卿

《国学小名士》节目简介

播出时间：2017年8月17日至2017年10月26日，每周四21:20

播出平台：山东卫视

季播：共11期，每期60分钟

类型：国学益智竞赛节目

出品人：刘宝莅、吕芃

制作人：房经纬、杨健

总导演：高伯嵩

主持人：王晓龙

《诗书中华》节目简介

播出时间：2017年4月14日至2017年7月8日，每周五或周六22:00

播出平台：东方卫视

季播：共13期，每期约70分钟

类型：诗词类文化节目

总策划：滕俊杰、王建军

总导演：王昕轶、韩骄子

主持人：骆新

现场观点实录

　　文化类节目的蓬勃发展是中国电视的骄傲，我们必须给它致掌。台上每个人都是当下众多文化类节目中最优秀的代表。

——俞虹

　　今天给文化类节目颁奖，可以看出电视研究中心专家的眼光。我们说电视有三大社会功能：新闻、教化、文化娱乐。但是现在只有娱乐，没有文化。电视台的文化功能需要彰显，文化类节目值得称赞。其实国外很多公营电视台会做文化节目，而商营台几乎不做文化节目，因为后者几乎只讲收视率。但是衡量电视节目的好坏除了要看收视率外，还要看是否有社会长远价值。欧洲有一档节目深夜零点开始到凌晨五点结束，著名电影演员和话剧演员在半躺的椅子上朗读小说，专门针对睡不着觉的电视观众。虽然收视率不会很高，但仍然非常有意义。所以，我们今天电视人的文化坚守很有意义。怎样弘扬中国文化？中国文化怎么国际化？我们应该打造君子中国和中国君子，四档文化节目就是在朝着这个方向努力。中国文化形象走出去，国家形象提升就会有大发展。

——刘昶

　　这四档文化节目是标志，标志着中国电视向上提升，文化品位、格调、精神境界向上提升。电视弹性与宽度越来越大，容纳的空间越来越大，花样也可以越来越多。大家总想搞竞赛，将来会有更多的电视节目出现。提升是所有人共同的目标，但提升的同时要有更大的宽度，这需要我们共同努力。

——张颐武

让我选择一个词形容此刻的感受，我想应该是"惶恐"。感谢有思想、有观点、有立场的奖项给予《朗读者》，这是我拿到的最特殊的奖牌。我从业已经二十多年，1994年进入电视行业，经历中国电视文艺制作鼎盛时期。而后慢慢感受到它被冲击，也慢慢听到电视行业越来越难的声音。今天能以制作人的身份站在这里领文化类的奖项，何其幸运！我也觉得非常惶恐，未来到底可以做什么，做多少？是文化类节目的春天真的到来了，还是观众只是在看惯某类节目后换了口味？我们只能不断努力，不辜负大家的期望。

——董卿（中央电视台《朗读者》制作人）

我做节目时一直在思考，朗诵不光是电台可以做，剧场可以做。我会考虑如何把原本存在于剧场或原本在电台可以收听的节目拿到电视屏幕上。我们的节目不是纯粹的朗诵节目，大部分不是在听你的朗诵艺术，不是只需要声感享受就够了，更多时候是情感节目，这是有温度的真实朴素的。

——董卿

各自的存在都有合理性，未来在剧场或电台依然还会有这种节目存在，《朗读者》则会保持其核心价值所在。将社会最具影响力的、对国家与社会有贡献的人，有高尚品格的人和有特殊经历的人请到现场，用他们的影响力传播我们想传递的价值观。朗读让我们看到，无论过去十年还是一百年，文字中仍然有可以与现代人契合的精神，无论社会怎么变迁，总是有一些东西不会改变。

——董卿

我们在机房最大的感受是舍不得剪，选手有自己的故事，嘉宾有营养的内容。我们经常把自己比喻为农民，粒粒皆辛苦，剪一刀都很难过。

——颜芳（中央电视台《中国诗词大会（第二季）》总导演）

做了三季《中国诗词大会》，我们给自己的定义就是成长。成长的过程会有"成长痛"，怎么在过程中既做自己，又不断刷新，以期遇见最好的自己？也许需要与更多平台学习交流，不断地成长，感受到成长痛，再继续坚持成长。

——颜芳

感谢各位专家和北大把掌声给文化节目。一定要坚持，我们这几年一直在做文化节目。2013年习近平总书记视察山东，专门在山东就弘扬优秀传统文化有重要论述，给山东提出要弘扬优秀传统文化的要求。我们以前做过《齐鲁家风》节目，为什么今年《国学小名士》节目受到更多关注？这是坚持的力量，只要我们坚持下来，观众就会关注到节目。新时代中国民众文化自觉与文化自信到这一阶段，文化类节目恰逢其时。如果说过去一直在寒冬坚持，现在文化节目的春天到来了。

——徐龙河（《国学小名士》监制）

文化类节目有井喷的态势，数量很多，怎么做到不一样？山东卫视的内容选择大国学概念，不仅覆盖诗词歌赋，也覆盖更广泛的文史知识，与其他节目有所区隔。参与选手是中学生，更符合作为文化普及类节目的功能。面向中学生在全国进行选拔，从几十万参加选拔的学生中最终选择一百零八位走上节目。这不仅是电视节目的呈现，同时也是庞大的国学推广普及工程，线上、线下结合的过程，这是我们所追求的不同。

——徐龙河

　　《国学小名士》最大的遗憾，是国际化程度不够。关注中国国学与中国文化的不仅是中国人，世界各地的华人都特别关注中国文化，后面再做会在国际化方面更进一步。特朗普的外孙女也在学习中国文化、中国诗词，将来我们会让更多海外华人甚至更多外国人参加节目。文化类的节目在大众化和通俗化方面还有发展空间，《国学小名士》主题定位在中高端，将来要向大众化、通俗化方向努力。

——徐龙河

　　我感触很多，因为做文化节目非常困难，但大家都坚持下来，有了很好的成果。节目播出后，文化确实传播到了几乎每个观众的家庭里，或者进入自己的思想里，这是文化节目最大的价值。我一直说电视是快餐，但现在吃的快餐前面都要加两个字"营养"，那电视节目也要有更多营养。我们的确做到了，而且是做了一批节目。

——王昕轶（东方卫视《诗书中华》总导演）

我现在疑惑的是文化节目收视率高、口碑好，为什么广告量起不来？今年所有文化节目在收视率的表现不比娱乐节目差，但文化类的节目能赚钱没有人做，亏钱的娱乐节目反而有人做，这是电视人需要考虑的问题。

——王昕轶

我上次来这里拿奖是2015年，当年我拍了医疗类题材的《急诊室故事》。这次又是文化类节目。我觉得，只要中国电视有足够的创新力量，文化类节目可以有不同的表达，有不同价值观的输出，一定可以做出不同样态，满足不同需求的电视观众。

——王昕轶

精雕细琢，温故知新
——《朗读者》制作人董卿对话录

时间：2018年6月21日　地点：《朗读者》节目制作工作室

董卿，中央电视台节目主持人，《朗读者》节目制作人、总导演、主持人。1994年至2001年先后在浙江电视台、上海东方电视台、上海卫视工作。2002年进入央视，先后主持《魅力12》《欢乐中国行》《我要上春晚》《CCTV青年歌手电视大奖赛》等多档电视节目。2005年及之后，连续十三年主持央视春节联欢晚会，连续八年被评为央视年度十佳主持人。入选2017年国家百千万人才工程，同时被授予"有突出贡献中青年专家"荣誉称号。

采访人：从《中国诗词大会》到《朗读者》，请问您进入文化类电视节目的初心为何？是什么驱动着您不断尝试新的角色，向更深入的节目制作与创作中延展？

董卿：（这）其实是一种水到渠成的感觉。主持人做了二十多年，便会越来越清晰自己的定位，越来越知道自己的特长、喜好和风格，而且必须有了一定的积累后才能说有了自己的风格。一个主持人形成风格由很多种重要的因素决定，其中一个很重要的因素就是来自先天的基因，可能会慢慢地在职业生涯中被挖掘出来。

我很幸运的是，回顾职业生涯的二十几年，（我）赶上了几个比较重要的节点。我从浙江电视台起步时（1994）正是电视综艺最黄金的时间，那时我是新人，做了许多最基础的工作；到中央电视台时（2002）赶上了盛大国家事件电视节目制作的黄金时代，到目前来看，那时是一个高峰。我们经历了每年的青歌赛、2008年的奥运会、2009年的建国六十周年，面对这些国家大事，中央电视台都要在第一时间发声，因此我们有很好的机会去历练自己。

对于主持人来说，先天个性中所蕴含的东西加上后天给予的时机慢慢就打磨出了你的样子。就像你是一块泥还是一块砖，是能够做陶还是能盖屋，经过一些火候就可以把你锻造出来。进入到文化节目领域，其实是遇到了，遇到了我想要的，而且是在走了很长一段路之后。

采访人：为何选择做《朗读者》这样一档人物故事讲述与朗读艺术结合的节目？

董卿：说到底，《朗读者》是一个有文化属性的电视节目。既然它是一个电视节目，就要符合电视传播的特性。从我个人的理解来看，电视传播一个很重要的特性在于要能够同理、同情。这个"理"指大家能达成基本共识，不能要求大家都同意；这个"情"指观众能够基本找到共鸣，这样这个节目才能是最有效的。

　　千古文章，是人写的，也是在写人，人是更大的范畴，人裹着文出来。所以《朗读者》先要有访谈，然后才能朗读。现在大家都能够接受了，在第一季的时候很多人会问："那能不能先读，读完再聊？"后来发现一定不行，如果只是单纯地读，便很像过往剧院的朗诵会。名家名篇朗诵的形式在剧院存在几十年了，或者说吟诵这种形式在中国就已经存在几千年了。现代文明中，电视传播需求不一样，所以便不能单纯是朗诵艺术的展现，而是要寻找一个契合点。我蛮喜欢把《朗读者》看成是"借现代的人，还经典的魂"。出现在你面前的可能是一个个身边的人，近到大家都是学生，远到九十几岁的神一样的、佛一样的人物。但是不管多远多近，你总是能在他们身上找到一些打动你的地方。人们在获得某种情感共鸣和理解之后，再来重新审视这个文本，不管以前是否读过，总会有一些新的领悟。建立在之前讲述的那个人物或故事的基础上，那些已经被淡忘的或者是被忽略的经典读本，会重新焕发出新的光芒。温故知新，途径就是通过生活在身边的人，去帮我们打开那个通道。

　　采访人：我们看到在《朗读者》人物访谈环节中，无论是主持人、嘉宾还是现场观众都是饱含感情的。电视节目常常会有被人诟病"煽情"的情况，《朗读者》是如何拿捏情感表现的尺度的呢？

　　董卿：对于这个问题我说两点。其一，开始我也怕眼泪多了，怕有人说煽情，后来我渐渐发现大家都很能接受，几乎没有过这样的诟病。那天碰到毕淑敏老师，她还说："我特别喜欢看你眼里含着眼泪在听着人家说的样子。"我说："其实我已经把那些镜头剪掉了一半。"

我不想以我的情绪过多地影响观众的情绪，希望大家尽量保持客观。

其二，真情与煽情的分界线到底在哪里？这是我做主持人这么多年的一个心得体会，你是真的在与他对话，还是抱着目的在套话。现在不是说有套路吗？你已经知道你想到达的那个点，然后你不惜手段，去到达那个目的，那一定会被观众诟病。这就是所谓"煽"，有太多功利心在里面，在消费这个人的情感，或者是大众的情感。我比较倾向于只是客观地、真诚地与他沟通，想听他说，想把这件事情讲明白了，谁也不预设要冲那个痛哭流涕的方向去，而是娓娓道来，这件事情一是一，二是二。

就像这一期讲"父亲"[1]，父亲这个词一听就蛮有情感饱和度的，很多人一听这个词就会有波动，特别是离家的年轻人，或者是年纪长一些、父亲已经不在了的人，会有情感共鸣。所以，我们在选故事的时候会考虑各种侧面，五个嘉宾有五个维度。比如，"父亲"这期的嘉宾中，有从来没见过父亲的、英烈的后代，但是节目中没有说"伟大""崇高"这类很拔高的词，只是在讲述她想了解她的父亲，那个只活在照片里的父亲；有徐国义教练这种，自己没有孩子，可是他所培养的队员就成了他的孩子，这样孩子和父亲的关系就多了一个非血缘的维度；还有就是魏世杰这种，除了科学家的角色外，父亲的角色对于他而言可能更艰难、更漫长，但是他心甘情愿。所以，好像每一个父亲都很朴素，但每一个父亲也都有伟大的地方。

采访人：说到主题词，《朗读者》每一期的主题词及围绕主题词展开的卷首语与开场白都被广泛传播。请问您是如何想到这种节目模

---

[1]《朗读者》第二季第七期主题词为"父亲"，播出时间为 2018 年 6 月 23 日。

式的?每期的主题词又是如何选择的?

董卿:你看,节目中的"札记""朗读亭""访谈""朗读"以及"金句摘选",组合起来有没有很像一本杂志?最早有札记,是因为作为制作人,我与他们(节目组)聊天时可能会讲一些我的思想和理念,他们觉得我应该把它记录下来,让观众知道我们为什么会做这个节目,这可能就是札记最初的雏形吧。至于主题词,天底下有这么多汉字、这么多词,怎么定每一季十二个主题词呢?我们通常需要开很多很多会。所有的主力导演每个人都独立写出二十到三十个词,分享时会发现有重合,出现了一些彼此相似的词,就归并分类。我也会提我的想法,比如提议做"父亲"的时候,我就同大家阐述我的理念——我要让父亲中什么样的人物来呈现"父亲"这个关键词,我希望最终让大家觉得"父亲"这两个字的含义究竟是什么。所以,很多东西是经过了千万次的实践,在实践中摸索、打磨出来的,你不去做,就不知道会有这一步,谁也做不到把每一步都想好了,形成特别规整的模式。

采访人:朗读亭已经成为《朗读者》一个非常鲜明的标志了,朗读亭所到之处都会引发大家进亭录音的热潮。请问朗读亭的创意是如何诞生的?它在发挥着怎样的作用?

董卿:朗读亭也是在开策划会时提出的想法——设置这样一个环境,让大家有情感倾诉的地方。其实朗读亭也成了最让我感动的部分,它是一种线下的形式,在节目中能体现的并不多。第一季我们摆放的时间很短,一共只有三至四个月的时间,而且朗读亭是流动的,每个城市只放置一个月左右。但就是这么短的时间,也有几万人去朗读亭,上海有人最多排队等了九个小时,就为了进去读那几分钟。而且里面的朗读也都很真诚，很多读本选得都很上乘，这让我感到意外。可能，这就是真实的、现代社会的情感采集器，也是现代社会中国人情感世界多方面的展现。因为大多数中国人没有国外那么鲜明的宗教信仰，国外很多人有跪下来忏悔和倾诉的习惯，而我们却比较少，但朗读亭仿佛就承载着这样一种功能。当然也是借助节目的影响力，观众们看到节目里我们很诚恳的态度，被感动、被带动。我相信愿意进入朗读亭的人大多数应该看过《朗读者》，如果没有看过可能也不会想到去参与，所以只要看过，他就会知道自己应该去干什么，以什么样的态度。朗读亭让我感受到节目的基调被大家接受，甚至被很多人追随，观众们也愿意为父亲、母亲、同学、男朋友、爱人去读。我就觉得我们给观众的回报太少了，每期（放朗读亭的剪辑）只有两分钟。

采访人：除了朗读亭这种线下的互动形式，《朗读者》还在喜马拉雅、爱奇艺、新浪微博等网络平台上取得了较好的传播效果。您是如何看待这些网络平台对《朗读者》节目传播所起的作用的？

董卿：（它们）起到了非常好的辅助传播作用。现在已经很难用收视率来衡量一个电视节目的传播到底有多广了，因为现在机顶盒就只装在几千户人家，那个东西已经跟不上时代的发展了。不能说对所有节目来讲，收视率都失效了，但是对一些网络传播度特别广的电视节目，应该用多个指标来衡量。新媒体传播对我们来说是一种共鸣，而我们对他们来讲也是一个很好的节目源。比如《朗读者》在喜马拉雅上的收听率就非常高，第一季结束的时候有 4.75 亿（人次），现在已经过 7 亿（人次）了，它有一个逐渐沉淀的过程。在地域上，《朗读者》突破了央视制作的电视节目在长三角和珠三角几乎没有收视的魔咒，它在喜马拉雅上的收听率最高的地域恰恰是长三角和珠三角地区。

采访人：但我们也发现《朗读者》的一些片段在网络上传播的文字标签仍然比较明星向，重噱头，您怎么看待这个现象？

董卿：这个我可以接受。任何媒体都有自己的特性，而你说的那一部分可能就是网性。既然在那个平台播，我就还是尊重他们的传播特性。而且，你要相信既然已经把自己扔进了大海，那你就要有水性，不能说"不行，我得上岸，我不能跟你们扑腾"。大家都是在一个水域里面，一样可以看出谁能游得更远，而且不同的观众有不同的兴趣之所在嘛！不过，我们节目制作的根还是在电视，这是我们与网络综艺的根本区别，我们是从央视的高度和宽度给自己定义。

但是，两季节目做下来，你会发现并没有不可突破性。大家在网络上看了太多五彩缤纷的、"一个人身上恨不得有二十几种颜色"的画质之后，再来看《朗读者》的画质，他们会觉得很好，是另外一种选择。我个人是酷爱电影的，我跟团队也说我们不能只以电视节目的制作标准来衡量自己，我们是要去"够"电影画质的。所谓电影的需求就是每一个镜头都有语言，比如长镜头便有它存在的道理，你能体会它的内心，它会告诉你它要发生什么了。而电视节目不是，电视节目更多是为了让观众看懂，比如舞台上有三个人，我们要做这个游戏，我们只要让你看懂这个时空里发生的事情就可以了，它不会挖掘这个动作背后更深层次的东西。但我要求《朗读者》的镜头要有语言，因为我们有内心，我们有很深厚的内容，是经得起挖掘的，人的脸、人的眼睛、人的手甚至人的肩膀，都是一种语言。

采访人：两季的《朗读者》讲述了上百个人物，阐释了二十余个主题词。设想一下，把他们连缀在一起会有怎样的图景？

董卿：其实总结下来就是人生与文学，就是那么简单。没有比人生更丰富的东西了，也没有比文学这个世界更触动人心的了。文学照理讲应该比电影还要深厚，电影是从文学脱胎而来，把这个故事用画面展现出来。文学本身是那么浩瀚，我个人也是在整个节目中受益匪浅，我们团队也这样。第二季录制结束，我跟团队说："可能很少有一个节目凝聚着制作团队那么多的伤痛，但同时又有那么多的幸福。"当面临很多压力甚至打击的时候，你跨过去了便会觉得自己在成长，伴随着节目的制作在进步。自己因为节目而变得更好，可能是职业生涯里特别满足的事情。

采访人：您觉得在制作《朗读者》过程中，自己比较深刻的成长是什么？

董卿：我觉得是对人的理解。在和一百多位来自各个领域的、最优秀的、最具代表性的、有特色的人物谈话当中，你一次又一次认知到人的深度，他们或者说他们的思想是深不可测的，就像刚才看到的那篇爱默生的作品。是什么能够让人永久长生？是思想的源泉和力量。我在同现代人的对话以及找寻文本的过程中，一次又一次被这样的思想所震撼，所滋养。

观众看到的节目嘉宾不过六七十人，内外加起来一百多人，但是我们的名单上、我们接触过的是五倍六倍的，也就是五六百人。我们要不停地筛选，首先人物要能进入到我们的嘉宾名单，然后你想邀请人家，人家也未必能来。这个人如果不能来，那么主题词中他缺失的这一部分由谁来替补？我们就得重新寻找新的人物。有时，我们搭建的节目框架美极了，如果设想的嘉宾都能够来，那就是满分的作文，可偏偏冥冥当中被抽掉两块"积木",我们十分崩溃。我们通常会给自己一个最后的期限——如果这个人到这时还不能来,我们就再改方向,但一定争取到最后,反反复复。

前些天,我碰到一个制作人朋友,他说:"你们最宝贵的是真的在花笨功夫、下死力气。"他了解这些人是经过怎样的筛选和磨合才会出现在录制中。我们有一些原则:首先,在综艺节目中出现过的人我们很少用,因为他被消费过,他的面貌会含糊;其次,如果在近期的同为文化类的节目里出现过,我们就不用了,我们要保证观众有新鲜感。这个人出来了,观众会觉得"《朗读者》能把这个人请来",而不是说"这个人我刚见过,他又来了"。其实,只是这一点用心,观众对你的好感和信任度便会增加,他们觉得你就是品质。所以我的一个良师益友,在第二季播出第二期还是第三期时对我说:"祝贺你,做综艺节目的爱马仕。"就是说,你一定要做别人没有的,或者别人做不到的。你去花笨功夫,把他"磕"来,再和他讲好,再让他读好,再后期打磨。

我们来算个时间成本。第二季的这些嘉宾,我们从 2017 年 7 月就开始找了,一直找到 2018 年 6 月 10 日。每一个嘉宾在确定之前,导演会与他有不下三次的采访,每次不少于两个小时,这样基本提纲才会清晰。这还不包括每一次导演采访完都要跟我开会的时间。采访的内容是什么?原定的方向还走不走得通?如果走不通,或者走得通但不够,便再去补访,回来再开会。每一个人物的会,最少最少开两个小时,多的时候就要十个小时以上,因为路堵住了,就必须重新去开路。这样三次采访最少六个小时,开会最少最少六个小时,还不包括之前的筛选时间,这些前期工作中的时间成本都是无法衡量的。

当他终于来到演播室,可以和我面对面坐下来聊天了,一个人的录制不少于两个小时，五个嘉宾就得十个小时，还不包括札记的拍摄，朗读亭的拍摄以及其他东西，拍摄完了就要进入后期。我跟嘉宾谈话谈了两个小时，意味着听打稿就有一到两万字，多的、语速快的有三万多字，我们要从三万字里"扒"出三千字，大浪淘沙，取其精华。好多导演跟我说："卿姐，咱是不是太傻了，咱就录半个小时行不行，半个小时也能剪十分钟。"我说："半个小时剪出来的十分钟，和你跟他谈了一个半小时剪出来的十分钟的含金量是完全不一样的。"

什么叫奢侈品？所谓奢侈品，是你为它花时间。我只要最好最好的那个东西，要过心里的金线。画掉那两到三万字，没有两个小时根本完不成这个功课，有的时候连自己都被绕进去了，因为觉得每一句都说得太好了。画到最后，我经常会难过，因为我没有办法保留更多东西了。如果这是网络综艺，我可以推出无剪辑版。我可以自信地讲，我们的无剪辑版也会很好看，因为我们之前做了大量的工作，非常完整，结构严谨、逻辑清晰、内容扎实。只要稍微剪掉喝水、换镜头等动作，基本都可以保留。可能这也是《朗读者》这个节目个性的一部分了。

采访人：您在去年（2017）掌嘘颁奖仪式上提出了"是文化类节目的春天真得到来，还是观众只是在看惯某类节目后换了口味"这样的疑问，可否请您试着给出自己的答案？

董卿：做媒体的价值在于看你能影响多少你想要去影响的人，或者是影响多少有影响力的人。很多人认为"文化类节目的春天来了"，我倒没有那么乐观。我觉得文化类节目本来就不该是一种很热的焦点所在，因为在现代社会发展中，人都是有惰性的，在更多时候希望被动地接受简单的东西。所以那些带图画的、短视频的文章在手机上传播更好。如果一张图都没有，全是文字，你可能一看就有点焦虑。对于文化节目本身，我们要做好思想准备，它不可能一直在一个顶峰，但它可能一直在一个高原，因为它本身的地位和厚度摆在那里了，至于它能形成多少高峰，那就看你操作的能力了。

做节目跟做衣服是一样的，没有那么神奇，它也有款式和潮流，要看你的款式能不能符合大众的审美，你的款式能不能符合这一季的潮流。《中国诗词大会》《朗读者》《国家宝藏》之所以能在此时形成一股热浪，是因为在此前许多年中都没有出现过一个像样的文化类节目了。大家对过去的形态已经感到厌烦，这时出现了一种制作精良的，有鲜明个性的文化类节目，它的成功是天时地利人和的。

所以，要做好静水深流的准备。文化类节目本身的手段是有限的，它不是那种很外化的东西，是内心的东西。可能是我个人比较热爱吧，我觉得文学还是有它得天独厚的地方，因为文和人始终是紧密关联的，它不会过时。经典的东西，几十年后可以读，几百年后可以读，而且还能读懂。《朗读者》第二季增添了几篇文言文，反响特别好，这就是我们在制作过程中需要做出的判断——敢不敢上文言文，就像第一季"敢不敢请老人家"一样。当大众阅读到达今天的高度时，偶尔出现的文言文读本刺激了观众的某种神经。我想很少有人现在没事时去读《礼记·大学》，读《留侯论》，读《牡丹亭》，可是当你温故知新时，会觉得老祖宗的东西很有深度，所以在一定的时间，按照一定的尺度，给大家一点点刺激便很好。但是，很关键的一点是，这道门槛观众一定要能跨过去。你如果是一堵墙，就会把人给挡住；你如果是平地，甚至比他低，他就会嫌弃你，他走过去就会忘了这个地方；你如果只是比他高一点点，他跨过去了会觉得被你带领了、进步了，他会记住你。

第二季节目刚过半，我们在喜马拉雅收听热度的TOP10里第三位是贾平凹陕西方言的朗读，第四位是清华大学副校长薛其坤朗读《礼记·大学》，第五位是环境保护者黄鸿翔与珍古道尔隔空的中英文对读。我很庆幸，这就是我们第二季的增长点，是我们想要带领的方向，你会发现观众妥妥地都跟上来了，你会发现你点灯熬蜡、苦心孤诣、奋力拉的车大家都追上了。我们不要低估了观众的智商。

采访人：最后请您用三个关键词来形容一下，在当下的传播环境、舆论环境中，您心目中文化类电视节目应当具备的品质吧！

董卿：深厚，这是我特别喜欢的；朴素，没有那么多花里胡哨的东西；诚恳；如果你一定要我再加一个，我希望是智慧。深厚里包含着一定的思想性，我个人对思想性是有自己的癖好的，这可能是做主持人二十多年的积累。我真正的成熟是到中央电视台那年，我知道我到底要什么。说句俗的，我们媒体人是靠说话吃饭的，那么语言的功能是什么？或者说语言的价值是什么呢？它一定要达到目的，没有一种语言是没有目的性的，它之所以会产生也是为了某种更深的交流，需要达到某种目的，光是手之舞之、足之蹈之已经不够了，所以才会产生语言。因此，怎么样才能达到目的，是我始终在追求的，现在看来，整个团队也已经达成这样一种共识。

（采访人闫皓系北京大学新闻与传播学院2016级硕士研究生）

寻求价值，挑战自我

——《中国诗词大会》总导演颜芳对话录

时间：2018年6月20日　地点：中央电视台咖啡厅

颜芳，2002年硕士毕业于北京师范大学外语系英美文学专业，2002年至今于中央电视台科教频道工作。曾连续十年担任《希望之星英语风采大赛》总导演，现担任《中国诗词大会》总导演。2013年获得中央电视台首届节目创意大赛金奖，2017年获中央电视台十佳编辑称号。其制作的《中国诗词大会》获得第22届上海电视节最佳周播电视节目奖、第25届电视星光奖电视文艺栏目大奖。

采访人：《中国诗词大会》已经延续三季，且每一季的收视数据都十分耀眼，口碑不凡，了解到您也在过去的三年中将主要精力投入到《中国诗词大会》的节目创作中，那么不妨谈谈2016年刚开始做这档节目的初心为何？而这种初心是否得以在三季中延续和加深？

颜芳：其实第一季时我的内心是迷茫的。起初，这是一个"任务"，即要求我们在科教频道自主研发一档属于科教频道的、属于央视的诗词类节目。这之前已经有《中国汉字听写大会》《中国成语大会》《中国谜语大会》等非常成功的大型文化类节目，大家便觉得从字到词，理所当然应该到诗词了。诗词是中国人特有的文化瑰宝，那么为什么这么多年没有人去碰它？后来我们做了才发现没人碰是有道理的，因为它很难，它很高雅，需要让它落地。电视是一种大众传媒，电视媒体人有很大一部分工作就是转化和翻译。所以，要说初心，当时就是迷茫，接受这样的一个任务，觉得这是一个好项目，但是无从下手。经过了很长时间研发，差不多六百多天，我们不断地推翻自己，再不断地树立，做了很多的尝试之后，才知道哪些是不需要的。

第一季推出的时候，心里是忐忑的。当时我们给自己一个关键词，即"重温"，重温我们学过的那些古诗词。如果从更大的角度上来说，其实是四个字，即"文化原创"，这是台领导给我们的一个标杆。《中国诗词大会》不可以是任何节目模式的套用，比如，达人模式，或和《奔跑吧兄弟》类似的真人秀模式都是不可以照搬的。因为中国的古诗词有自己的特色，它值得你为它量身打造一个模式出来。但是，"原创"这两个字是最难的。对任何一个行业来说，创作都是最难的。一旦有了模型，如何完善它其实是一件还好办的事情，创作它的这个过程可能是最艰辛和最艰难的，同时也是不可避免地要走弯路的。但没想到观众看到这档节目之后，非常热爱，我们便觉得这个"重温"达到效果了。

而第二季节目的关键词是"唤醒"，唤醒了全国人民对于诗词的记忆与热爱，大家可能从这个时候才知道"原来《中国诗词大会》可以带领我们玩飞花令"。飞花令从那之后就走入了学校，"诗入寻常百姓家"也是从第二季开始的。其实对于我们这样一个之前做英语节目的"外行"团队而言，诗词非常难做，我们必须要好好地学习，但是不管如何学习，我们都不可能成为专家。不过，这也带来了一个好处，我们与观众是一个水平的，所以我们给自己设置了一个门槛——自己觉得生僻的、无趣的或者是太高冷的诗词，我们可能不会选入题目范围，"跳入跳出"对我们来说会更简单一些。除了节目内容本身，第二季的火爆也得益于央视这个平台给予了我们一个"前无古人"的播出时段，以及平台自身优势所带来的传播力度，达到这种街谈巷议的效果完全是靠着自然发酵、口口相传，所以我常说这是"天时地利人和"的结果。

既然已经树立起来了《中国诗词大会》这个品牌，我们就不会让它每年一个大变化，每年都推翻自己，每年都让观众看到一个完全不一样的节目，而是要在既有品牌的基础上，继续丰富内容，提升视角。所以，第三季我们给自己的关键词就变成了"深挖"。大家都知道，我们始终紧密围绕中小学生课本中、大家熟悉的古诗词来做文章，而这样的诗词也就只有几百首，所以说我们始终只有"一厘米的宽度"。而做到第三季，我们惊喜地发现，对于这"一厘米的宽度"，我们可以做"一公里的深度"，即把诗词背后的故事、诗与人的关系，以及百人选手团生活中的诗意给深度地挖掘并展示出来。

三季节目以来，我们始终怀揣着"文化原创"的初心及对"诗词文化"的敬畏之心，并以"敬畏经典"的态度在做文章，所以观众看不到节目之中任何特别花哨的东西，这个是《中国诗词大会》最大的特色，它很"素"。它没有那么多娱乐意义上的、自带流量的大明星，现场涵盖人数最多的镜头全部都指向老百姓。诗词题目紧紧围绕诗词内容本体，将其视作"古人的情感日记"来解读。而节目嘉宾们则通过对诗词的阐述，将自身的学识、人生阅历以及感悟，通过非常平实且润物细无声的语言传达给观众。这些是《中国诗词大会》自己生产出来的自带的光芒，它不借助于任何外在的力量，所有的发力点都在于本体上，在于人和诗内在的魅力上。而这样的"素"恰恰是最难做到的，就好像你去展示一个人的魅力，要本着其本身的气质与样貌，而不是给他画个什么样的妆，穿个什么样的衣服，去一个什么样的场合。这个我觉得是对的，因为它本身值得你这么去做，它也值得去挖掘，别说做三季了，就算做三十季都值得去挖掘。但是，我们的智慧就产生在我们考虑怎么才能让观众每一次都有惊喜的过程中。

所以"惊喜"这两个字就是第四季的关键词。每一年我们都会问自己，明年你要做点什么？从"重温""唤醒"至"深挖"，到第四季了，我们认为应该有"惊喜"了。就好像第一季我们让一个仙女降落到人间，大家会发现"我们竟然可以约会仙女"，第二季则是"我们可以热恋了"，第三季是"我们开始过日子了"，而第四季便是"我们要避免七年之痒了"。我们要让大家觉得诗词就在你身边，但是它还会给你很多的惊喜，让你知道并不是你看到这些就是全部了，你知道的还远远不够。那么这个惊喜来自于什么地方？我们提出的一个挑战就是让诗词内涵真真正正地跟当下生活产生关联，跟每一个人产生关联，这也是第四季的总体思路。从前可能更多的是回顾过去，今年依然是致敬经典，但我们更希望它能够从本体上跟我们当下的生活相关联。观众读了诗词之后，看了《中国诗词大会》之后，会发现它对你当下的生活是有帮助的。它也许不能让你考得成绩更好，或者找到一份好工作，但是它会从你的内心上给你帮助。

采访人：《中国诗词大会》的核心在于诗词文化，您刚才也谈及题目范围以中小学课本的诗词为主。那么，请问节目组是否考虑过在接下来的节目中扩大诗词涉猎范围，将那些小众而精美的诗词也纳入选题范围呢？

颜芳：有。《中国诗词大会》大的题库范围确实是"熟悉的陌生题"，但是不能完全以观众的知识水平以及他们的需求为所有事情的判断标准，我们还要引领。可能有些事情你不喜欢它，是因为不了解它，而你在了解这个事情之前是没有发言权的。怎么让你对这个不了解的事情产生兴趣，是我们应该做的，是媒体人可以以一种非常巧妙的、柔软的方式去做的事情。如果我们仅限于只给你做爱吃的菜就太被动了。比起让你从一开始就知道你要吃的这道菜是什么味儿，我更愿意不断地告诉你"生活很美好，诗词很美好"，在不断地接受以及分享的过程当中，你会有惊喜的感觉。但这个度很难拿捏，哪些难度是观众可以接受的，它的比例大概是多少，高度大概是多高，而且专家该如何去转化这种生远的感觉，都是需要我们去思考的，是不能回避的。但只要它是经典的，是美的，都是可以带进来的。

采访人：您刚刚聊到了"引领"和"应该去做的事情"这样的观点。在《中国诗词大会》前后也涌现了许多诗词类节目，您觉得同样去做诗词文化，作为国家级媒体的中央电视台会去承担一些不同的责任吗？和其他媒体在节目初衷和创作上有哪些不同？

颜芳：我觉得责任只是一个外在的表现，如果是从内心生发以及创作沟通上来说，在这个平台上，我们追寻的是一种价值，而不是价格。这个价值永远都会让你感觉到，你在看这档节目的时候，或者创作团队在生产这场节目的时候，是跟着节目一起成长、一起升值的。包括参加这个活动的人，在这个平台和生产的过程当中他得到了成长，而观众看了之后自己内心也得到了丰盈，这个就是创造出来的价值。而这个价值没有一个定位，也没有一个完全的标杆去定格它，它是可以不断地扩散，不断地渲染，不断地放大的，它是可以长长久久地生长下去的。对于我们来说，在这个平台上最大的优势是我们可以汇集最热爱诗词、最优质、最追求品质的精英，包括老百姓、专家、主持人、创作团队去创作这档节目。因此，它的价值是无限的，是无限可开发的，它的价值跟它的潜质是紧密联系在一起的，这种价值可能是与这个平台的气质——国家大台也好，平台所承担的责任与担当也好——是紧密相关的。对我来说,如果跟别人不同,可能就是更追求"价值"这两个字。

采访人:《中国诗词大会》舞台上有三个较为固定的角色类型,其一为百人团选手,其二为固定嘉宾,其三为主持人。请问节目组在创作节目时,希望这三类角色在诗词的承载和传播上承担哪些功能?

颜芳:其实严格意义上来说,他们不仅仅是诗词的载体,他们就是诗词本身。因为不管是主持人,还是嘉宾,他们都是从骨子里面热爱诗词的,他们在聊诗词的过程中,在说诗词体悟的过程中,就是在展现自己的价值观,他们本身就是诗词活灵活现的一种体现。所以,主持人从来不是发完题就完事了,点评嘉宾不是解读完就完事了,每一个题目都是一个话题的起点。对错在这个场上不是那么重要,包括对于选手来说,重要的是从这个题目的背后,我们看到了大家对诗词的关注,看到古人在诗词当中的智慧。因此,场上的每一个人都并没有非常刻意地去承担哪方面的功能,是这个场域里自然而然地生发出非常好的化学反应。通过解读古人的东西,我们照耀了当下的生活,与观众产生有共鸣的观点。比如康震老师在解读苏轼的时候,不仅仅会讲他几遭贬谪,他同时会告诉我们当下应当如何去面对困难,当所有人都给你打零分的时候,你依然要给自己打一百分。这也是康震老师通过对这种词人的阅历以及诗词的理解,以当下的视角去阐发给观众的一种智慧,这个是《中国诗词大会》最宝贵的东西。而这种内容是一种自生产的、原创的东西,不是随随便便从百度百科或者一个诗词鉴赏文本中能够摘录下来的,舞台上的他们不仅仅是搬运工,更是内容的生产者,而这种内容包含了知识、阅历、人生的智慧以及情感,是一个综合体,是水乳交融的。

我们更愿意别人管我们叫"棚内真人秀"。你看,导演组不能设定哪位选手上场,比赛结果如何。我们唯一能够设置的就是诗词题目,它们就像真人秀当中的规则一样,循着这个规则,我们无法干预对错,无法决定击败百人团多少选手,更无法预测选手即便八道题都答对了,是否就能成为下一次上场的人。所有东西都是惊喜,都会有命运感。我们觉得这个很好玩,而且每一次我们自己都很吃惊:"原来他冲上来了!怎么会呢?"

采访人:我们关注到 2018 年 1 月由李定广教授评注的《中国诗词名篇赏析》正式出版,上下两册涵盖了《中国诗词大会》三季命题范围的全部经典诗词。这是否可以看作是围绕《中国诗词大会》节目进行的跨越电视屏幕传播诗词文化的一种尝试?除此之外,节目组是否还在进行或者计划其他类似的尝试?

颜芳:有,必须有。我们一直尝试着在节目之外做一个紧紧围绕着诗词的大文化生态。《中国诗词大会》节目应该是一个起点,是所有其他衍生品牌的起点,它激起了别人对这件事情的兴趣之后,理所当然应该有自己的书,有自己的圈子和其他的生长方式,等到第二年它又长高了,它周围又生产出了很多其他的。我宁愿给它定义成为一个"生态圈",它可以成为一个自循环、自生长的生态圈,我相信还会有类似于《中国诗词大会》的其他子品牌的节目出现,以及包括线上线下的各种互动和衍生品都应该是应运而生的。

采访人:这让我想到了现在非常火的"IP"概念。《中国诗词大会》似乎成了一个诗词文化的超级 IP,而您说的这些衍生品是由它赋予生命的,同时又作为营养,使它本身更好地生长。我想请问在电视被唱衰的声音中,您怎样看待传统媒体与新媒体、与商业之间的关系呢?

颜芳:我觉得新和旧,老和少,传统和现代,永远都是运动着的,没有人会永远年轻,没有一档节目会永远都是新节目,就像所有人都会老去,但是不一定所有人都会被别人记住一样。电视现在已经是大家概念当中的传统了,但我不认为"新和传统"是可以从载体上进行非常科学的划分的,所有人都会成为传统,包括现在所谓的"新媒体"。但是,不管是传统,还是这个阶段的"新",我认为大家的共同点在于都会成长,只是各自有各自的生长路径而已。对于我们(《中国诗词大会》)这样的一个平台来说,它应该有更多的聚合力,应该有更多的成长空间。比如我们现在也在想如何在新媒体渠道上去拓展《中国诗词大会》,如何从新媒体的视角融入诗词的特色,这是从传播手段上我们可以去思考的东西。没有哪个人定义说《中国诗词大会》永远都是在电视这一个地界上发展,它可以是多面的,就像一颗钻石,它可以从不同角度去折射出不同的光芒,这取决于我们从哪个角度去观察它。

采访人:我们看到国外有许多电视节目的生命长度很长,且一直拥有较好的收视基础和市场反馈,而中国电视行业中却鲜见这样长寿且健康的电视节目。对于《中国诗词大会》,你是怎样构想它的生命长度与生命样态的呢?

颜芳:作为总导演,我当然希望它一直都在;但是作为一个媒体人,我们也会非常理智地想到,没有哪一档节目会一直都在,但是它一定是无处不在的。我们会一直去打磨"中国诗词大会"这样一个品牌,但是同时也会思考,它不应该仅仅如此,它应该还有别的存在方式,这样它才能够是一个真正的IP。拿数字来做比喻吧,它就是"0到1"和"1到99"的区别。很多时候,我们认为"从0到1"是件相对简单的事情,因为没有人见过它,就没有什么要求,所以我们就不断地抛出手里的东西,去创造更多的"0到1"的惊喜。然而,"从1到99"是一段更长远的、更艰难的路,我们怎么才能把我们亲手创造出来的,这个大家都已经认同了的品牌,让它一步一个脚印地走到"99",乃至"100""1000""10000",这需要整个主创团队有信心,克服很多成长过程当中的杂念与困难。我相信诗词可以走下去,因为它千百年来都一直留下来了,《中国诗词大会》不应该做几季就停止了,应该不断地再挖掘。但是这个挖掘的过程确实是很痛苦的。

采访人:说到"痛苦",记得您在去年的掌嘘颁奖礼上概括制作《中国诗词大会》的关键词为"成长痛",即"怎么在过程中既做自己,又不断刷新以期遇见最好的自己。也许需要与更多平台学习交流,不断地成长,感受到成长痛,再继续坚持成长"。那么请问您在制作《中国诗词大会》的三年中遇到的最深刻的"痛"是什么?

颜芳:最痛的事情就是不断地否定自己。我最迷茫的时候真的有点不分好歹,你不知道哪些是应该去否定的。《中国诗词大会》没有的时候,你可以没有边际地想象它,但它已经成为一个品牌了,你就要很小心。如果仅仅建立在收视率这样理性的分析上去做一个结果是很简单的,这是给别人的交代,但是我觉得最痛苦的是你需要给别人交代的同时,也得给自己一个能够说服自己内心的交代。这个交代你是要负责的,它直接涉及下一季是以什么样的样态呈现给大家,而不是这个东西交出去了就跟我没关系了。所以你要既感性又理性,同时也要科学地判断。你需要左手打右手,需要跳入跳出,需要你既是你自己又是所有观众，需要一个打磨的过程，需要很多理论的支持和感性的摸索，以及对创作的热情。

采访人：所以，对于诗词大会的衡量至少是有两个维度的，一方面是收视率、播放量和市场的评价，而另一方面是对价值的探索，是这样吗？

颜芳：对，我自己到底是不是能说服我自己，这条路往前走是否是健康的、可成长的……可能是题外话，在录制的过程当中，我就会知道这季节目是否成功。如果我们会在录制过程当中很兴奋，会发现自己跟观众一样像个孩子，充满了好奇心，节目本身远远超出了我们给它的定义和架构的时候，这个节目就已经成了。但是，如果我们在录制的过程当中，甚至录制之前，觉得很倦怠，或者觉得也就这样子了，一切都在我的掌控之中，这其实不是件好事。这是一种感觉，我不知道应该用什么理论的方式来呈现它，但是做了这么多年的节目，只有在做《中国诗词大会》的时候，在每次录制的过程当中，我就能知道今年能够带给观众什么样的、哪方面的惊喜。所以，做后期的时候虽然很辛苦，但是心里并不苦。

采访人：我觉得或许这就是出发点不同，有的节目是设好的剧本，只要拍到那个结果，制造出那个效果，这个节目就OK了。但《中国诗词大会》只是个场域，没有既定情节的场域。

颜芳：对，老天爷给我们的就是最好的剧本，但是我们需要在遇见老天爷给我们的安排之前做好自己的努力，我们必须得聚集最好的人、最好的爆发点，然后让这些人都进来之后，产生他们该有的、很自然生发出来的化学反应。

采访人：看之前您的访问了解到，《中国诗词大会》是扎根于民间的，无论是选手的选择还是节目内容和形式的灵感。那么不妨讲讲节目组在民间走访时有没有遇到什么有趣的或者令您印象深刻的故事。

颜芳：有，每一个百人团的选手都是千里挑一地挑出来的。我们做后期的时候感触最深了，这一个镜头里面一片人头，每一个人头后面的故事我们都知道，我会回想到我在西安赛区选这个小孩的时候，他给我怎样的惊喜，我希望能够把这份惊喜搬到演播室来，但是惊喜没有出现，我好遗憾。这些可能是观众看不到的，但是这个也是让我们自己心里很踏实的一点，每一个人都是优中选优，精中选精，你会发现高手在民间，真的是这样。

比如，我们在垃圾站就捡到一块宝，他是类似于做保洁工作的人，他每一次都自己出钱做诗词沙龙，跟身边喜欢诗词的朋友一起做这个事情。这就是生活中云端和泥土的结合，他结合得非常好。再比如我们的同事到武汉赛区去做海选，晚上他们到吉庆街散步，有一个老先生走过来对他说："我要给你唱段诗词。"同事问他："你为什么要给我唱诗词呢？"他说："因为我每天都在唱诗词啊。"然后那个同事和这个老先生聊了一晚上，竟然没有把老先生给问倒。我们这个同事是在《百家讲坛》做了十多年的人，他诗词功底很扎实的。后来了解到这位老先生就卖他自己唱诵古诗词，虽然他每日都在吉庆街卖唱，但不妨碍他喜欢西方的古典音乐。他喜欢中国的古典诗词，也是很可惜他没有冲上来。这个就是百人团当中我们自己埋下的一颗一颗的种子，这些是我最喜欢的一群人。

采访人：那么最后，请您用三个关键词来形容一下，在当下的传播环境、舆论环境中，您心目中文化类电视节目应当具备的特质吧！

颜芳：第一个可能比较俗气，是"生产"。你说它是创作也好，说它是播种也好，我认为文化类节目应该依托文化不断地生产属于自己的内容，我们要有这种生产能力，这也是为什么我们始终坚持在央视平台上组建这种生产的队伍的原因。我们一直把自己定义为农民，每天要面朝黄土背朝天地去生产、去耕种。这是必须得做的一件事情，不是为了养家糊口，而是因为这个东西真的只适合这片土壤，只有我们自己，这些生产的人才能够去做。

第二个应该是"坚守"。坚守可能用的人比较多，但是我觉得不仅仅要低头干事，同时也应该抬眼看方向，在看方向的时候，你会知道你是不是忘了你的初心，生产的这个东西是不是适合大众、国家以及社会的需求。当你知道别人要什么的时候，你要坚守住自己的初心。但是，守住初心不是一成不变，而是知道自己的价值在哪里，然后根据社会的需求不断地去调整，去刷新，给自己与别人以惊喜。

第三个是"挑战"。现在很多人觉得做文化类节目很安全。做文化类的节目，听上去就是一个乖孩子，不会出"大圈"。但是我觉得恰恰是在这种环境当中，你需要挑战自己，不能把自己定位在一个舒适区。当你得了很多荣誉，当很多同伴们都在做同样一件事情，越来越多的人向这个很对的方向一起走的时候，你怎么才能一骑绝尘？你怎么才能让自己回到以内容为本体去创作的这种情怀当中去？我觉得就是要给自己新的挑战。而这个挑战它是有道理的，它不是为了创新而创新，不是为了单纯地给别人焕然一新的面貌，而是你真的觉得需要去成长，要克服很多成长痛，要让自己跟着这个节目上一个台阶。当然了，我较高时它更高，永远都有让你觉得不可超越的东西，但是我觉得"挑战"这两个字，无论在做节目的过程当中，还是在做人的过程当中，都是我们必须每天去做的一件事情。其实就是有点"作"，你永远都会觉得现在很好，但是希望未来更好。这个可能就是为什么电视导演这一行需要你真的喜欢它，才能够坚持做下来的原因。你会不断地推翻已经很好的自己，你会冒很多的风险，因为一旦推翻了自己之后，下一个你是否会更好，其实谁都说不好。你自己就算是付出了百分之百的努力，就算天天加班加点，也还是需要很多机遇的。在很多时候努力做节目的人很多，但并不是所有人都能做成品牌的节目。所以，我们遇到《中国诗词大会》，就会觉得这种挑战对我们来说值得付出所有，因为它确实是一个非常有价值的东西，而且它赋予我们的、反馈给我们的很多东西，都已经远远超出了我们付出的。所以我们要沿着"从0到1"，再"从1到99"的道路走下去。

（采访人闫皓系北京大学新闻与传播学院2016级硕士研究生）

做"有文化的娱乐，有娱乐的文化"
——山东广播电视台党委书记、台长吕芃对话录

时间：2018年7月13日　形式：邮件采访

吕芃，男，1965年4月生。1992年7月毕业于山东大学中文系，获文学博士学位。现任山东广播电视台党委书记、台长，山东广电传媒集团党委书记、董事长，兼任山东大学新闻传播学院院长。《国学小名士》出品人。

采访人：山东广播电视台从 2016 年开始推进第二轮改革，到现在两年了，是否达到了您的预期？山东广电下一步会怎么走呢？

吕芃：对山东广电的第二轮改革，我们有两个判断：一是初见成效。这两年来我们推进"体制集团化、管理企业化、技术融合化"，通过机制变革激发内生活力，对内部机构和岗位进行了大刀阔斧的改革，员工的精神状态有了很大的变化，团队的运行效率有了很大的提升，观众对节目的印象，有了很大改观。

两年来，山东广电围绕"悠久文明，青春中国"，坚持以人民为中心的创作导向，坚持"新闻立台"，尤其是作为旗舰的山东卫视积极提升文艺作品原创力，精心制作节目，创新宣传手段。《国学小名士》《育儿大作战》《奇迹时刻》等节目品牌，多次受到中宣部、广电总局表扬，并在社交媒体引发现象级的传播。2017 年山东卫视自办节目的观众中，四十五岁以下年轻观众占比 52.6%，青春化转型有明显成效，在二十九省网收视排名中稳居卫视前三，在五十二城收视排名中稳居卫视第六，成为全国前六大品牌影响力卫视之一。

我们的媒体融合也取得实质性突破，投资一亿三千万元，率先在全国建成启用了国际水平、国内领先的融媒体"中央厨房"，《山东新闻联播》为全国首个"坐播改站播"，近期还推出了评论员，构建起"多端并发、立体传播、台网同步、互为导引"的融媒传播新格局。依托融媒体平台的创新传播，我们对党的十九大、上合组织青岛峰会等重大事件的报道，得到了中宣部、广电总局等主管部门的表扬。山东广电作为主流媒体的引导力、传播力、影响力、公信力有较大提升。

产业运营方面，山东广电与山东省新旧动能转换的先行区——济南市章丘区签约"星动小镇"项目，打造山东广电影视运动休闲欢乐城。山东广电新媒体公司也入选了中国互联网企业一百强。

另外，文艺的原创能力是最核心的竞争力。通过改革，山东广电在去年记者节也出台了优惠人才政策，建立了对领军人才、优秀人才的激励机制，并已经安排两批共四十名一线编导带任务出国培训学习。山东广电对年轻优秀人才的吸引力不断增强，我们的《山东新闻联播》新主播黄凯、《国学小名士》主持人王晓龙，都是从外省来到山东工作的优秀新人，新晋主持人、播音员几乎全是外省人，甚至还有一名为中国香港籍，两批出国学习的编导骨干也有很多是90后。下一步我们会紧紧抓住山东省推进招才引智工作的战略机遇，进一步激发、释放人才创新创造创业活力。

当然，山东广电的改革仍然处于"攻坚克难"阶段。不能把成绩估计得太高，山东广电二轮改革是一场输不起的改革，必须"精准把握、重点突破"，保持高度清醒的头脑。

习近平总书记近期在中央深改委第三次会议的重要讲话中强调，"继续推进改革，要把更多精力聚焦到重点难点问题上来，集中力量打攻坚战"。

我想山东广电下一步仍然是深入学习贯彻习近平新时代中国特色社会主义思想，学习贯彻习近平总书记两次视察山东的重要讲话和有关山东工作的批示指示精神，把握山东省全面推进新旧动能转换重大工程的机遇，激发制度活力，激活基层经验，激励干部作为，扎扎实实把全面深化改革推向深入，深度推进媒体融合，打造更多像《国学小名士》一样的品牌节目。山东广电的目标，就是成为"人民美好生活的一部分"。

采访人：《国学小名士》作为一个让传统文化翻"新"的作品，可以说是山东卫视改革的优秀成果。山东卫视将如何继续保持孔孟之乡的文化优势？这其中又有哪些独到的经验？

吕芃：做文化节目，山东广电是有优势、有底气的。山东卫视作为扎根于齐鲁大地、礼仪之邦的主流媒体，责无旁贷地应该在弘扬优秀传统文化方面走在全国前列。新时代下，用好本土文化优势，打造精品文化节目，核心就在于深入学习贯彻好总书记提出的"中华优秀传统文化的创造性转化和创新性发展"上。

什么叫深入学习贯彻？就是不停留在口号上，实实在在地把"创造、创新"作为节目的灵魂，深入到内容原创研发的各个方面。《国学小名士》的成功就在于把握住了文化节目"两创"这个关键，做到了节目模式、讲述方式、技术应用、嘉宾遴选、宣传推广五个方面的原创和创新，包括三百六十度星空舞美，北斗七星、司南、攻距这些中国元素的应用，名校少年的引入，青春化的宣传推广等。近两年比较火热的文化节目，都在这方面做出了有益探索。

《国学小名士》第二季，我们请来了孔子第七十九代嫡长孙孔垂长先生担任出题官，这是他的电视首秀，也是我们节目制作上的大胆创新。这次合作，以我们之前多次的良好合作为基础，下一步我们也会用好文化资源优势，继续创新打造更多品牌文化节目。

采访人：《国学小名士》不仅在荧屏上博得满堂彩，在新媒体传播上也获得了卓越成绩。您对此有何评价？

吕芃：这个要从两方面来看，首先，节目的内容是过硬的。通过我们的原创、创新，节目的品质得到了领导和专家，包括观众的认可，在我们的研讨会上，广电总局宣传司领导称我们的节目是"文化节目的标本"。所以说："好的内容永远是王中王。"

其次是新媒体传播做得好，关键是传播策略有创新。这方面，我们山东卫视年轻的品牌宣传团队发挥了重要作用。整个宣传执行，是一个80后搭配一群90后在做，他们提出了"越是古老的传统文化，越要时尚化传播"的理念，提前进组，用年轻人的玩法，向年轻人的语境靠拢，传播渠道上也以短视频传播为核心，所以"中秋飞花令"的亿级传播，不是偶然，也侧面体现了改革成果。

采访人：《国学小名士》第二季的招商情况怎样？您认为如何才能解决文化类节目引资难的问题呢？山东卫视如何在出品节目中避免市场"遗珠之憾"？

吕芃：由于节目第一季的成功，《国学小名士》第二季的招商应该说还是比较顺利，吸引到了国内领先的互联网音频平台——喜马拉雅的独家冠名，目前节目组正跟客户紧密策划，争取在品牌传播尤其是媒体融合方面尝试更多创新性玩法，双方也正在探索栏目之外更多的线上线下互动合作形式。

当然，文化类节目"招商难"是国内电视媒体遇到的一个共同的问题，包括广电总局宣传司领导也曾经提出"可持续发展"的瓶颈问题。这方面政府的引导、支持，社会各界的喝彩，节目自我造血功能的提升，以及市场的认可都很关键。一个好的方向是，目前市场已经注意到了文化节目的火热现状，因此文化节目的招商环境有了很大改善。

要避免"遗珠之憾"，节目招商团队提前加入节目策划也比较关键。《国学小名士》第一季与康美药业的合作，就给康美菊皇茶品牌带来了非常理想的传播效应。这个案例获得了中国广告协会支持的2018澳门国际广告节的2017—2018年度中国最佳娱乐营销奖，在其中，招商团队的专业策划发挥了重要作用。

采访人：您认为当今的电视发展还需要创造哪些条件才能激励更多类似《国学小名士》这样的节目涌现？

吕芃：一是希望各宣传文化管理部门，结合文艺创新要求，从模式研发、片酬治理、网台同标、人才培养、国际交流等多个方面，出台更多的配套政策，解决具体问题，推动文艺繁荣。

二是从意识形态安全角度出发，完善创新创优激励机制，加强对传递主流价值观的文艺精品的扶持力度。对一些重点品牌和平台，可从国家、省两级多梯次给予适当的资金扶持，力促精品创作。

三是宣传文化单位也应该充分发掘本土文化资源，在"文化两创"方面不断推陈出新，避免模式和题材雷同问题，继续加大创新力度。

采访人：放眼全国的传统文化传播，您认为应该走一条什么路子？

吕芃：我们对电视节目的基本价值取向是做"有文化的娱乐、有娱乐的文化"，在坚持"文化两创"的基础上，它归根结底要体现出来一种"君子""淑女"文化，这是中国传统文化的根基。新时代贯彻十九大精神，山东广电要在弘扬"君子文化""淑女文化"方面有所建树，"君子"和"淑女"有丰富的文化内涵，这两个词有中华传统文化对人的要求，包括人的气质、谈吐、衣着等，它们和青春、娱乐也不矛盾，完全可以一体化。山东广电也会争取在创新传承中华优秀传统文化方面走在前列，成为"传统文化两创"方面具代表性的电视台。

（采访人李祎璇系北京大学新闻与传播学院 2017 级硕士研究生）

诚意、使命感和文化担当

——《国学小名士》制作人房经纬对话录

时间：2018 年 7 月 9 日　　形式：电话采访

房经纬，山东广播电视台资深电视节目制作人，从业二十余年，作为制片人、总导演主创过山东卫视十多档品牌栏目以及几十场大型晚会、直播活动。山东省广电局业务拔尖人才，山东省首届德艺双馨十佳电视艺术工作者。擅长寓教于乐，利用综艺手段表现正向情怀。配合山东台在情义、文化、公益方面做了大量正能量节目，比如公益梦想节目《惊喜惊喜》、经典传承音乐节目《歌声传奇》、节俭真人秀《节俭中国人》、青少年国学传承节目《国学小名士》等。

采访人：《国学小名士》是我国首档国学少年竞技节目，能不能跟我们分享一下这个节目定位背后的创作契机和深意？

房经纬：《国学小名士》是在全国坚定文化自信，推动社会主义文化繁荣兴盛的大背景下诞生的。习近平总书记在视察山东时的重要讲话和有关山东工作的批示指示，要求山东在弘扬优秀传统文化上走在全国前列。在这种大环境下，山东省委宣传部决定把在省内地面频道已经举办四届的"国学小名士"经典诵读活动进行新的提升，全面升级，卫视播出，全网覆盖，立足山东，推向世界。

《国学小名士》定位名校国学少年竞技。

一是"从娃娃抓起"。与多数文化节目中成人与孩子同场竞技不同，《国学小名士》的定位是少年竞技，最大的特色就是"十八岁以下少年"竞技。这个选择在节目策划之初也是有争议、有担心的，怕孩子的知识面不够广，怕孩子的镜头表现力不够强。不过坚持下来我们发现，这些国学少年把国学活学活用，融到了现代生活方式中，给我们带来了惊喜。

二是采用国学竞技也是成功的。作为一档季播节目，用比赛的方式更容易搭建单期节目的结构，以及整季节目的结构，形成故事情节的连续性，逼出人物特点，使戏剧冲突更集中，这样也会调动观众的参与感。在这个节目播出中，观众也可以跟选手们同步答题。

采访人：听说您在制作《国学小名士》第一期的时候还肩负着其他节目的制作任务，是不是压力挺大的？

房经纬：去年，我同时参与主创了三档传统文化类节目：一个是《国学小名士》；一个是 2017 国际中学生儒学辩论大会《邹城论道》，那是一个专门针对儒学国际传播的电视项目，让来自世界各地的中学生辩论队用儒学观点辩论现代热点话题；还有一个是 2017 中国（曲阜）国际孔子文化节的开幕式。压力确实挺大，但好在有不同的团队在执行，加上有台里的支持，最后各个方面的协调也都不错，整体比较顺利，每个项目都各有突破和亮点。

采访人：我了解到《国学小名士》第一季录制的时候外聘了国外模式专家团队，这个国外模式专家团队在节目整个制作过程中发挥了怎样的作用？与我们国内的团队是否有意见不同的时候，最后又是如何解决的呢？

房经纬：这个节目的模式是完全原创的。当时我们请了国际节目模式专家，还有视觉方面的专家，主要是作为模式规范和品质提升的顾问。和其他国内专家一样，只是岗位的部分合作。他们很有经验，知道如何将节目做得更加规范，包括在节目的赛制设置方面都很有经验。但他们的文化背景毕竟和中国文化之间存在隔阂，他们对中国的情况不是很了解。在录制执行期间，我带着导演组跟他们进行了很多探讨。有些时候这些国外的专家很坚持自己的想法，我作为制片人在策划的时候会做出我的判断。虽然我们的想法有不一致的地方，但最后还是会统一到一个更正确的判断上。在录制第一期节目的时候，我们的录制非常细致，题目的解读、专家点评和学生参与都录了很多。

模式专家曾建议我们一期节目只录两组选手的内容。但依据我的经验，我认为一个小时体量的节目里，只录制两组选手的话，节奏会很拖沓，内容会比较"水"。并且我认为，通过后期处理，可以把一些精彩内容通过剪辑压缩进节目中。比如《国学小名士》中有一个"百里挑一"环节。百人团共同回答五道题，全部答对且用时最短者可成功突围。我认为这个环节在最终呈现上是完全可以压缩的，这样能把节目的节奏提起来，我们应该将重点放在后面单个选手点位的释放上，最后的效果证明这种变通是合适的。

外国专家对我们起到的是一个辅助的作用，节目研发和制作的主体还是本土团队。今年第二季节目的执行团队就实现了完全的本土化。

采访人：《国学小名士》突破了同期同类节目聚焦于某一个传统文化领域的局限，放眼大国学，这样的内容定位为制作带来了哪些难点？又是如何克服的呢？

房经纬：关于这个立意问题，在初期确实质疑的声音很大。因为大家习惯于从小的视角切入大的文化命题。定位于大国学最大的挑战就是比赛规则的可行性。后来我们想，只要我们解决了这个难点，定位于大国学就能成为我们节目的优势，形成一个核心竞争力。回归到节目本身的立意，既然是"国学小名士"，当然也可以侧重于诗词、文章，但我们分析了节目，最最核心的应该是"小名士"，我们如何用国学来培养具有时代特色的当代小名士，培养有中国心、有中国根的祖国未来的人才。从这个角度来说，就不可能从一个单一的国学门类来进行策划了。等于说我们把重点从国学知识的考核转变为表现国学对人格的塑造。具体考什么知识成了一种手段，重点是表现孩子们的国学素养。在赛制上采取了"七星守擂"的内部循环形式，取代了常用的晋级模式，结合"百里挑一"和"司南选人"的随机性，从而很好地解决了不同国学知识在一个赛制里的合理切换。也因为这个难题的解决，形成了这个节目独有的模式点。

采访人：说到"小名士"，您能否跟我们说一下节目组对"小名士"的定义呢？

房经纬：很简单的一点，就是他身上带有优秀的传统文化的思想基因、道德基因。传统文化中的思想道德是核心。从前的教育看重"树人"，后来的教育在理念上出现了一些误区，包括一些国学教育都存在走偏的现象。我们也经常讨论这些问题，也感到忧心。现在很多国学教育就是让孩子背诵三字经和古诗。这些都是国学外化的一些知识点。但其实国学最最核心的就是优秀传统文化的基因对人格的塑造，让它成为流淌在我们血液里的文化基因。比如以儒家为代表的"仁爱""和合"的理念、"六经"中蕴含的优良品质、古代人所说的君子和名士的气度等，这都是我们在现代社会中特别想给青少年塑造的品质。

我们对选手的评价标准就是"三好学生"：一是真心喜欢国学，

国学基础好；二是国学成功塑造人格，综合素质好；三是活学活用，电视表现好。真正的"国学小名士"，就是要有国学的根底、名士的范儿。

前几天我在《人民日报》上读到一篇文章《共产党人应做现代君子》，其实不仅是共产党员，所有人尤其是青少年都要培养君子风度、名士风范。现在中国人一些被诟病的行为和意识之所以存在可能就是因为缺少了君子风度，我们的节目在这个方面可以进行有益的倡导和引领。

采访人：《国学小名士》中充分展示了"中国少年强"，选拔这些少年选手的过程中有什么故事可以分享吗？

房经纬：这是一个很核心的问题，选手是我们最看重的节目要素。我们请的人是什么样的，他就代表了我们的倾向——我们喜欢什么样的人，我们认为什么样的青少年才可称为典范。还有一个重要选择是，我们出的题目要往哪个方向去引导。第三个就是我们对于专家学者的选择，对他们的要求，让他们往哪个方向努力，不单是讲解一个知识点，而是需要一种升华，真正把国学作为手段，来做一位人生导师。

我们选拔每一位选手的过程都是很难的。因为青少年的年龄成长和知识成长是有一定关联的，我们是选择高中及以下的青少年作为选拔对象，那么高三的同学水平相对会更高一些。所以我们每次选择的时候都会面临跟孩子备战高考有冲突的情况。很多时候我们都是在他们高考之后，集中突击联系选拔。还有海外学生等一些带有标签性质的选手，选起来也很费劲。我们整个海选的时间持续了四个多月，辐射到了海外，但海外选手中能达到对抗水平的还是比较少。主要是国内选手,其中山东选手占了约五分之一的比例。因为山东本身有地面的国学活动,也比较重视国学教育,所以山东的选拔基础比较好。节目本身的定位比较好,因此家长和选手都比较配合。

古代文人聚会很容易成为一大盛事,兰亭聚会、西园雅集,都令文人雅士心向往之。每次《国学小名士》的录制也成了这些小名士聚会的一次很好的机会,形成了一个有趣的喜爱国学的朋友圈。

采访人:您对未来中国国学文化类节目有什么思考和展望吗?

房经纬:我现在最担心的有两个方面。一个是大家做节目的诚意。大家会出于各种各样的目的去做国学,在团队方面应该主动出击策划文化类节目,去策划一个具有使命感、社会责任感的项目。一个真正好的节目应该是从满足导演内心良好的创作冲动和欲望出发的。

另外,文化类节目的资金来源也是个问题。虽然国家的文化部门和宣传部门会有一定的资金支持,但关联度、力度都不是很够,这方面还需要加强。纯文化类的节目需要社会力量支持和政府支持。很多企业也想做公益,但他们老觉得实实在在地帮助一个失学孩子、帮助一个困难家庭才是在做公益,但事实上帮助一个好的文化项目,更能帮助社会。

采访人:那您认为应该怎么做才能解决这个资金问题呢?

房经纬:资金来源就是三个方面,一个是政府和平台支持,一个是有文化责任感的企业赞助,一个是项目自身的新旧动能转换。下一步我们也会争取完成节目的品牌开发,发展线下产业,用节目养节目。目前,《国学小名士》进行了图书出版,接下来还要跟新媒体合作,利用《国学小名士》的资源研发针对喜好国学的孩子们的产品,还有国学智能机器人、教学软件、线下培训和国学游等。只要转化思维，还是有很多事情可以做的。

采访人：您在节目研发方面有没有自己独到的见解？

房经纬：主要还是诚意。先要找到一个具有社会引导价值的动机，无论做什么节目都需要寻找一个内在的价值，然后再去寻找能实现这个价值和立意的一些手段和节目模式。节目模式都是技巧性的，都是服务于节目内容的。先要把诚意做足，后面的东西，包括借鉴等都是技巧性的。

国际上成熟的节目研发，是当作一门学科进行研究。现在国内的节目制作还是存在普遍的急功近利现象，自主研发吃力，而且风险大，"拿来主义"更容易。对于节目研发，目前在国内的原创研发已经具有了相当的行业基础和创意能力，但是在学科建设和产业模式等方面还是没有形成气候。

采访人：您有没有对《国学小名士》特别满意的地方？

房经纬：用细节表达态度。比如我让每一对选手在对抗之前要相互行拱手礼。我请了山东一个礼乐团的团长专门录了一个视频来对选手进行拱手礼教学。每一对选手对抗前都要行这个礼，是一个重复性的动作。这种谦恭和对战前的相互尊重是我希望选手们能通过礼仪获得的。它不是一个单纯的复古，而是在一个行为重复多次之后产生的力量，产生行为之外对人格进行的塑造。这些孩子都是喜爱国学的，我们发现这些喜爱国学的孩子在待人接物，在面对竞争、面对失败、面对成功和面对弱者时表现出来的气度，明显比没有接受过国学熏陶的好很多。所以国学对青少年的人格养成的作用是显而易见的。

我们的节目播出之后,很多学校主动要求自己的学生观看我们的节目,并且要写观后感。这是因为我们对知识点把握严谨、对知识阐释准确。每一个知识点、每一个题目都是我们反复找专家确认过的。虽然我们的节目带有综艺性质,但是在知识传播上我们毫不含糊。在现场也有过两个专家对某个问题产生争论的情况,我们在录制的过程里,也会尽快厘清,寻找出更合适的阐释。

第一季的专家组是由北京师范大学李山教授牵头的一个专业团队。我们的题目以及国学内容上的把控都是由这个团队负责的。专业的团队保证了我们节目的品质,进一步增强了节目的影响力。现在有很多同类的节目偏娱乐效果渲染,在出题上会往娱乐化去包装。我们节目的侧重点一方面是传播国学知识和魅力,另一方面是展现人的魅力。

采访人:您来概括一下您心中节目研发和制作的关键词吧。

房经纬:社会责任和文化担当吧。有社会责任感,在原创节目的时候要有文化担当,并以此作为创作动机。有了好的动机,任何呈现手段都是可以学习的。

(采访人李祎璇系北京大学新闻与传播学院2017级硕士研究生)

用心做好文化节目
——《诗书中华》总导演王昕轶对话录

时间:2018年6月19日 形式:电话采访

王昕轶，上海广播电视台东方卫视中心独立制作人，国家一级导演，上海曲艺家协会副主席，上海电视艺术家协会会员，上海市德艺双馨电视艺术工作者。王昕轶团队获得上海市"工人先锋号"称号。大型文化类节目《诗书中华》《喝彩中华》总导演、制片人，大型纪实真人秀《急诊室故事》总导演、制片人，大型生活实验类真人秀《我们15个》制片人。

采访人：《诗书中华》是您做的第一个文化类节目，当时为什么想去做？

王昕轶：其实几年来我在东方卫视，一直都很关注文化节目。但是后来因为忙于其他节目的拍摄，没有时间去仔细想。直到2016年5月《急诊室故事》播完，下半年我才有更多时间去思考文化节目的策划。正好在2017年2月，《中国诗词大会》播出，给了我们很大的信心，觉得文化节目未来可以有很大的空间。在2014年的时候，我们上海的各级领导都希望做出好的文化节目，那么到2017年这个领域非常成熟了，我们就要推进。

但是我们碰到的一个问题是撞了选题，就是说我们也看中了诗词，但《中国诗词大会》火了。那么，我们怎么做？我们怎么和《中国诗词大会》不同？后来，我们选了和《中国诗词大会》不一样的切口。我们是以家庭的形式来做这个节目的，我们希望用人文的传承，来诠释我们的中国传统文化。

第二点就是说我们能不能在《中国诗词大会》做得那么好的基础上，再做成功？播出之前我很没有把握，因为别人已经做到极致了。但是我们的节目最终的效果和观众反馈是非常好的，因为大家觉得和自己离得特别近。直到现在还有很多人来问我会不会再做第二季，他们觉得《诗书中华》自己能参与其中。因为《中国诗词大会》的难度可能相对来说比较高。《诗书中华》则更像是一档爸爸妈妈和孩子在电视机前边看边玩的节目。这也是我们在做文化节目中一步很大的探索。因为我们不能只是说教，只是单向传输。我们的目的是让更多人更好地传承、弘扬传统文化。所以在前期我们碰到的困难，更多的是怎么突破现有文化节目的框架。

采访人：您在确定把"家庭"和"诗书"结合在一起的主题时，灵感源自什么地方？

王昕轶：我采访了很多人，发现每个人学的第一首古诗，不管是"床前明月光"也好，"鹅鹅鹅"也好，都是爸爸妈妈、爷爷奶奶，甚至家里的保姆教的，不会是幼儿园老师教的。一定是带有情感记忆的。我觉得这是一个非常好的抓手，因为文化和情感连在了一起，而不单单是学习和背诵了。这种感觉就深深植入了整个《诗书中华》的节目里面。所以我们都是双人赛，我们有非常充分和浓厚的家庭情感在里面。这个和《中国诗词大会》是完全不同的。这是整个节目的亮点。

采访人：在后期的拍摄和创作过程中，您有没有遇到什么困难？

王昕轶：后期还是有一些。因为整个诗词的可变化度其实比较小，因为我们要尽量降低难度，所以可供选择的诗词非常少，差不多也就一两百首。怎么通过节目把它剖析得更清楚，让更多观众接受，这是一个问题。

采访人：有不少评论都提到说《诗书中华》的舞台设计都非常精美、有新意，采用中国古代"曲水流觞"的形式，您能为我们介绍一下在舞台设计方面的经验吗？

王昕轶：习近平总书记对建设社会主义文化强国提出了"两创"方针，也就是面对传统文化要"创新性转化，创造性发展"，那我们的"曲水流觞"就是最好的表现形式。首先我们说《诗书中华》不是一个比赛，我们更希望把它打造成一种玩乐方式。告诉人们文化也可以作为一个玩乐的方向。说到"文化"和"玩"，我们直接想到的就是"曲水流觞"。

那么"曲水流觞"这种形式怎么在电视里呈现？我在所有的地方都推荐说，《诗书中华》的模式不是来自欧美，而是来自一千六百年前的中国，是中国传统文化给了我们一个电视的模式。四十二个人，一个羽觞，羽觞流到谁面前，谁就作一首诗，一千六百年前就是这样一个模式。那今天我们用一个现代化的科技手段，把它做出来，成为一种电视模式。这是真正的原创，真正中国人的创造，这是中国先辈们给我们的原创。

还有一点就是如何展现。我记得第一天播完以后，有同事就跟我说："你不是造了一条河啊？我还以为你造了一条河。"我就跟他说："没有必要。"我们以前做过很多舞美是和水有关的。但是我觉得在今天已经没有必要了。如果还是一条河的话，我觉得又回到一千六百年前了。今天是2017年的今天，我需要用今天的手段来呈现这条河，那才是"创造性转化、创新性发展"（"两创"）。最终呈现的"曲水"是用一块巨大、不规则造型的视频地屏搭成的"河流"，演播室两侧投影幕结合灯光，其实我相信效果一定比挖一条河好。我觉得这是《诗书中华》这个节目最拿得出手的一件事情、最成功的一件事。

采访人：有评论认为，《诗书中华》其实弱化了节目的竞技感，更像是以诗文答题为载体的一种合家欢综艺。对于这样一种观点您同意吗？

王昕轶：同意，非常同意。因为我觉得文化节目需要有很多种品类，我们也不能一说到"文化"，就让大家都觉得很头疼、很说教，我们需要的是让大家觉得文化很好玩，以诗会友。现在小朋友都玩"撕名牌"，如果他们春游的时候可以玩"飞花令"之类的诗词游戏，如果大家在这个层面去接受诗词，说不定我们的文化（素养）可以提高得很快。因为最终文化要根植到每一个人的生活中去。只有这样，才能让我们国家的文化水准提高得快，传统文化传播得广。所以我觉得这个定位是非常对的。

采访人：整个节目的设计与我们的生活做了很多的结合？

王昕轶：是这样的。我很简单讲，《中国诗词大会》可能是一个诗词爱好者的盛会，但是《诗书中华》一定是每一个中国人的盛会，因为你多少都知道一点，你多少都能参加，这个是不一样的。

采访人：包括我看到每期节目后面部分会有一些主观题，它就主要取决于个人的看法，不是只有一个标准答案。

王昕轶：对，就是希望让大家觉得这个东西没有那么像考试，因为中国人已经被考试搞得非常非常头疼了。我希望这个节目不要给观众很大压力，就会好很多。

采访人：您之前在掌嘘颁奖现场提到说要做电视节目中的"营养快餐"，要把电视节目的通俗化、大众化与传统文化深厚的积淀之间做一个结合，但我们知道中间的分寸与平衡很难把握。作为一个成功的文化类节目的导演，您有没有什么经验和我们分享一下？

王昕轶：这种平衡与结合一定是我们的目标，你做的节目一定得要有人看，还得要有营养。我觉得，至少去年一年来的所有文化节目都做得非常好，包括《国家宝藏》《经典咏流传》等，这些节目都既有文化，又非常好地运用了今天的电视语言去表达自己想要表达的东西。

我曾经说过做文化节目要有"三颗心"——真诚的心、敬畏的心和骄傲的心。保持这"三颗心"，才能够更好地把中国优秀传统文化在电视荧幕上进行传播。

第一，你一定要有一颗真诚的心，是真心想做文化节目，不是哗众取宠。你个人的认知很重要，一定是真心想要去发扬中华传统文化。现在做任何一个文化节目都是在种树，今日种树后人乘凉，如果今天不把这些文化的树种下去，二十年以后，整个社会的文化氛围将受到影响。这两年，东方卫视也有非常大的勇气，拿出那么黄金的版面做文化类节目，也是抱着一颗真诚的心。整体而言，文化类节目收视效果不及其他综艺和户外真人秀，但是对于社会、对于文化的传承，其价值是非常大的。

第二，你要敬畏它，你不能乱搞，不能瞎搞。它不是单纯做几个游戏、拉几个明星就可以的。它需要更好地体现中国传统优秀文化，特别是当中的内涵，每一项内容都是值得讨论的，什么可以做，什么不可以做。如果没有这样一颗敬畏的心，做出来的就是纯搞笑的节目，并不会达到当初设想的效果。

第三，你应该对它很崇拜，感到很骄傲，就像《诗书中华》的每个人，都觉得学诗文很骄傲、很开心。我们是在前人五千年积累的基石上做节目，会觉得有太多的东西值得去展现，而且这些东西是流淌在中国人的精神和血液当中的，这些内容能够让所有中国人找到共鸣。

然后说，怎么综艺化和娱乐化，其实就是拿所有你可能掌握的电视方法和元素，包括舞台、视觉、真人秀、剪辑等，去融入你的节目里，那它就是今天的人所能接受的节奏、读得懂的语言。文化类节目并不一定要曲高和寡，让人看不懂，我们可以运用最新的电视手段，用最时尚、观众最乐于接受的方法来制作文化类节目，让更多的人愿意观看，进而喜爱、传播中国的优秀传统文化。尽管是一档传统文化节目，《诗书中华》用了二十二个机位，完全运用现代的电视语言，将传统文化作为题材和内容进行碎片化处理，重新架构呈现给观众，观众通过这样的欣赏方式，可以慢慢吸收很多东西。

采访人：您觉得现在的文化类节目存在哪些问题？我们应该怎样去改进、发展呢？

王昕轶：第一个问题就是没钱，这是我觉得需要广泛呼吁的。像《诗书中华》，从头到尾下来的经费大概是三千万元吧，我们只能说略有盈余，但是要赚钱是很难的。娱乐节目赚钱的空间显然更大。所以对于大部分地方媒体来说，做文化类节目就很困难。其实我觉得文化类节目的性价比很高，它未来的空间是非常大的，现在所有的金主只看明星，但是文化类节目不适合请明星。

文化节目的经济价值，我认为可以分几个层面来讲。首先，节目本身的平台是具有广告价值的，这一点毋庸置疑。在一线卫视的周末档，一档文化节目可以获得的收视率，一定是可以完成招商的，目前整体电视内容，在主流价值观的引导下还是有一定优势的。这是一部分的经济效益。把传统文化类的节目做好，获得一定的收视率，没有收视率的节目我们也不能做。

其次，文化类节目还有非常大的增长空间，一是衍生产品，其实现在所有的媒体产品都是媒体链条产品，有非常多的层次，文化类节目完全可以开公众号，可以开展线下活动、名人的讲学，还可以开播电台的节目，例如，在喜马拉雅这样的平台上，传统文化的电台节目有非常大的价值。如果在电视播出之外，在其他的链条上制作各式各样的产品，那么传统文化的传播力量和商业价值是很大的。但是目前一些传统的内容还很散落，我们需要在传统文化品牌建设的同时，把这条链条打通，让其产生的经济效益远远大于在电视上产生的效益。

第二个问题是怎么去保持文化节目的生命力和丰富性。从去年到今年，文化节目一下子火了，获得了非常多的好评。那如何在第二季、第三季保住势头，以及更好地突破自己？其实并没有那么容易。现在的大环境就是这样，文化节目一下子出来那么多，把可做的都做得越来越雷同。

采访人：您觉得文化节目未来的长远发展没有那么容易？解决之道可能在什么地方？

王昕轶：对，没有那么容易。这个我也在摸索，我也说不准。但是我觉得现在所有做文化节目的导演都还保持着那颗很真的心，他们在很努力地耕耘这一块土地，我觉得是非常不容易的，而且应该会有很多人继续做出非常好的成绩。

采访人：在您录制《诗书中华》的过程中，有没有哪一个参赛选手或者哪一组家庭让您印象特别深刻？

王昕轶：我印象很深的是孟辉、孟千寻父子，和双胞胎李泽桑、李泽梓的PK。三个小孩和一个爸爸在台上，因为三个都是同龄的小朋友，爸爸心里知道自己的儿子选错了，但表示不发声。他说哪怕他选错了，我也支持他，因为他要学会接受自己决定的结果。那一幕让我觉得这个节目的价值是非常高的，已经超出了诗词层面。最终两位评委对这对父子的评价非常高。这个例子让我们看到在学习、在文化传承的过程中，我们更需要的是陪伴，而不是爸妈帮忙做选择，我觉得这已经超出了单单一个文化节目的意义范围。

采访人：作为一名优秀的年轻导演，您能不能用三个关键词来概括一下自己的导演经历？

王昕轶：第一个词是"初心"，无论是《急诊室故事》还是《诗书中华》《喝彩中华》，我都是怀着一颗初心去完成的，它们最终都给了我非常好的回馈，包括白玉兰奖、星光奖、中国电视年度掌声等。因为我做节目的时候，比如说拍《急诊室的故事》，我就是希望能够直面医患矛盾；做《诗书中华》，就是希望能够用家庭的方式来传承和传播中国传统文化；做《喝彩中华》，就是希望每一个人能够真心为自己所热爱的传统文化艺术来喝彩。这就是"初心"，它根植到每一个节目、每一个故事当中去，最终合力爆发出来了。这是第一个词"初心"。

第二个词是"幸运"。应该说这三个节目能做成还是很幸运的。因为有时候你的创意未必可以最终落地，未必能够很好地完成，那其实要感谢领导、专家、同事，包括观众给我这样的机会。我觉得这是非常非常幸运的一件事情。

第三个词是"突破"。《急诊室故事》就是一个极大的突破，七十八个高清固定摄像头，二十四小时全记录，这样的题材和形式在之前都没有人好好拍过。为什么可以拿到白玉兰奖的最佳系列纪录片？因为真的是回答或者说直面了中国的社会问题。而且这是由我——一个电视导演——完成的，我还不是纪录片行业的。对于自己也好，对于题材也好，对于拍摄方法也好，都是突破。《诗书中华》其实是对文化类节目这个领域的突破。在我们之前，同行已经做了《中国诗词大会》《中华好诗词》等很多节目，那如何再去突破，对我来说是一个很大的挑战。对于《喝彩中华》，虽然我之前曾做过很多戏曲节目，也做过很大的戏曲节目，但这个节目对于我自己是一个极大的突破。而且对于自己深爱的艺术如何去传播好它，也是一个极大的突破。我觉得"突破"是电视工作者在当下必须要去做的事情，你不要给自己设限。前不久我在白玉兰提名酒会的现场就说，我来白玉兰第一次拿了纪录片单元的最佳系列纪录片，第二次《喝彩中华》拿了综艺单元的综艺季播节目的提名，如果可以的话，我希望下一次可以杀入一个新的单元，去拿一个新的奖。

采访人：那您未来有没有什么创作计划呢？

王昕轶：没有，很多人都问我这个问题，其实我并没有很详细的创作计划，我一直觉得当有一个我想表达的东西到我面前时，我就努力地去表达，我并没有说一定要拍多少片子，因为如果任务性很强的话，我很难拍出很好的东西，我希望能够更好地去展现自己想要拍的东西。我会让自己做一些思考，去寻觅我想表达的东西。因为自己做完一个节目还是消耗很多的，还需要去补充一些东西。

（采访人吕安琪系北京大学新闻与传播学院 2017 级硕士研究生）

在创新传播中彰显文化自信

吴克宇

2017年北京大学电视研究中心的特聘研究员们把掌声送给了中国电视的一组文化类节目,这绝不是偶然的。这一年,人工智能的崛起、新媒体的冲击让电视媒体的形势更加严峻,媒介传播移动化、社交化、智能化趋势更加凸显;这一年,中国电视的危机感、窘迫感日益加重,广告收入大幅下滑,业务骨干成批外流,诸多卫视度日艰难;也是这一年,抖音快手、明星狗血、网综选秀、电竞游戏霸占了孩子们的青春时光,用歇斯底里的狂欢和娱乐至死的快感吸吮着年轻人的生命,以换取流量的增长和资本的垂涎。但恰恰也是这一年,中央明确提出:"坚定文化自信,推动社会主义文化繁荣兴盛。"中国电视在艰难中找到自信,以坚定的文化自觉和锐意的文化创新,用强有力的电视实践回应了时代的呼唤。这一年,电视文化类节目繁荣绽放、占领荧屏、引领热潮,让年轻人对主流媒体的文化节目又刮目相看。所以,北京大学电视研究中心的院校学者和业界专家,用热烈的掌声向《朗读者》《中国诗词大会(第二季)》《诗书中华》《国学小名士》等为典型代表的一批中国电视文化节目致敬,称赞它们以开阔的人文视野、丰富的思想内涵、新颖的节目形态、广泛的百姓参与,为文化类节目的发展提供了新范式,形成了电视荧屏一道亮丽的风景线,为综艺圈带来一股诗书清香,为电视文化注入了思想的力量,在创新传播中彰显了主流媒体的文化自信,必将载入中国电视史册。

一、开拓文化命题,突出社会价值,充分体现主流媒体的文化自觉

2017年开年伊始,《中国诗词大会(第二季)》便掀起了一场诗

词之美的国学风潮。它聚焦中国古代诗词，挖掘阐发中华优秀传统文化，成风化人，彰显中国特色、中国风格、中国气派。《朗读者》采用经典朗读的形式，将社会最具影响力的、有高尚品格的人和有特殊经历的人请到现场，用他们的影响力传播主流价值观。《诗书中华》以家庭为载体，采用中国古代"曲水流觞"的竞赛答题形式，体现传统文化在"家"这个中国最基本的社会组织结构中的情感交流和价值传承。《国学小名士》通过国学少年的比拼竞技，传递出孔孟之乡的文化底蕴，培养青少年国学兴趣，增强国人的文化自信心与民族自豪感。这四档文化节目都能够强化价值引领，弘扬中华优秀传统文化，培育社会主义核心价值观，体现出强烈的价值观驱动特征。

二、创新文艺形态，强化叙事表达，用动人故事提高节目传播力

《中国诗词大会》第二季创作中更加重视诗词背后的文化故事和节目嘉宾与诗词的不解情缘，塑造出"诗词少女武亦姝"等广为传播的荧幕形象。典型人物典型故事掀起现象级传播，10期节目累计观众规模破12亿人次。《朗读者》用朗读嘉宾的经历和故事串联起人和书籍，人物、故事和书籍的有机勾连共同强化了节目内容的影响力和传播力。主持人董卿和嘉宾娓娓道来，润物无声，致敬楷模，直抵心灵。与综艺市场上的戏谑明星、游戏人生、取宠搞笑的"手撕""底裤"形成明显区隔。

三、坚持自主创新，强化融合传播，实现内容形态全新突破

《中国诗词大会》《朗读者》《诗书中华》《国学小名士》等文化节目，坚持自主原创，开辟竞争蓝海，填补市场空白，通过新理念与新技术的结合，在内容表达、流程设计、视觉呈现、社交传播等方

面实现新的突破。《朗读者》一开播单期观众规模破亿，以文学之美、人性之美、情感之美锻造了一场从荧屏延展至线下的全民现象级文化事件。节目第一季在新媒体客户端喜马拉雅的收听率达到4.75亿人次，2018年第二季甚至超过7亿人次。线下设置的朗读亭，观众最多时排9个小时的队伍，才能在里面朗读4分钟。《中国诗词大会》《诗书中华》《国学小名士》等节目线上线下同步答题，形成诗词国学全民竞猜的文化氛围。它们都在演播室设计、技术手段、宣传推广方式、媒体融合上全面创新，实现了内容和形式的有机融合，焕发出传统电视媒体崭新的生命力。

在北京大学电视研究中心2017年中国电视年度掌声颁奖典礼上，董卿用"惶恐"这个词表达了获奖感受。我想，这个词不仅表达了电视工作者面对亿万电视观众，殚精竭虑、通宵达旦、诚惶诚恐地策划制作一档电视文化节目，却不知道能否得到观众认可的复杂心情，也有对电视文化类节目在新媒体强烈冲击、电视媒体激烈竞争的环境下还能走多远的疑虑，更有一个专业媒体人站在大众传播平台上坚守职业道德、坚持专业理想的执着和努力，还有一个文化工作者面对五千年中华文化时知敬畏，以文化人、传承创新的勇气和担当。

我想，在这一点上，我们每一个人都应该是"惶恐"的。

（作者系中央电视台总编室节目研发部主任、高级编辑，北京大学电视研究中心特聘研究员）

纪录片《二十二》（2017）

致掌辞

二十二，是纪录片开拍时中国公开的"慰安妇"幸存人数，纪录片《二十二》用电影镜头抚摸悲剧幸存者的心理伤痛，唤起公众的历史记忆与人性反思，表现出纪录片的社会担当和文化使命，并以其卓有成效的传播启示了纪录电影的方向。

《二十二》简介

播出时间：2017年8月14日

播出平台：全国电影院线

片长：99分钟（公映版）

类型：纪录片

制片人、导演：郭柯

2017年掌嘘领票现场

现场观点实录

我敬佩片子的"人性",《二十二》经受住一亿七千万票房的场面以后,把人性放在前面。

——陈小川

谁会去电影院看一部没有明星、噱头和绯闻的纪录片呢?《二十二》回答了这些问题,一亿七千万票房在《战狼》面前不算什么,但想到它的投资就会知道,它是去年中国电影所有投资回报率最高的。《二十二》没有放弃尊严,同时完成了拍摄。

——张同道

我以前认为受害者需要同情和帮助,但当我走近他们后发现老人生活得非常健康,内心不像我们想象的那样需要我们帮助。从某个角度看,她们比我们生活得更加健康,她们在困难面前比我要勇敢。

——郭柯(《二十二》导演)

不管是走个人道路还是面对社会,往后拍片子的价值观都会更加清晰明确,更加鞭策我在金钱面前要经得起考验。一点几亿票房后自己的承诺一定要兑现,我们要经得起考验。谢谢奖项鞭策我,让我继续走好每一步,因为不需要向任何人交代,只要让自己活得踏实就行。

——郭柯

感谢中央电视台五次以专访的形式报道《二十二》，让更多群众知道这部纪录片。在众筹阶段也是因为中央电视台新闻频道，让更多人参与其中。片子得到官方和民众的大力支持才有今天的成绩。

——郭柯

深情凝视
——《二十二》导演郭柯对话录

时间：2018 年 6 月 26 日　　形式：电话采访

郭柯，1980 年 9 月 18 日出生于四川，先后毕业于四川省艺术学校表演系和香港"巨采"艺员培训班。做过演员助理、演员替身、灯光助理、副导演等。直至 2017 年，参与了 33 部（13 部胶片、20 部数字）电影、10 部电视剧和若干广告的拍摄。2008 年，拍摄剧情短片《二灵八》。2012 年拍摄纪录短片《三十二》，2014 年拍摄纪录电影《二十二》。2017 年筹拍纪录电影《小天》，预计 2020 年上映。

采访人：《三十二》与《二十二》的海报风格相差很大，《三十二》有韦绍兰老人的背影和九重山的背景，而《二十二》是一个小朋友。请问这两版海报的灵感或用意是什么？海报风格改变的原因是什么？

郭柯：《三十二》是一个很具象的表达，就是一个老人的背影。《二十二》是表达一个群体，所以用某一位老人，我个人觉得不太合适。用哪一位老人，都不能代表这个群体，所以就用一个比较抽象的形象来表达。《三十二》的海报是设计师设计的,但是《二十二》是我从头到尾盯下来的,所以就有更多自己的想法。

采访人:《九重山》是《三十二》与《二十二》的主题曲,歌词是韦绍兰老人所说的谚语。您能分享关于这首歌的创作想法吗?

郭柯:这首歌其实是发行公司的想法,因为要有宣传的物料,他们建议把韦绍兰奶奶说的话制作成一首歌,因为它感动了很多人。当时找了很多歌手都不合适,后来发现了燕池,这跟燕池是一种缘分,听到她的声音就觉得很合适,合作也非常愉快。从想法到成品前前后后可能不到一个月,《九重山》就完成了。

采访人:影片除了片尾,全程是没有音乐的,请问这是出于怎样的考虑呢?

郭柯:音乐是起到一个辅助作用,我觉得这个片子不用辅助。因为《三十二》用了很多音乐,我觉得这一部再用音乐作为辅助这种手段不太合适,所以《二十二》从拍的时候就已经决定了,不要音乐。

采访人:影片中毛银梅老人唱歌的时候,镜头里先出现了墙上的地图,接着是一只燕子的动画,最后是一只真燕子。请问这一连串的切换有什么特别的含义吗?

郭柯:其实当时也没有什么特别的想法,就是现场看到了这个地图,摄影师就拍了,后期我选镜头的时候,觉得这样切换比较合适,而且叠化过去的那只真燕子是在海南拍到的,就是切换到下一位老人的生活环境里边,做一个连接吧。我觉得这些老人们的命运是相连的,所以我们会用一些在真实生活中看到的自然景物来连接。

采访人：有一些人认为拍纪录片会对老人们造成二次伤害，请问您在拍摄过程中是怎样在挖掘老人内心情感的同时保护她们的隐私的呢？

郭柯：就是充分的尊重，不用去挖掘什么，就跟她们相处聊天，她能说点什么、能聊什么，不强求。在场的工作人员都是以一种和奶奶聊天的方式，然后我们把它记录下来。

采访人：对话中是怎样和老人们谈到那段伤心的历史的呢？

郭柯：就是自然而然聊到这一部分的。有时候我们会问："那个时候日本人来村里边是什么样的，能不能跟我们聊一聊？当时日本人在这什么状况？"基本上就以这种方式。最多就问到奶奶："他们是不是把你抓去的？"这个问题是其中问得最直白的。

采访人：整个影片给人以质朴、自然、真实、不加雕琢的感觉。请问您在确定影片基调的时候，是出于记录老人们生活现状、不过多深挖以免造成二次伤害的考量吗？

郭柯：刚开始觉得她们不说，这个片子很难拍，后来感觉真实的状况就是不说。我们刚开始的时候也比较疑惑，这样不说话能不能行。但是后来跟老人相处久了以后，就觉得她每天跟我们相处，她对我们那么好，其实说不说都是她自己的真实想法，这已经不重要了。历史上已经挖掘出很多痛苦经历的信息了，我们没必要再去揭开他们的伤疤，对吧？

采访人：影片中的陈厚志先生从1996年开始帮助慰安妇，请问您是怎么认识他的呢？陈先生一开始努力想让日本人向老人们道歉，但后来发现这样其实会给老人们带来更大的打扰。那么您在拍完纪录片之后，老人们或她们的家人是否有受到打扰？

郭柯：陈厚志是上海的苏教授介绍给我的，他对海南的老人、地理位置比较熟，而且在语言方面也有优势，因为我们听不懂老人说话，所以就请他帮忙带我们去了几次。拍完纪录片以后，我们在春节的时候都会去看奶奶，但我们也没有公开，就是不想给她们带去困扰。现在从我们了解的情况来看，（纪录片的拍摄）没有给老人带来困扰，虽然广西的韦绍兰老人，有很多人去看她，但是老人都很开心很高兴，家属的反映也是老人都很高兴。这些老人都在慢慢地离开，我们希望尽力用最合适的方式帮助她们。我们在春节前捐助了一笔钱给她们，以我们的判断，足以改变她们现在的生活状况。这笔钱是从票房最先的结款里出的，因为票房还没最终结款，所以捐款还没有最终完成。

采访人：您在采访中曾提到《三十二》的投资是比较顺畅的，可以说说当时的投资情况吗？为什么到《二十二》的时候资金就开始遇到很大的困难？

郭柯：《三十二》是一个私人老板投的，因为投资比较小，也可能是因为缘分吧，那个时候就特别巧，这个事儿就一拍即合，很顺畅地就拍了《三十二》。而且《三十二》也不是作为一个独立的影片出现，当时我们是想做一个试验片，让老板看一下有没有可能去投一部长片，但是拍了以后他就没投了。《三十二》这部纪录片让我们有了一些新的感受，所以拍了《二十二》。《二十二》的投资为什么那么难？因为这个老板不认可《二十二》。

采访人：不认可的原因是什么呢？

郭柯： 那个老板就说不够感动，观众看了不会哭。他觉得这个表达跟他想象的不一样，我觉得他这样想也正常，我理解。他们喜欢那种比较常规的感人方式。但是老板没有去现场，他不知道韦绍兰老人是一个什么样的状态。老人这么好，我们也不能去做伤害她的事，对吧？你弄一些不合适的镜头进去不太好。《二十二》的投资大一些。拉投资的时候要拉两三百万元，又是一部纪录片，所以这个资金对于老板来说是有压力的。

采访人： 您看过我国台湾地区关于慰安妇议题的纪录片《芦苇之歌》吗？您认为您的作品与《芦苇之歌》有什么相同与不同之处？

郭柯： 首先《芦苇之歌》是一个女性导演拍的，吴秀菁导演，其实我后来才认识她。我之前看片子的时候，觉得因为女性可能比男性要更加感性，所以她们的参与感特别强，包括她们后面支持的妇女救援基金会，都是有参与在故事里边的。但我们参与不了，因为别人毕竟做了这么多年，她们跟我国台湾岛内的这些老人相处得特别融洽。我只是一个旁观者，所以角度不一样，我们是远看，她们是近距离相处，有很多互动，包括给老人穿上婚纱、帮她们去完成一些愿望。我觉得就是这些不一样，我可能就更加是局外人的感觉吧。

采访人： 您认为我国关于慰安妇题材的作品比较稀缺的原因是什么？为什么这么需要被关注的历史议题，会在资金筹集上这么困难？

郭柯： 因为这个行业里边，大部分观众还是更能接受比较轻松娱乐的片子。老板他们不愿意去投，这是很正常的状况。尤其是纪录片，就包括我现在在拍的纪录片，一样困难，因为它的成本比《二十二》要大得多，面临的状况是一样的。虽然《二十二》在市场上有好的反应,也赚钱了,但是老板还是不愿意投。现在拍一个一两百万元、两三百万元的纪录片可能容易一些,但是现在这部纪录片是上千万元的制作,那就不容易了。老板觉得这个可能有点问题,也没人去迈出这一步。为什么纪录片需要花大钱去拍?因为你要请更好的人员,因为你要去到这个当事人的地点,你必须要花那么多钱。但老板他们不考虑这些,他只是希望低投入高回报,现在就是这么一个状况。

采访人:市场上这种过于商业化的思路到底应该如何去突围?

郭柯:我个人觉得就是硬着头皮往上冲。除非这个投资方是你亲戚,是你父母,他不要求你回收这个钱。你只要面对投资方,那对方必定有一些质疑。如果你要的投资少,一两百万元,他怀疑你的质量行不行,投资多了他又考虑回报的问题。纪录片就是这样,你的内容是非常独立的,但是你的运作模式必须商业化,除非是缘分到了,遇到懂的人。你要真是到市场上去找投资公司,我觉得是很难的。对于我个人来说,就是硬着头皮上,这里边也摸索不出来什么正确的路线。但是你要有制片意识,你要知道花多少钱能把这片子拍好,你要判断院线和观众的习惯是什么。院线纪录片可能与我们之前看到的电视纪录片的表达方式是有区别的。

采访人:是否可以这样认为:用电影的镜头语言去把真实的东西客观地呈现出来,这就是院线需要的纪录片?

郭柯:你总结得很对,就是用电影的语言去拍真人真事。但是说起来简单,其实这里面需要研究的问题还很多,比如,你要请什么样的摄影师、什么样的团队?人多了会不会打扰到你的被拍对象?这所有的问题都需要经验,要钻研应该怎么解决它。

采访人：您在这个过程当中有什么困惑？

郭柯：比如说我们拍老人，她比较安静，我们就可以用大的团队去拍。那现在我们拍年轻人，他有杂念，活动又比较灵活，那我们怎么客观地去拍？你出现在他的生活或工作环境里，怎么让他们没有杂念？机器这么大，还要换镜头、举杆，这些怎么处理？这些都是我们现在要解决的。我们也想过是不是要做一个像电视台拍真人秀那样的一个保护我们自己的遮挡物，做一个盒子，摄影师和机器全部在里边，尽量让对方不要感觉到，减少杂念的产生。但是这个举杆的怎么办？小蜜蜂的效果又不好。所以这些都是我们要解决的问题。问题出来了，只能解决，不能逃避，不好拍的你就去解决，必须要有这种精神才行。

采访人：您在拍摄之前肯定会有一定的人为引导，那么如何保证拍摄对象的真实和自然呢？

郭柯：我觉得这个更多的是需要摄影师的捕捉能力，因为有的东西你必须去安排，比如《二十二》中那个日本女孩跟老人的女儿谈话的片段，我们是把那个日本女孩请回到奶奶家里的。当时刚好这个女孩在老人去世的时候回国了，所以当她再来到中国的时候，我提前跟她联系，去海南的学校接她，然后去老人家里。去家里之前我们提前把机器架好，然后就用了一些很具体的方式让她不要去管我们。这其实是一种信任，是被拍者跟你之间的信任，我们拍摄之前跟她做了很长时间的交流和沟通，告诉她我们在做什么。也要归功于摄影师的敏感，包括机位的选择，所以才记录到这些。

有一些东西你可以把它放到特定的环境里边，但是在这个环境里边你能拍到什么，这个其实挺考验摄影师的，因为不可能有第二次来的机会，我也不可能亲自去掌机。你扔进去那十五分钟，就必须在十五分钟内把有效的东西捕捉到。专业的摄影师需要有感知地去捕捉，而且这种捕捉要有电影语言，要知道你的构图跟这个环境里的人和物产生什么样的关系，而不是把画面拍完就完了。我觉得这些需要一个摄影师有基本素养和对社会的认知，只有这样他才会有感受。

采访人：在拍摄《二十二》时是几个机器？

郭柯：一个机器，这个也是我们为了保持纪录片的这种真实而设计的。其实不管是技术也好，资金也好，我们双机的能力是有的，但就是刻意地选择单机，因为我不喜欢双机那种非同机位的切换，一看就像剧情片那种，会淡化真实，所以我刻意选择不要那么顺畅地去捕捉。

采访人：影片中展现了日本志愿者和老人的亲密相处，您是站在怎样的立场上，去处理这种两国之间的历史问题的？

郭柯：说实话我还真没站到历史的立场去看，就是站到当下的立场。我接触到这个志愿者女孩，她给我的感觉就是这样，所以她说的话我也觉得就应该剪在片子里，这些老人也确实接受了很多日本人去看望她们。我说句实话，那段历史我没经历过，所以我只能看我对于现在的感受。历史不能忘，日本侵华伤害了很多中国人，但是我们80后怎么看待这件事情，是我们自己的认知，和自己当下的感受是有关系的。因为我确实接触了这个日本女孩，也接触了这些老人，她们反馈给我的感受是这样，我就把我的真实感受表达出来。如果我看很多材料，看很多书，那我的情绪就会停留在当时的那种伤害里。

采访人：您对《二十二》这部片子有什么遗憾之处吗？您认为自

己拍完《三十二》与《二十二》之后有什么改变？

郭柯：我觉得遗憾的就是有一个老人没拍到，就差那么几天她就离世了。其他的方面，我觉得还好，现在回头来想，就算是现在能总结出来的遗憾，当初也不一定能达到预想，所以没什么遗憾的。我觉得改变就是两部纪录片下来，让我们觉得拍片子可以更加慢，节奏慢一点，因为以前拍剧情片会比较快。这两部纪录片让我觉得可能下一部片子也好，做事情也好，不用那么着急，先充分地准备，然后想清楚自己到底要什么。这个很重要。

采访人：您近期将《二十二》所获得的奖杯、证书全部捐至中国"慰安妇"历史博物馆，您是怎样保持自己初心的呢？

郭柯：其实也没有保持初心，因为我当初也不知道要得奖。我认为这些东西不应该是属于我的，这部片子能受到大家的关注，有那么高的票房，真不是因为拍得有多好，是因为这个群体，这个事件。当然我们在里边是起到了一定的作用，但不是决定性的因素。所以这些奖杯是在鼓励我们，这样的事情可以多做，这样的题材、这样的人群，我们可以多去关注，这是社会给你的认可和鼓励。所以我觉得这些奖杯更应该放到历史博物馆，它会有更高的价值，可以让关注这个事件的人去看到这个奖杯，对记录这个事、对这些老人给予认可。这对谁都会好一点，而不是摆在我的工作室。

采访人：拍摄结束后，您有以什么方式继续帮助老人们吗？

郭柯：我自己每一年春节前会去看她们，然后跟苏教授时刻保持着紧密联系，需要我去做的，包括在帮助"慰安妇"受害者方面需要我去出力的事情，我都愿意去做。他们的家人我都有联系方式，但希望不要接到他们的电话，因为没有消息对于我们来说就是好消息。现在就希望她们平平静静地生活，然后在特殊的时间，比如老人们过生日的时候，我一定要抽空去看她们。

采访人：您曾在采访中提到您的强项是情感的叙述，可以具体谈谈吗？

郭柯：我不是一个创造性的导演，很多导演是创造性的，他可能有自己独特的观点能放到一个故事里边，但我觉得我这方面的能力很弱。所以相比之下，我可能在观察上会更愿意花点时间，细腻一些，这跟我自己的成长经历有关。因为这个世界上有很多人和事，我们没有去关注他们，但如果我觉得这个人、这个人群，或者他做的事情挺有意思，就会用我和团队的理解能力，用自己的视角、观点记录下来给大家看。

采访人：您方便谈谈您的新作品吗？

郭柯：下一个题材是关于音乐治疗的，大范畴属于临终关怀。其实我们主要是想拍一个音乐治疗师，一个90后女孩，她在国外做音乐治疗，服务的对象都是生命期限只有六个月的人，我们想多去了解一下她的成长。我也不停地在了解世界上很多国家的音乐治疗，觉得这个话题值得我们去关注，因为它会跟我们每个人产生联系，即使我们现在不会面对，也许将来我们的亲人也会面临这些问题。看了国外的音乐治疗，发现国内确实还是有一定差距，所以我们想看一个中国女孩在国外怎么在音乐治疗里成长。

（采访人黄诗淳系北京大学新闻与传播学院2017级硕士研究生）

《二十二》：记忆面对生命和历史

张颐武

《二十二》是一部独特的纪录片，也是一段历史的重新追索，也是历史和当下的对话，是对于记忆的呈现。这部电影的力量在于它的平静的再现下面所蕴含的感情和意义，它们溢出了文本，让人们能够感觉得到。可以说，它通过对那些曾经经历过最惨痛的历程的女性进行记录，把她们在当下的状态最真实地呈现在镜头之前。这里他们所讲述的故事是片段式的，但在这些片段之中，无论是她们讲述出来的，还是没有讲述出来的一切，都摄人心魄。随着岁月的流逝，那段历史已经远去，这些人也随着岁月的流逝而逐渐消逝。但《二十二》所留下的她们的过往和当下的状况，却是历史的一部分，也是让我们的内心有了触动和震撼的部分。那一段幽暗的历史中的痛苦、压抑和伤感，那种由于暴力和残酷所造成的对个体生命的巨大伤害，都让人能够从影片的平静呈现中强烈地感受到。这部电影让我们在观影的过程中无法抑制那种感情和感觉的波澜，让我们感到内在的冲击。

这可以说是已经过去了将近四分之三个世纪的历史的最后活着的见证人的陈述，而在这里面并不仅仅是历史的见证，而是让我们看到了真实的个人，这些个人有些在影片制作的过程中和影片上映之后陆续离开了这个世界。这是在他们永远沉默之前的最后叙述，也是这些老人留给这个世界的最后影像和声音记录。这些普通的个体生命，在镜头前展现了自己的尊严和力量，展现了自己的安详和平静中让我们感动的东西。可以说，这是这些老人在生命的最后岁月中留给世界的宝贵的东西。这一切让这部电影具有了弥足珍贵的内在的力量。这是过去对于当下的陈述，也是今天对于过往历史的记忆开掘。这部电影不是文献性的，不是那种常见的用当事人的见证和文献资料来陈述一段历史的纪录片。它的中心就是一些经历了磨难和痛苦的老人，她们是电影的中心，有限文献的陈述只是为了让我们了解她们和她们的生活。这些老人、她们的家庭、她们的日常生活本身就具有了一种意义，记录她们不仅仅是为了从她们身上寻找历史的痕迹。正是这些老人给了电影真切的力量。电影用镜头给我们的是她们，她们不仅仅是历史的见证，而是活的人。她们有自己的生活，这些生活支撑了她们在经历惨痛的经历之后活下来，有了自己一生的过往。这些都是值得电影尊重的，也是值得我们尊重的。电影给我们的不仅仅是人们通过历史看到的，而更多的是通过个人来看到的。电影让我们看到的老人们，其实是她们的庄严。她们不仅见证历史，而且活在我们之中，她们人性的力量才是电影的生命所在。这一切不仅是对于忘却历史、抹杀记忆的愤怒——这当然也是重要的——而且试图给我们呈现的是生命的尊严和对于侵犯这种尊严的最大的蔑视。这里不仅仅有对生命被摧残的悲悯，更多的是对于生命的坚强和力量的尊重。

　　这部电影最让人印象深刻的是它内敛的叙述，这里的老人们亲身的讲述，她们的周围人和关注这段历史的各国人士的叙述，都在一种极为真实的环境中被记录。这些讲述都并不完整，仍然保持着生活中的那种真切的对话的情境和状态，也真实记录了她们当下生活的环境和周围的一切，但却异常真切地把我们带到了历史之中，让我们不仅仅看到了侵略的历史在人们内心留下的伤害，也看到了那段历史过去在记忆中的真实的存在。这些老人的表情平静，面对镜头也很坦然，但她们内心中的那些过往的记忆仍然通过零碎的叙述得以呈现。

　　记忆可以说是这部电影最重要的主体，老人们通过回忆呈现自己的记忆，那些来访者和电影的制作者发掘和展开记忆，让记忆通过语言和影像得以让我们听到、看到。这种记忆不是系统性的叙述和分析，而是来自个体生命的真实的感觉和对过往经验的表达。它们当然是零散的，这些当事人当然也并不愿意回顾和讲述那些痛苦的记忆和残酷的伤害，她们也已经年迈，但那种感觉，那种刻骨铭心的东西仍然可以穿透时间的流逝而让我们感受得到。这部纪录片所呈现的当然有具体的事实，这些事实也是真实历史最好的见证，这可以成为大历史的真实的参照。但更重要的是它是人的活的记忆，是人们活在记忆中的感觉的呈现。由于这些叙述并不完整，我们得从周围人的讲述和老人们的叙述中拼贴起一个个的故事，这些故事里的那些伤痛其实是我们民族在近代以来的历史中的伤痛的一个部分。那些伤痛对于个体是个人经验的一部分，而在这些老人的共同叙述中所呈现出的也是中国的民族的记忆的一部分。这里的痛苦其实也让我们感同身受。这既是人类生活中的罪恶造成的痛苦，也是中国近代以来的历史所付出的惨痛经验，这会让我们的感受更加深刻。

这部影片的一个让人印象深刻的地方，就是对于拍摄活动的直接的呈现——经常让摄影机和拍摄活动本身呈现在镜头之前。经常出现那种拍摄的场面，就是老人平静地坐在镜头之前，镜头常常和老人一起在画面之中，来访者的拍摄活动几乎是这部电影中的重要元素。摄影活动，几乎是这部电影的连续性形成的关键性支撑。时刻出现的各种照相摄影场面，都给我们关于电影本身的提示。我们知道这是人在摄影机之后选择角度，这是人在记录和展开，这一切都是人的交流所构成的。让我们看到的是一种今日凝视历史的感觉，一种通过对老人们的拍摄提供给 21 世纪对过去的见证的感觉，一种通过记录老人们的生活看向我们的来处的那种感觉，而这感觉又和当下息息相关。老人们并不生活在她们的过去之中，而是生活在当下，她们的存在是和我们共同在一起的。这种感觉让这部电影有了自己的当下性。电影本身的存在就是摄影机和它的对面的人之间的互动所构成，而这部电影所试图呈现的是摄影机和它背后的人和摄影机面对的人之间的交流之中所形成的那种关系。我们可以时刻感受到的不仅仅是历史，而是当下的人面对自己和对象时的那种感觉的存在。历史和记忆正是通过感觉的力量来到我们的面前。

今天的我们如何面对那些老人经历的过往？这些镜头如何获得一种意义？这些都是这部电影提示我们的重要线索。电影其实告诉我们，我们看到的一切是通过镜头来呈现的，它是叙述，它是电影制作者们和老人们及其周围的一切在对话的场景。我对电影印象最深的是一个空镜头，这是一位老人的窗台上的一盆花。这盆花盛开在窗前。这个镜头持续的时间不长，但我觉得这其实是让我很感动的瞬间。记忆和历史依然在生命之中，我们需要记忆和历史来让我们看到自己的过往，我们也需要这盆花来感受生命的生生不息的力量。这是善和美的力量。

（作者系北京大学中文系教授、博士生导师，
北京大学电视研究中心特聘研究员）

科技类节目（2017）：
《我是未来》《机智过人》

致掌辞

身处网络时代的我们都与科技相关，科技类节目用创新的电视综艺手法，让原本复杂艰深的科学技术成为大众传播的热门话题。这是前沿科技走向大众的有益尝试，也是电视媒介面对科技发展等人类社会发展重大议题时所表现出的关切与努力。

作为中科院特别支持的中国首档原创科技秀，《我是未来》拉近了普通大众与严肃科学的距离。科学家对《我是未来》的深度参与，挖掘了电视节目营造尊重知识、尊重科学的社会氛围的可能性。

中央电视台《机智过人》聚焦人工智能等前沿科技领域，具有国家级媒体的科普示范性意义，它不仅呈现了科技精英与科技项目的互动机理，而且引入思考了人与机器、人与技术的关系等哲学性问题，为看似轻松热闹的电视综艺赋予了更为厚重的命题。

《我是未来》节目简介

播出时间：2017年7月30日至2017年10月15日，每周日20:30

播出平台：湖南卫视

季播：共12期，每期75分钟

类型：科技类节目

出品人：吕焕斌、杨晖

总制片人：黄宏彦、蒋凌霜

总导演：韩金媛

主持人：张绍刚、虚拟主持人小冰

《机智过人》节目简介

播出时间：2017年8月25日至2017年12月30日，每周五20:00

播出平台：中央电视台综合频道（CCTV-1）

季播：共12期，每期45分钟

类型：科技类节目

制片人：张越、石涛

总导演：陈齐艺

执行总导演：吴墨冉、朱静

主持人：高博

现场观点实录

唯众传媒绝对是市场化程度很高的，杨晖的团队做的都是正能量、思想性的节目。

——时统宇

《机智过人》我看了大吃一惊。小时候说熟读唐诗三百首，不会写诗也会诌。《机智过人》的人工智能能不能穿越到下一季的《中国诗词大会》，形成中国文化类节目和科技类节目的对接穿越？中国诗词靠人脑和学霸，人脑是有限的，但《机智过人》是无限的。

——时统宇

科技应用到人们生活中是软的，我们在想怎么让硬科技软植入，怎么让硬科技软起来。我们的节目获得鼓励，是因为科学家们，科技是科学家写给未来的情诗。大家可以记住演员的名字，但科学家的名字有谁能记住？我们从小说想做文学家和科学家，长大就会忘记。一个国家要真的强大，也许真的应该让年轻人和小朋友对未来的期望不仅仅是做明星，而是还可以做点更有意义的事。我们通过《我是未来》，在观众的眼里、在年轻孩子的眼里看到了好奇的欲望。科技给使用科技的人带来温暖，这种温暖是任何东西不能替代的。

——杨晖（唯众传媒创始人CEO、《我是未来》联合出品人）

2017年是人工智能浪潮的元年，之前人工智能走过很长的时间，但在2017年集中爆发了。我们借着人工智能的爆发，才让节目在今天能够站在这里。感谢大时代、大科技潮流。

人工智能技术和超强人类技术之间的比拼非常难以呈现。因

2017年掌嘘现场

为大量的人工智能技术都是程序，而电视是画面语言和视觉语言，程序需要被视觉化，还得让观众看懂，这是问题。机器有人不可比拟的优势，比如它的记忆功能是人根本比不了的。人也有机器无法替代的功能，人的肢体动作对机器而言非常难实现。如何找到两者之间可以比较的点，对我们来说非常难。所有的人工智能技术都有本身的应用场景，把它们的实际应用场景转化到演播室、接受人类检验的过程，花费了我们很多的时间和精力。

走到今天很难，但在难的背后能够走到今天，支持我们的动力是人工智能在改变着生活。作为媒体人，我们有责任把这种改变如实地传递给电视观众。当我们开始决定做节目时，很多人发过来负面消息，比如人工智能将取代人类等。这就是信息不对称的结果，所以我们再难也得做出来。

——吴墨冉（中央电视台《机智过人》执行总导演）

原来，科技是柔软而性感的
——《我是未来》联合出品人杨晖对话录

时间：2018年6月29日　形式：电话采访

杨晖，博士，唯众传媒创始人兼CEO，资深媒体人，TV2.0新思维理念倡导者。曾经担任过湖南卫视节目中心副主任、CNBC中国区项目经理。2006年，创立唯众传媒，先后推出《我是未来》《你正常吗》《@春晚》等知名电视和网络节目。杨晖先后荣获第十届"全国德艺双馨电视艺术工作者""全国三八红旗手""上海文化创业年度人物"等称号。

采访人：您最开始是怎么想到做这样一档科技节目的？

杨晖：我们在2015年就动议想做一档节目，但当时还不是科技节目，名字叫《回答吧！阿尔法》。节目的设想是希望能有全球视野，把科技、人文、政经、体育、教育等领域内的顶尖人物请来跟大家做分享。当时想的领域比较宽泛，而且定位在全球视野。阿尔法是拉丁语中的第一个字母，它可以代表第一和开始的意思。

三年里很多的东西都在动态迭代，我们也在不断地调整节目的创意和想法。在当下，我们需要对内容价值做重新定义，内容可以先从宽到窄再到深入，慢慢去做减法，它的价值感可能会更强，这是我对内容产业的一个基本判断。

在和湖南广播电视总台台长吕焕斌谈《回答吧！阿尔法》的时候，他说也许我们可以锁定某一个领域的内容，比如科技，这个题材其实是稀缺的，会不会令大家耳目一新呢？的确，这个时代不缺乏大制作、大投入，也不缺乏各种互相撞车的泛题材，最缺乏的反而是综艺节目涉猎较少的，但是受众又特别需要的垂直领域。我们一拍即合，锁定科技也恰好能够体现我们重新定义内容价值的初心。

后来节目名字改为《我是未来》，意为"科技为人类赋能，为未来赋能"。科学家对大众来讲是一群比较陌生的群体，他们不是大家眼中传统意义上的明星，但有着传统娱乐明星无法企及的人格魅力，在纯娱时代即将过去的时候，我认为智娱时代马上到来。科技一定是一个能抓住观众注意力的题材，我们希望在知识和娱乐之间找到一个平衡并且有效的连接方式。

如果把科技比喻为一个灵魂的话，我们希望通过《我是未来》这个节目，能够给大家呈现一个有趣的灵魂。所谓有趣的灵魂，就是用大家喜欢的方式把它呈现出来，能够让科学家成为年轻人眼中新的国民偶像。通过这个节目达到给年轻人科普的目的，如果年轻人能因此爱上科学的话，我觉得我们做的这件事就更有价值了。这个节目动念三年，准备了一年，才最终推出。

采访人：您刚才也说了，当时在跟湖南台的吕焕斌台长交流时一拍即合，最后在湖南卫视播出，那在之前有没有考虑过其他的媒体平台，比如网络？

杨晖：有考虑的，其实这个节目最先联系的是网络平台，但是网民可能对节目形态更看重，对题材没那么敏感。换句话来说，这可能是好的题材，但是如果说它的娱乐感或者表达方式，没有像那些头部网综那样超级带感、没有很娱乐、没有大明星，这个好的题材可能就被忽视了。我觉得市场需要有一个被教育的过程，所以我们最后选择先从电视台开始，然后再采取台网联动的方式，《我是未来》在湖南卫视和芒果TV联动播出，之后在优酷也上线了。能在湖南卫视播出确实是因为吕台长的独到眼光和魄力，从我本身来说特别开心。作为第一个从湖南卫视走出来的创业者，非常开心能够带着自己的作品或者说产品"回娘家"。

做《我是未来》的时候，我希望科学家们能给年轻人做一些科普，成为年轻人心目中的新晋国民偶像。湖南卫视的综艺节目特别受年轻人的追捧，霸屏二十年，所以从这个角度来讲，在受众上是完全吻合的。我们希望题材本身能抓牢那群年轻人，然后从他们身上的那些兴趣当中裂变、创造出新产品来。同时我认为对于年轻的观众，湖南台是非常有社会责任感的，吕台长就觉得这个题材对年轻人非常有价值，所以我们现在第二季要开始，他也非常支持。张华立副台长在《我是未来》的发布会上非常诚恳地说："恳请媒体朋友能够把目光从明星身上移开，多看一看那些闪闪发光的科学家们，让他们成为社会的主角、明天的主角。"

采访人：科技类节目是唯众传媒的第一次尝试，也是您的第一次尝试，您觉得这个节目对您最大的挑战是什么？

杨晖：没有进入科技节目时我没觉得会那么难，进入科技节目之后我发现这原来是个巨大的"坑"，它比你想象的还要难。第一，我们是一群文科生在做一个科技节目，所幸我们得到了中国科学院科学传播局的特别支持，让他们给我们做这方面权威的背书。同时我们还组成了自己的科学专家顾问团，保证专业性，避免犯常识性的错误。

乐观一点讲，一群文科生做科技类节目的劣势，我们已经通过中国科学院科学传播局和科技专家顾问团补足了这个短板。但是对于文科生团队来讲，这仅仅是一个靠山而已，大量的工作需要我们自己来做，实实在在的付出肯定是少不了的，我觉得这是很重要的一个事情。换种思维，如此也是有好处的，我跟团队说如果一群文科生能先把一个很难"啃"的科技节目弄懂、弄清楚，理解科学家们，观众才有可能明白。文科生来做科技节目反而多了一重观众视角，这是很重要的。我们完完全全是按照自己的本心去看我怎么才能对这事感兴趣、懂这事，这样就变成一种顺势而为，以观众的名义，帮助观众把科技弄明白，我们一群文科生最后确实让观众基本上能够发现科技是有用的，同时也是有趣的。

第二，如何把握科技感和综艺感的平衡也是我们面临的挑战之一。如何让硬题材软着陆，最重要的一点就是要让它呈现得很好看，通俗一点讲就是要用综合艺术来呈现综艺感。如果科技感太强，大家觉得特别生硬；如果娱乐感很强，大家又会觉得节目属性不对、调性不对，太闹了。科技是它的属性，综艺是它的调性。怎么在节目足够好看的情况下，让观众还不质疑科技的权威性和科学性，这个是我们一直在调试和摸索的部分。

第三，还有一个最重要的问题是我们对于科技节目本身的认知。你说这节目的世界观是什么？如果你做节目的世界观是希望大家认为这是一档好看的科技节目。"好看的"是偏正词组，最重要的落脚点还是科技节目。如果一味地追求好看，让大家觉得不科技，这是断然不行的。科技是最重要、最不能改变的东西。另外，它是科技节目，不是报告会，不是TED演讲，它是一档在湖南卫视这样一个充满娱乐调性的、擅长以年轻人习惯的轻松表达方式来阐述内容的平台播出的节目，就必须是好看的。所以后来我把节目第一季的世界观定在我们要做一档有温度的科技节目，它不是隔靴搔痒或者咯吱你。这好比我们用做上海菜的食材，但配上湘菜的做法，让习惯吃湘菜的人觉得这是不违和、有创意的，这两点我们都得做到。保证它的材质正宗，同时，在炒菜手法上我们要做湘菜系厨师。做完节目后，我觉得我们团队全是杂技演员、平衡高手，整个导演团队成员对科技节目不但要把它吃透、嚼透，之后还要还原出来，让观众能够看明白。

第四，一档节目的世界观，直接决定了我们对科技项目和科技团队的选择。一档节目有它的底层逻辑和顶层设计，底层逻辑就是它的世界观，这决定了顶层设计，决定了这个节目长什么样。大家看到英特尔公司用它的技术给聋哑人做的舞蹈服，他们让聋哑人能够在表演时脱离舞蹈老师的指导，自己感受节奏，表演难度超高的现代舞。我们用真人秀的方式来呈现这部分的内容。他们在练舞初期还是满心欢喜，像是找到了宝贝；接下来却是炼狱般痛苦，因为这完全颠覆了他们之前的舞蹈训练方式，他们动过放弃的念头；最后他们出现在舞台上为大家带来了精彩绝伦的表演，所有人起立为他们鼓掌。台下第一次当观众的舞蹈老师激动得说不出话来，这些创意和设计都来源于我们对节目本身的认知。你会感受到科技在为人类赋能，为未来赋能。

第五，这档节目在跟观众的"印象"博弈。许多观众对高科技的认知是建立在科幻电影上的，大家更容易认为那才是高科技。但真正的科技没有那么酷炫，科技不是科幻，不能把科幻等同于科技。科技是很务实的，目前而言，我们再怎么努力呈现，也不能把科技呈现成科幻电影的级别，大众的期望值要放在一个合理而科学的维度上来。我们为此舍弃了很多很厉害但很难现场展现的科技，同时，我们也花了很大的力气通过电视的表现力来打破人们对科技的刻板印象。这也是为什么几十上百人的团队要历时一年死磕这一个节目的原因。

采访人：唯众传媒的节目其实合作过很多的主持人，湖南台本身的主持人也很多，为什么会选择张绍刚担任节目的主持人？以及是怎么想到用人工智能小冰来跟他搭档的？

杨晖：人工智能小冰我先说一下。一档科技节目，要加强科技感，同时又要有综艺感，我们觉得人工智能美少女小冰是二者结合最好的载体。之前小冰一直出现在各种地方，但就是不露面，唯一能看到的是微信上面它的半张脸。如果我们能够赋予小冰一个形象，把它具象化，那么这也许是节目科技属性与娱乐调性的完美结合。

小冰是第一个有 AR 形象的 AI 主持人，这也预示着未来真的一切皆有可能。小冰本身就是未来科技的一个很好的代表，它的深度学习能力，让人不得不服。我们在小冰还没有具体的视觉形象，在微信只能看到半张脸和一根咬了一口的冰棍图像的情况之下，斥巨资把它打造成 AI 小萝莉的形象之后，我想她的上亿粉丝中的相当部分一定会成为这个节目的观众。另外我们把小冰的人设设计成一个爱怼人、喜欢斗嘴的小萝莉后，感觉给它配一个大叔会非常有趣，放眼望去最有吐槽质感的就是张绍刚老师了，我们希望一物降一物，毒舌的他却成了小冰的吐槽对象，这对 CP 互怼的形象就很合理地成立了，有种反差萌的感觉。很多年轻人觉得特别带感："科技节目还可以这样做，也是服了你们了。"

采访人：在娱乐节目火爆荧幕的时候，您在做这档节目的时候有没有担心过节目的收视和进一步发展？

杨晖：作为一个科技类的节目，《我是未来》打败了七八成娱乐节目的收视率。相比担心收视率，更重要的是把自己的内容做好，把产品做实，真正触达观众的痛点，收视率则是一个水到渠成的事情。做产品必须耐得住寂寞，不能被市场轻易裹挟。我们还是要回到作为一个制作者本身的匠人思维上，不要去做那些分散精力的事，不然有时候真的是欲速则不达。

唯众创立十二年来，大家其实可以看到我们在市场上是一家风格比较鲜明的公司，它一直有自己的定位，而且不是特别按常理出牌。大家在纷纷追逐头部娱乐、流量明星的时候，你很少会看到唯众在跟风，它特安静。因为我们知道自己要什么，我们有自己既定的公司战略，以及我们自己的产品矩阵策略。在确定了目标市场之后，我们很有章法地按照我们的步骤和节奏来把事情做好。做产品最重要的是有区隔，要有自己的核心竞争力，有不同于别人的优势，这个优势就会成为你的护城河。

唯众是一家守正出奇的公司，它不太相信天上掉馅饼。流量明星把市场的价格抬高成那样，完全不可理喻，我们既没有这个能力，也没有这个必要跟风。把一个节目做得看起来投入、规模很大，但其实投入的一大半甚至更多都给了明星，节目制作则完全得不到保障。我们为什么要凑这个热闹？我们不掺和、不凑热闹。我觉得把内容做好，用产品说话，用实力作证，就不需要去担心收视率的问题。当然我们也得很客观地讲，这个节目的属性是科技不是娱乐，娱乐只是它的调性。从这个意义上讲，没有必要一定要跟自己过不去，一定要跟头部娱乐节目去比拼。在投入上、是否邀请明星上，以及题材本身的特殊性上，《我是未来》跟别的节目都不一样。不过，这并不意味着我们不关心、不重视收视率。事实上《我是未来》播出的第一期，它的收视率就快达到了1%。这既是意料之外，也是情理之中。

采访人：在同类型的科技节目中，《我是未来》的收视率其实是比较理想的，但是在播出之前大家还是难免会对收视率产生一些担心。那么，《我是未来》在设计上是怎么拉进科学家与受众之间的距离的？

杨晖：科技题材本身离大众比较远，这是客观事实。我们首先在节目模式设计上设法拉近题材和受众之间的距离。我们设计了两支顶尖的科技战队，通过三张卡牌的机会来做团队之间的PK，最终以现场五百个带着手环的观众心动值，决定胜负。这让节目看起来很过瘾。它可能没那么狗血，也没那么劲爆，但是你会发现它没有为PK而PK，而是希望通过这样的方式最大限度地激发科学家的潜能和斗志，更好地呈现科技与生活、人与未来的关系。

《我是未来》播出后，节目原创模式受到国外同行的热捧，在今年的戛纳电视节上大放异彩。所有这一切都源于一个原创的好模式拉近了科技和受众之间的距离。从这五百个手环到小冰的AR可视性形象的诞生，从大胆启用AI主持人，再到整个舞台的高的科技含量，整个节目我们融合了科技、故事和人文，让人觉得科技很有趣很可亲。节目中用了许多真人秀手法，我们的编剧尽可能地把科技、科学家、小冰、小黑、主持人以及未来体验官们组成一个场，营造了一个故事性很强、温度感很强、非常亲和接地气的现实体验场景，希望观众可以感受到科技离我们并不遥远。

在当下的社会环境和生态背景下，未来可能脱颖而出的大众爆款越来越少，取而代之的是垂直爆款会越来越多。科技题材是可能成为垂直爆款的一个方向。在电视、视频平台很少有足够满足观众好奇心和求知欲的可视性产品的情况下，《我是未来》看到了一个市场需求的缝隙，这种需求缝隙有可能通过一个小的支点去撬动一个大的市场。

采访人：《我是未来》中设计的环节比较丰富，有两队比拼、卡牌展示、现场道具实验，还涉及了演讲等，有人认为这是一种创新和混搭，有助于受众理解科技，但也有人认为看起来很杂乱，您怎么看待现有的这个节目形式？在第二季会有什么改变或者新的突破吗？

杨晖：唯众一直坚持原创，《我是未来》也不例外，我们做了一些混搭的创新尝试。节目中的三张卡牌，就像打游戏进阶一样，初阶是科普牌，是让观众尽快明白是怎么回事、对科技感兴趣，做的是脱口秀。中阶是应用牌，科技能用在哪里，让它离你更近一步，做的是科技秀。高阶是情怀牌，科学家分享科技背后的故事和科学精神，做的是演讲秀。这一原创模式受到了国外同行的肯定，节目模式无疑也是被市场认可的。

要把高深的科技用可视化的电视语言呈现出来，绝非易事。实验室和舞台是两个截然不同的场景，实验室是不需要观众来围观的，而舞台天生为观众而存在。科技的东西很容易受到光、音响以及其他很多因素的影响，我们要考虑在实际的执行上怎么去解决这个问题。可看性、实用性、温度感，一样都不能少。科技的背后隐藏了很多在可看性、实用性之外难以捕捉和展示的东西。比如蔚来汽车的创始人李斌，他的公司设计电动超级跑车和新能源车，初衷是为了他的家人；开发肌电手臂的哈佛博士韩璧丞，看上去就是一个特别普通的人，但是许多人被他的演讲打动。虽然演讲很短，但特别有分量。如果没有演讲，他的人物塑造就不会那么丰满；有了演讲之后，他作为一个"科技男神"的形象就立起来了。我认为至少在第一季当中演讲是必要的。他真的很棒，我这次去哈佛参加哈佛中国论坛时拜访了他。他告诉我，后来他又把节目中的残障人士倪敏成请到他美国的公司待了将近四十天，专门为他优化手臂。我如果不去，他可能永远都不会告诉我。

此外，英特尔中国研究院院长宋继强，通过三幅自己当场创作的图画来为大家讲述他眼中的未来，他认为科学家和科技的最终目的就是让未来充满无限可能。当时现场冰屏的视觉呈现，从开始的黑白，到最后变成彩色，那一刻所有的观众真正感受到未来如此美好。

科普类节目是很难的，如果你看不进去你很可能就不看了，这个我不否认。我们通过这样的一个创新尝试，成功地打造了一场全新的造星运动，实现了当时张华立副台长所说的，让大家把目光从明星身上移向本不为人所熟知的科学家身上，让他们成为大家崇拜的偶像的心愿。

第二季《我是未来》做了目标受众定位、科技选择标准上的调整和改变，节目形态也做了新的突破与创新。第二季旗帜鲜明地定位为青少年科普高能科技秀，青少年成为节目绝对核心人群，为"00后"专属定制，这在目前的卫视综合频道的大综艺中尚属首档。《我是未来》第一季突破了传统综艺节目的选题瓶颈，第二季则破解了科技节目创新和升级的难题。第二季节目的创新方向是"更亲民"。第二季对科技项目的遴选提出了四个标准：一是真实性，二是未来感，三是体验感，四是生活向。第三和第四条是"更亲民"的直接反映。节目形态做了大胆的突破和创新，科技战队增加到三支，每一支战队必须通过未来科技馆的极致大考，完成挑战，最终最受现场观众热捧的、夺得科技霸屏指数头筹者，将被纳入未来科技馆，成为馆藏科技。从目前第二季节目首播收视位列全国同时段上星综合组排名第一，四至二十三岁年龄观众保持超强竞争力，份额高达 8.39% 的成绩来看，调整后的结果无疑是正向的。

采访人：节目中有很多很温情的部分出现，打破了大众对科学原有的冰冷的认知，有哪些地方是您认为最难忘的、印象最深刻的？

杨晖：印象深刻的环节、人物确实有很多，韩璧丞是其中之一。在《我是未来》的舞台上，我们可以看到很多代表中国速度、中国力量、中国智造、中国骄傲的尖端科技成果。在第四期节目里，韩璧丞自主研发的肌电手臂帮助自小失去双手的残障运动员倪敏成完成了他的喝水梦、握手梦、书写梦的时候，感动了亿万观众。那个视频疯传，倪敏成戴着肌电手臂写下"我是未来"四个毛笔字的时候，五大三粗的韩博士泪目，所有人起立，掌声雷鸣，这让大家真切感受到了科技的温度和魅力。

在第五期节目中，我们通过 AR 特技，复活了几千年前就灭绝了的猛犸象，当猛犸象破屏而出，踩着铿锵有力的步伐出现在演播厅的舞台上面的时候，震撼感其实是非常强烈的。我相信观众会感叹科技的酷炫和神奇，我们也尽了最大的努力呈现这样惊艳的科技力量。

采访人：2016 年年底到 2017 年，有很多科技节目播出，例如《加油！向未来》《机智过人》等，您认为《我是未来》有哪些方面区别于其他科技节目？

杨晖：这些科技节目都做得很好。我觉得最大的区别是我们对科技节目的理解。《我是未来》最大的特点是四个字——"眼里有人"。它的存在从来不是为了炫技，它希望能够让大众看到科技为人类服务、为人类赋能。科技作用于人、服务于人，我们要把科技的温度感做出来，一定要让硬科技软着陆，让冷科技热传播，这一点我们做到了。

另外，《我是未来》还有一个特点是把科学家真正地推到台前，把科学家打造成新的全民偶像。希望科学家们能够让年轻人觉得学科学、玩科学也是件很酷的事情。把科学家做成"idol"，是件蛮厉害的事情，这一点恰是体现了我们"眼里有人"。

采访人：在现在娱乐化的环境下，您认为做这种科技节目的意义是什么？做这种节目对您有哪些影响？

杨晖：当下的中国科技越来越强，正在非常迅猛地发展。我们不仅需要传播优秀中国传统文化，同样需要"赛先生"的指引。我们希望能够通过一档节目让科学家们成为主角，对观众进行科普，这是节目的立意。

节目要引起全社会对科技的关注，让大家被"赛先生"所引领、所影响。同时，这个节目对我自己的影响就是团队啃了这么难啃的骨头，尽了最大的努力将一档所谓高冷的科技题材节目做成了一档好玩有趣接地气、大家比较喜爱的节目，从观众反馈和媒体反映来看，我们基本完成了使命。另外，在制作节目的过程当中，我和观众一样，对于高冷科技的看法完全改观，科技现在在我心目中是柔软而性感的，人工智能不是影视作品里那种可怕的存在，而是我们每个人的好帮手，我觉得在这点上还是非常特别的。所以对我来说，最大的改变是从一个文科生变成了一个热爱科学的文科生。《我是未来》吸引了很多青少年和年轻人来看这个节目，特别激发了小朋友们的兴趣，他们都喜欢这档科普节目，这一点令人欣慰。

采访人：《我是未来》被北京大学电视研究中心评为2017年度的掌声之一，也表示了学界对于节目的肯定。您认为是因为什么而获奖？这个奖项相对于其他的业界奖项，在您看来有什么不同？

杨晖：我特别感动能够获得这个奖项。北京大学电视研究中心的掌声奖项很少，它的掌声很"吝啬"，并且还有嘘声。这个奖项旗帜鲜明，非常有态度。我们最终能够获得如此苛刻和吝啬的掌声，我真的是特别开心。

我也在想《我是未来》为什么能够获得这样的肯定。后来我想了一下，大家都问我为什么公司叫"唯众"？我说，就是"唯初心，不从众"。其实《我是未来》就像唯众所有出品的节目一样，从动念之初出发，我们应该有责任，能引领，不抄袭，不山寨，而是踏踏实实、精益求精、精雕细琢地坚持自主原创。我觉得创新其实既是科技精神的体现，也是我们内心所遵循的创作原则。只有创新才会让节目拥有无限生命力。我们在这个节目的模式、人物设置、视觉化呈现、节目形态和评判方式上都做到了创新。节目只有创新,才可能真正贴地飞行。我们的创新是基于观众本身的反馈和需求,正所谓"两点之间直线最近",我认为这就是跟观众最近的距离。

《我是未来》在选材上,尽量着眼于那些能和人们日常生活产生紧密勾连,和时代能够发生化学反应的科技产品,这样才可能真正让科技不再冰冷,变成可亲的未来生活指南。《我是未来》正是用了原创的节目模式,结合了高科技轻娱乐的呈现方式,才能抢占科技内容高地,成为一档有口皆碑的优质产品,这可能也是我们能获得掌声的一些原因吧。《我是未来》能够获得学界的肯定,对我们来讲是一个非常大的鼓励。北京大学电视研究中心年度掌声奖只设了五个,甚至宁缺毋滥,这种数量上的吝啬或者说是评选上的苛刻,严格地把控着获奖作品的价值观。没有官员、没有企业家,只有特聘的研究员,由中国传媒界最前沿的学者组成,不以平台背景和市场冷热来评判高低,保持独立的视角和独到的评判标准,我觉得这种以学人身份做出的赤诚而纯粹的评审,区别于其他奖项,展现了北大独有的气质、视野和见地。

采访人:在整个节目过程中,有什么有趣的背后故事可以与大家分享吗?

杨晖:首先是我认识了一群有趣且真实的人,他们的名字叫"科学家"。他们太有趣了,内心淳朴,单纯得像孩子,有着本真的一面。他们来做演讲,很多一开始会手足无措,沟通之后,他们都很自信地站在舞台上分享科技背后的故事以及自己的成长史,这种尝试或许也会影响他们今后在其他科学会议上的表达,这挺让我开心的。

再一个就是,我切身体会到"人不可貌相,海水不可斗量"。当我们看到韩璧丞博士时，感觉他言语不多，其貌不扬。但是他在舞台上却给了所有人太多的惊喜和感动，我觉得科技也是一样。也许无法让你立即感到酷炫，但只要深入下去，你会发现它的无穷乐趣。人也是一样的，当你真的有兴趣去了解的时候，你其实会邂逅很多有趣的灵魂，科学家绝对没有大家想象得那么高冷，他们特别可亲。

说点有趣的事情。世界著名物理学家、"天使粒子"的发现者张首晟教授来到录制现场后，我们的导演问他："张教授，可以看一下您带来的'科学突破奖'的奖杯吗？"张教授说："好的！"随后从背后拿出了一个塑料袋，从里面掏出"豪华诺贝尔奖"——科学突破奖的奖杯。就这么背着两只手，拎着个塑料袋就来了。他把"淡泊名利"都写在了行动里。这么简单、可爱、单纯的科学家，节目里不止张教授一人。

（采访人刘雨哲系北京大学新闻与传播学院 2016 级硕士研究生）

科技为人类赋能，为未来赋能
——《机智过人》制片人张越对话录

时间：2018 年 6 月 20 日　　形式：电话采访

张越，中央电视台资深制片人，从业以来从事专题片导演、栏目导演、大型文献纪录片导演、栏目制片人至今。作品《万家灯火》《为您服务》分别获得中国广电学会栏目一等奖与服务类特别节目一等奖，大型文献纪录片《使命》获"五个一工程"纪录片奖。

2016—2017 年带领团队研发了首档关注人工智能的科学挑战节目《机智过人》并获中央电视台 2016 年创意大赛一等奖，2017 年国家广电总局创新创优节目奖，中国电视星光奖提名奖。

采访人：您是怎么想到制作这档节目的？您对《机智过人》最初的设想是什么样的？

张越：在 2016 年年初的时候，AlphaGo 和李世石有一次人机大战，那是第一次在国内的媒体上比较鲜明地提出了"人机大战"这个概念。当时李世石一比四输给了 AlphaGo，所以算是 AlphaGo 碾压了李世石，这个事情当时引起了一定的震动。当时我们综合频道节目部的领导，比较敏锐地注意到了这点。他感觉到：第一，人工智能这个新的概念开始被关注；第二，大家对这事的反应特别强烈；第三，这个事情也很有戏剧性；第四，国家大政方针在科技上的重视程度，让他觉得这应该是下一个媒体传播的热点，无论是从国计还是民生的角度，方方面面都特别契合。当时他跟我们说，人机大战的内容很有意思，可以做调研看怎样把它转化成一个电视节目。所以最早动力的由来是受人机大战的启发，有了这样的一个项目的调研。

当时我们内部也做了两个方向的探讨：一个方向是把它做成一个益智类的节目，就是利用大数据来做类似于问答这样的节目；一个就是直接做人和人工智能的对抗。当时我们项目组的人完全是本能地觉得人机大战更刺激，冲突性更强。所以大家经过投票就选择了这个方向。后来我们觉得自己对这个领域比较陌生，所以就选择中科院进行联系沟通合作，这就是最开始的动机。我们找到的是中科院科学传播局的新闻处，这个部门和媒体联络非常紧密，他们听到我们这一想法之后也觉得这是一个特别有趣的科普方式，所以双方一拍即合。实际上我们对人工智能的最初认识得益于中科院给的很多支持,包括介绍专家、讲座以及科技项目,我们去采访了人工智能的项目,一步一步地开始了这个节目的研发。

采访人:在这档节目中呈现出的舞台效果很宏大、很丰满,同时设置了内外场实验以达到更好的节目效果,想必设想和操作过程极其繁复,这样一档科技节目对您来说最大的难度和挑战在哪儿?

张越:最大的难点就是我们完全不懂人工智能,而且它距离我们比较远。不光是我们不懂,整个社会的方方面面的领域都不懂,甚至人工智能领域不同的研究方向,他们自己彼此之间都不是那么懂、那么透。所以我们在2016年开始研发节目时,就相当于我们先要去学一门语言,然后再把它翻译成中文给大家看——我们先要把人工智能弄懂,然后再用电视的语言翻译出来给观众懂。所以最难的其实是我们。我们把它搞懂,自己变成内行,再考虑如何通过电视的手段把它变得让观众能懂,其实都非常有难度,因为这种节目可借鉴的特别少。当我们研发时,到英国去学习电视模式创意,我们从事电影电视创意工作的导师都说这么好的主意,为什么全世界没有一档这样的节目。

但是我觉得相比起其他的科学或者科技的题材来讲,最大的好处就是它是"人工智能",这个是我们最好的切入点,因为它的一切都是按照人的能力来研发的,所以这是我们相对来讲有优势的一点,就是它可以借助于人的能力来表达,就相对易懂。

采访人:您刚才也说了,其实要把机器语言转换成电视语言是很难的,那在将科学技术可视化地呈现给受众,这个方面都做了哪些设计？是如何展现的？有没有达到您团队预期的设想？

张越：我觉得我们团队最开始的设想其实是蛮幼稚的，不过正是无知者无畏，让我们最终做出了这个节目。因为我们最开始做调研时，无论是以前有涉猎过这个领域的电视同人，还是在科技领域搞人工智能的人，全部都说不可能，说做不了一季节目，现在人工智能能实现的特别有限，而且当时我们满脑子都是类似于科幻片里的东西，还有AlphaGo。而实际上人工智能能达到的水平也的确还是非常有限的，离我们的想象差得很远，所以这个是当时最大的问题，因为突然发现根本选题不足，要做一季的节目，很多东西都没法表现。

当时我们做了几项工作：第一是借鉴，比如借鉴挑战类和科技类节目，比如《最强大脑》是怎么表达人的思维和极限的内容的，它的表达方式是可以借鉴的。但是因为是不同的题材，所以需要把题材嚼烂了。举个例子，关于识别，《最强大脑》里有很多识别的表达形式是我们可以借鉴的，因为识别类的人工智能本身也是要做人类的识别工作的，只是说我们要去考虑人工智能在识别的时候是怎么表现的，因为很多人工智能都只是软件，并没有一个实体。

当然我们也开拓了一些自己的表达方式，这个跟我们了解人工智能有关，比如说我们在节目当中引入了图灵测试。这是人工智能学术上一个最有名的测试，实际上就是在人和机器人做同样的事情时，例如写字、回答问题，看能否盲选找出机器人，这可以算是最简单的对图灵测试的描述。我们把这个也引入到节目当中，让机器人和人在观众看不到的情况下创作，最后让观众来猜哪个是机器人创作的，这个也被我们视为一种人机大战。在创意层面，比如说作诗作曲，这种即便人和人，也很难说谁作得更好的题材，我们就用了图灵测试的方式。

所以我觉得我们的表达形式来自几方面：一是我们做益智类、游戏类节目的经验；二是学习，向国内优秀的挑战类节目、科技类节目学习；三是我们直接把人工智能学术上已经可以采用的一些方式引入电视中来，然后转化成我们的表达形式。

采访人：您认为在这个节目中，什么是最重要的？

张越：我们一直都认为做科技类，至少做人工智能方向的节目，了解科技本身很重要，了解人工智能很重要。但是实际上当我们做到节目后期时，我们发现另外一个东西更重要。如果没有这个东西，节目做不起来。那是什么？那就是人，人本身能做什么。其实我们最终对这个节目的总结，就是人和人的比拼是根本。人工智能和人的比较，实际上是要用人参照着来讲人工智能，才易懂。这个是我们自己抓住的内涵和核心。如果你不了解人，你就讲不清楚人工智能。我举个例子，如果你要讲人工智能的极限，你就必须知道人的极限；你要能讲清人工智能怎么做这事，你得必须知道人是怎么做的。你把人和人工智能搁在一起的时候，人工智能才易懂，否则这节目就讲不下去，变成一个非常枯燥的只讲数据的节目。

所以在第一季的后半程，我老觉得这节目薄，后来我们才发现，其实是因为我们缺乏机器和人类做同样的事情的比较。要体现人的了不起，也要体现人工智能的了不起。所以后来光人类的专家，我们采访的也不下一百人。比如林书豪投篮的项目，我们要知道机械臂是怎么做到投准的，也必须知道篮球本身有哪些不同的比赛方式，人的能力又是怎样的。把这些都了解清楚之后才能把人工智能和人一起比较。我做的每一个规则都是有理论依据的，不是瞎说的，一定要让观众看了之后觉得有道理、是这么回事，我要让外行看热闹，内行觉得我们是有门道的，不是胡来的。

采访人：在节目播出之前，您有预想到节目的收视和关注度有如此之高吗？

张越：实际上是这样的。在节目研发之初，我们不是在晚间黄金时段，当时给我们的时段是在 22 点 30 分那段，但是随着我们的研发和调研，后来申请到了黄金时段。所以说句实在话，我觉得刚开始我们这个团队最核心的想法就把它给做出来，没有特别多的去想过热度，我认为我们团队当时还是挺心无旁骛的。在我们播出的时候，同质化的节目已经有在播的了，所以当时我们领导也催过几次说赶快上线。当时我的信心在于我虽然推出得晚，但是一定能比其他的节目好，因为我觉得科普类节目是一个深入浅出的东西，在热潮之下大家去做风口上的"猪"都没有问题，但科技类节目真的是一个要扎实地吃透了才能够把它表达好的东西，我特别坚信这一点。我坚信我们的内容一定比所有别的节目的内容都扎实，表达得也比其他的都恰当，抹去那些浮光掠影，它的实质是最坚实的，这就是我内心最大的自信。我觉得我们在央视一套黄金时段播出是天时地利；我们做了十八个月的调研，不能说天道酬勤，但它呈现的东西就是我们付出的努力。尤其是科普类的节目，如果功夫不下到，就让一些科学家用脱口秀的方式把内容表达出来，我觉得距离观众是远的。我们做的所有无非是把它"吃"下去，再表达出来变成别人易懂的东西，没有这个过程，一定反映不出我们想反映的；反映不出来，只是用科学来讲科学，在收视率上一定会有影响。这就是我的自信。

我觉得第一，科普类需要这样去下功夫；第二，现在电视节目制作、视频制作内容丰富多彩，无论是电视还是网综，那些浮华的东西去掉之后，最终大家拼的是实力、实质、认真。没有这些的话，慢慢地都会被淘汰掉，所以我觉得我们还是站住了，不能说每一样都做得最好，但是我觉得我们下到了可能很多人都不愿意去下的、特别费力的功夫。对预期我没去想，我只是觉得别人再往前走我也不怕而已。而且说实在的我觉得央视做手段是弱项，做内容是强项，所以我们也发挥我们的强项，尽量去弥补我们的弱项。

采访人：我看到您的团队已经在筹备《机智过人》第二季了，新的一季有哪些突破和创新？

张越：创新我不敢说，比起第一季我们主要多做了两部分工作。第一季我们更注重的是科技的表达，就是炫技——人工智能可以干什么。第二季我们更注重的是它们能够帮人做些什么，所以我们除了在人工智能的能力主题上炫技之外，我们还在两头有了延伸。一个是大国骄傲——人工智能助力国家实现一些挑战不可能的事情，这是一个往上走的大国骄傲。还有一个往下沉的，就是能帮助普通人实现过去不可能实现的目标、梦想。比如说可以用脑电控制的义肢，脑电控制义肢的手指，手指就可以分开动。我们找来一个失去双臂的教了四十多年书的乡村教师，让他带上义肢拿粉笔写字；还有一位高位截瘫的立了一等功的女民警，我们希望她能在助力外骨骼的帮助下重新站起来。这一季更多体现了科技能真正帮人做到什么。所以一个是往上走的、提振国威的，一个是往下走的、接地气的。中间的部分仍然跟过去的一样，通过人机对抗较有趣味地展现人工智能现在所能达到的能力，以及与人类的比较。主要的突破是在选题维度上的扩大，更接地气、更有人情味。上一季更多的是智能系统的展示，这一季更多的是情感和情绪的表现。

采访人：刚才您也提到，其实同类型的节目当时也有几个正在播出，例如央视的《加油！向未来》和湖南台的《我是未来》等，您认为《机智过人》的优势在哪里？

张越：《机智过人》的优势是它的主题相对比较集中，着眼于人工智能领域，这个可以说是我们的劣势，但同时也是我们的优势。劣势是相对来说内容较少，但是它的符号更加鲜明，这就是它的优势。

另外，人工智能其实有很多实用化的体现，我觉得这是它特别大的优势，如果它做到与人类的贴合，就会让大家感觉到科技离自己到底有多近。比如说《加油！向未来》更多是一些科学实验；《未来架构师》更多的是人的理念；《我是未来》更多的是用脱口秀的方式展示科技，它的第一人称是人，"我"是如何做事的，而且主题相对更加宽泛。所以我觉得在科技领域我们做人工智能这一个方向的深耕，相对来讲，从节目模式化的表达上，我们会更利于梳理，表达得更集中更鲜明，这个是比较好的一个方面。你可能会说《加油！向未来》是一个科技科学类的节目，但是提到《机智过人》大家会说这是一档人工智能类别、人工智能题材的节目，我觉得它的特点和方向更鲜明。

采访人：这种偏向学术的、枯燥的科学确实我们大众理解起来会有一些难度，那为了能使这样具有教育、科普意义的节目变得有趣起来，您们都做过哪些尝试和努力？

张越：我觉得最主要的一点还是那句话，人工智能最大的优势就在于可以和人类相比较，所以一切人类可以做的游戏、对抗，甚至运动类活动的规则都可以成为可借鉴的素材，我觉得这是最能够把它表达得很有趣的地方。然后加入一些名人等更被大家关注的内容。但我觉得其实这些都是最表面的手段，最核心的是要把真正能令观众感到最有趣的点抓出来。

采访人：在节目过程当中您做了很多的选题、拍摄了很多的素材，那您对于内容把控、环节设置、素材选择等方面的取舍都有哪些？

张越：内容把控其实对于我们来讲首先是选题，选题我们在这两季节目中都有相似的考虑。第一，要有领先性。所谓的领先性，就是国际、国内、业内这三个领域至少要占一个领先。第二，要和观众有关联度。关联度高的选题就是已经或即将被用到生活当中来的、和人有关系的、有感觉的选题。第三，要能和人对抗的。这在上一季中得到了比较集中的体现，但是这一季对抗只占我们二分之一的选题。其他的还有人工智能助力大国重器，就不是跟人比较了，而是给大家展示大国重器因为有了人工智能的使用达到了某些极限。此外还有帮助人们实现目标和梦想的，所以这一季的选题就不光是和人对抗的了。这个是我们在选题方面的把控，可电视化很重要，如果能看图像的就别光听声音，如果能听声音的就不能只看文字。比如说人工智能呈现的是唱歌、作画，那效果就会比作诗强，因为这是有视觉的东西，是我们优选的。

在流程把控上有几点很重要。第一，一个人工智能产品从科学论证上要有先进性且确实属于人工智能领域，这方面有中科院的专家帮助我们把关。第二，我们要采访人类在此领域的专家、行家。第三，要找到这个人工智能产品和人类的可比性和关联度。第四，我们要做整个的文案的推演，通过文字来推节奏。第五，中科院的专家要给我们最终的选题把关，这涉及它是不是足够先进，是不是人工智能，电视表达的落点是不是体现了人工智能核心的东西。

其中最主要的就是我们必须亲眼看到技术研发方的技术到底怎么

样。有时候产品实现不了我们的设计概念，我们得跟技术方面有一个特别深度的沟通，要充分了解。像平常采访任何一个对象一样，沟通的变数很多，在大家一起商量一个技术的舞台呈现之前，要先充分了解技术核心、技术能力，然后去做电视设计。接着再采访同领域的专家一起论证设计是否可行，然后再回到技术方面沟通表现的内涵和形式，他们去做技术的尝试、调试、改造，把呈现的结果再给我们看，最后再放到我们的方案当中调整。这是一个反复的过程，需要互相磨合，因为有些是初始的想象，如果技术实现不了，方案就需要重新调整。这个准备周期是很长的，一般一个项目三个月左右，前期的准备工作确实需要做得特别充分。

现在我们的核心团队已经达到能告诉人工智能的项目方如何实现我们的想法的水平了，因为我们了解人工智能本身学习的原理，然后从电视生产的角度，反过来替他们优化路径和学习过程。因为实际上有时候不是技术方做不到，而是他们想不到电视要的是什么样的。

素材取舍方面，因为我们前期把整个节目的逻辑推演得很严谨，当嘉宾、主持人、技术方都了解清楚之后，每个人都知道自己在不同阶段需要完成什么，所以录制起来很快，同时也不会有很多废掉的材料，只是我不知道舞台上呈现的结果是什么样的。其实我在英国学习时对这个事情的感触特别深，我觉得我们做电视工作，准备得越细，实现才越到位。我们很多节目创意最后没能实现，其实是因为前期准备做得不够扎实，人心也不够踏实，太在乎自己的想象了，而没有踏踏实实着手去落地。实际上很多东西准备好，不是在做假，而是这样才知道最终要的是什么，节目想要呈现什么，这样在录制的时候会更快、更省事儿。

我们过去在电视生产当中习惯于天马行空，有很多浪费。而现在我们完全知道想得到什么，然后通过采访把所有的东西合理地摆放到一起，能够感觉到整个节目的节奏，然后再开始做就能保证心中有底。虽然很多现场发生的事先并不能预测，但是整体逻辑脉络非常清楚。我说我们这节目是一个深入浅出的工作，你要知道十万字，最后可能才做出了六千字而已。但是你没有十万字，你只知道六千字，你做不出这六千字来。所以这就是为什么我对我们的节目很自信，我觉得很少有像我们一样对待这类节目花这么大的功夫，把每个工作都做得极其细致、具体化的人。

采访人：中央电视台制作的节目，大多数都承载着国家使命和社会责任，那么在您看来这档节目最大的意义是什么？

张越：人工智能是这个时代比较领先的一个科技，同时也是我们国家发展战略的一个工具。我们首先是作为一个国家级的媒体，确实有肩负宣传国家战略、国策的使命，但是怎么把它宣传好，那是另外一回事。其实还是要讲清楚、有意思，我们这个频道应该起到一个引领性的作用，无论是内容还是形式至少要占一头，所以我觉得我们要做引领性的事情，无论是它最终的内容还是它呈现的结果。没有花落旁家，对得起我们的职责，我觉得这就是它的意义。

采访人：这个节目获得了很多奖，在您得知《机智过人》获得掌声奖时，您有哪些感受？您是怎么看待学界给予的认可和肯定的？

张越：这个奖对我们来讲特别的不一样，真的特别不一样，我很看重这个奖项。因为首先它是一个学界颁发的奖项，它既代表了年轻人，又代表了学术研究界。央视做的节目在受年轻人的欢迎程度上来说，可能并没有很大的优势，能够获得掌嘘的认可和肯定，我觉得是真正代表了年轻一代和学术界对节目对我们的认可,这个很重要。科学、科普对年轻人很重要,对小孩子、新一代更重要,我觉得在这点上我们还是挺自豪的。其实我觉得年轻人和学界,大家对待这类严谨的节目是容不得沙子的,所以这个奖能颁给我们对于我们来讲还是很不一样的,我们真的很开心。

(采访人刘雨哲系北京大学新闻与传播学院2016级硕士研究生)

善假于物:《机智过人》与《我是未来》成功的奥秘

张志君

在西方发达国家,一般都将电视科学技术教育作为提升公民科学素养的重要手段。由于种种原因,中国的电视科技类节目却长时间处于一个比较尴尬的境地。

仅以中央电视台为例,2005—2007年,央视科教频道科技、科普类栏目一直保持在其栏目总数的三分之一左右,与其"科学、教育、文化"的三重目标定位相吻合。2004年其科技、科普类栏目最多,达到十一个,2006年最少,有八个。到2007年已经消失的栏目有《异想天开》《科教片之窗》《科学历程》等。进入到2012年前后,科技类节目更是呈现出大幅"缩水"的态势。

央视尚且如此,其他媒体的电视科技类节目"叫好不叫座"的情况更是不容乐观。

俗话说:"冰冻三尺非一日之寒。"电视科技类节目"叫好不叫座"的原因当然有很多,其中很重要的一点可能就是以往的科技类节目往往都呈现出一股"高冷"范儿，缺少让人快乐的因素。中央电视台的一位老领导曾经有一句名言："劳累了一天的观众谁也不愿意买一个'爹'回家去，每天打开来看'爹'的冷面孔。"

谁都知道电视节目应该寓教于乐，但是，知易行难，更何况有些人可能连"知"都不知呢。于是乎，电视科技类节目只能望"乐"兴叹。

2017年7月30日和2017年8月25日，湖南卫视和中央电视台分别推出的两档节目却让人看到了如何有效化解电视科技类节目"叫好不叫座"的困境。

《我是未来》《机智过人》，不仅在"叫好"方面可圈可点——中国科学院副院长张涛称赞《我是未来》："节目用大众创新的电视综艺手法，让科学知识、科技科普融入现代主流传播中，意义重大影响深远。"而《机智过人》在2017中国综艺峰会匠心盛典中则荣获年度匠心视效节目奖——而且也非常"叫座"。其中，《机智过人》第一季最高收视率1.029%，首播当期即获微博综合话题总榜第一名，科普榜、综艺榜第一名；而《我是未来》2017年7月30日第一期首播时也有0.779%的收视率。

媒体还是那个媒体，内容还是说的科技，为什么这两档节目能够取得社会效益与经济效益的双丰收呢？

粗粗想来，愚以为，至少有以下几个原因：

一是"善假于人"。通观《我是未来》和《机智过人》这两档节目，虽然主办单位有中央与地方之别，但在"善假于人"这一点上却是"英雄所见略同"，无论是《我是未来》所邀请的主要嘉宾，如拉菲罗·安德烈、李斌、杨振宁、张首晟等，还是《机智过人》所邀请的主要嘉宾，如鲍春来、林书豪、陈昂、江一燕、柯洁等，这些人或是科技界的大师，或是体育界的巨星，或是演艺界的明星，他们虽然所在领域不一定相同，但至少有一点是相同的，那就是都因其所作所为而在公众那里具有一定的知名度，借用新媒体的话语体系加以表述，就是都是很好的"流量"导入口，借助这些人可以轻松吸引流量和关注。

二是"善假于物"。这里所说的"物"主要是指"热点事物"或者叫作"热点事件"。与信息短缺时代不同，在信息丰富得令人抓狂的当下，相关行为主体对外界事物的关注往往是由热点事件所牵引的，心理学上的"从众心理"使得大众传媒必须借助热点事件或者叫"蹭热点"才能够"吸睛"——吸引受众的眼球。在这两档节目开播期间，热点事件有很多，诸如"章莹颖失踪案""人类大战 AlphaGo"等，在主创团队的策划下，这些热点事件成了《机智过人》的借助对象，为了吸引更多关注，节目组专门邀请了在"章莹颖失踪案"中手绘嫌犯画像，配合 FBI 破案的山东省公安厅首席模拟画像专家、人称"神笔警探"的林宇辉，和曾轰动世界、大战 AlphaGo 的围棋国手柯洁亮相节目发布会现场。同样，《我是未来》之所以邀请拉菲罗·安德烈、浙江大学赤兔团队（研究出国内首个实现跑跳的四足机器人——赤兔的团队），也主要是因为当时人工智能以及黑科技正是热点话题，而这两位都是人工智能以及黑科技方面的大咖。

三是"善假于体"。在告别"稀缺"的泛媒体时代，由于环境的熏染，电视观众已经不再满足于做一个被动的旁观者，特别是包括但不限于 AR、VR 等新技术在内的影响，如果媒体不想方设法把观众引进来变成"用户"，那将极难吸引他们的关注。套用网易的一句广告语就是"无跟帖，不新闻"。有鉴于此，我们前面提到的这两档节目便在增强观众现场体验上大做文章，《我是未来》节目每期邀请两位全球顶级科学家来到节目现场，由主持人带领四位未来体验官和现场五百位观众通过三轮卡牌对决，体验两位科学家的酷炫科技成果，而《机智过人》不仅在节目中有精彩的人机互动、紧张的人机对垒，开播发布会的场内场外同样全程"高能"：Face DNA——"人脸识别机"刷脸测颜值，大家都找到了属于自己的"明星脸"；年龄侦测器——只要阳光积极心不老，分分钟让您"重返十八岁"；智能诗人——微软"少女诗人"小冰为观众打造专属诗歌。

先秦思想家荀子曾经说过："登高而招，臂非加长也，而见者远；顺风而呼，声非加疾也，而闻者彰；假舆马者，非利足也，而致千里；假舟楫者，非能水也，而绝江河。君子性非异也，善假于物也。"在各家电视台纷纷上马科技项目的情况下，《机智过人》和《我是未来》之所以能够脱颖而出，我想，肯定是因为他们善于借力和借势的缘故。

古人有"时来天地皆同力，运去英雄不自由"的说法，借力与借势不仅体现了从"高冷"向"低热"转型的勇气，而其成功则更彰显了相关行为主体的过人智慧！

为《机智过人》和《我是未来》鼓掌点赞！

（作者系中国教育电视台副总编，北京大学电视研究中心特聘研究员）

电视剧《白鹿原》(2017)

致掌辞

  黄土地是中华儿女共有的民族记忆,《白鹿原》作为一部名著改编电视剧,交织着这片土地上挣扎的人物命运与特定年代对渺小个体的包裹与压力,是电视剧样式的人性剖析与深沉冷静。《白鹿原》制作过程精益求精,情节改编颇具时代性,人物群像饱满坚定,让我们看到了电视剧样式在呈现宏大历史背景与个体命运关系等复杂命题时所表现出来的潜力与可能性。

《白鹿原》简介

播出时间:2017年4月16日至2017年6月21日(自2017年4月17日起停播,自2017年5月10日起从头播出),每天19:32
播出平台:江苏卫视、安徽卫视
片长:共77集,每集约45分钟
类型:电视剧

制片人：李小飚
总导演：刘进
编剧：申捷

现场观点实录

  大家知道过去一年热播剧很多，有与政治、文化、生活息息相关的作品，但我们评委认为，年度掌声应该给《白鹿原》。《白鹿原》是一座高峰，拍电影、电视剧的都知道它的改编难度特别大。

——尹鸿

  这是一部因收视率而被低估的电视剧。团队用敬畏经典的态度呈现经典、还原经典，给大家呈现一部经典作品。

——尹鸿

  精良制作的大戏在今天电视剧繁荣的时代也不多见，《白鹿原》之所以能够成为大戏，除了有投资方的慧眼和胆略之外，还有全体四百多位工作人员的付出，他们在今天市场化的大潮中不求别的，只求对艺术的尊重。

——刘昶

  我作为普通观众和文学爱好者谈谈自己的感受。20世纪90年代初，中国文坛的现象级人物是贾平凹和陈忠实。我当时就想,《白鹿原》什么时候能搬上荧幕？一直期待着。2012年开始有电影，但是我觉得电影把名著糟蹋了。后来传出要改编电视剧，我就很期待。好不容易等到，我激动地一集一集看片子，看完以后还推荐给很多人看。我想以普通观众和文学爱好者的身份，向这部戏剧组的全体成员、投资方致敬。

——刘昶

《白鹿原》能够让我们安静下来静静地看，而且思考。为什么他们能够做出这么好的片子？我说一个例子，大家就明白了。编剧申捷老师从接手《白鹿原》后就不用手机了，全心投入创作。学生联系他，还是打他丈母娘的手机。正因为如此，他们才能做出不一样的作品。

——俞虹

什么是经典？经典就是让我们离开有限的自己，去拥抱无限的广袤未来，这是经典永恒的内容。《白鹿原》就是这样一部经典。

——申捷（《白鹿原》编剧）

最初片方找我，我是拒绝的。他们找了很多老前辈，都被婉拒了，最后找到我。那天晚上，我辗转反侧一宿没睡，那年我三十六岁。我在想后面几年是不是要把自己的所有精力都放在这部剧上。但是，我看了陈忠实先生的《原下的日子》，看到他写《白鹿原》的时候竟然写到眼前一黑，昏厥过去。我知道这是写作的圣光，我特别希望这束光照在自己身上。第二天，我决定接这部戏，我已经想清楚未来几年我可能会失去什么、得到什么、面对什么，后来一一应验。

——申捷

> 我跟各种老板谈了，他们都愿意投资，我也跟他们说了投资风险，他们也愿意。我其实就是个组织者，我现在干的事是代表四百多位工作人员站在这领奖。没有他们，拍戏不太现实。
>
> ——李小飚（《白鹿原》制片人）

写人就是写时代，写时代就是写人
——《白鹿原》编剧申捷对话录

时间：2018年6月27日　　形式：电话采访

申捷，职业编剧，1975年出生于北京。毕业于中央戏剧学院九四级戏文系，师从张先。二十年笔耕，舞台剧、电影、电视均有作品。话剧作品有《俺爹我爸》《小蝌蚪找妈妈》《为了狗与爱情》，电影作品有《凤凰》《河沿儿》，电视剧代表作有《重案六组》《女人不哭》《笑着活下去》《我是一棵小草》《你是我的幸福》《虎妈猫爸》《鸡毛飞上天》《白鹿原》等。

采访人：您和《白鹿原》是怎么结缘的？

申捷：那是在2011年，当时我正好在上海开会，因为我和《白鹿原》电视剧的投资方是十几年的朋友，他们希望我帮助找一些富有经验的老编剧做剧本改编。当时我的第一反应是，这件事情一定不是我的。那时候我才三十六岁，我觉得一定得是老编剧，有过生活阅历，有那个时代痕迹的人才能胜任。然后我就给他们推荐了很多人，一联系，大家都在忙别的事儿，或者认为小说比较难改，种种原因，都没有接手。这时候,投资方就说,不如你来改。当时我吓了一跳,马上拒绝。拒绝了两次以后,我就开始思考这件事情的可能性。因为那个时候其实我也做了十年的商业剧,还比较成功。但那段时间其实是我在适应市场,市场流行什么做什么。仔细反思,我心里很惶恐。毕业的十几年,我都在为收视率能否战胜别人,作品能否取得资本与市场,自己能否争得名利而紧张、恐惧、痛苦。我想改变自己的生活状态。这时候,《白鹿原》给我带来了一个契机。

我接这个任务的时候最担心的是怎么改都会挨骂。这是心里话,也是很多老前辈当时提的醒。这么厚重的经典怎么转化成大家喜闻乐见的影视作品,又能保住原著的精气神儿。后来,我读了陈忠实先生的《原下的日子》,我读到老汉背着干粮,和他老伴到了灞河边的小院,老伴给他蒸了一屉馍,然后她就回城了。老汉自己就写啊写,直写到田小娥被她公公刺死的时候,田小娥转身,撕心裂肺地叫了一声"大呀",然后老汉眼前一黑就昏厥过去。我当时觉得,那是一束写作的圣光。就是我上中戏四年学习戏文写作,追求编剧写作的神圣感。当时我写作的初心,就是希望这束写作的圣光照到自己身上啊。于是我就和投资方提出来,能否让我和陈忠实先生做几次深入的对话,如果这样,我还觉得值。对方就答应了。

那天晚上,我辗转反侧,因为这部作品太特殊了,我在失眠中想清楚了未来几年我会失去什么、得到什么、面对什么,我全都想明白了。然后第二天我就跟他们签了约。但是我发现太难太难了,无法下笔。后来我去找陈忠实先生聊过几次,很受触动。只有像忠实先生那样守住心底的宁静,守住老祖宗传给我们的文化,才能不迷失。

采访人:您当时带着怎样的问题去见陈忠实先生的?

申捷：其实都是几个难点，比如说田小娥的情爱部分，比如那些充满魔幻色彩的部分，还有一些社会敏感的东西该怎么处理。老先生都会耐心地为我讲解，剖析难点。他会讲，所有虚幻的色彩，其实是真实的人的闭塞，是真实的时代局限所致，完全可以用批判的眼光来看。就像几十年前农村里有"跳大神"，姥姥辈儿会讲狐仙的故事，都真实存在过，但今天不能再如此展现。然后讲情爱的本质是压迫下人和人的互相温暖，田小娥是渴求真正的理解和关爱的，这是先生告诉我的。然后他又给我讲书中每个人物的每条故事线，每条线都细细地讲。

但是我下笔还是很难。为什么？因为那毕竟是陈忠实的小说不是我的。后来我回了一趟中戏看望我的导师，我个人的"朱先生"——张先老师。他告诉我，如果说电影《白鹿原》是用情爱来做突破，那改编电视剧的话，你应该看看《静静的顿河》，我们应该做那种作品，把人物放在大历史背景下，看人性的撕裂与挣扎、宗族的坚守与变迁，不能抛弃那片土地、那个时代去写干巴巴的人。因此，我把人物放在大历史背景下展开思索，而不是就白嘉轩、鹿子霖争族长这种简单的个人故事来展开的。这其实是我后面几年写作的出发点。我在不知不觉中，就走上那原了。然后又读了上百本书，才开始真正下笔如有神助，人物一个一个就开始活起来了。其实我现在回想，如果再让我面对，我真的未必敢。真的就是老天借我这支笔完成了这部作品。在这次的飞天奖颁奖典礼上，我特意感谢了张先老师。

采访人：您准备了大概多少时间？然后写了多长时间？

申捷：准备了一年，写了三年，改了一年，一共五年。

采访人：能不能分享一个创作中的故事？

申捷：就说一个和投资方的故事。我们是二十年的朋友了。我在写的时候有一阵儿真的想放弃，太难太苦了，写不下去。为了躲他，我一连换了六个手机号，后来我搬家了，把我们家电话都取消了。然后投资方就用各种方法，一直打电话打到我丈母娘那儿、打到我老婆那儿。最后终于写完了，他送了我一把扇子，我一看就乐了，正面写着"讨债"，背面写着"还钱"，然后底下是"黄世仁送杨白劳"。我说以后我会摇着这把扇子写剧本。现在回想起来，写作的那三年真的就是自己有多苦自己知道。

直到现在，我都没有自己的手机。从写这部作品开始，我就想改变自己的生活。很幸运，改变了。

采访人：您的生活、创作和之前相比有什么不同？

申捷：自在，生活创作都很自在。我也会关注市场，但是我不会被单纯的收视率所影响，我也不会被一些表面的现象影响，我会更忠于内心的感受。

《白鹿原》写完之后，我到西安赴宴，陈忠实先生专门请我喝了一顿酒。他看完了，向我表示祝贺，说申捷你以后有什么事儿就找我老汉。我说，我斗胆说一句，因为电视剧的体量在这儿，中国可能除了您，没有比我研究《白鹿原》更深入的人了，可能那些评论家也研究《白鹿原》，但是作为创作者，我真的是掰开了揉碎了去研究的，否则我动不了笔。我说您创作小说《白鹿原》的时候，那几年对每个人物的所爱、所恨、彷徨、激动、悲悯，乃至颤抖哽咽不能下笔，我都经历过了。然后老汉笑眯眯地看着我，说写作是不是很苦？我说写作还是挺快乐的，因为很多人一生只能花开一度，我们却能花开几朵。那顿酒我和老汉喝得特别痛快。

这段经历后，其实自己无形中多了很多自信。然后自己变得很自在了。因为圈里人都知道，当年我是以情节剧、商业剧见长，谁都没想到我会写这样一部作品。张嘉译拿到本子后扔在一边，两星期没看。因为他一问说是我写的本子，他不相信。结果两星期之后看了剧本，他就给我赔礼道歉，说申捷对不起，我轻视你了，一看就一发不可收。目前，我最得意的作品，一个是《白鹿原》，还有一个是《鸡毛飞上天》。其实这几年我就完成了这两个作品，它们给了我自信，它们就是我忠于自己内心声音而创作的作品，观众一定会喜欢。当我自我怀疑，想顺从某些现实的时候，反而会被观众抛弃。

采访人：然后我们说说名著改编这件事，要把经典变成电视搬上荧幕是一件非常困难的事情，它既要忠于原著，又要考虑到电视作为大众媒介的特性。那从您的经验来看，一部好的名著改编剧本，它的标准应该是什么呢？

申捷：我就《白鹿原》来说，其实《白鹿原》改动挺大的，我特别想写出历史和现实的观照，比如说《白鹿原》前面部分，我加了好几集关于族人致富以后的茫然和放纵的内容，白嘉轩手足无措，然后要求人人背乡约，背乡约也不行，只能一步步去制定严厉的法规，慢慢地把整个风气给救活。其实这不正是我们当代人遇到的问题吗？不少人在一夜暴富之后迷失了自己，一下子找不着方向，而且一个人如果突然暴富的话，会产生无数荒诞或悲惨故事。其实那些族人的遭遇，他们的迷茫和抉择就已经给我们所有现代人一些启示，我就特别想让当代的电视观众看到的时候心里一揪，心想，哟，这不说我呢吗？其实就是历史要与现实互相观照，我觉得实现这一点的名著改编才是成功的。

但是这部剧的收视率一开始不太高，我就一直告诉自己，包括我接受采访时也这么说，时间会证明我们的初心是对的。我们国家总要保留一点精品。现在一切向收视率看齐的风气导致很多电视剧已经不能客观地反映社会、反映观众的体会了。比如很多在国外的华人会很兴奋地告诉我，最近看了一个新剧就是《白鹿原》，然后包括很多大学教授、商界老板，那些平时不看中国电视剧的人，都会认为《白鹿原》还挺有意思。这些人明显不在收视率调查人群里面。那他们算不算中国的电视剧观众呢？当然算。所以我觉得很值。

我觉得要改编名著，还是要忠于名著原有的气质，不要盲目地追求市场，同时我们要反观名著内含的东西能否跟时代呼应着、观照着。其实忠于原著和获得市场之间完全不矛盾。

采访人：您在改编的过程中，其实是扎根于当下的社会生活，通过思考赋予它新的生命力。

申捷：对。因为这几年我一直在关注一个词叫"转化"。美国的职业编剧最强的能力就是"转化"。我从一开始就告诉自己尽全力还原小说的每一个章节，保持它的完整性，忠于原著精神，然后人物的命运、故事的情节，绝不能走样。直笔处可曲笔，空白处可生发。但同时为了符合当代电视剧观众的观感，一定要转化。做名著改编一定要清楚，小说读者和电视剧观众是两个不同的受众群体，小说和电视剧又是两种截然不同的艺术形式，所以我们要尊重艺术的客观规律，绝不能对小说进行白描式的原搬。要进行非常非常深入的转化，这个转化一定建立在你把原著吃透的基础上，然后读大量关于原著的资料书籍，这样你才有资格把它拆碎了，重新还原成当代演出的人物。我觉得这是真正地忠于原著精神。

采访人：那您觉得在转化的过程中，遇到的最大的困难是什么？

申捷：我开始的头一个月就被《白鹿原》的时间线搞疯了。它是螺旋式结构，中间有很多倒叙、插叙。我为了梳理清楚每个人物的时间线，把整个工作室的墙都贴满了，包括人物之间的年龄、关系，太绞尽脑汁了。把这些厘清之后，第二个难关就来了，就是语境的问题。因为我是一个北京人，一开始对它的关中语境很陌生。当然后来观众看到的是很纯正的语境，但那是要付出多少啊。我把当地农民耕种的资料、好几个县的县志，包括民国时期的参议会史、学生运动等都仔细阅读了，然后才敢下笔，剧中人物说的才是人话。

后来写着写着，渐入佳境，就想着小说外，电视剧还能和时代产生什么呼应，不知道你们有没有发现，像那些村民的好多事都是我自己编的，包括石头外出闯荡，回来疯了，最后死了，比如说白鹿村人富起来以后的那种狂妄和迷惘。不仅仅是一种表达，还有我的思考和困惑都放进去了。我觉得艺术作品永远都是在提出问题、发人深思、引发连锁式的化学反应。

还有一个困难，小说通篇气质是偏冷的，但电视受众其实更喜欢看温暖、有希望的剧，所以你们看到了一个大家喜欢的鹿子霖，原来小说中的鹿子霖是阴狠的。还有雷佳音塑造的鹿兆鹏，我认为小说里面鹿兆鹏的线比较单一，老先生还是留了很多空白的，我在电视剧里尽可能做了一些弥补。然后原著里年轻人在城里的部分写得非常非常少，我加了一些戏，尽可能把我对生活的感受，对革命的看法，对那个时代人想改变自己与亲人命运的理解，都加了进去。这些东西当时对我来说都是非常大的困难，因为处理那些情爱、玄幻的东西都是技巧，真正困难的是怎么把原著里面适合小说但不适合电视剧的某些气质调整过来。

有些原著粉可能会抨击电视不忠于先生的原著，但是说句实话，那种偏冷偏狠的气质很有可能会把中国的电视观众吓到。你必须考虑到电视剧有商品属性和大众传播属性。所以我知道我会挨骂，挨什么人的骂，然后我会被表扬，被谁表扬，其实我都想明白了。

采访人：剧本中其实还加了许多第三代人的戏，是不是也像您所说，想把更充满希望的、温暖的气质放大？

申捷：对，曾经有一个重量级的评论家看完我的戏之后很兴奋，他说是在黄土高坡上吹响了一曲激荡人心的高歌。是高歌而不是哀歌，我是有意往这方面调的，这也是我个人的特点。我是向往美好的，我喜欢写那些阳光向上的东西。

采访人：就像您刚才所说，这部剧出来之后受到了一些批评，也获得了一些表扬，您最看重的是哪一些表扬呢？

申捷：我最看重的还是刚才我提到的那些，之前不看电视，但是居然被《白鹿原》吸引的人。我的成就感很大，很知足。因为我从业十几年写的电视剧，这些人是从来不会看的，但是这部剧把他们吸引了过来，那我也算是做贡献了。

采访人：其实我觉得陈忠实先生写《白鹿原》非常重要的一个问题，就是在回答，在现代世界，传统中国应该何去何从。那么二十年过去了，您觉得您在电视剧本里有没有再次试图回答这个问题呢？

申捷：我在我现在写的作品里，正在回答这个问题。写当代快递业和互联网的一个东西，快递和互联网的相爱相杀。通过这两个行业衍生出从1999年到现在这二十年，新时代中国人的眼花缭乱，痛苦也好、挣扎也好、求索也好，我特别想写写当代的生活。

采访人：和您之前写当代都市剧、家庭剧等比起来，有什么不同？

申捷：视角不一样。我现在特别感兴趣的是个人和时代的关系。其实我们老说"家国情怀"，就是在说个人离不开这个时代，其实我们每个人的痛苦都和我们国家所经历的挫折有关，我们每个人的愉悦和幸福其实也和国家的进步有关系。我特别想把这个东西表现出来。

采访人：您对《白鹿原》电视剧最终的呈现效果满意吗？

申捷：非常满意，我赶上了一支理想主义者组成的团队，我特别激动。开机前，我们到原下小山村董家岭体验生活，我老说这和八七版《红楼梦》是一模一样的。在我的职业生涯里，能赶上这么一个有理想的团队，真的是我的幸运。男演员上山劳作，女演员在家纺线织布，大家一起减肥，天天吃不加盐的开水煮白菜，吃一两个星期。不管大牌明星小牌明星，大家都住在村委会的二层小楼里，上公共厕所，去澡堂里洗澡。晚上星斗满天，大家蹲在院子里，摇着蒲扇聊剧本，把每个人物都聊透了，你说能不出好作品吗？而且我们足足用了八九个月的时间拍摄，很多演员不仅保证时间，而且只拿了三分之二甚至一半的片酬去拍，因为当时剧组已经没钱了。我们想把投资更多地用在制作上。所以最后观众看到里面很多布景、美术、镜头等都是精品，最后的成功可以说是归于很多人全方位的牺牲。

采访人：您感觉到了一种志同道合的快乐吗？

申捷：一群理想主义者在一起奋斗，连苦都是幸福的。

采访人：还有遗憾的地方吗？

申捷：有遗憾，就是可能因为我个人能力的问题，有些地方还可以改进。但是电视剧永远是遗憾的艺术。我那时候还年轻，三十六岁写的，写到四十岁。如果这两年去反思的话，可能会加一些东西。比如说白嘉轩、鹿子霖之间更微妙的一些关系，比如鹿子霖更现实的一些气质，而不是单纯往好玩走，然后白灵和鹿兆鹏这两个革命者，可能会更符合当时的时代特点。很多很多地方，我都想弥补一下。

采访人：如果用一句话来概括您现在的创作理念，是什么？

申捷：人和时代是不能脱节的。写人就是写时代，写时代就是写人。具体来讲，我总结了三点：第一，我们的作品不能只强调温情，要直面矛盾，我觉得这个时代的创作者一定要敢于直面矛盾。第二，要播撒希望，我一定要告诉人们，我们是有希望的，你只要奋斗就有希望。现在太多东西都是快餐式娱乐，因为我也有孩子，我有时候挺担忧的，现在很多影视内容都只是逗观众一乐，怎么好玩怎么来，笑完了不留下任何思考。我希望能够给人们带来希望，你奋斗了就会有希望。第三，酿出家国情怀，这个家国情怀不是空洞的，人们应该要意识到个人和整个国家是分不开的。

这种想法其实是写《白鹿原》带给我的。我为什么说《白鹿原》是我的一座里程碑？它能让我守住寂寞，守住清苦，它可以让我体会到陈忠实先生在灞河边上那几年的日子，而且写作的圣光的确照在了我身上。当它照在我身上的时候，我就什么都不怕了。其实写作者是很脆弱的，《白鹿原》实际上给了我信心。至少现在我写东西的速度慢了，所以投资方疯了。我不想去追求电视剧创作的速度，我希望拿出东西他们就会叫好，但是我可能拿得很慢。我会思考很长时间，参考大量资料。别人问我什么时候多出这么多习惯，我说就是从《白鹿原》开始的。包括《鸡毛飞上天》也是，我采访并收集了大量的资料，投资方、宣传部门谁都没想到，我会采访得那么深入。其实就是《白鹿原》给我的经验，一定要把自己投身进去，融化掉，让自己燃烧起来的时候，这作品一定会成。所以我有这个自信，我就什么都不怕了。

当年我的初心是与陈忠实先生对话，那对话的目的其实就是为了改变我自己，我没有忘记这颗初心。这个初心现在已经开花结果了，所以我特别幸福。

采访人：在掌嘘颁奖现场，您说过一句话，名著的意义就是让人离开自己，去拥抱无限广袤的未来。您是怎么理解这句话的？

申捷：这句话其实是一个大学教授说的，我特别喜欢这句话。我认为，我们每个人这辈子最大的幸福就是不断突破自己的格局。因为物质永远是会让人苦恼的，而且物质带来的幸福是会枯竭的，真正的幸福和快乐源于内心。而内心是什么呢？内心是不断突破有限的自己，去达到天人合一的境界。其实这就是中国老祖宗传统的智慧。当你天人合一，人和更大的宇宙去结合的时候，万物相通，你就是万物。那个时候其实才最幸福，没什么可以改变。

（采访人吕安琪系北京大学新闻与传播学院2017级硕士研究生）

还原史诗气质：电视剧《白鹿原》

尹 鸿

电视剧《白鹿原》是 2017 年中国电视剧的年度代表作。该剧先后获得飞天奖、上海电视节白玉兰奖等众多奖项，在媒体上也得到了一致好评。该剧改编自陈忠实先生的同名长篇小说。原著五十余万字，是当代文学中一部难得的杰作。该小说以陕西关中地区白鹿原上白鹿村为缩影，通过讲述白姓和鹿姓两大家族祖孙三代的恩怨纷争，表现了从清朝末年到 20 世纪七八十年代长达半个多世纪的历史变化，被称为近现代中国人、中国乡村的一部缩影和一部秘史。这样一部文学经典，对于电视剧创作来说，既是一个诱惑，更是一种挑战。站在巨人的肩膀上，有可能看得更远，也有可能摔得更惨。根据《白鹿原》改编的电影、各种剧种的舞台剧，都做过许多不同的尝试，但往往很难被观众完全认可，有的作品甚至还受到过舆论普遍的批评。所以，原著对于同名电视剧来说，既是机遇更是挑战。

任何成功的事业，都来自于一群志同道合的人按照基本的共识，共同达成目标。电视剧《白鹿原》应该就是这样的案例。投资人、编剧、导演以及数量众多的演员，都形成了基本共识，都对这部史诗般的文学作品，体现出自觉的敬畏，于是，努力还原其精神内涵和艺术魅力。通过白鹿原上白、鹿两大家族祖孙三代的恩怨纷争，展示渭河平原五十年的风云变幻，更重要的是通过渭河平原五十年生活变迁，刻画中国的国民性，表现国民性在社会的大变革大动荡中所经受的血与火的洗礼。从这个意义上说，这部电视剧也是一幅中国近代雄奇史诗的画卷。在这一点上，电视剧似乎具备原小说同样的艺术野心和目标。

这部电视剧在人物塑造、场景设置、历史感营造上，都体现了精益求精的创作态度并产生了强烈的现实主义效果。电视剧时间跨度长、人物众多、故事复杂，但由张嘉译、何冰、秦海璐、刘佩琦、李洪涛、戈治均、雷佳音、翟天临、李沁、姬他、邓伦、王骁、孙铱所饰演的每一个角色，无论大小、无论出场次数的多少，这些演员都准确、鲜明、生动地刻画了他们所扮演的角色，他们似乎都土生土长在白鹿原的土地上。乡土气息、西北方言，似乎就是这些演员所处的真实环境。他们扮演的角色，既体现了人物性格的丰富性，也体现出人物情感爆发的力量。张嘉译扮演的白嘉轩、何冰扮演的鹿子霖这对乡党亲邻的"相亲相杀"被展现得入木三分，田小娥的形象也栩栩如生。中国农村在现代风暴的冲击下，传统与现代的夹缝中，变与不变的挣扎中，不仅具有个体悲剧性，也体现出历史悲剧性。而在这戏剧性的故事中，史诗、家族史、历史、政治的寓言性表述，虽然由于播出环境的影响，未必多么深入和到位，但仍然通过一些精彩的台词和写意性的符号、造型、画面，让观众"每个人心目中都有一个属于自己的白鹿原"。

这部电视剧虽然明星众多，但是这些演员都去除了浮躁，去除了虚荣，尊重艺术规律，主动适应角色，认真体验生活，在表演风格上体现出鲜明的经典性，演员被角色所掩盖，角色活在观众的体验中。不仅主要演员对角色的把握准确到位，甚至四万多人次的群演都能够与场景需求完全匹配。与此同时，这部电视剧在整体的制作上，也一丝不苟，服装、道具、房屋、村庄的美术设计都细致入微，场面调度上尽可能地与真实感受一致，白鹿原甚至搭建了一座质感真实、严格考证过的"实景"。这一切创作和制作上的严肃认真，都为精品电视剧奠定了高标准。

虽然由于电视剧这一特定的大众叙事形式，也由于电视大众传播环境的要求，客观上限制了作品的某些思想深度和历史反省的深度，对原著也做了一些不得不做的删减和改变，原著那种恢宏的令人哭笑不得的历史命运感和人生荒诞性也难以完全体现出来，对戏剧性的追求也对原著的丰富性有所减损，（据报道，导演刘进曾经说，电视剧对原著还原了 80% 左右，无论我们是否认同这个比例。）但是我们都会认可这部电视剧，在媒介形态的限制中，在当下社会环境的限制中，它已经尽可能地表现出原著对中国老百姓的生存智慧和狡黠、中国人的命运多舛的深刻表达。"仁义村"几乎可以说是中国近现代乡村风雨飘摇的一个象征。

但是从整体上来看，这部电视剧较好地处理了文学性与电视性的关系，也较好地处理了思想性、艺术性与观赏性的关系，没有放大其中的某些可能带来商业性的元素，也没有采取急功近利的制片策略，而是用一种敬畏、严肃和负责任的创作态度，改编原著、转化原著，让原著的艺术魅力和思想力度最大限度地在电视剧中得到保留、传达。这一点，对我们的文学名著改编提供了很好的范例。整部电视剧虽然篇幅浩大、形象众多，但整体的完成质量达到了电视剧难得的成熟度，其对中国文化的批判性反思，对中国近现代历史悲天悯人的关切，对中国人在传统文化的河流中，既顽强又绝望地挣扎、救赎、变革精神的展示，都可以称得上是当前中国电视剧中的暮鼓晨钟、空谷足音，弥足珍贵。

（作者系清华大学新闻与传播学院教授、学位委员会主任，北京大学电视研究中心特聘研究员）

纪录片《我在故宫修文物》（2016）

致掌辞

在浮躁、功利之气弥漫的时代，为故宫修复文物不仅是一件日常工作，也是一种人生修养。这些匠人们身怀绝技，专注敬业，一件器物的修复也是一种文明的传递。《我在故宫修文物》以工匠之心记录工匠精神，创意独特、语态轻快、叙事平易、清新自然，赢得年轻观众的追捧，为纪录片开辟了传播新空间。

《我在故宫修文物》简介

播出时间：2016年1月7日至2016年1月9日

播出平台：中央电视台纪录频道（CCTV-9）

片长：共3集，每集52分钟

类型：纪录片

制片人：雷建军

导演：叶君

现场观点实录

今年有很多的精品，这个纪录片收视率不靠前，为什么选《我在故宫修文物》？其实我觉得有两点非常重要，那就是它体现了纪录片在今年发展的两个标志：第一是新媒体传播，第二是品牌。2005年徐欢做了一个十二集的《故宫》纪录片，那是中国纪录片转型的一个标志性事件，到《故宫100》，做出那么多小体量碎片化很精致的作品，再到出现《我在故宫修文物》，把品牌做了一个延展。在这个过程中，给纪录片留下了非常丰富的启示。这个作品给纪录片带来的启示对中国纪录片领域非常重要。

——张同道

我也是第一次听同道讲给予掌声的原因，第一是渠道，第二是品牌的开拓。其实我们从《故宫100》到《紫禁城》再到这次创作，每次我们都在想一个事，那就是纪录片本身艺术原创力的开拓。还有一个就是合作，如何合作，如何与社会化资源合作。

——徐欢（中央电视台纪录频道历史人文创作组制片人、导演）

这部纪录片的一个经验是做研究，这个也是清影工作室的长项，每次做纪录片之前，先做调研，做研究，做一个非常周密的研究报告，发现它的价值和意义。现在的纪录片换了年轻人的视角去看世界，过去我们担心小孩拍这些匠人，他是不是能够很好地去沟通、共鸣和理解，但是事实证明，他们是可以的。

——尹鸿

过去我们拍纪录片的时候，带着一种道德怜悯的状态，说这些人比谁都苦，比谁都惨，其实《我在故宫修文物》的创作者反而发掘了这些工匠的人生价值观和生活方式。为什么那么多孩子会作为粉丝去对着这些工匠，跟这个有特别重要的关系，这是一种表现好人好事和英雄模范等题材的很重要的观念转变，这可能也是《我在故宫修文物》能获得成功的原因之一。

——尹鸿

其实这个片子最早在电视播出，收视率并不是很高。我想说的是，需要找到新的观众群，找到知音。以往的纪录片不是不好，而是讲话方式有点陈旧，因为纪录片还没有找到最准确的传播方式。这个片子给人的启示非常重大，我也要向年轻的团队学习，让纪录片年轻起来，不能一张嘴就是五千年，很高兴看到这个片子，也祝贺他们给中国纪录片带来的启示。

——张同道

我们再次出发的时候，也想找到一些前行的力量，如何再一次"做故宫"。其实在原来的《故宫100》创作中，我们已经在规划了，当时叫"故宫新传"，当时已经调整了观念，想做故宫人。清影工作室跟我们合作，从2011年开始进行前期的调研，等2015年我们开拍的时候，已经有了十几万字的调研报告。四个月的拍摄、三个月的剪辑，这都不是一蹴而就的，它有一个时间的累积，才有了这样的方向。

——徐欢

我们每次创作，总结的都是前一次创作的经验和教训。在这次创作中，我们更多的是关注人，关注这一群生活在故宫的老匠人们，关注他们的生活、他们和故宫是如何成长的。叶君导演带着年轻的团队，包括摄影师，都是一群80后，他们很快融入了小院里，跟工匠一起生活。创作是要靠时间的累积，才能出一个好的作品。找到好的团队很重要。

——徐欢

"弯道超车心态驱动下的生产环境，不容乐观"
——《我在故宫修文物》导演叶君对话录

时间：2018年6月26日　地点：北京大学光华管理学院

叶君，2002—2009年就读于清华大学，其后在上海电视台工作，拍摄世博会系列场馆短片后辞职成为自由职业者，参与摄制短篇集《故宫100》，2015年执导纪录片《我在故宫修文物》。

采访人：不同于以往的故宫题材纪录片，《我在故宫修文物》通过拍摄对不同类别文物的修复完成了中国传统文化的现代讲述，您是出于什么考量选取了这样的切入口？

叶君：之前我接触过故宫的很多东西，2011年我做了《故宫100》，又接触了一个我国香港作者的书《我的家在紫禁城》，这个"我的家"就有一个"我"的概念。当时取这个纪录片的名字时写了很多题目，写满了一张纸，团队就一起商量，最后确定了"我在故宫修文物"这个名字。

采访人：之前您提到，早在 2010 年，主创团队就开始关注故宫的匠人群体，有着十万字的田野调查报告，四个月的集中拍摄。能跟我们分享一下田野调查报告的内容吗？这对您拍纪录片有着何种启发和灵感？

叶君：这个调查不是我做的，是制片人带着学生做的。他们大概在故宫里面待了三四十天，跟着各个工艺组，什么捣糨糊的啊、在木器组做鱼鳔胶的啊。我当时不在，我在做《故宫 100》。我自己拍纪录片的灵感其实都不是来自于纪录片，因为纪录片我看得比较少。我看的都是一些杂七杂八的学科，比如《红与黑》《水浒传》《红楼梦》、唐诗宋词，我的灵感都会和这些有关联。在这些作品中，你看到的世界重新分解，又在重新组合。

采访人：就《我在故宫修文物》的叙事方式来讲，其实是一个比较新颖的麻花式的构建了多条故事线交叉叙事的复合结构，并且运用了一种平民的视角，您是如何制定这个叙事策略的？

叶君：其实这个叙事策略是拍完之后，剪辑时发现的。拍的时候我们跟着十几个工艺组在拍，这个时候其实相当于挖矿，你预测这个地方有矿，就先挖，挖完之后再筛，筛完之后可能这些矿还要重新组合成合金。我们就是在重新创造的时候发现，也许用《水浒传》的结构是最好的。当时素材有三万多个镜头，剪辑对于人的阅读理解能力要求又比较高。比如说你剪辑青铜器那部分，你要懂工艺，还要对干事的工匠赋予文学色彩，去阅读理解他的世界，进入他的世界，看看他在意什么东西。

采访人：回顾《我在故宫修文物》在 B 站的走红，您认为新媒体场域对于传统文化的传播起到什么助推作用？

叶君：我平时喜欢看人类文明史，你把一个东西放在人类文明史的角度去看，就会觉得这个问题不是一个问题。比如从最早的纸张到电影的出现，再从电影到电视，再从电视跨到手机，无非就是换个瓶子来装酒。

采访人：如何做到纪录片在新媒体这个场域中发挥更大的传播力和社会影响力？

叶君：很简单，质量做好并且与观众的接受度串联起来，就可以了。人类历史上很多东西发明出来后，最初都是一小撮人才能享受到，随着技术的推广，越来越多的人可以接触，这是很好的。

采访人：那您认为纪录片应该怎样兼顾它的人文性和趣味性？

叶君：我从来不会去想人文性、艺术性、趣味性的问题。这就好比你问足球运动员为什么躲过两人而射门，他也说不出为什么。

采访人：《我在故宫修文物》从播出到现在也两年多了，现在的您再回头看这部作品，有什么遗憾或者认为可以更加完善的地方？

叶君：不用再回头看，我自己剪完之后都知道有很多遗憾。像镜头、音乐、节奏、整体的感觉，这些全有漏洞。很多镜头都是不经看的。音乐最开始找人做了，做出来的实在没法听，后来也没有用到片子上。有个很奇怪的现象，人家一听说是在做故宫题材的，他就把音乐做成"荆轲刺秦王"那种感觉。

采访人：那您理想中的音乐效果是什么样？

叶君：后来我一直在找音乐，想要一些现代感的音乐，这可能也和个人审美与爱好有关系。比如有一些电子音乐、游戏里面的音乐，在现代感的节奏中融入了古典的成分。比如说像敲一个大陶瓷缸的声音，或者木质的弹拨类乐器这种感觉的音乐，你能感觉到是某种材质的乐器的弹奏，但节奏又是比较有现代感。基本上按照这种感觉去寻找的，也能够和主题比较贴近。

采访人：那您觉得中国的文化产品应当怎样走向世界？

叶君：就像足球一样，多踢国际比赛，踢多了自然就知道该怎么做了。你看，中国足球一踢就知道世界排名才八十几。要多参与国际交流，知道自己在世界文明的位置。但是也很难，因为现在很多人宁可不做事，也不愿意犯错，这几年的气氛就是这样的。要走向世界是一个很漫长的过程。

采访人：结合您从业的经验和感受，您能分享下自己的心路历程么？

叶君：资本的风险这几年很明显，可能也与中国这一百多年的心态有关系，老在想弯道超车，那别人为什么不弯道超车？这就是中国的资本环境，本来应该有自然生长的空间，但人们都是在非常快地套取利润。我曾经看过一个数据，好莱坞平均制作周期是871天，放在中国就不太可能。最近都在说，才两年多的时间，中国影视的资本热潮就消退了，这还只是资本和商业的环境。目光放在整个生产线上，就会发现各个位置上的人专业度都不够，他们都来不及去专业。

采访人：您心目中优秀的纪录片是怎样的？

叶君：之前看过一段话，其实不仅可以形容纪录片，也同样可以用来衡量各种内容生产。拿作家作比，四流的作家只是简单或肤浅地图解现实，不过供人消遣和休闲罢了，反腐败小说、美女文学、新写实主义等，大多在这个境界；三流的作家，透过现实已窥视到历史和文化的影子，像莫言、贾平凹、陈忠实、余华、阿来等作家已超越这一境界，正在向人本身进军；二流作家，直抵丰富、复杂、多维的人性，从物质层面向精神层面探索，许多小说为什么没有生命力，就因为他们还处在时代和现实的包围中，还没有冲进历史和文化内核；一流的作家，是世界级的大作家，不仅穿透现实、历史和人性本身，而且关怀人类存在的意义，像卡夫卡、贝克特、马尔克斯、海明威等人，无不是这种境界。就纪录片来说，总体就是争取做到专业性和大众性的平衡吧。

（采访人张诗淇系北京大学新闻与传播学院 2017 级硕士研究生）

掌声之后的断想
敬一丹

纪录片《我在故宫修文物》赢得 2016 年度掌声。

北京大学电视研究中心发布的评价是：以工匠之心记录工匠精神，为纪录片开辟了传播新空间。

一部作品赢得掌声，离不开它的背景。

2016 年是中国纪录片大年，涌现了一批高品质纪录片。类型更丰富、视角更多元、内涵更深刻，整体品质提升、精益求精的大制作的纪录片不断涌现。观众比以往更能感受到纪录片作为国家相册体现出来的独到的优势和魅力。

纪录片曾经给人"阳春白雪""高冷"的印象，然而近年来纪录片创造了引人注目的传播现象，黄金档纪录片创造了国产纪录片的收视新高，纪录片拓展了新的院线领域。有的作品在新媒体上赞声一片，全媒体浏览超千万人次。专家说："以网民的点击行为来看，纪录片迎来了一个加速发展的时期，纪录片未来的空间和潜力非常大。"

生机茂盛，长势良好，"纪录片的夏天到了"。纪录片《我在故宫修文物》成为中国最具影响力的纪录片之一。在这样的背景上，掌声响起，为故宫修文物的工匠响起，为这个纪录片的创作者响起。

掌声应和着大势。

掌声是一种评价。如果掌声响过之后，就无声无息了，那评价的效果就值得研究；而掌声之后，温度还在，点赞还在，那也算经受了检验；掌声经久不息，说明作品具有恒久的生命力。

掌声响过之后，我采访了王津。这位古钟表修复师是纪录片《我在故宫修文物》中的主角之一，若不是纪录片的传播，他在偌大故宫的一个角落里，我们也许无缘见到他。纪录片播放之后，他已经成为媒体关注的热门人物，成为工匠精神的代表形象。而从他的角度反观纪录片，也会有新的认识。

在央视《谢谢了我的家》的现场，他上场时观众反应热烈，人们用这样的说法来形容他："男神""温润如玉""有少年感的眼神"……可以看出纪录片覆盖了众多人群，产生了广泛而深远的影响力。特别是90后、00后年轻人，看王津的眼神有喜欢、有崇拜。纪录片使他成了网红，观众像看到了熟人。

工匠赢得尊重，工匠精神受到推崇，这种尊重和推崇的热度长时间持续着，形成价值观层面的认可和共鸣。纪录片以特有的方式，达到了与观众精神的契合。

掌声应和着价值观的传播。

日常的纪录是值得尊重的。故宫的神秘与工匠的日常都在镜头前被纪录，故宫深深决无小事，工匠日常似无大事，然而，这种特定场景特定关系被纪录，却显示了纪录片的独特魅力。

在纪录片创作者的纪录里，能感受到平静的气氛、平视的态度、平实的表达。修复师们平和淡然、宠辱不惊的气质被自然地表现出来。在平凡与不平凡之间，观众能感受到工匠们内心对文化的信仰、对传统的敬畏，使命感和责任感融在细节之中。

这样的纪录，带来独特的审美的价值，在热闹喧嚣的环境中，更显可贵。

掌声应和着美。

工作着是美丽的，不同的美丽需要适合的方式来表现。

故宫的工匠们是特殊的群体，他们静静地修复文物，似在与历史对话，与岁月交谈。王津四十年如一日，似钟表一样准确稳定，日常里见非常。他的投入与专注，最显工匠的职业魅力。

在采访王津和其他工匠的时候，可以明显地感觉到访谈形式和纪录形式带来的不同效果。工匠在他的工作场景中最有自如感，而在演播室场景中，个性魅力的呈现往往受限，所以纪录片是更适合表现工匠的方式。

保持镜头前的常态，并不是一件容易的事情。王津告诉我，纪录片摄制组常常在他身边，而拍摄并没有影响到他的常态，于是，观众看到他从容自若的状态，那就是最真实的常态。

在这样的作品里，我们能看到操作层面的方法、传播理念的践行、专业水准的体现、工匠精神的追求。

掌声应和着专业追求。

纪录片出现好势头，这意味着一种成熟。掌声表达着方向引导。

世间万象，为纪录片提供了不竭的资源，这个时代的电视人需要敏锐地发现，沉静、从容、客观地纪录，留下隽永作品给后人。

（作者系中央电视台著名节目主持人，北京大学电视研究中心特聘研究员）

中央电视台"一带一路"特别报道《数说命运共同体》（2015）

致掌辞

《数说命运共同体》围绕"一带一路"合作倡议，立足中国，放眼丝路，实现了宏大主题微观表达，抽象主题具象展示，在大数据及可视化技术运用等方面创造了全国同类型新闻专题报道的多个第一。节目实现了新闻产品从可读到可视、从静态到动态、从一维到多维的升级融合，开创了中国电视媒体运用大数据技术实现重大主题宣传报道创新的先河。

《数说命运共同体》节目简介

播出时间：2015年10月3日至2015年10月9日，每天7:00首播

播出平台：中央电视台综合频道（CCTV-1）、中央电视台新闻频道（CCTV-13）的《朝闻天下》《新闻30分》《新闻联播》

中央电视台新闻频道（CCTV-13）的《新闻直播间》《共同关注》《24小时》《午夜新闻》

片长：共 7 集，每集约 15 分钟

类型：新闻节目

制片人：张勤

主持人：欧阳夏丹

现场观点实录

  为什么坚决给他们掌声？我说三句话：第一句话，我认为所有媒体包括中央电视台在内要讲政治，但是一定要用讲业务的方式讲政治，这个节目就是用讲业务的方式讲政治，背后是"一带一路"。第二句话，对中央电视台这样的媒体，只要有什么优点马上夸赞，就像有什么缺点马上批评一样，都有利于进步，也有利于思考。最后一句话，中央台得做中央台该做的事，应该做这样的题目和这样的项目，做点我们自己应该做的事才是 CCTV 应该有的含金量。

——白岩松

  我们看这个节目的时候眼前一亮，而这个一亮让我们真正看到国家媒体做了它该做的事，国家媒体的优质资源、平台是不可替代的，同时也让我们看到了变革中的电视的力量。

——俞虹

  在这个节目中，我们突然从一个内容供应商，变成了追求在技术上、画面上有所突破的角色。这是一个投入巨大的大项目，但我相信很多中心特聘研究员也在期待如何把这种大投入和特别节目日常化。

——白岩松

为什么今年年度掌声给"一带一路"大数据新闻？原因在于，这是中国电视新闻史上第一次将大数据及可视化技术运用于主题报道，这是前所未有的。我们为什么强调"大数据"？其实在国际上没有"大数据新闻"，没有"大"字，就叫"数据新闻"。我们是为了区别于央视以前做的"数说两会"等，以为用上数据就叫数据新闻，其实是不对的。真正的大数据新闻或称数据新闻有以下两大特点：

第一，生产理念不同。它不像过去传统的新闻报道，先有主题，然后再找数据去论证，它是数据产生新闻、数据驱动新闻。数据新闻就是从数据里发现新闻，数据本身就是新闻。

第二，生产流程不同。它分为四大流程模块。一是数据获取，在片子里大家可以看到海量数据，节目使用了超过一亿 GB 的海量数据，相当于一亿部高清电影或二十多万台家用电脑的存储量。这些数据是从"一带一路"数据库、商务部、海关总署、国际银行等各个国家部委和国际机构里获取的，最后相互印证，才产生新闻线索的这种关系。二是对数据进行清理。三是数据分析，节目背后的数据分析是通过各类数据的交叉来发掘和建立各类数据之间不易察觉的事实与逻辑。四是数据可视化，光找到数据、分析了还不行，必须综合运用静态信息图、数据地图、3D 演示等手段进行数据可视化。

——吴克宇

新闻其实不需要宏大叙事，而大数据恰恰是微观叙事的结果。多媒体有个共同的特点，就是关注故事化、故事细节化、叙事微观化。

——陈小川

这个节目还有两个方面要做得更好：第一，数据互动化。目前电视是一种线性媒体，真正放到互联网上需要做互动式的新闻产品。第二，可视化后面的融媒体化，提高产品的融媒体属性，需要下功夫。

——吴克宇

我们当时做这个题目是想解决什么问题呢？就是"一带一路"首先要知道它通与不通。通是比较容易理解的，主要是不通，因为只有找到不通，我们才可以发现问题，然后去解决它。

——李斌（中央电视台新闻中心经济部记者）

我们认为《数说命运共同体》创新的核心点是在各个国家的穿越。"一带一路"就是中国与各个国家之间的关系，我们用穿越的方式，一是实现了视觉上的冲击，二是搭建了中国和各个国家的对比。我们认为这种表达形式是符合我们主题的。当然，我们在做这个的时候很难，因为我们平时是做新闻的，做完以后感觉这应该是电影人做的。

——李斌

节目真正操作起来可能也就两个月，但前期一直在做各种各样的研究：怎么去突破？虚景和实景怎么去结合？怎么实现穿越的无缝链接？我们就一点点磨，最后磨出来这样的作品。说实在的，对于我们来说，这五六个月里收入是最低的，但是获得感是最大的。

——李斌

最大的难点是穿越技术，因为这个技术在之前我们没有使用过，即便能够看到国际上可借鉴的电影、广告，但也没有幕后的技术参考。我们在操作过程中感觉到很吃力的就是如何实现"一带一路"的深度挖掘，此外，电视技术、特效和制作方式的运用也带来很大的困难。所以，还是需要熬到一定的火候，才能够呈现超出我们预期的效果。

——周旋（中央电视台新闻中心经济新闻部副制片人）

说到日常化，2012年的《数字十年》是我们团队做的，当时这种工作是没有捷径的。我们就在日常工作当中运用，反复地磨炼、训练，让我们的每一个主创投入到当中去。

——周旋

数据本身是理性的，但是我们更需要把数字翻译成一种意思的表达，翻译成观众愿意听、愿意感受的。

——周旋

把国与国之间的联系，以可知可感的方式呈现出来
——《数说命运共同体》制片人张勤对话录

时间：2018年6月25日　形式：电话采访

张勤，高级编辑。清华大学传播学博士。央视新闻中心制片人。中国数据新闻前沿探索者。数据新闻作品多次荣获国家级奖项。代表作《数说命运共同体》。多年从事政治经济类报道，大型政论片《将改革进行到底》荣获"五个一工程"特等奖。《一张图引发的改革》《月坛南街38号》等系列报道引发社会热议。曾被评为全国先进新闻工作者，两度被评为"央视十佳人物"。

采访人：您在之前的采访中提到，在2013年"一带一路"构想还未完全成形的时候，您第一次听到它，就向台里交了相关题材的策划案。您当时是如何敏锐地抓住这样的新闻点的？当时对这个报道的构想是怎样的？

张勤：因为我们日常跑的是经济领域，经常接触的国家部委有发改委、商务部等，其中我们国家对外开放方面比较重要的部门是商务部。通过这个渠道，我们能看到2013年的时候，美国和日本在做TPP（跨太平洋伙伴关系协定，Trans-Pacific Partnership Agreement）谈判，其实这对中国而言，在改革开放进程中是非常不利的一个新的贸易联盟。当时2013年开始提"一带一路"，习近平总书记很明确地提出了"一南一北、一个陆上一个海上"的新的发展方略。我们当时觉得，这可能一方面是为了应对当时TPP谈判的围堵，另一方面，2013年到2014年，中国有很多的外汇储备，当时的外汇储备已经接

近四万亿美元，此外中国巨大的产能在那时候也达到了顶点，中国已经到了在对外开放方面有新的全面部署的一个重大时机。所以我们认为，这是一个大事情。每年年底到第二年年初，台里都要报第二年的大项目，因此在2013年年底到2014年年初，我们就报了与"一带一路"相关的项目，作为2014年的一个重点项目，我忘了当时报的项目叫"丝路新发现"还是"共享繁荣"。

采访人：最初是怎样想到运用大数据、可视化的方式来报道"一带一路"的？

张勤：最初报这个项目的时候，还没有想过用这种大数据的方式，当时也想了很多其他的呈现方式。想过一个是跟沿线国家组成电视联盟，进行联合拍摄的方式。刚开始还想过组一个各国联合采访的车队，在"一带一路"的沿线走一遍的这种方式。包括一些地方台也来找过我们，希望能和我们合作拍摄一些纪录片之类的。各种各样的方式都想过。但是，到这个节目开始投入创作的时候，已经是2015年了，当时国内已经有很多人逐渐在往"一带一路"这个题目上转了，而我们觉得所做的内容都缺乏新意，要不就是纯历史类的纪录片，要不就是那种比较陈旧的报道方式。

选择这种数据表达的方式，首先是因为我们是经济新闻部，日常工作中本来也会较多地接触像国家统计局、央行等大量的经济部门，数据本来就是我们的一个长期报道的领域，再加上我们其实从很多年前就一直在做数据新闻的挖掘、数据表达的一些尝试。从2012年开始，当时在十八大的时候我们做过一个《数字十年》，这个节目当年在中央电视台里和《舌尖上的中国》并列获得了"台长创新奖"，后来《数字十年》做成书籍以后，还成为十八大主题的指定读物。所以在数据新闻方面，我们从《数字十年》开始起步，再加上当时国内大数据等技术逐渐兴起，我们是比较早地开始和数据公司合作开发大数据新闻的媒体，到 2015 年已经做了很长时间。我们在数据新闻领域一方面已经有了一定的节目经验，另一方面也有了这样的一支队伍，有一些有经验的编导和记者，因此我们决定，就用大数据的方式来做"一带一路"这个选题。

采访人：节目依托众多的国内外部委、机构，获得了海量的数据，那么对于这些数据是如何进行选择、整合和挖掘的？如何挖掘出数据之间深度的关联？

张勤：数据的种类有以下这么几类。第一类就是来自政府部门，比如商务部、海关、能源局等部门，它们有大量的进出口数据。第二类是企业数据，就比如说像"一带一路"沿线的大量工厂，以及中国建筑、中石油、中石化等这些大的公司。第三类就是国际机构的数据，比如世界银行、国际货币基金组织等这些机构。最后还有一类数据，就是网上的数据，其实我们对网上数据这一块的整理，是跟专业的大数据公司在合作。他们有专业的三十多人的工程师队伍跟我们在一起建模，然后抓取，再从这些数据里提炼新闻。然后各种机构的数据这块呢，当时我们是用了信息学专业的二十个学生，把他们编为不同的组，然后我们带领着大家一起把这种标准化的数据也进行了提炼和挖掘。主要就是这几部分数据。

但是数据的使用和挑选的核心还是编导，因为编导要提出符合节目要求的内容和方向，而数据的挖掘和整理只是一个辅助的手段，要在编导的节目创意和节目需求的带领下，来完成整个数据的整理、挖掘和提炼。

采访人：在掌嘘论坛上吴克宇老师提出，真正的数据新闻是数据产生新闻，从数据里发现新闻。那么《数说命运共同体》是如何从数据中挖掘故事，并把宏观的大数据与微观的故事结合起来的呢？

张勤：因为你做新闻肯定要有一个方向，没有方向也就无从下嘴。有了一个方向，那你就去比对，从这个数据搜索的痕迹里来看反常的东西，或者一些趋势性和关联性的东西。我记得当时发掘哈萨克斯坦就有一个数据，是当时中国在往哈萨克斯坦卖农业机械。当然之前我们不知道，就通过搜索哈萨克斯坦网民的搜索痕迹发现，有很多人在网上搜索中国的农用机械的维修信息，我们觉得这个还挺有意思的，为什么这么多人在搜。后来我们又发现，那个地方确实是一个中国出口农业机械非常集中的地区。这样反证过来还是蛮有意思的，然后也说明一个问题，就是你的农业机械卖出去了，但是你的后续服务的空间还很大。类似这种内容还有挺多，都是通过数据发现和找到的，包括我们的美食那集，也是通过网上排序，就发现了在中国排序第一的海外美食是冬阴功汤，然后呢在泰国排在第一位的中国美食是辣子鸡丁，虽然都是辣，但是口味不一样，后来又发现中国和泰国之间的辣椒贸易也非常有意思。然后就这样,把国与国之间的联系，以这种可知可感的方式呈现出来，而且还找到了别人原来不太知道的一些东西。这其实就是新闻的故事。

采访人：节目在数据可视化方面达到了很好的效果，那么在这方面有什么突破？有哪些技术上的难点？

张勤：我觉得在可视化方面，以前的数据可视化都是示意，比如说百分之多少画一个饼图。但是这个节目做出了很大的突破，就是它确实把数据库和视觉可视化的工具接进来了，就等于观众可以在屏幕上看到很多图像。比如第一集《远方的包裹》中，有一个快递包裹的运行线路，那就是用GPS数据画出来的。这个节目里的图像就不再是数据示意式的，数据表现的就是数据的痕迹，这是一个真实的呈现，我觉得这是这个节目比较有突破的一个地方。

另一个突破，就是后来国内很多媒体或者研究机构在说的所谓的"传感器新闻"，这个节目也是最早使用这种方法的比较典型的案例。当时中国交通建设集团在吉尔吉斯斯坦施工的那些施工机械通过GPS返回来的数据轨迹、几年内作业工具本身数量的变化和作业范围的变化，其实就能看出来整个"一带一路"沿线基础设施建设的情况。这种从数据源到直接的数据可视化是革命性的，以前没有。

另外还有一个比较大的突破，就是我们把主持人的表达环节也作为一个数据可视化的方式。比如，当时说到的朝天椒，为了显示每年中国要从泰国进口的朝天椒是一个什么样的数字，我们就让欧阳夏丹在现场拿了一口锅，然后把那些朝天椒倒进去，而我们从泰国进口的朝天椒能装满多少口这种锅。这其实就是一个可视化。还有一处是哈萨克斯坦用中国的酵母来做他们的馕，其中有50%的酵母都来自于中国，我们当时就让夏丹拿了两张馕，把其中的一个举起来，说两个中至少有一个馕是用来自中国的酵母发酵而成的。所以，在进行数据可视化的过程中，在电视的表达方式上我们也做了很多推进，这些都是对可视化的一个提升和创新。

以前没有人做过这个东西，所以我们要反复试，而且数据的量很大。我们后来为了把这个效果跑出来，就用了国家超级计算天津中心的两台超级计算机来做，因为这个是一般节目公司的设备跟不上的。在这块我们确实还是想了很多很多的办法去建立这些模型，这都是以前没有过的。

采访人：节目中的"穿越"在新闻报道中是一个很新颖的表现手法，当时是如何想到用这种方式来处理的？在操作过程中遇到了哪些难点？

张勤：因为"命运共同体"的核心其实就是国与国之间的相互依赖，"你中有我，我中有你"，就是这样的一个诉求。但是这个诉求怎么能让人感受到，感受到国与国之间彼此的相连，我们也是尝试了很多方式，但都不理想。直到看到美国的一个广告片，一下子就觉得我们要的就是这个东西。它穿行在不同的物理空间里面，这样它就能把国与国之间的紧密联系在一瞬间来完成。我们觉得这种穿越的方式很适合表达这样一个"你中有我，我中有你"的题材，所以就选定了这个穿越的形式。

但是操作起来难度确实很大，因为首先我们之前没有拍过这种东西，也说不清楚到底要怎么拍。其次就是这个拍摄方式有很多特别细碎的东西，主持人要不断地在不同的场景中穿梭，有的是实景拍摄，也有很多是虚拟和实景结合起来拍摄的，因为穿越效果都是后来剪辑出来的，所以对主持人的每一个动作的精准性、每一个道具的使用，包括她的声音高低和语调腔调都提出了很高的要求。这个其实还是蛮锻炼人的，对主持人和拍摄团队的要求都很高，确实是一个特别大的挑战。

采访人：节目创作团队的构成和分工是怎样的？您在以前的采访中说过，在创作过程中团队也经常会有争议和分歧，您如何看待这样的分歧和争论呢？

张勤：我们是每一期节目都有一个核心的撰稿人，这个人就是我们自己的编导，这个编导会和外拍的团队对接。每一期节目还有一个责任编导,他负责数据的组织、案例的选择和最后的成片。团队的公共人员部分就是数据这一块,我们有一个三十人的工程师团队,他们是对每期节目开放的,还有二十个信息学专业的同学,负责小数据的分工处理。公共人员还包括后期的剪辑师等。节目核心的导演团队是两到三个人,负责整体把控节目的流程、风格以及改稿子。节目到最后是交给我们的核心团队来审。

团队里的争论挺多的,但具体的情况其实都记不清了。因为这个节目从开始就没有现成的样态,只是在开始的时候提出了几个大概要的感觉。好像大家一开始都觉得这事不可能完成,因为时间太紧了,还要去那么多省、那么多国家,后来是去了十多个省市、十一个国家,要这样跑下来,而且我们是六月份才开拍的。在创作中,节目中的每一个、每一种数据的表达方式,甚至代表数据的光线在地球上飞来飞去的速度到底应该快还是慢,应该怎么样更有冲击力,团队中的每个人都有自己不同的看法。后来到节目后期,对节目的一些画面的处理和调整也会有争论。基本上每天都会有这种争执,这很正常,是创作一种新的东西所必经的过程。

采访人:现在过去三年时间,回头再看这个节目,您觉得在内容和技术两方面,有什么可以提升的地方呢?

张勤:我觉得如果这个节目在今天还有可以完善的地方,那就是故事可以讲得更精彩一点。不管是用数据表达也好,通过主持人表达也好,都要做好"讲故事"。关于这一点,我觉得这个节目的信息量的确很大,但是在整个按故事去架构,让它更容易让人记住和让人理解,或者更有感情这一方面,我觉得还有提升的空间。

我觉得如果单纯从技术的角度来看,这个节目的好多东西还是比较领先。今天很多人还在用穿越的这种方式，但是用得还不如当年。说实话，我觉得好多数据新闻现在还做不到这个程度，比如对于数据库的挖掘、传感器新闻的使用等，我都没有看到比这个节目更往上走的。但是从讲故事的角度，我觉得这个节目确实还有提升的空间。

采访人：《数说命运共同体》是近年来电视新闻"讲好中国故事"的一个典范，您认为，在像"一带一路"这样的重大主题报道中，如何平衡宣传性和客观真实性，做到"讲好中国故事"？

张勤：《数说命运共同体》当时我们是按对内宣传来做的，但是后来中宣部找到我们，让我们翻译成了好多种语言，拿给外国人去看。我觉得"讲好中国故事"就是要实事求是。为什么这个节目最后定下来叫作"数说命运共同体"？就是因为它体现了一种平等交流的心态，你的心态平等了，语态才会让人觉得特别真实可信。所谓的中国故事，其实就是首先要想清楚我们要表达什么，其次就是要有一个表达的载体。我觉得这两个层面都要想好。我觉得有很多节目讲不好，或者是别人不接受，其实就是你传播的起点是不平等的，你总想跟别人说我有多好多好，那么就算你再在表达形态上做文章，可能都解决不了传播体验的问题。我认为中国故事的起点就是首先我们要有一个好的内核，一定要考虑受众的感觉，而不是总觉得我这个国家历史很悠久、我这个"一带一路"给你带去了很多好的东西。我觉得首先要有一颗平常心，这是最重要的，是起点，因为"一带一路"合作倡议本来就是要各国彼此互利互赢的。

其次是形态，就是你讲故事的方式、表达形式。表达形式需要符合人性。所谓的新闻，其实就是新鲜的、你不知道的、存在联系的事情，而数据发现的东西恰恰就是这些。我觉得这个是共通的，你能找到一个,大家就都能听得懂。为什么当时我们选择数据?就是因为数据是各个国家通用的一种语言。我认为"讲好中国故事"最重要的就是以上这两点。

(采访人李田系北京大学新闻与传播学院2017级硕士研究生)

央视数据新闻的创新与实践

吴克宇

随着信息技术的迅猛发展,信息处理方式出现了重大变革。大数据与云计算技术、移动互联技术、4G技术、社交媒体技术的应用与发展,使得信息传播理念、方式、路径、维度、效果都发生了颠覆性的变化。因此,基于大数据及可视化技术的数据新闻应运而生,并对传统的新闻传播范式产生巨大影响。本文对数据新闻的产生、发展、特征以及在中国的创新实践展开研究,对数据新闻的生产规律进行总结,并由此对新闻传播学的专业教育及学科建设进行了思考。

一、数据新闻的产生和发展

以大数据、云计算为代表的新一代信息技术,日益成为推进传媒产业发展、驱动新闻报道创新的重要资源。1967年,在底特律市发生暴乱之后,美国记者菲尔·迈耶(Phil Meyer)通过对437人进行问卷调查所收集的数据证明了"教育程度和收入水平并不能预测一个人是否会参加暴乱"这一基本事实,并就此提出"精确新闻"(Precision Journalism)的概念,通过引入数据提升新闻报道的客观性和公正性。[1] 20 世纪末伴随信息技术的进一步发展，新闻界又提出计算机辅助新闻（Computer Aided Reporting）、数据库新闻、新闻 2.0（因应 Web 2.0）等概念，反映出数据之于新闻报道的重要程度进一步加深。进入 21 世纪，大数据、云计算、可视化等技术的发展真正为新闻报道方式带来革命性创新，数据新闻（Data Journalism）成为在新闻实践中引入社会科学研究方法的最新成果。

就国际范围看，基于大数据技术的数据新闻创新成为传统媒体应对新媒体挑战并向网络空间延伸影响力的前沿阵地。自 2010 年起，优秀的数据新闻作品开始在《卫报》《纽约时报》《华盛顿邮报》、BBC、CNN 等国际知名媒体以及 ProPublica 等非营利调查性新闻机构集中出现，并被广泛地应用于各类题材的新闻报道之中。[2] 自 2011 年始，由 GEN（Global Editors Network）组织发起、谷歌出资赞助的"数据新闻奖"开始对全球范围内优秀的数据新闻作品进行评选奖励，旨在鼓励新闻从业人员在大数据时代背景下更加注重对数据的挖掘和报道。英国《卫报》"伦敦骚乱中的流言"（Rumors in London Riots）、路透社"链接中国"（Connected China）、美国《华盛顿邮报》"被夺走的家园"（Homes for the Taking）、《纽约时报》"重塑纽约"（Reshaping New York）等作品均获得过该奖项，显示出众多国际一流媒体在数据新闻实践创新方面超前的理念及强大的制作实力。

---

[1] 参见 Phil Meyer, *Precision Journalism: A Reporter's Introduction to Social Science Method*, Altamira Press（Washington DC, 2002）。
[2] 郎劲松、杨海，《数据新闻：大数据时代新闻可视化传播的创新路径》，《现代传播（中国传媒大学学报）》2014 年第 3 期，第 32—36 页。

二、央视数据新闻在主题报道中的创新实践

2015年国庆期间,由中央电视台采用大数据及可视化技术制作的《数说命运共同体》在《新闻联播》《朝闻天下》《新闻30分》《新闻直播间》等栏目中播出。节目以丰富翔实的数据资料、视野宏大的电视呈现、虚实结合的场景变化以及与百姓日常生活的高度贴近性,获得了广大观众的好评和学界、业界的普遍关注。节目播出期间,"央视新闻"官方微博"夏丹在穿越""丝绸之路"等相关话题阅读量达到4689万余次,官方微信相关消息阅读量超过50万人次。节目视频在央视网、腾讯视频的点播次数超过2000万。《光明日报》《经济日报》在头版刊文探讨节目取得的多个"首次",肯定节目实现了重大主题宣传报道的多项创新。中宣部第364期《新闻阅评》称赞节目移步换景,别开生面:"以科学严谨的态度,以酷炫清新的形象,以不再沉默的数据报道了大量的新闻内容,在令人耳目一新的表达中实现了国家战略与百姓利益的统一,实现了中国发展惠及世界的广泛认同。"

《数说命运共同体》围绕"一带一路"合作倡议,立足中国,放眼丝路,实现了宏大主题微观表达,抽象主题具象展示,在大数据及可视化技术运用等方面创造了中国新闻专题报道的多个第一,实现了新闻产品从可读到可视、从静态到动态、从一维到多维的升级融合,开创了中国电视媒体运用大数据技术实现重大主题宣传报道创新的先河。

第一,海量数据带来全新认知。《数说命运共同体》跨行业、跨领域地挖掘和整合了国家发改委、商务部、国资委、国家统计局、海关总署、国家信息中心"一带一路"数据库、中科院地理研究所、世界银行、世界贸易组织、国际能源署等国内外权威机构以及亿赞普等

大数据研究公司的海量数据,产生了涵盖贸易投资、基础设施、饮食文化、人员往来等信息在内的超越 1 亿 GB(相当于 1 亿部高清电影,需要占用超过 20 万台普通家用台式电脑的硬盘容量)的数据资源,动用两台国家超级计算机进行数据分析和后期制作。其中仅为计算"全球 30 万艘大型货船轨迹",抓取比对的航运数据 GPS 路径就超过 120 亿行。后期制作动用 18 名影视特效师,总工作时数超过 23300 小时,存储容量高达 19TB,创造了国内数据新闻报道数据采纳容量的新记录。

第二,可视化技术营造震撼视觉观感。作为一个艺术创作与科技手段相结合的过程,可视化对于新闻理念的表达和宣传主题的传播起着至关重要的作用。《数说命运共同体》节目首次使用卫星定位跟踪系统,采用 GPS 实时位移数据直接对接可视化工具,将数据轨迹转化为真实的地理坐标,制作出 200 多幅具有视觉冲击力的动态三维地图,将航运贸易、能源交换、商品流通、工程基建等抽象数据转化为"全球航运 GPS 路线图""挖掘机热力分布图""茶叶的迁徙"等直观图像。全片共完成 32 组大数据可视化视频,共计 97 个分镜头。"视效地球"上的每一个光点、每一道轨迹背后都对应着一组真实权威的数据。客观厚重的数据与磅礴大气的俯视全景构成了双重意义上的"上帝视角",极大提升了数据新闻的视觉表达效果。

第三,电视虚拟技术演绎电视魔法。节目多次运用"一镜到底"的长镜头和虚拟衔接技术让新闻主播在不同国家、不同场景之间瞬间穿越,以"电视魔法"的形式带领观众身临其境地感知"一带一路"上的民生百态,在全新表达中实现了国家战略与百姓利益的统一。在镜头语言的运用上,主播欧阳夏丹与拍摄小组通过多次磨合,完成了许多大空间、长镜头的无缝转场。在虚拟技术的使用上,制作团队应用了过去只在电影制作中使用的"跨平台摄像机虚拟轨迹反求技术",通过控制人与背景的运动速率、运动路径等,历经特效场景制作、摄像机轨迹虚拟反求、人物抠像、虚拟合成、调色调光等复杂制作工序实现最终效果。

三、数据新闻的生产规律及专业需求

2015年,央视邀请曾参与全球首本数据新闻专业教材《数据新闻手册》撰写的美国哥伦比亚大学新闻学院教授乔纳森·斯特雷耶（Jonathan Stray）等美、英等国学界及业界顶尖专家,以"工作坊"的形式解析全球数据新闻获奖作品及最新案例,进行数据抓取、数据清理及数据分析等多方面的专项训练,与央视主创团队共同摸索出数据库对接可视化工具的创新经验。"数据新闻工作坊"也成为孕育和孵化《数说命运共同体》等数据新闻作品的创新工场。中央电视台按照世界最先进的数据新闻操作流程,通过多种平台先后对新闻中心30多名数据挖掘人员、新闻业务骨干等进行素质拓展,培育了一支既了解大数据技术的前沿应用,又熟练掌握数据可视化表现技巧的一流新闻制作团队,并围绕数据新闻的全媒体创新策略这一核心命题,选派人员赴英国开展深度培训,提升数据新闻创作的国际化水平。央视数据新闻的业务培训与制作实践,揭示出数据新闻不同于传统新闻的生产规律及专业需求。

第一,新闻采编生产流程的再造。作为一种在大数据时代兴起的跨学科、跨领域的新闻生产方式,数据新闻在多个方面突破了传统新闻报道的阈限。一是在生产理念上,传统新闻更多是文字为主、数据为辅,文字采访和报道在先、数据采集和论证在后（或者二者同时）,数据新闻则开辟了数据在先、报道在后,用数据驱动新闻、数据产生内容、数据即新闻的全新思路，拓展了传统新闻的纵深维度。二是在生产流程上，数据新闻生产主要包括数据获得、数据清理、数据分析与数据可视化四大流程模块。其中，在数据获取阶段，数据新闻所要面对数据对象常以百万、千万乃至亿万计，从而实现以往新闻数据使用中未曾达到的全新量级，必要时需要动用大型、超大型计算系统；在数据分析阶段，它能够通过各类数据的交叉复用建立和发掘数据之间不易察觉的事实与逻辑，一组事实的逻辑终点构成另一组事实的逻辑起点，成为专题报道不断实现内容衍生、丰富报道枝节的逻辑根脉；在可视化阶段，数据新闻通过综合运用静态信息图、数据地图、3D演示、互动式作品、新闻APP应用程序等多种可视化手段，将抽象数据简单化、具体化，提升新闻报道的传播效果。三是在人员配置上，数据新闻制作以报道、编程和设计三大支柱为基础，涉及传统报道写作、数据统计及分析、计算机编程、平面设计、互动设计等多方面的综合性能力，学科跨度大，一般情况下需打破传统新闻生产中的部门疆界，组建专门的项目制团队，这就对包括一线编辑记者以及媒体管理层等新闻从业人员都提出了更高的要求。[1]

第二，新闻从业人员专业教育的复合。数据新闻生产制作涉及传统新闻报道、数据统计分析、计算机编程、平面设计、互动设计等多学科、多领域，需要打破传统新闻生产中的部门疆界，组建专门的项目制团队。《数说命运共同体》就是由新闻主创团队、素材外拍团队、数据可视化团队和视觉特效团队等四大工种通过系统分工与综合集成

---

[1] 部分内容参考哥伦比亚大学新闻与信息科学院副教授乔纳森·斯特雷在"中央电视台数据新闻工作坊"上的讲义。乔纳森·斯特雷，《数据新闻手册》的核心撰稿人和发布者之一，OVERVIEW项目发起人，曾经参与ProPublica、Foreign Policy、Wired、The Atlantic等媒体和机构的数据新闻设计和制作。

而最终完成。其中主创团队由新闻中心经济新闻部的核心骨干组成，素材外拍由央视下属的科影集团纪录片团队完成，数据可视化团队是由专业计算机领域的公司提供，后期视效团队则是曾参与过《变形金刚3》制作的国内顶级特效团队。

对于新闻从业人员自身而言，需要建立对数据的敏感性和核实、分析、整合能力，只有拥有复合化的知识背景和不断更新的知识结构，才能适应传播环境的新变化。从新闻专业教育的角度出发，培养跨学科的通才型新闻从业者成为当务之急。哥伦比亚大学新闻学院早在2010年便成立了数据新闻研究中心（Tow Center），同时开展计算机科学与新闻学双学位教育，专门培育适配数据新闻生产的复合型人才，而国内大专院校新闻专业跨学科交叉的教育实践还有待真正展开。

新媒体的兴起一定程度上分割了传统主流媒体记者的报道权，每个人都可能成为新闻现场的记录者和报道者。这对于鞭策专业新闻机构加快新闻反应速度，提升新闻到达率，推进公民社会建设具有一定积极意义。然而从另一方面看，当专业新闻机构无法成为新闻信息首发平台而需广泛借助自媒体信源的时候，新闻从业者很难不产生强烈的失落感。数据新闻作品需要借助国家主流媒体庞大的信息资源网络、专业的组织系统和制度来保障其生产，不是小作坊式自媒体在短时期内能够实现的。从某种意义上看，这也为传统新闻人以创新实践坚守新闻理想，重构职业尊严提供了一种价值背书。

（作者系中央电视台总编室节目研发部主任、高级编辑，北京大学电视研究中心特聘研究员）

《生命缘》与《急诊室故事》(2015)

致掌辞

《生命缘》和《急诊室故事》是两档充满生命关怀、引人思考的医疗纪实类节目。它们的出发点和落脚点，不约而同地盯住了以生命的名义体现出的价值诉求。前者追求有价值的收视率，后者力求以真实传递价值。

中国电视竞争惨烈的黄金时段，究竟是谁家之天下？这个问题在《生命缘》和《急诊室故事》里有了明确的答案。主创用节目唤起社会最有良知的基因，向生命致敬，向医者仁心致敬。在电视行业泛娱乐化的时代，北京卫视和东方卫视，以严肃的人文纪实节目样态呈现在晚九点黄金时间档，体现了首都和大都市媒体的气魄和胸怀、责任与担当，真正诠释了有价值观的收视率才是有价值的收视率。

《生命缘》节目简介

播出时间：

第一季：2014 年 7 月 26 日至 2014 年 10 月 6 日，每周六 21:08

第二季：2015 年 1 月 6 日至 2015 年 4 月 1 日，每周一至每周三 21:08

第三季：2015 年 7 月 8 日至 2015 年 10 月 7 日，每周三 21:20

第四季：2016 年 4 月 11 日至 2016 年 7 月 19 日，每周一、周二 21:15

第五季：2017 年 3 月 2 日至 2017 年 6 月 26 日，每周二 21:15

第六季：2017 年 10 月 23 日至 2018 年 1 月 15 日，每周一 21:18

播出平台：北京卫视

季播：第一季共 12 期，每期 60 分钟；第二季共 31 期，每期约 30 分钟；第三季共 15 期，每期 60 分钟；第四季共 22 期，每期 60 分钟；第五季共 16 期，每期 40 分钟；第六季共 15 期，每期 40 分钟

类型：纪录片

出品人：李春良

制片人：李潇

总监制：王珏、徐滔

监制：马宏、邵晶

《急诊室故事》节目简介

播出时间：

第一季：2014 年 12 月 26 日至 2015 年 3 月 6 日，每周五 22:00

第二季：2015 年 10 月 22 日至 2015 年 12 月 10 日，每周四 21:20

2016 年 1 月 4 日至 2016 年 6 月 6 日，每周一 21:20

播出平台：东方卫视

季播：第一季共 10 期，每期 65 分钟；第二季共 26 期，每期 30 分钟

类型：纪录片

总制片人：曾荣

总导演：郭娜、王昕轶

现场观点实录

  这两个节目有种、有料、有情。第一，有种。就是敢担当，敢于面对生死，它超出我的想象，把镜头对准生死，这是中国电视以往从来没有过的。无论是电视工作者还是医疗工作者，都得有担当，有勇气面对生死。第二，有料。就是有太多生命故事，这些是引起共鸣的关键。第三，有情。就是有艺术情怀、情感，这是最动人的东西。

——胡智锋

  《急诊室故事》我一开始认为是"得大妈者得天下"，但它不是，节目团队的关键出发点是盯住那些有社会责任感、有理性思考、有一定社会影响力的这么一类人群。

——时统宇

  我们想让所有人通过我们的节目看到真实的人性到底是什么样子的。比如大家可以看到当一个孩子即将去世时，他的父母是那样无助，把孩子送来医院之后一定要拼尽全力把他救活；但是

很多父母年过半百可能会去世的时候，很多孩子在想要不要给父母做这个手术，会不会人财两空。人性是非常残酷的，但也是生命的一面。所以特别希望通过这个节目让所有观众看到更真实的人性，也希望这个人性是美好的人性。

——邵晶（北京卫视中心副主任）

随着现在中国社会不断的前进，整体生活的提高，未必是"得大妈者得天下"。越来越多的有理性思考、有一定社会影响力的人有这样的诉求，他们希望通过我们的镜头去看到更多社会现实，他们可以在自己的工作生活当中去思考、去反馈这样的情况。我们客观真实长时间地记录这些在医院中的病患、家属、医生，这当中更多给观众看到的是真实的生命。为什么这些有理性思考、有一定社会影响力的人，他们觉得对这个节目很有认同感？因为他们觉得这很真实，生活就是这样子。

还有一点，我在接触我身边很多朋友的时候，他们跟我说原来这个社会上还有那么多人看不起病，原来看病有那么困难。其实我发现很多人对生活和社会的真实状况并没有那么了解。我觉得我们的节目就打开这样一扇窗，让大家多思考当下的社会情况，如果大家有能力改变或者帮助的话，可以多帮助这样一些人。

拍完这个节目，自己很大的感受是这个社会有那么多情感、那么多故事，我们完全应该拿起我们的机器，去讲述这些真实的东西，讲述社会最前沿的故事。我相信肯定会有人看的。

——王昕轶（《急诊室故事》总导演、
东方卫视独立制片人）

在哈佛访学一年后，我前几天刚从美国回来。我这一年尽管没有在国内，但是我还是关注了很多关于中国电视的动态现象。有两个意想不到：

第一个没想到的是，在美国参加临时给我安排的讲座时，一百五十多位参加讲座的人当中，竟然有一多半是来自医院的访问学者，其中问的最多的问题是"您怎么看医患关系，中国电视怎么样给医患关系带来正能量？"我没想到在美国也有人关注到中国有这类（医疗纪实类）电视节目，没想到中国电视的医疗纪实节目已经引起了这么大的关注。

第二个没想到的是，以《生命缘》和《急诊室故事》为代表的节目，在前年我走的时候似乎还没有进入这么受关注的状态，也就是在短短一年间，这类节目成为中国电视的准现象级节目。这是完全想不到的。甚至就在我走之前，北京卫视老总还跟我私下聊。他说："老师，我们把电视镜头如果对准急诊、对准抢救，您觉得怎么样？"我说："这事有点不妥，我最不能忍受的就是血的部分。"因为我是做传统的影视美学研究的。中国电视若干类型节目当中，我最讨厌的就是血的部分。可是《生命缘》和《急诊室故事》恰恰避免不了这一部分。我说："按照我的观点来看，要么把血的部分都避免掉，可是避免掉之后还剩什么？"我真没有想到他们既没有避免掉血的部分，又保证了有社会效应、有正能量、有价值，同时又有这么高的收视率，这是第二个没想到的。

——胡智锋

现在满屏真人秀，生活在哪？民生在哪？老百姓得了病怎么办？中国医疗界现在还能不能找到白求恩？有没有白求恩精神？

这两档节目给大家提供了生动的、活生生的样本和范例。"向生命致敬，向医者仁心致敬"，这是他们的理念，也是他们的行动。

——时统宇

《生命缘》2014年7月播出，当时在周六晚上黄金档播，那个时间大家播出的都是顶级的娱乐节目。当时很多记者问我们一个问题，说你们为什么在这个时间播纪录片？当时我们台长说："追求有价值观的收视率才是有价值的。"而且他相信这样的事情在全国所有媒体当中除了北京卫视没有人敢第一个做。这也是给我们团队很大的激励。

——邵晶

我们团队共有五名编导，而且都是妈妈，她们的孩子非常小。在医院蹲点很耗时，拍摄的50%的素材会因为种种原因无法播出，这时候特别需要团队有非常强的奉献精神。我们就靠这几位妈妈，做出了《生命缘》的第一季。这个节目给了我们团队洗礼，这些妈妈们用奉献精神做出了这个节目。

——邵晶

我今年三十六岁，做记者已经十四年了，2014年的8月5号是我生命中特别难忘的一天，那天是我女儿一周岁的生日，那天我在北京大学人民医院的手术室，跟医生拍摄长达三十小时的手术。

我特别想跟大家分享一下我那天的经历和感受。那个医生是北京大学人民医院心脏外科主任，我当时跟他在急诊室接到一个石家庄救护车送来的大哥，那个大哥是个公务员，只有四十二岁。

当时他在石家庄的工作岗位上突发心脏病,石家庄没有哪家医院哪个医生能做这个手术,他们连夜从石家庄开救护车到北京大学人民医院,路上这位大哥的妻子一直跟主任发短信交流这个手术什么时候做、怎么做。第二天深夜两点钟这位大哥终于住院了,主任一直给他安排,这个手术是晚上六点钟开始的,这么长、这么难的手术一定要安排在晚上,因为手术室涉及好多部门的协调。

那个手术特别复杂,特别惊心动魄,这位大哥在手术台上有好几次都要不行了,最后特别可惜的是,经过三十个小时的手术,这位大哥还是没有被抢救过来。我当时特别难过,因为我已经跟这个大哥和他的妻子经过三十多个小时成了朋友,我们已经有了感情。我还有一个担忧,就是我做的这个片子,医生会不会让我拍摄下去,会不会不让我播。但是令我没有想到的是,医生还是让我继续拍摄和播这个节目了,之后我问这个医生为什么。他说:"我作为一个医生,个人的名誉和地位,和一条生命相比算得了什么呢?"我没有想到医生会跟我说这些话。令我更没有想到的是,第二天早上去世大哥的妻子在把大哥拉回石家庄的路上,给我发短信,说感谢我在她人生艰难时刻陪伴她,也感谢这位医生承担了很大的压力。

这件事情是我特别没有想到的,因为我做记者这么多年了,我觉得这个世界上最美丽的声音永远是心声,我特别感谢这位医生和这位患者的妻子,他们那么无私地向我打开心门,让我看到生命面前那么珍贵的人性,我觉得我们这个节目要向在生命面前这么伟大和真实的人性致敬,我特别感谢他们。

——韩靖(北京卫视《生命缘》主创导演)

我在做这个节目前没有特别考虑商业问题。很多人也在说这是一个商业公司做的一个公益节目。为什么做？其实主要是源于我对这个节目的热爱。这个跟我们民营公司的性质并不矛盾，因为作为内容公司来讲核心是把内容做好。

——曾荣（《急诊室故事》总制片人，
恒顿传媒创始人、董事长）

我想说一点特别让我骄傲的事情，就是第一季播出之后，上海卫生和计划生育委员会做了个统计，在《急诊室故事》播出之后，上海地区医患矛盾投诉率降低了12%。这就是一个节目在好看的同时可以对公众产生一些影响，因为大家看到了医生在固定摄像头之下所表现的日常工作状态，所以他们对医生多了一份理解，对医院多了一份关注。所以作为电视人，做这样的节目是非常幸福的一件事情。

——曾荣

关注医院里没见过的风景
——《生命缘》监制邵晶对话录

时间：2018年6月20日　地点：北京电视台

邵晶，中国人民大学新闻学院毕业，研究生学历。2014年任北京电视台卫视节目中心副主任。获得25届、26届中国新闻奖一等奖，两次获得中国广播电视大奖，多次获得北京新闻奖和北京广播电视新闻奖。北京市优秀新闻工作者，北京市宣传系统"四个一批"人才。先后创办《生命缘》《暖暖的新家》《创意中国》《念念不忘》等节目，先后担任《养生堂》《我是大医生》《但愿人长久》《暖暖的味道》《档案》等节目监制。

采访人：当初为什么会想到做这样一档节目？

邵晶：我原来也是新闻学出身的，我在人民大学学新闻。我觉得做节目需要有新闻的视角，要知道老百姓心里最原始的诉求是什么，最想看什么节目。而且随着时代变化，这种诉求也是变化的，要敏锐地把握到这种需求。当时我们做这个节目的背景有两点：一个是当时医患矛盾这一议题非常受人关注，这个是当时社会的新闻背景；二是2014年是中国省级卫视综艺节目井喷的一个时期，但是我们看到这样一个全民娱乐的时代，想的是希望能做一个很真实的节目在周末播放，有个不一样的感觉。当时这个节目在周六晚上九点多播放，所以我们也觉得有压力，比如有人说这个时间为什么不能做一个综艺性很强的节目、更挣钱的节目？医疗纪实节目我们做得最早，那会儿在省级卫视当中，没有一个在黄金档播出医疗纪实节目，所以我们就想做一做。

我们当时也考虑过警察类型的，考虑过其他的主体，但后来还是选择拍医院，因为医院是一个生死边缘的场合，这个时候大家的情绪是最真实的，在面临生死抉择的时候，也不会掩饰什么了。所以说医院是人生的长廊，能看到所有人生最真实的风景，我们觉得它会成为真实人性的展现。其实到现在为止，医院也只是给《生命缘》一个外壳，更多的还是展现爱，展示人性中非常真实、非常立体的一方面，我们觉得中国太需要这样的节目，因为我们太多作秀了。所以我们就做了这个节目。

但是当时播出的时候的确没有想到收视会这么好。就拿周末的节目来说,《生命缘》首播收视率就是0.6%,我记得最高的有0.7%,当时可能省级卫视最好的节目收视率也就1.0%多一点,谁也没有想到这样一个小成本的医疗节目能有这样的关注。我觉得可能还是因为节目跟我上面说的两个方面是相契合的。而且在整个节目操作过程当中,确实就是围绕着这两方面,没有做任何的偏移。

当时其实很多医院都不想接受采访,我们的方法是跟他们说:"你就让我们去,就在急诊室里跟你聊两个钟头,然后我就在这待着,你就工作,你过俩礼拜如果还不想接受我就走。"俩礼拜之后,大部分在医院蹲点的记者都跟医生成了很好的朋友,朋友的状态就是你开机的时候他没有反应,还是真实的状态。我们就是用这样的方法说服了很多的医院。当时最难的就是协和,他们如果特别拒绝,我们用一个月的时间在急诊室里待着,到一个月之后就会有医生主动告诉你有什么线索。我们就是靠这种方法得到了医院的信任。

节目第一季第一期就是做的协和医院的内容。协和医院对高难度病例的高治疗水平非常值得呈现。当时协和医院有一个肺动脉高压的产妇,肺动脉高压产妇在生产时就是九死一生,但协和的医疗水平很高,最后救活了她。这个播出之后一个是给观众这种生命的震撼和真实的感受,另外也对重建媒体和医院之间的信任起到了很大的鼓舞作用。整个拍摄过程对治疗是没有干扰的,所以医院就会特别配合。

这个节目当中有一个很真实的片段,就是这个女病人病很重,不能激动,但是她妈妈来看她以后哭了,这个女病人就突然情绪激动,然后重症加强护理病房(ICU)的负责人崔娜,就直接把她妈妈赶出去了,说:"你不能影响病人休息,现在她的生命比什么都重要。"这个在以前的纪录片中是播不出去的,因为医生态度很不好,但是我们播了,而且协和医院很认可。我们写的稿子每字每句协和医院都要审改,但这个片段他们没有删,他们觉得这就是医生对病人生命的高度负责,应该播出去。这就是医生的责任感,在生命面前其他什么都是特别渺小的。我觉得第一期有这样的反响,就因为它坚决贯彻了最真实的这样一种诉求。

采访人:节目组在选择拍摄对象上有什么标准?

邵晶:我们会倾向于选择在生死边缘的患者,我们特别强调表现在生死边缘的人的不同态度和不同价值观。另外我们要看这个选题有没有厚度,其实医院只是个外壳,我们想探寻到人性深处的那种光辉,所以这个人应该是善良的,节目的播出要有正能量的弘扬。此外,我们要看他有没有某种新的生死价值观,比如说我们第四季做了一个王越的案例,她是一个三十岁出头的女白领,胃癌晚期,她选择举办一个生前告别会,把所有帮助她的医生,还有同事请来,在生前漂漂亮亮地跟大家告个别,然后就放弃了治疗,做最后的人生规划。我们觉得她的选择代表了一种很高的生命价值观,所以我们做这个故事就是希望对中国人的生死观有一些触动。我们选题比较看重立意新颖,要看到以前在医院里我们没有看到的风景。现在我们马上做第七季了,打算找医院里的临终病房,想看这些病房里的病人是怎么度过人生的最后时刻的。这是选题的标准。

从医生角度来说,我觉得医生的情怀很重要,就是他要很真实、很真诚,不是作秀的"白衣天使"。我们做节目时认识了一个胸科医院的医生,他在做手术的前一天永远是不见病人的。他说:"我做的手术成功率很低，如果病人去世了，我第二天眼睛里全是他的影像，我受不了，所以我手术前一天不见病人。"很不幸，他的病人真的去世了。后来我们和他见面他就哭着说："我特别羡慕你们做记者的，你们每天都会遇到快乐的事，我一生永远都是在面对死亡。"这种医生是我们特别希望去拍摄的，他有很真诚的一面，而且他不是完人。我们常说我们采访的方式是吐槽，在新闻当中，那些强行拔高立意，实际上没有感情的采访，其实观众接受起来并不是很顺畅，但如果是吐槽式的，正话反说，观众会觉得更容易接受。所以我觉得医生要真实，而且要善于用吐槽的方式来表达自己实际上很高的医疗水准和精神。

采访人：记者是如何说服病人接受拍摄的？

邵晶：在医院找选题的难度确实是非常大的，因为节目拍摄对他们来说会有一种压力。我们询问过的病人大概只有10%愿意接受采访。他们的想法是，第一，他们对我们品牌有信任，他们知道这个节目做出来之后会成为很好的一份人生纪念；还有一种，病人觉得通过节目，他可以跟医生之间有更好的沟通，对病情做更充分的交流。另外还有一种，病人想给家人留下点什么，他知道自己得了这个病希望不大了，想通过拍摄给家里留个念想。但是说服是很长的一个过程，而且必须保护病人的隐私，所以肯定是先走法律的程序。

而且即使病人答应了拍摄，但还是可能出现变数。我们的一位导演韩靖，她曾经拍了五个故事，病人全都去世了，家属全都改口不同意播出。病人治疗完反悔了我们就不能播。所以我们从来都做季播，做不了周播。最棘手的一次是都编完了，就等晚上播了，然后病人反悔了，那也只能撤回来，再把另外一个播出去。这些是完全不可控的。

采访人：筹备一季节目大概要花多少时间？

邵晶：我们第七季希望能在 8 月份播出，提前三四个月就必须开始拍了，其实提早半年比较好。我们现在跟北京的医院有很好的联盟关系，互相信任，现在是他们随时有题我们随时去。我们的选题来源有两个，一个是开播之前三个月开始由记者蹲点，另一个是医院报题。但医院的报题一般是临时性的，我们事前能准备的时间比较少，所以效果不如我们自己蹲点找到的选题那么好。节目只要启动，就要有人在各个医院蹲点，这样可以从病人进急诊或者进重症加强护理病房就开始拍。但这种过程特别耗费人力，有的时候可能一两个月都没有什么好的故事，或者病人不同意拍。但是这条路是最好的，我们有两期节目得过中国新闻奖一等奖，这两个故事全部都是蹲点来的。所以这行没有捷径，走捷径的节目效果不会好，好的节目都不会偷懒，这是一个真理。

采访人：这个节目两次获得中国新闻奖的一等奖，一期是《无影灯下的生死博弈》，还有一期是《请你替我活下去》。这两个故事都是患者没能活下来的，为什么会是这两个故事获奖？您有什么看法吗？

邵晶：我觉得和观众以前看到的都是大团圆结局有关。《生命缘》是报道死亡病例的医疗纪实节目，其实很多医患矛盾来源于病人对医院的希望高到超乎想象，觉得医院是万能的，医生是万能的，所以一旦医院在治疗上出现了什么问题，他就无法接受这种心理落差，就会做出各种暴力的行为。我们当初做死亡的案例，就是想通过这些死亡，告诉大家医学不是万能的，医生不是神。所以我们做死亡病例也是经过很多考虑的。而且没有医院愿意报死亡病例，还好我们得到了北京大学人民医院和北京友谊医院的大力支持。我们想通过这些内容告诉大家一个正确的生死观,所以这两个节目去评奖的时候,它的立意就高了一级。

另外我觉得这个奖也来源于情感的震撼力。丹丹(《请你替我活下去》主人公)是我们整个节目组这么多年不能忘怀的一个人物,第二季我们蹲点的时候碰到了她父母把她送来,她看过我们第一季的节目,觉得特别喜欢,跟她父母说"我长大了要做医生,死后要把器官捐出来",最后她真的做了器官捐献。有一个叫胆管坏死的病,得病的小孩的脸生下来就特别黄,只有换肝才有可能活下来。但实际上现在得这个病的孩子,十个也就一个能换到肝,因为儿童的器官捐献率特别低。这个节目也展现了对器官捐献的非常深度的关注,播出之后医院那一年的儿童的器官捐献率上升了百分之百。这个节目对很多家长是一种精神上的洗礼,以前很多人要让他的孩子身体完整,但实际上通过器官捐献让孩子的生命再次延续下去,是更好的对待生命的态度。我觉得可能是情感的饱满打动了评委。

其实第二年我们没有什么信心,因为没有一个节目能连续两年得中国新闻奖一等奖,但没有想到还是得到了很高的评价。我觉得做一档节目,一个是要考虑利益,另外还要看你触碰到人们内心的真实程度能有多深。而且两个节目都有记者陪伴式的采访。做《无影灯下的生死博弈》的时候,病人得了主动脉夹层,手术很凶险,他的妻子在手术室门口很无助地等着,我们的记者就陪了她一天一夜,帮她疏解。她现在跟那个记者韩靖是很好的朋友,还带着她的孩子多次来看记者和医生。我觉得一方面这位患者家属本身素质很高,另一方面就是记者的采访如果太功利,这个节目也成功不了,所以是多重的因素。

采访人：《生命缘》这样的节目对情感的把握是很关键的，而且这种把握需要制衡，要有真情，但是又不能很煽情。如何来把握这种情感的度？

邵晶：我学新闻出身，我觉得好新闻一定是冷静的、克制的，不过于渲染某种情感。这对记者来说是很高的要求：你得投入进去，沉浸进去，不然患者不信任你；但同时在最后节目的写稿编辑中要克制，不能够过度渲染这种情感。我们有一个方式叫代入式写作，有人评论说我们是"知音体"，会用"泪水蒙上我的双眼"之类的旁白，我们在旁白写作的时候会把自己还原成患者的一个朋友，不是一个纯粹旁观者，这样有情感的色彩，不是那么冰冷。我们的解读词完全是代入式的，带着观众站在这个当事人的旁边，这是我们情感表达的一种方式。而且我们也会运用一些情感的抓手，比如说在特别大的、生还可能性很小的手术前，让患者给他的父母或者给他爱人留一段言，如果手术不成功再放出来。这其实是帮他们做了生命最后的纪念，同时它也是一个情感的抓手。《生命缘》是个情感很深的节目，但同时要保持克制，确实是要把握好一个度。

采访人：在《生命缘》里面关于母亲和孩子的故事非常多，为什么这个主题出现那么频繁？

邵晶：是因为我们觉得这样的题材在生死上的张力比较大。好看的纪录片需要人物主体越多越好，人物的关系越意外越好。如果只是一个病人的话，人物关系是单一的。所以我们比较关注母婴这个题材，因为这是两个生命体，一个是产妇，一个是孩子。妈妈和孩子之间是有天生的情感代入的，而且小生命的命运又是另外一层悬念，在整个纪录片的情节张力上会比别的节目强很多。另外我们发现中国母亲的情感太伟大了，妈妈为了孩子可以不要命，她在这种状态下的真实的反应和集聚了情感的状态也很动人。在生产状态当中，你会发现人生长廊中很多真实的人性，如果说医疗题材是各个职业题材中非常顶尖的一个，那么我觉得生孩子这个议题可能又是医疗记录空间当中非常顶尖的。

采访人：《生命缘》目前已经播出六季，在长期的播出过程中节目做了哪些变化和创新？

邵晶：创新这方面首先就是立意的升级和创新。第一季我们更多关心的还是一些非常高难度的手术，二三季可能关注的就是生死观的超越，第四季的时候我们会比较关注医生主体。比如说我们会关注很多不同类型的医生，以前我们可能见的都是外科医生、儿科医生、妇产科医生，但是去年我们关注了一个做人工肺的病例，病人如果靠人工肺能维持体外循环六十天，就能活下来，维持不了就不行了。那位病人的主治医生写了一篇日志，写的是："路很长，唯有坚持才能看到希望。"他每天都是在失望和希望中循环，这也是我们关注的医生的一种状态。我们在这几季越来越关注个体了，前几季可能关注故事本身。故事的类型就那几种，但每个人都不一样。所以关注个人是我们的一个新的变化。

还有一个是我们想关注一些医院里以前我们没见过的风景和状态。比如说我们这一季想尝试在儿童医院用儿童的视角去做一个节目，因为孩子是最无邪的，他的视角是最真实的，他不会说谎。所以我们也想着能不能通过一些视角的创新给节目带来不一样的感觉。

第六季《生命的礼物》是《生命缘》的一次很大的升级。升级有几个方面，第一个就是让品牌更凸显影响力，这两年常常见到"流量"

这个词，这一季明星的加盟能提升大家对弱势群体的关注，而且明星不是来作秀的，是真的投入到这个节目中来的，我们请来的都是真诚的做公益的明星。第二点是，节目打造了"十二间阳光病房"，原来我们节目的基调还是有点难受的，毕竟是生死离别，但是这一季我们想要一种快乐的基调，体现达观面对疾病的态度，所以添加了一些鼓舞性的、正向的元素，并且我们把病房的概念外延了，在病房内外由明星帮助这个病人打造一种温暖的体验。这是这个节目很大的两个升级点。

那季节目我印象最深的是王源，他做这个节目一分钱都没有要，拿出了一整天时间去帮助儿童医院里的三胞胎。那三个小宝宝有先天疾病，也没有钱治，在北京住在地下室里。王源自己掏钱给他们租了一年房子，方便他们在北京治疗，而且在房子里准备好了一年的尿不湿。来这儿的明星其实都是这样的，都真的有一颗爱心，而且收的费用都非常低，可能就是一点点车马费，他们是真心诚意地想帮助一些人。我觉得通过这些能给节目带来一些新的关注度，因为纯粹的医疗纪实节目需要更多的宣传的时间，需要口口相传，但是《生命的礼物》传播能力变得更强了，王源的那期节目就带动了很多人为三个孩子捐钱。

采访人：《生命缘》在宣传推广方面都有一些什么样的方法？

邵晶：我们有比较独特的一些方式。我们比较注重那些对纪录片很关注的媒体和平台，比如在视频网站上主推的平台是腾讯。在选网站的时候，我们发现腾讯对这种纪实的题材更关注，他们也给了我们非常好的资源。微信每周末有三个视频的推送，我们的第一季第一期节目它就推了，点击量一下就达到了五千万，整个带动了《生命缘》

的点击，节目在腾讯的总点击有七八个亿。对我们这种小成本纪录片来说，在强势视频网站上传播要注重价值观的契合，如果这个网站主打的是综艺，跟你不是特别契合，可能影响力就不够大。另外我们还比较注重豆瓣，还有丁香园等专业的医疗网站的推广。在去年，我们把节目跟直播联合起来，做了一次手术直播，带来了一些网络上的流量。《生命的礼物》请来的很多流量明星也带动了这个节目的宣传。总之纪录片的宣传，一个是口碑营销，另一个就是以小博大。

采访人：节目在拍摄完一个对象之后，后续会关注他吗？

邵晶：有的，比如说丹丹的故事，我们关注了很长的时间，拍了她去世以后她父母的重拾心情，后来他们又生了一个孩子，这个过程都拍下来了。《生命的礼物》第一期就是做的丹丹这个故事的后续，她的父母虽然有了新的孩子，但还是放不下丹丹。她临死之前最大的愿望就是想看海，所以她父母就带着孩子的一束头发到了海边。我们还请来了得到她角膜的那个孩子，在海边等丹丹的父母。当时这个孩子说："我看海要用右眼先看，因为右眼的角膜是丹丹的。"这个细节让丹丹的父母特别感动。人是需要平复的，他们从失去到决定放下的过程，这三四年我们一直在关注。生命就是这样，你可能经常会失去，但最终你要学会放下、面对生活，因为生活不会因为你失去了什么而改变。我们还有很多跟拍了两年的故事，关注了后续，并不是人去世了，这个故事就结束了。

采访人：医患矛盾是非常值得重视的一个问题，也是《生命缘》的出发点，那您认为这个节目的播出有没有对医患关系的改善做出一些贡献？

邵晶：这种改善我觉得肯定有。首先我们做这个节目之后，跟北京市卫生健康委员会有了密切的联系。据他们统计，北京大医院的医患矛盾有了明显改善，所以领导也对我们的节目非常支持和肯定。而且从在医院的体会来说，我们现在在医院拍案例，院方都特别支持，他们觉得拍这个节目能让医患纠纷少一些。还有，我们拍过的医生都觉得他们跟患者的沟通会更好，患者会知道，医生在那么艰难的情况下，在没有希望的情况下，还愿意为病人做手术，是一个值得信任的人。这些都是有益的发展。从拍摄来说，我们发现北京的医院和媒体的融合深度不断加强了，北京的医院现在是最开放的，即使是急诊室和重症加强护理病房这些重要场所，或者特别难的、5%—10%成功率的手术，他们也会同意拍摄。这也体现了医院的信任，医院和媒体正在建立和谐医患关系的道路上共同努力。

采访人：现在类似的医疗纪实节目越来越多了，已经形成了一种风气，在这么多节目里面，您觉得《生命缘》和它们的差异在哪里？

邵晶：《生命缘》是这些节目里做得最早的，它的不同在于它对于立意高度的坚持。我觉得《急诊室故事》《生机无限》都做得很好，它们都以急诊室为主要场所，急诊室是个体现人间百态的地方，不仅是医疗的场所，还能随时发现不可预料的人性状态。我觉得我们《生命缘》对医院的理解更深刻一些，它有医院的另一种风景，带给观众的感受是不一样的。而且我们节目做的时间最长，有机会在医院当中有更深的发现。还有我们重视记者的陪伴。有位战地记者说："如果你做得不够好，那是因为离得不够近。"我觉得我们走得更近，用记者一对一的采访来探寻采访对象的喜怒哀乐，会更真实。

采访人：在整个节目的制作过程当中，您直击了医院真实环境，还有医患之间的很多故事，在这个过程当中您个人有什么感触想分享？

邵晶：我做完这节目最真实的感受就是要特别珍惜生命。在医院看了太多生死离别，会觉得你能活着，你的家人也很健康，就是人生最完美的状态。第一季的时候，我们做过一个宣传推广的文案："如果你看了这个节目，想抱一抱你身边的爱人，这就是我们节目的价值。"这些感悟只有在医院里能感受到，你会觉得人生需要做减法。

还有我觉得做节目要有社会效益，比如丹丹的故事播出后，能让更多原本得不到肝移植的孩子获救，或者通过节目让一个医生重新燃起工作的动力，都是特别有价值的事情。做节目总得对社会的痛点有所触及，而且真的能够帮助人们好好地生活下去，我觉得这个是件好事。

（采访人邓泽苗系北京大学新闻与传播学院 2017 级硕士研究生）

讲故事的人
——《急诊室故事》主创对话录

时间：2015 年 11 月 29 日　　地点：Costa Coffee（北京棕榈泉店）

采访对象（排名按发言顺序）：

曾荣：恒顿传媒创始人、董事长，《急诊室故事》第二季总制片人；

林艳：恒顿传媒宣传总监，《急诊室故事》第二季宣传统筹；

王童：恒顿传媒首席内容官，《急诊室故事》第二季总导演、总撰稿。

采访人：一开始是怎么想到要做这么一档节目的呢？

曾荣：从我个人角度来说，我是出生在一个医生家庭的孩子，所以对医院的环境比较了解，同时对医疗方面的，包括医患关系方面的问题也就比较关注。近些年医患关系一直处于一个比较紧张的状况，所以想去做一档这样的节目，希望能够对这一问题的缓和有所助益。从节目创意角度来说，因为固定摄像头技术在国内市场还属于比较新的，所以想引进来开辟一个市场。

采访人：《急诊室故事》第二季相比于第一季有什么不同的地方？

林艳：第一是时长，我们将原来一个小时的节目调整为现在的近半个小时，但是时长缩短的情况下内容并不缩水；第二，相比于第一季的随机选择题材，在第二季中我们深化了对特定主题的挖掘和呈现，每一期争取集中展现一个热度较高的社会问题，希望能够通过片子本身使得相关的社会问题也得到广泛关注；第三是节目中特别就相关的医疗知识用短片进行了突出，起到更好的科普作用。

采访人：医疗题材的纪实类节目其实还有北京卫视于2014年7月开播的《生命缘》，请问您觉得这两档节目有哪些异同呢？

曾荣：最主要的不同还是技术上的吧。两档节目都力争还原真实，《急诊室故事》采用的是特别安装铺设的固定摄像头，这样能够保证最大程度上的"不打扰"。确保人们在镜头前面是自然的。而《生命缘》则采用比较灵活的摄像技术，可以跟随整个救治过程，并且覆盖多家医院。我们则因为要预先铺设线路和摄像头，所以需要相对固定的环境。

采访人：利用固定摄像头技术做电视节目在英国已经有十几年历史了，涉及的题材包括拘留室、酒店、教育等，医疗题材的也有一部《急诊室24小时》。现在很多综艺节目其实都是将海外节目引进、再加以本土化改造而成的。那您觉得《急诊室故事》算不算是对英国《急诊室24小时》的本土化引进呢？

曾荣：我自己在英国的时候了解了很多这方面的信息，也与许多这方面的专家有过沟通和交流。我觉得引进的话主要是在技术上，其他的部分我们还是致力于自主研发，探索更加适合我们国家市场的节目。

采访人：您认为固定摄像头技术在中国发展的话下一步可能会涉及哪些题材呢？

曾荣：这取决于两个方面的因素。第一是观众，大部分的观众目前可能还是习惯于浅层的娱乐，所以想要做一些需要"静下心来看的节目"，还需要慢慢培养市场。第二点就是，固定摄像头技术还是针对公共场合的，比如医院、地铁站、广场之类的。而我们国内对公共领域的定义和开放程度究竟如何，还有待探讨研究。

采访人：《急诊室故事》所运用的固定摄像头技术采集的素材都是比较碎片化的，那这些碎片化的素材是如何形成一期完整的有逻辑的节目的呢？

王童：具体操作中，首先是理出故事线，然后把素材放在故事线上，看看还缺什么。有些素材拍到了大量的家属对话，但医生的现场处理可能比较平淡；有些素材中医生群体的表现非常抢眼，但是病人根本不能出镜（比如后面节目里将会出现一个被警察送进来抢救的杀人嫌疑犯），对于前者，都要补充医生的采访，对于后者，就要把重点放在医生身上。基本上是用采访和旁白，把碎片化的素材串联成观众可以理解的故事。当然也有采访病人、病人家属和医生后，整个故事线打乱重来的情况，因为在采访中发现了新的情况，需要不断补充完善。这种制作过程对团队的考验很大，因为一般的节目、纪录片和电视剧，都是先有脚本、剧本再有素材，《急诊室故事》是先有素材，才能做出脚本，这对导演的整体架构能力有很高要求。

采访人：节目中的旁白也是亮点，它起到了很好的情节串联以及主题升华的作用。而且文风非常的流畅自然。听说这些旁白都是出自您的手。请问您在创作这些既要起到串联节目的作用，要富有情感，又不能太煽情的"解说词"的时候，是如何把握这个平衡的呢？

王童：写旁白的时候，我尽量把自己对这个社会的观察和体会放进去，而不是简单的煽情。去年有一集讲人在异乡，我写道："倘若心有芥蒂，无法融入，异乡的冬天会让人觉得特别冷，异乡的夜晚，无论有多少盏灯光在闪耀，也会让人觉得特别黑。但若敞开胸怀，为所在的这块土地奋斗，异乡也会变成故乡。"这段话当时很多朋友在转，其实这是我自己奋斗过程中的真实感受，我从求学到求职，一直远离家乡。有一次深夜下班回租的房子里去，看到别人家里亮着灯，突然觉得特别冷，因为我家里的灯得我自己回去开。但是当我有越来越多的朋友之后，就不再有这种感觉了。我觉得大家喜欢这些旁白，可能是因为它触到了自己心里的某一点，有共鸣才有感动。这种让人感动但不硬煽情的平衡,是通过对生活的体会、体验和长期的撰稿经验做到的。

另外我自己曾经因为手术在医院躺过半个多月,这种经验让我知道,生死关头,煽什么情都没用,你就只想不再疼,就只想能不能活下去,所以我看到那些病人的素材,也写不出太矫情的东西。可能创作的一些东西对一部分人来讲也只是"心灵鸡汤",但是没办法,个人经验毕竟是私人的,可以感动尽量多的人,但不能感动每一个人。我把写《急诊室故事》的过程戏称为"斯坦尼斯拉夫斯基式撰稿",因为有几次真把自己写伤心了,用了太多自己的经验进去。

还有一个有趣的现象,我们拍到的很多素材,不用任何旁白和采访也能把故事讲清楚,但后期制作还是用了旁白和采访,因为中国的观众不适应看完全没有解说的现实素材,在做观众测试的时候,有旁白出现收视就会上涨,同期太多就会下降,国外的同类固定摄像头节目是很少旁白的,只有素材实在交代不清楚的地方才用,到我们的片子,旁白反而成特色了。

采访人:很多人觉得,电视就是一个娱乐的工具,人们忙完一天的工作,回到家打开电视就是想放松一下,不想再去看一些过于严肃的东西。而《急诊室故事》似乎就属于这么一个"比较严肃的节目"。那您会不会也曾经担心过它的收视和进一步的发展呢?

曾荣:说电视是娱乐的工具,我觉得是很正常的,但我认为其实电视节目的娱乐性和责任感应该是不矛盾的,因为电视本身作为大众传播的媒介,除了娱乐它也还是有一部分教育功能的。如何兼顾好看又有益,应该是电视节目制作要追寻的方向。

《急诊室故事》的主创团队其实蛮特别的,因为它是我们公司(恒顿传媒）和东方卫视的人员一起组建的。我们公司的成员大多数都有在英国接受过非常扎实的社会科学理论和研究方法教育，所以在做节目的时候非常注重每个环节的调研。而卫视的团队更加了解市场，了解受众的需求和爱好。所以在合作之初团队中就出现了"主义之争"："社会责任主义"一方认为节目一定要做得扎实，能够引导观众有进一步的思考。而"受众主义"这一方呢就会怕过于"学术"会不会让节目的"格调太高冷"，受众"get"不到节目所要表达的东西。而在逐渐的合作之中，最终团队也达成了一致的看法，就是说将学术以最贴近受众的方式展现，不放弃"社会责任担当"这一内核，同时追求最好的传播效果。简单说，为受众带来比浅层娱乐更多一些的东西吧。

所以我认为有一件事情是值得我们思考的，那就是，一个电视节目的制作人如何对自己的身份进行定位。媒体人，除了为受众带来想看的外，还要承担一部分的社会责任和导向作用。《急诊室故事》的团队，就是在将媒体产品与新闻专业主义相结合，去做既好看又能够有其深度的节目。

采访人：请您从推广和传播的角度分享一下，《急诊室故事》这档略显严肃的栏目是如何从众多综艺节目中脱颖而出的呢？

林艳：《急诊室故事》这样以社会责任为价值核心的节目，可能一开始跟娱乐性的综艺节目竞争起来会有点压力，但是观众只要看过一期，看进去了，就会爱上这个节目，并且不自觉地推荐给身边的人。《急诊室故事》是一个让你可以每周只花半小时，回到对生活最真实的感悟中来的节目。会带给大家感动、感悟，和心灵的触动，可能也会是对心态的一个调整吧，是值得一看的。

所以说，首先，口碑很重要。为了强化这个口碑的影响力，结合新媒体时代的特点，《急诊室故事》的第二季更加注重与观众的互动。节目通过微博、微信平台对片中所呈现的社会问题与网友展开讨论，并与网易新闻客户端等新闻APP合作，将与网友的讨论生成小的专题，进行再呈现。其次，我们希望《急诊室故事》可以成为一个平台，让更多的人能够通过我们的节目获得实际的帮助，改善他们的处境。所以我们现在和腾讯公益合作，来一起搭建一个公益平台，尽量去帮助一些病人。

采访人：医患关系之所以紧张可能很大一部分原因是医学领域的知识对于大众来说实在是高深莫测，这种鸿沟本身就是沟通的一种障碍。那么《急诊室故事》有没有在弥合医患关系这一点上做特殊的创新呢？

王童：当然，弥合医患关系还需要做很多工作。就《急诊室故事》而言，我们所做的就是：一方面尽量在故事里说清楚就医流程，为什么要挂号，为什么要办欠费手续，为什么要做检查；另一方面就是做急诊小常识的短片，把一些最基本的常识宣讲出来。

采访人：整个节目的制作过程中相信您也是更加深入地直击了医院环境的真实面貌和医患之间的很多故事。整个节目其实也是对当下中国医患关系问题的一次深入的社会调查。那您在这一过程中有什么感触想要分享给大家呢？

曾荣：拍摄的过程让我们体会到医生的辛苦。他们自己的家人病了不能去陪伴，而要去陪伴别人。其实在他们心里，可能只要是自己接手的病人都像是自己的亲人一样了，希望他们能尽快好起来。别说医生了,就是我们拍摄的人、跟故事的人,一旦深入了解一位患者的经历,都会当他们是自己的亲人,心里非常希望治疗能够成功,能够让他早日康复。然而很多时候还是要用理性去调节好自己的心态,这也是作为医生的职业要求,要随时保持冷静。

再一个我一定要说的就是:感谢(节目所"进驻"的)医院,感谢上海市第六人民医院。医院能够接受我们的拍摄,也是拿出了非常大的勇气和诚意。因为无死角二十四小时的拍摄真的是那种不留余地的,医生在工作的过程中难免会有小的问题出现,可能一点无关紧要的小事情,播放出来的话就会被放大甚至产生不好的后果。我们的每一期片子出来之前都会请医院的专家领导进行医学方面的审核,保证没有医学上的硬伤以免误导受众。拍摄过程中可能会有负面的呈现,但医院方面并没有要求删减,反而对问题进行了反思,这一点是非常让人感动的。所以上海市第六人民医院愿意顶着压力,来打开这么一道门,让大家看到了医患关系中医院一方的态度:打开医院大门,从了解开始,进行对话。

我们在拍摄中也感受到了我们中国老百姓的可爱。曾经最担心的就是拍摄对象不愿意"上电视"。因为其实说实话,如果我自己遇到这样的情况——家人或朋友进了急诊室——那一定是心急如焚的。结果还要接受采访,可能我是不会答应的。所以第一份同意书签下来的时候我们非常非常激动,而后来发现其实很多人是愿意去分享自己的故事的。

我自己还有一点感悟就是,学界应该呼吁"伦理教育"以及对伦理问题的关注和思考。就《急诊室故事》而言,它就涉及了医学和新闻传播学两方面的伦理教育问题。医学伦理方面:医生在救治患者的过程中,从生理和心理上都要给予关怀,因为患者在面对这些生死攸关的情况时还是缺乏经验和惊慌失措的,这时候医生的一句贴心话可能就会让患者安下心来。就像那句名言所说的:"To Cure Sometimes, To Relieve Often, To Comfort Always."(有时治愈,常常帮助,总是安慰。)但是这一点也要考虑国情状况,不待在急诊室是不会知道医生每天要看多少病人的,可能患者挂号花了很长的时间,见医生就几分钟,但是没有办法,人实在是太多了。看到这一点的话也要理解医生有时候会显得"冷漠",因为医生也是人,这种高强度高密度的接诊真的是非常不容易。

而对于媒体人而言,只要你生产出媒体产品,不管产生多大范围的影响,一定要考虑一个责任的问题,时刻记住娱乐之上,还有社会责任的重担。总结起来就是,无论什么产业,都一定尝试着与社会作用相结合。

(采访人陈馨怡、中村大熙系北京大学新闻与传播学院
2015 级硕士研究生,
王烜系北京大学艺术学院 2014 级博士研究生)

尊重生命:《生命缘》&《急诊室的故事》

尹 鸿

电视和新媒体的发展,对电视节目的内容和形式的创新提出了越来越高的要求。电视节目的形态探索、电视题材领域的扩展也越来越迅速和深入。在大量的综艺娱乐节目、文化类节目层出不穷的时候,出现了另外一个非虚构类的节目样态,那就是医疗类节目。

生命安危是所有人最大的关切。伤病之躯的生死考验、救死扶伤的使命担当、绝处逢生的命运故事、错综复杂的医患关系，都使得医院、医疗、医治这"三医"，成为最敏感、最神秘、最神奇、最富有社会性和戏剧性的特殊领域。电视剧中有一种特殊的医疗剧类型，如大家熟悉的美国电视剧《豪斯医生》，中国近年来也出现了《医者仁心》《心术》《外科医生》等。除了这些虚构类型的医疗电视剧之外，在电视节目中，也出现了一批非虚构类的"医疗类节目"。北京卫视播出的《生命缘》和东方卫视播出的《急诊室故事》，则是其中的代表。这两个栏目，以其独特的节目表现形态、充满故事性和悬念感的典型病例内容以及自觉的人道主义价值观传达，引起了观众和社会的高度关注，不仅在晚间黄金时段创造了高收视率，而且帮助观众理性地理解医院、医生、医疗，激励人们更加关爱他人、尊重生命，起到了良好的传播效果。

《生命缘》在北京卫视于2014年7月开始在周末晚间黄金档首播。它选取了北京各大全国著名医院，用纪录片的形式，聚焦真实的病例，表现医生、护士、患者和患者家属，共同面对生死考验的故事。节目把镜头延伸到急诊室、抢救室、手术室等，记录充满悬念和紧张的极致事件，也表现转危为安的医学奇迹，为每一个生命的顽强喝彩加油。

《生命缘》没有编剧、没有导演、没有摆拍和作秀，呈现的是医院里的真人真事，甚至使用了医疗直升机来跟踪记录拍摄；也采用了医院内多角度的监控镜头，还将吸盘式摄像机安装在了急救车、抢救室、待产室等。北京电视台副总编辑徐滔表示："现在的节目，作秀的太多，假故事也太多，观众已经不想再看催人泪下的假故事了。我们所做的，没有彩排，没有干扰，只是将它真实地反映出来。我们拍摄的故事中有奇迹也有失望，我们不会刻意去表达些什么，只是站在一个最客观的角度告诉大家,手术室里面医生是怎样努力地抢救,手术室外家属是怎样焦急地等待,这样的记录也能一定程度上改善我们的医患关系。因为我们现在的医疗环境大不如前,所以说医务人员更需要我们的理解。"正是这种比戏剧更戏剧性的真实感,使节目引发了观众的真情实感。其中一集,《请你替我活下去》,记录了一个突发脑瘤的六岁女孩丹丹的故事。父母在她生命垂危的时刻艰难抉择,满足了这个善良的小女孩的愿望:将身体器官捐献给那些生病的孩子。最终丹丹留下两个肾脏、一个肝脏、两个眼球,延续了三个孩子的生命,帮助了两个孩子重见光明。丹丹短暂的生命之花在这五个孩子的生命中继续绽放。《生命缘》用丹丹的故事,向生命致敬,向孩子纯洁的心灵致敬。节目播出后,腾讯视频点击播出量超千万次。很多网友也通过《生命缘》官方微博和官方微信平台,表达感动与敬佩。

《急诊室故事》则是东方卫视 2014 年推出的一档用固定摄像头拍摄的大型医疗急救纪实季播节目。节目用近百个摄像头,现场使用六十六路全方位收音,全方位无死角覆盖,捕捉医院的每个科室每个角落发生的事件和细节,记录生死关头的人生百态。节目核心立意是直面社会广泛关注的医患矛盾、信任危机,坚持"生命有痛,有你真好"的价值引领,通过一个个救治故事,让观众感受到生命的尊严和对生命的尊重,传递社会正能量。

《急诊室故事》以上海市第六人民医院的真实场景作为记录空间。通过每周七天每天二十四小时的全景纪录,深入到观众没法进入的抢救室一线,揭示平时难以想象的生命救援过程。节目以真实的视角、虔诚的态度,通过对上百名患者的就诊过程的真实呈现,让观众"目睹"了一次次生命的转危为安、一次次人与死神的搏斗、一次次科学与命运的抗争。例如,第二季《急诊室故事》首期节目以"生死攸关"

为主题，展现了医疗急救中的"生死时速"：工人刘东风不慎被钢筋扎穿腹腔，年轻厨师被诊断为自发性脑出血，在千钧一发的危急时刻，急诊室医生以专业的态度和能力，让患者一步步远离生死红线，让观众看到了重生的希望。每期节目都从全天近百个摄像头记录的海量素材中，发掘那些震撼、感动、真实的故事和细节，将医院这样一个生死场表现得既自然，又充满人道主义的力量。

这两档节目虽然各有特色，但是都选择了反作秀、反虚构的纪实形态，力图用最真实的"生死博弈"来展示医生、患者、家属、社会各界的人道主义精神和医学的科学力量，让观众借此了解"三医"的神秘、人道的抗争、科学的努力和社会的爱心。虽然应该出于对被记录者的尊重和爱护的考虑，在镜头画面的去血腥去感官化等方面还可以做得更好更细致，但总体上，疑难危险病例的山重水复疑无路，柳暗花明又一村，使得这些真实故事有一种比虚构故事更强的戏剧性张力。更重要的是，节目基本摆脱了猎奇、刺激的创作趣味，自觉地体现了人道主义精神和人性坚强的力量，体现了创作者对传播伦理的尊重和敬畏。

两档节目，都克服了重重障碍，敢于直面人们最关切，同时又最敏感的"三医"现象，在节目的纪录形态上敢于创新，敢于探索，自觉地抵制收视率至上的观念和趣味，坚持人道主义的立场和人性关怀的态度，用生死线的故事，表现生命的力量和人性的高贵，既获得了显著的收视效果，也产生了正面的社会影响。为医疗类电视节目，也为非虚构类的纪实节目提供了正面的样板。

（作者系清华大学新闻与传播学院教授、学位委员会主任，北京大学电视研究中心特聘研究员）

央视新闻频道"纪念曼德拉报道"全天整体编排（2014）

致掌辞

2013年12月5日，南非前总统曼德拉去世。瞬间，整个世界陷入哀痛中。第二天，2013年12月6日，中央电视台新闻频道为此进行了整体编排，以资讯、直播连线和大量专题片相结合的方式与世界同步悼念伟人的离去。

这一天同一平台集聚而出的专题片，以其翔实的资料、丰富的影像、客观的表达、多维的透视，体现了该频道的新闻敏感与专业水准，呈现出了央视的大台风范。

这一天的特别编排，文风朴实，哀而不伤。民主、宽容、和解、自由等关键词准确刻画了曼德拉一生的追求与价值，也让观看者动容并为之沉思。

这一天央视新闻频道纪念曼德拉的内容，可以翻译成各种语言在各国同步播出，因为它与人类同在！也因此，这一天，CCTV是国际大台。

"纪念曼德拉报道"节目简介

播出时间:2013 年 12 月 6 日

播出平台:中央电视台新闻频道(CCTV-13)

片长:全天报道

类型:新闻报道

现场观点实录

  今天中国已经成为世界性的大国,中国是世界经济总量最多的国家之一,中国要有中国特色的大国外交,中国的媒体应该以世界为舞台展现影响力,以世界为舞台发挥自己的能力,因此媒体应该有更好的国际视野,当这个世界任何角落发生大事的时候我们都可以拿出准备好的资料、准备好的专题片。从这个意义上说,我想我们有理由相信并期待央视 365 天都是国际大台。

——陆小华

  作为一个媒体人看到这种变化,我承认我那天热泪盈眶,不仅仅因为曼德拉,还因为央视新闻频道对曼德拉的报道跟世界同步。我说 CCTV 要想成为国际大台需要三个条件。

  第一,中国是真正的世界大国,不仅在硬实力,在软实力上也要达到一个世界大国的水平,全世界关心的任何一件事发生时,你会说什么。这是第一个先决条件,并不是中央电视台努力就够了。

  第二,中央电视台的视角必须超越中国的视角,站在一个更高的世界和人类的角度去看待世界上发生的很多的问题。

第三，在专业的操作技能方面必须达到跟世界同步，甚至还要达到更高一点的水准。

只有这三个条件同时达到了，你才可能是真正的国际大台。所以，CCTV 要想成为 365 天的国际大台，一定从这一天是国际大台开始。

——白岩松

我投"纪念曼德拉报道"这一票有两个原因：一是专业性，这种专业性不是靠热情做得了的；二是价值取向，这种价值取向越来越接近全人类价值取向。只有曼德拉这个人是会让不分肤色、不分种族、不分宗教、不分意识形态、不分国家、不分民族的人为之悲哀的。

——陈小川

一个电视台的好报道，需要它整体的操作团队能够站在世界的舞台上观察问题，以人类共同的价值观去权衡问题，以最深刻的力量、宽容、爱、同情、公正、正义，去评判新闻的价值。这样一个报道不仅是形式上可看，更具有内在的穿透力和感染力，也有真正内在的力量能够传递给人。其实一个好的报道真正打动人的，是价值观，而不是小技巧。

——陆小华

实际上我国国际新闻最早开始于 1966 年中央电视台跟英国的国际新闻合作协议的签订，一直到 20 世纪 80 年代初，国际新闻主要是翻译国外新闻,中央电视台没有自己做的新闻。后来随着中央电视台的壮大,国家实力的增强,1984年中央电视台有了第一个驻外记者站,以后逐年增多。

比如1986年,"挑战号"航空飞机爆炸,这个新闻在《新闻联播》的特殊位置让大家对中央电视台刮目相看。就在我国国际新闻越做越好的时候出现了低谷,"9·11"事件发生的第一时间,中央电视台去哪里了?但后来他们不断努力,做得更出色,伊拉克战争、日本地震、海地地震等事件中,中央电视台是第一个到达现场的媒体。曼德拉逝世十五分钟以后,中央电视台的立体报道就全部铺开了,这非常不容易。我给大家透露一个秘密,这一天的报道做得很辛苦,他们很有压力,但是我们的主任、制片人,他们以自己的专业性,一点点做下去,很不容易。不要以为做国内新闻难,做国际新闻也不容易。

——刘昶

中央电视台获一个国内的奖项应该说是很容易或者是应该的事情,获国际奖项似乎也应该,但是在某种程度上有一定的难度,因为过去我们的国际新闻报道整体来说靠国外。这次报道有一个大背景,就是台里这些年强调了自我的存在,强调了中央电视台自己在国际上发声的重要性,也跟国际传播建设大背景有关。

——曹日(中央电视台新闻中心国际部主任)

在短短的几年时间内,中央电视台建立了大量海外记者站,现在有三百多个台派记者在世界各地,这是自我发声的基础。这些年台里非常重视国际新闻报道,跟国外媒体开始进行更广泛的合作，与大概一百多家世界各地电视机构签署了新闻交互协议。因为有充分的准备，所以能在第一时间就调动可以调动的所有资源。专题片的准备是一个漫长的过程，我们有备而来。我们现在把有一些年岁比较大的，可能会形成国际热点、国际事件的人物，都在做一些相关的储备。

——曹日

用世界视角，做专业报道
——中央电视台新闻中心国际新闻部赵震对话录

时间：2018年7月3日　　形式：邮件采访

赵震，从事新闻工作二十一年。先后在纸媒体、电视媒体，担任记者、编辑、责编、副制片人。在纸媒体担任记者期间，先后多次获得辽宁新闻奖、中国经济新闻奖等奖项。进入电视行业以来，一直从事国际新闻报道，先后参与伊拉克战争、全球金融危机、马航MH370失联、日本大地震等多个重大国际事件报道。

采访人：2013年12月5日，南非前总统曼德拉去世。第二天，2013年12月6日，中央电视台新闻频道为此进行了整体编排，以资讯、直播连线和大量专题片相结合的方式与世界同步悼念曼德拉的离去。这都是节目团队事前做了大量准备的结果，请问都做了哪些方面的准备呢？对我们新闻专业的学生来说，有哪些是我们现在可以着手学习实践的呢？

赵震：拥有准确的判断力和未雨绸缪的精神是一个优秀新闻人必备的特质。国际新闻部在日常工作之余，会不断积累一些重要人物、重大事件的背景片，并根据这些人物、事件的重要程度再适当拓展。曼德拉是全人类的和平之士，他的号召力和影响力遍及全世界。基于这个认识，国际新闻部早在两年前就准备了关于他本人、所在国家、所在政党、他与中国的关系、他在抗击种族隔离政策方面所做的各种努力等方面的背景片。

做好背景片的储备只是完成了第一阶段，还要在掌握当事人病危这类信息后，做一些技术上的准备工作，即制作紧急突发消息串联单、提前部署当事国记者和相关国家的记者、备好相关语种的同传、准备好直播信号通道等，从而事件发生时才能快速、准确、完整地进行呈现。

如果说对学新闻专业的同学提些建议，我认为首先可以让同学们参考央视当天的报道内容和编排方式。报道内容方面，包括消息的核实、用词的准确程度、各方消息的汇总梳理等；编排方面，以消息为首，并在消息推出之后进行了与前方记者的直播连线，介绍了最新的消息和更加丰富的内容，随后，继续关注和报道南非国内的反响和国际重要国际组织和国家的反响，并在不同的播出时段进行推播。同时，配发了部门多个科组提前制作的背景片，整组报道既准确，又有层次和设计。

其次，同学们可以查看一下我们当时投放的各种背景片，既全面地回顾了曼德拉的一生，更突出了对曼德拉本人和曼德拉精神的评价，从不同的角度立体地展现了曼德拉其人及其经历的闪光点。而且，编辑团队搜集了大量与曼德拉相关的资料画面和图片，进行了精心的编辑，很好地提升了这些背景片的屏幕呈现效果。如有兴趣，新闻专业的同学们可以参考观摩这些背景片的行文和视频编辑手法，在日常的新闻写作和视频编辑学习中加以实践。

采访人："纪念曼德拉报道"有一个理念就是站在世界视角，站在世界的舞台上观察问题，以人类的价值观、共同的价值观去权衡问题。我们应该怎么培养自己的世界视角？同样随着中国力量的崛起，中国也在积极向世界发出自己的声音，又该如何平衡世界视角和民族主义的关系？

赵震：培养世界视角，首先要基于对世界的了解和理解。没有对事实的认知，就不会有理解和认识的提升，评论和"视角"也只能是空谈。目前，世界形势错综复杂，国际关系在政治、经济和文化等方面的现状不断变化，也包含着多方的角力和博弈。以国际新闻为例，可以说每一天，都会出现很多碎片式的消息和新闻，而如果要对这些消息做出正确的判断，继而做出正确的评论分析和观察，就首先要厘清各类消息的来源、核实其真实性、了解相关的背景也就是搞清事件的来龙去脉、搜集各方的反应和回应，然后才能做出判断，应该如何报道，特别是如何站在一个宏观、有高度的角度去进行报道。

应该强调的是，所有的报道都不能抛弃和脱离我们中方立场。一直以来，很多西方媒体的报道都有失偏颇，不乏一些片面、有倾向性的报道，如所谓的叙利亚化学武器袭击事件等；在我国实现伟大复兴的进程中，也有不少西方媒体唱衰我国或者散播"中国威胁论"等。作为新闻工作者，一定要在全面浏览信息的同时，铭记自己的报道原则和报道准则，要把自己放在一个较高的视角去进行判断，不要被西方媒体和西方的信息源"牵着鼻子走"，而丧失了我们中方立场，损害我方利益。

采访人："纪念曼德拉报道"的编排、资讯、直播连线和大量专题片相结合的方式是其亮点之一，背后是一个庞大的工作团队，大家各司其职、分工合作，在整个准备与制作过程中，您认为哪个环节是最困难的呢？困难在哪里？整个团队又是如何克服的呢？

赵震：在"纪念曼德拉报道"中，每一个参与制作的编辑团队都付出了巨大的努力，按照分工，各司其职，才有了最终精彩的屏幕呈现效果。可以说，没有哪个团队的工作是简单的、轻松的。从整体编排的设计，到对前方多路记者的调度、直播连线的问答设计、背景片的制作和修改，都需要非常合理和精确。这其中，需要各个团队之间的配合和沟通，也需要每个团队内部的精益求精。如何从点到面地组织起整组的报道，如何将消息、直播连线、各方反响、背景和观察，科学合理地编排成为一个整体，需要多方的沟通和合作，另外，在播出的过程中，也要及时进行更新和调整。从全球记者的调度，到每一个片子中的每一个同期，编辑团队都是以高度认真和负责的态度去处理的。同时，还需要整个团队和每一个小团队，拿出自己绝对高效的工作效率。做不到"快、准、稳"，就没有及时、客观、准确、有编辑思想的国际新闻报道。其实不仅仅是"纪念曼德拉报道"，日常的每一个大的小的新闻事件，都需要以这样的态度和效率去处理，做到为每一条新闻负责，为每一个瑕疵负责。

采访人：最后请用几个关键词来形容下您心目中优秀的电视新闻报道吧！

赵震：真实、准确、快速只是一名新闻工作者应该具备的基本技能,如果要作为一名国家媒体的新闻从业者,还要时刻铭记中国立场,时刻掌握舆论话语权。

(采访人张雪明系北京大学新闻与传播学院2017级硕士研究生)

同呼吸共命运:中国媒体迈向世界的一步

白岩松

央视新闻频道"纪念曼德拉报道"的全天整体编排和报道应该放在一个更大的维度去观察和评价:中国在面对世界、走向大国的路途当中,应该怎样构建人类命运共同体,应该怎样更好地展现出一种态度,去和世界同呼吸共命运?

过去,我们有过教训也有过成功,而这次报道无疑是一次值得纪念的成功。中央电视台做了中央电视台该做的一件事,确切地说是中央电视台做了中国中央电视台该做的一件事。

这件事情涉及三个层面,中国、中国媒体、中国媒体人。

首先,是从中国国家的角度看。曼德拉是世界上广受尊敬的一个人,为了南非的和解,在监狱里待了二十七年。在他的身上有很多的关键词:民主、宽容、自由等。而在那一天中央电视台的新闻编排当中,这些关键词都多次闪现。作为联合国五个常任理事国之一的中国,在这样一个为地区稳定、民族和解和世界和平做出贡献的历史人物去世时,有正确而得体的反应是非常重要的。因此,当我看到央视做出了非常正确的反应,而且比我想象的还要更加快速、内容更加翔实的时候,我就觉得首先从中国的层面上来说,我们做了应该做的事情。2013年其实还没有"建立人类命运共同体"的提法，但是也恰恰是这样的事件，提醒我们构建人类命运共同体其实需要很多细节上的努力，来真正做到与世界人民同呼吸、共命运，同欢喜、共悲伤。

接下来就是中国媒体。在致掌辞里我写了这样一句话："这一天，CCTV是国际大台。"记得我在那天颁奖的时候谈到，我可不是他们的托儿。尽管都在中央电视台，但其实我跟国际新闻这块不是很熟。那一天，我完全是从一个中国传媒人的角度去看这系列的编排，并且一个人看得热泪盈眶。曼德拉的系列报道，其实是中国的媒体在和世界共振，完成共同的悲伤、共同的缅怀、共同的纪念，然后共同整理留存他给我们的遗产，所以那天CCTV的确是国际大台。

我们一直在说，中央电视台应该成为一个国际大台。当然这首先取决于中国，只有当中国成为世界真正的大国时，人们才会在国际事件发生之后主动去聆听中国的态度和声音。这是中国的媒体成为国际大台或者国际大通讯社最重要的基础。而经过这么多年改革开放和国家发展，中国媒体已经拥有了走向国际的重要底气。另一个重要因素就是中国媒体本身，当一个重大的国际事件发生了之后，我们是否跟所有的国际同行一样，能够拿出非常合适的速度、态度和立体的报道模式来报道这件事。这个立体的模式包括覆盖、采集和传播的能力，而在曼德拉的系列报道当中恰恰体现出这一点。现在我们几乎是在全世界拥有记者站最多的传媒，中央电视台经过多年的努力，已经在全世界拥有超过七十个记者站，所以在曼德拉去世之后，才能那么快速地在全球各地完成众多记者连线——这涉及世界的各个大洲和多个重要国家。这是中国媒体国际化之后才有可能实现的一种立体报道。

那一天是国际大台，但我们是否能够做到 365 天都是国际大台？对于这个问题，我们既不能过于悲观，也不能过于乐观。因为成为 365 天的国际大台，是从一天又一天是国际大台做起的。所以先要有这一天是国际大台，接下来遇到重大突发事件，我们争取都能够展现出国际大台的风采。再加之中国国际地位的不断提高，央视成为国际大台水到渠成。这是一个长跑，我们不要忘了长跑过程中关键的节点。而央视新闻频道对曼德拉逝世的全天报道编排就是一个值得中国媒体去关注的重要的节点，一个央视成为国际传媒里重要发声力量的重要节点。

第三个是中国媒体人。其实我对这一点格外关注。媒体人主观地展现出一种态度是相对容易的。但是你能不能展现出态度背后专业的能力，这可是由人的因素来决定的。即使在 2018 年，大家回头再看曼德拉逝世报道的专题片，会发现它们同样经得起推敲，因为背后非常重要的一点就是"专业"。而这给今天的传媒人的借鉴与启发，其实可以用简单的一句话概括：要将方向和方法结合起来。

从某种角度来说，大家期待方向。在过去很多年，我们是在摸索方向的。20 世纪 80 年代美国的"挑战者号"爆炸之后，中央电视台破天荒地在《新闻联播》用了头条的位置，来报道在面对外太空探索时候人类的重大牺牲，当时在中国传媒界引起了巨大的震动：大家没有想到《新闻联播》居然能把国际新闻放到自己的头条，我觉得那是一个重要的开始，我们和世界共同面对人类的灾难和悲伤。但是接下来也有我们不该忘记的反思和教训，那就是 2001 年的"9·11"事件，当全世界都把它当成绝对头条的时候，我们却没有把它当成头条，中央电视台甚至没有直播。我经历了焦虑的等待，最后也没有等到我最期待的结果。我在美国的新闻博物馆看到，全世界第二天的报纸头条都是它，只有我们不是。这是会让中国媒体人感到遗憾的，因为你起码没有跟世界同步。就是因为有了这样一次教训，我也亲身体验到了改变：在伊拉克战争的时候，副台长就告诉我，你的生活半径要在离电视台15分钟的车程之内。战争一旦开始，你必须在十分钟之内到达并进入直播状态。我觉得正是因为2001年"9·11"事件的失语，才会有2003年的这样一个转变。

所以谈论曼德拉逝世的报道是在这样的背景下：有我们成功的经验，但也有我们没有做好的遗憾和教训。我们已经越发明确了一个方向：中国作为一个世界大国，我们必须跟人类同呼吸共命运。如果你要在关键时刻缺席，你怎么去做一个负责任的大国？

但是方法上做不做得到又是另一码事。曼德拉逝世这一天的系列报道，显然是有方法、够专业的，央视同时展现出了高效的速度和得当的方法。后来我才知道，中央电视台有关曼德拉的相关报道的准备从2009年就开始了，毕竟这是一个已经年过九十的老人。重要的人物，当他可能要进入弥留之际的时候，媒体就要做好相关的准备。我觉得这是一种最大的尊敬、一种致敬，而且体现出媒体的专业态度。从2009年中央电视台的国际部就开始收集各种各样的资料，而这些都在那天表现为一个立体集成：新闻的资讯、记者的连线、翔实的专题片、音乐、数据等各种素材的这种应用……这是在方法上取得了重要的进步，是中国媒体专业素养的体现。因此，不要光谈方向，要迷恋于方法——只有方法才能确定你期待的方向，但如果没有方法，再好的方向也可能走形。

曼德拉逝世的系列报道，看似只是中央电视台的一次编排和报道举动，其实是中国媒体迈向世界的一大步。不管是从中国的世界定位，还是从中国媒体的能力，抑或是中国媒体人的专业素养来看，那天的系列报道都是经得起推敲，并鼓励未来进一步完成突破和前行的。

最后，我想用三个关键词来概括这次报道："共悲伤""共命运"以及"共同的规律"。"共悲伤"当然指的是我们都很尊敬的曼德拉的逝世所带来的情感共振。"共命运"指的是中国和中国传媒人必须站在人类命运共同体的基础上，去和世界共欢喜、共悲伤。"共同的规律"则指的是，专业传媒人一定要回归到新闻规律的基础上。我们必须回到传媒人最重要的立身之本上来：尊重新闻规律，内容为王、方法优先，这是永远不会改变的。

（作者系中央电视台新闻节目中心新闻评论员、节目主持人，北京大学电视研究中心特聘研究员）

电视剧《北平无战事》(2014)

致掌辞

在雷剧、神剧、家斗剧泡沫泛滥，浮躁之风充斥中国荧屏的环境下，刘和平七年磨一剧，以真诚而执着的创作态度和为伊憔悴的创作历程，用一个文艺工作者的良知和情怀、艺术修养和文化自觉，撑起当代中国文艺精神的风骨和脊梁。

《北平无战事》逼人的戏剧张力、丰富的影像层次、暗流涌动的戏剧节奏，"宏大叙事"和"工笔写生"并举的叙事策略，睿智的历史眼光和精致的电视美学，实现了文学与史学的有机融合，达到了作品和大众精神的共鸣。该剧深深触动了业内同行的心，也让观众听到了它强烈的呼吸感。

以剧证史、以史为鉴，《北平无战事》照见了远阔之地，成为近些年来最具评论价值的优秀影视作品。

《北平无战事》简介

首播时间（北京卫视）：2014 年 10 月 6 日至 2014 年 10 月 24 日，每天 19:30

播出平台：北京卫视、天津卫视、河南卫视、山东卫视

片长：共 53 集，每集 45 分钟

类型：电视剧

总制片人、编剧：刘和平

制片人：侯鸿亮

导演：孔笙、李雪

现场观点实录

把电视剧做成精品，而不是快餐，非常不容易。因为它受到太多制约，受到投资者的制约、收视率的制约。更重要的是有很多的电视人认为，中国电视观众根本不在乎你把剧做精致，你做精致对提高收视率一点用处也没有，倒是会多花很多钱。但我们这个剧就说明观众是有能力识别好剧的。

——尹鸿

像这样一部作品，主要人物、次要人物，正面人物、反面人物各个立得起来。刘和平老师的剧作，优秀演员的聚合，我们的服装、道具、摄影，所有的工种的合作也是一种精神的体现。

——尹鸿

2014年掌嘘"获掌"电视剧《北平无战事》对话现场

刘和平老师坚守的不仅是这部剧，他对每部剧都是这样执着。他的这个执着，树起了中国电视文艺工作者的风骨，这是我们值得庆幸的，这种编剧的存在让我们骄傲和自豪。

——吴克宇

这部剧具有精致的电视美学和深邃智慧的历史眼光，这是非常巧妙的结合，我们知道过去的电视剧都是宣传北平"有"战事，或者着重在各种战争解决一个政权的更替。这部剧恰恰把历史真相揭示出来：战争背后有政权、经济、政治、腐败，包括改革等多方面因素。这部剧用非常智慧的眼光把这个背景给我们揭示得非常清楚。

——吴克宇

《北平无战事》让这两年流失很多的电视剧观众重新回到电视荧幕前，或者在网络上来点击观看，这是让我们作为主创最开心的事情。

——侯鸿亮（《北平无战事》制片人）

中国是一个有大河文化的农业大国，中国的农民一生就是精耕细作，中国的手艺人就是精雕细琢。我们成为手艺人也好，农民也好，总得把自己的活干好，对得起自己，也对得起生我们、养我们的土地，这就是中国大河文化的传统。

——刘和平（《北平无战事》）编剧）

我是一个编剧，《雍正王朝》《大明王朝》《北平无战事》，每一个剧都是一写写几年，特别难写。中国电视剧要求思想性、艺术性、观赏性，三性合一，做到三性合一非常难。我们要做到的就是一点：雅俗共赏。懂戏的、不懂戏的，年龄大的、年龄小的，文化水平高的、文化水平低的，尽量多一些观众，都能来看认真制作的电视剧。

——刘和平

我和制片人把很多别的戏、别的活动都推了，这个一定要来。这是一个有独立精神、自由思想、清晰认识的奖，我们觉得很荣幸、很欣慰。对我们的评价，我觉得是目前为止《北平无战事》播出以来对我们最高的评价。以后拍剧，我们继续坚持用慢火炖老鸭汤，我们会坚持。

——刘和平

"我们得把这个感受留下来，毕竟一个时代有一个时代的文化记忆"
——《北平无战事》编剧刘和平对话录

时间：2018年6月30日　地点：刘和平家中

刘和平，1953年出生于湖南衡阳。著名剧作家，国家一级编剧，中国电视剧编剧委员会会长，上海戏剧学院、南京艺术学院客座教授。代表作有：舞台剧《甲申祭》、电视剧《雍正王朝》《大明王朝1566》《北平无战事》等。曾先后获得全国曹禺戏剧文学奖，第19届、第30届中国电视剧飞天奖优秀编剧奖，第17届金鹰奖最佳编剧奖，第21届上海电视节白玉兰奖最佳编剧奖等多个奖项。2015年被评为中华文化人物。2018年担任第24届上海电视节白玉兰奖评委会主席。

采访人：《北平无战事》的小说和电视剧都是在2014年10月发行或播出的，请问您在创作过程中是先有小说还是先有剧本？这两种方式的呈现有什么不同？

刘和平：你这个问题提得很好。在文学史上，诗歌、剧作、小说都属于文学的范畴。不知到了什么时候，我们提文学好像就只有小说，小说几乎就等于文学。这种概念是错误的。其中有一个原因，就是我们今天创作的剧本几乎都不能成为出版物，因为没有可读性。其实电视剧叙事就是戏剧类的长篇小说，它应该具有可读性、文学性，这是我一直十分看重和竭力追求的。因此我在创作剧本的时候同时会考虑到让它能成为小说出版，在拥有大量观众的时候还应该拥有大量读者。我创作的《大明王朝1566》当时就由人民文学出版社出版了文学剧本和小说两个版本，现在小说版本已经再版了五版，发行量达到了百万册数，而且正在由英国的一家出版社翻译成英文，日本的著名汉学家也在着手翻译成日文。《北平无战事》也是一样，2014年小说出版后就发行了数十万册，今年版权到期，就有五家出版社竞争再版的版权，而且正在由英国查思出版社翻译成英文出版。要说呈现方式有什么不同，不如说在今天这个图像文化时代，这种电视剧和小说同时播出或发行它是互补的。电视剧具有更浓烈的文学性，小说具有更强烈的即视感。这就是我的追求。

采访人：那您觉得小说的书写和电视剧本的创作，有没有比较大的差别？

刘和平：小说的书写更自由，剧本的创作要受限制，因为要考虑到拍摄和制作的条件，包括演员的表演。能不能拍摄，能不能表演，这是在写剧本时必须考虑的因素。小说可以脱离拍摄和表演，自由描写和议论，剧本就不行。现在有一句话很流行，只有想不到，没有做不到，事实不是这样的。很多能想到的进入到摄制表演的规定情境就是做不到。从这个角度来看，小说更好写一些，剧本更难写一些。莎士比亚的地位为什么无法动摇，就是例证。现在只要是一个写小说的都称作家，写剧本的只称编剧，我希望人家称我剧作家。

采访人：在看《北平无战事》电视剧时，有一个细节使我特别感动，就是方孟敖把崔中石拉到后海，逼他脱衣服跳下去，崔中石脱掉长衫，突然露出来一个假衣领。我就觉得受到冲击特别大。您在创作时经常会有这样的细节设置特别打动人，您是怎么做到的？

刘和平：这就要靠生活阅历了。我年轻时很贫穷，就穿过假衣领。当时我在剧团当演奏员，工资除了吃饭，一年下来也不够置办两套衣服，买不起衬衣，就做假衣领。因为剧团出去演出要求仪表整齐，外面穿一个罩衣里面不能没有衣领。在描写崔中石的清贫时，我自然就想起了这个细节。我们这一代人经历了从贫穷到温饱，从温饱到小康，比现在的青年人生活阅历更丰富。这也是我们的创作财富。

采访人：看完小说我会把这些情节想象出来并且记住，而在看电视剧的时候，演员的表演会带来不一样的感受。比方说崔婶，很多人在看完之后形成了许多不同的看法，您觉得造成这种现象的原因是什么？

刘和平：一千个观众有一千个哈姆雷特，一千个演员有一千个哈姆雷特，而莎士比亚只有一个。这就是戏剧，这就是综合艺术。剧本是蓝图，到了拍摄表演阶段，从导演到整个摄制组，尤其到演员，他们都会有二度创作，他们会调动自己一生的阅历、生活经验，包括自己的表演感受融入进来，有时候会丰富剧作，有时候会流失剧作中的一些信息，这都是正常的。所以为什么我自己要当总制片人，就为了选演员时尽力去找能胜任角色表演的，找对了表现就对了。

采访人：那会不会是因为两种表现形式不同，导致角色的张力不太一样？

刘和平：你在阅读文字的时候，和直观地看影像的时候，会有不同的审美感受。这个也说明一个问题，就是电视剧是现在中国受众面最广，也是影响最大的文艺样式。在今后可能它也会成为主流传播文化，现在已经是了，以后还将是，它的影响性远远大过小说。所以中国对电视剧这块看得很重，抓得也很紧。这个产业也越来越大，就是因为它受众面广、影响大，它永远会影响着一代一代的观众。因为我们已经从平面（文字）文化转到图像文化上，这个转型已经完成。所以今后影响力最大的会是图像文化，但是文字不能够丢失，所以我个人同时也看重出版物。

采访人：《北平无战事》中有很多情节都涉及燕京大学，无论是拍摄的地点，还是塑造的人物，您为什么比较在意燕京大学？

刘和平：我们不应该忘记燕大，今天的人不应该忘记当年的燕京大学。我之所以强调燕京大学，是为了唤起我们现在的人对曾经的一些文化记忆和历史的回顾。我们现在太容易把一些历史给遗忘了,写燕大、写燕大的人,有我自己的目的和初衷在。燕大是美国人司徒雷登他们办的教会性质的学校。当年燕京大学在中国现代史上还是很重要的。这是一个方面。

第二个方面,是出于对这部电视剧整体的审美调性的追求。我不太喜欢写老北平,老北平给人的印象是一种灰蒙蒙的调性,它不是四合院就是胡同,基本上都是灰颜色的,所以《北平无战事》里,有方行长的家"洋楼"、燕大"洋楼"、警察局、军营。我就尽量避免一说北平就灰蒙蒙的那种感觉,我强调的是要唤起大家对民国的一种记忆。在写的时候就有这种审美追求。老北平你分不清它是清朝,还是民国,很多说北平的戏,包括戏里出来的人都没有突破,而我这是一种力求审美价值的突破,包括刻意地说燕大,以燕大为主,但中间也说了北大和清华。

采访人:《北平无战事》拍了七年,然后有过七次撤资,您在创作初期有没有想到后期制作的时候会遇到这些坎坷?资金问题您有考虑过吗?

刘和平:我们这个剧总会出来的。我还是有文化自信的,我们的环境是很多投资人担心投资风险。《北平无战事》还是有一定的价值突破,包括重新客观辩证地看国共关系,看行将灭亡的国民党政权。我抓住了他们比较年轻的一些人,以蒋经国为首的那些人。所以,这个是当时投资人最担心的,担心到最后审查通不过。后来审查还是通过了,而且基本上没要我改什么,所以你看小说和看电视剧差不多,就说明十八大以来的新的中央领导班子更有文化自信。这也是我的预测。

采访人：您当时是怎么说服投资方的？

刘和平：我就直接跟投资方说，十八大以后，这片子能拍能播出。因为习近平当总书记，我和他同年，他能理解。他们当时听了还将信将疑，后来事实说明十八大之后新的中央领导都看、都喜欢。

采访人：您在创作这个题材的时候，是基于您对当下现状的一种思考，然后加上对这个题材的兴趣？

刘和平：我们这一代人不写，再晚一点的人，未必能找到这种感觉，也不会这么真切。这次白玉兰奖，我到上海，就住在陆家嘴。《北平无战事》里面崔中石一家搬家，两个小孩子念的那个童谣说的就是陆家嘴，你再去看，已经找不到当年的陆家嘴了。比我们再晚一辈的作者或者编剧都不会再有这样的感受。我们得把这个感受留下来，毕竟一个时代有一个时代的文化记忆，我也是这点责任感。

采访人：就是有种责任感推动您去完成这个剧作？

刘和平：还有新的时期，对历史有新的认识推动着我完成这个作品，尤其现在到了新时代。只不过大家都还在摸索，还在酝酿，（新的认识）慢慢都会出来。

我们这一百年来，它的主流文化思潮叫国民性批判，新文化运动到现在已经一百多年了，从新文化运动开始，中国的主流文化市场就是国民性批判。第一个代表就是鲁迅，他那个时候出现国民性批判，是合理的，也是必要的。中国积贫积弱，面对突如其来的工业文化和西方文化不知所措，所以对整个中国的看法，对中国历史的看法，对中国文化的看法，甚至对中国人民的看法，基本上都是通过那些留学到国外看到西方或者日本的先进文明的人，对比出来的。

这个东西一直延续到1949年，因为1949年之后，共产党带来了根据地文化，文艺为工农兵服务、为政治服务的文化思潮。但就是这样，国民性批判那种东西也一直还在延续，包括舞台上面，帝王将相、才子佳人。到了"文革"结束改革开放，国民性批判又起来了，以20世纪80年代初开始的伤痕文学为主，一直延续到现在。包括我们的电影，像《我不是潘金莲》，都还在延续国民性批判的那个路子。但现在有些人看了会说好，很多人看了觉得不舒服。

今天的中国已经不是那时候的中国了，今天的中国人也不是那时候的中国人。中国由"一带一路"走向全球，提出人类命运共同体。没有一个人在说自己的国家不行、自己的文化不行、自己的国民不行、自己的制度不行。

有些小说作家，他不搞国民性批判，就总觉得自己不高级。电视剧、舞台剧还比较好，没有动不动就拿自己的文化和国民来批判。哪怕是老舍的《茶馆》，里面的人都还是有精气神的。老舍的《骆驼祥子》《四世同堂》也是这样，老舍是人民艺术家，所以他不太搞国民性批判。汪曾祺在说到中国文化和中国人的生活的时候充满兴趣，所以还是有一些热爱中华文化的文人的。而更多的情况是改革开放以后到现在也没什么思潮，大家已经不太接受国民性批判了。所以电视剧，它中间也会出现矛盾，也会出现两个不同的方面，但更多地给大家展现的都还是活生生的生活。

采访人：您的剧本在进行制作的过程中，会与导演、摄像以及演员等进行合作，他们也会做一些演绎，那他们在演绎的过程中应该也会跟您有所沟通，有没有一些比如说抵触或者有矛盾的时候？

刘和平：没有矛盾，我首先就是跟导演充分沟通，让导演完全明白作者要什么，怎样才能呈现。然后导演也会跟你谈，有些能呈现，有些不能呈现。我写方孟敖，在脑子里就经常出现飞机，但是片子里一点都没有，因此方孟敖那个角色有一些损失。很多隐蔽的行为动机、深层的信仰，我都写了，但是因现实条件受限没有表现出来。

2013年拍《北平无战事》的时候用的是当时最高级的一种新型摄像机，但是如果你端着机器往前走，镜头就会模糊，所以我们这个电视剧里推拉镜头相对少，对观众的冲击也小。尤其像五人小组开会，谁有一个反应的时候，如果用老的那种镜头，一下推过去，一下拉出来的冲击力会非常强。我看回放，就跟导演提出这个问题。导演告诉我，这个机器没办法做到。我说，你就安装轨道，他说室外可以安轨道，内景就只能把推拉改成摇移，或者下一个接近景出来。有时候就受条件所限，电视剧又不像电影，经济条件还是有限的。

采访人：最开始的时候您说，日本和英国的出版社主动前来联系翻译《北平无战事》。但是，由于历史语境不同，甚至包括意识形态不同，对方可能不能理解我们想传达的。您在这个过程中，对这个作品海外传播的效果有没有什么期待？

刘和平：美国奈飞公司，它是世界最大的电视剧传播平台之一。《北平无战事》他们拿去播的时候，五十三集一个镜头都没剪；《甄嬛传》中方卖给他们的时候，剪成了六集。但是《北平无战事》卖给他们，一个镜头没剪，全剧播出，他们是能接受的。为什么不能接受？文化创作有个性，也有共性。有些是人类的共性，这个人家也是能理解的，不像莫言的一些小说，要找一个人改写，人家才看得懂。如果只是说"信""达"，按照他原来的文字翻译过去，未必能获奖，这就是另外一个传播手段。我们这个当然也讲究翻译，还是想尽量让别人了解我们的个性，然后找到我们跟世界对话的共性。文化都是有共性，就怕我们有意识地避免共性。

采访人：您觉得这个共性，除了我们大家都知道的一些共同的价值观之外，还会有一些什么？

刘和平：像中国提出的人类命运共同体，就是人类最大的共性。西方的文艺复兴、思想启蒙，是他们为了推翻中世纪那种宗教专制，推翻神学看世界的那么一种角度和眼光。但现在美国回过头来都是用神学的眼睛在看世界，他们又回去了，回到了几百年前。

神学就是说掌握整个宇宙，包括我们人类生命的是上帝，只有上帝或者上帝所派遣的人才具有超能力，然后他们的矛盾永远是善与恶的矛盾。这些都是用神学的眼光来看世界的，像美国大片，几乎就回到过去了，他们不讲文艺复兴、思想启蒙、批判性思维。

文艺复兴之后的，从浪漫主义到现实主义，都搞得大家好像搞不过前人一样，现代、后现代、先锋派、印象派什么都出来搞一阵子。现在倒好，干脆一走，走到五百年前，只不过用新的表现手段，来说老的世界里面的这些东西。这些都是些共性。

关键就是我们自己要清晰，不要有意去找、迎合共性，没那么多共性。

采访人：您在第24届上海电视节表示，看好中国电视剧的发展，但是在有的采访中，您也表现出了对现在这种网络文化的入侵、一些网络小说改编的电视剧井喷式量产的担忧。您依然很看好中国电视剧是基于什么做出的这种判断？

刘和平：因为中国的电视剧取代的是中国的戏曲、舞台剧，舞台剧发展到现在已经将近一千年了。中国人的文化娱乐生活主要是看戏，而不是读书，读书是读书人的事。更多的受众都是在看戏的时候，接受一些文化信息的。他们审美的深化和提高，包括接受一些人生道理，都是在看戏的时候实现的。现在毫无疑问取代舞台戏剧的就是电视剧，而不是电影。

中国引进电影的时候很早，有电影存在的时候，全国各个地方，剧团还是那么多，丝毫没有受到影响。但是当电视剧得到普及，剧团纷纷关闭了，观众不再进剧场。中国是一个戏曲大国，有大戏小戏，几百个剧种，一千多个剧团。在那个时候是每个剧场每天晚上都在演出，甚至连星期六、星期天都没有休息。因为我在剧团当过演奏员，我知道。那时候就想，哪天晚上能够不演出，去看场电影多好，但等不来，一个月从头到尾都是演出。现在有些地方，剧团几乎都没有了，就是演也没人看，最多是一些农村里的红白喜事，请个戏曲班子去热闹一下，那也不为了观赏，只为了热闹。所以无疑，大家对电视剧的需求决定了它的存在、它的发展。

中国电视剧严格来说只有四十年历史，也就是从改革开放以后开始的，没有哪一种艺术形式像中国的电视剧一样发展得这么快，发展得这么大。它发展的过程中也会出现一些起伏期，但它今后依然会是中国的主流文艺形式，所以我说这个（电视剧的发展会越来越好）是一般规律而已。但是这几年由于种种原因，可能我们现在的质量反而不如原来十几年前的质量高了。

首先是产能过剩，20世纪八九十年代，拍一个上下集也能播，拍个四集也能播，也曾经有过一个阶段八集的电视剧比较多，后来最多也就十多集。等到拍四大名著时，像《红楼梦》《三国演义》《水浒传》这样的长篇电视剧才出来，不过《西游记》一拍能拍几十年。

那段时间是电视剧的第一个黄金期。电视剧的发展是一个有起伏的前进的状态。而现在就是几十个上星卫视、几百个频道每天都播电视剧。其实我们不需要这么多频道播这么多电视剧。加上网络掺和进来,那也是挡不住更多人的加入了。有些人不看电视机了,在手机上看。当一种新的观赏模式出来,它会催生新的生产模式。而我们从事这个生产的从业人员队伍一时没起来,因此会出现很多并不合格的电视剧,这些年出现的就是这种状况。

所以我经常说,第一要"去产能",第二要培养队伍。因为产能过剩,泥沙俱下,什么人都来参与。这个也会慢慢走向正轨,国外的电视剧发展得早,日本、韩国他们电视剧是越拍越短。原来韩国电视剧动辄一两百集,现在就是十几集,最多二十集。做成季播剧,这是个规律。所以我相信今后我们也会越拍越精,大可不必害怕,都是有个规律的事。

采访人:您的新剧《北斗南箕之歌》(暂定名),据说是季播剧。您刚才也提到了,中国电视剧要转型,要适应人们的观看需要。您这个剧是不是就在实践您刚才说的改革?

刘和平:季播剧有两个概念:第一个就是季播的形式,一季一季地播出。还有就是我们现在用的季播剧这个概念,是说要拍出欧美的季播剧,包括韩国的季播剧那样的水平。他们都拍得比电视连续剧要更精致、更讲究。中国电视剧应该往季播剧的高质量去发展,我们指的更多是这个,我看好未来中国电视剧的发展,迟早会用质量取胜。一个是去产能,一个是我们的供给侧也要改革。我们就是供给侧,改革之后,它都会渐趋成熟和完善的。

(采访人王小婷系北京大学新闻与传播学院 2017 级硕士研究生)

不仅有历史，还有丰沛的历史感

沈卫星

我想用五个关键词对《北平无战事》做点评。

第一个，有诚意。我始终认为，有诚意的作家，不仅是作家之幸，更是读者之幸。因为读者就像普通消费者，读到了好的内容就像购得了更为货真价实的物品，获得了更多的收益。有关北平和平解放的文艺作品可谓多矣，而优秀的作家，往往有超越既往的冲动，自信能拿出更好更高的东西来。《北平无战事》就是这样一部作品，它是作家用实力、用心血、用诚意写出来的。所谓用实力，是刘和平以其写作上的天赋，充分彰显其才华，写出《北平无战事》，一看就是高水准作家的出手之作，我看他的《大明王朝1566》时也有这样的感触；所谓用心血，指的是七年磨一剑，当然仅以时间长短并不能说明什么，况且其中还有投资方撤资造成的进度上的延宕，但剧中呈现出来的诸多精彩之处，无一不是用心血浸泡出来的；所谓用诚意，是他在剧作中下苦功下死力地磨结构、磨人物、磨细节、磨台词……我以为现在有较多有实力也用心血的作家，往往开头几部作品确实在用实力和心血，但写着写着，窍门摸到了，捷径也有了，就开始玩技巧、耍花样，只想着如何省劲讨巧多出产。我以为的好作家，都是重在其诚意，因为我知道，实力决定作家走多高，诚意则决定作家走多远。刘和平是一个能走得高也走得远的剧作家。这部剧之所以如此受欢迎，是因为它是用实力用心血用诚意的体现，是在众多谍战剧中拔尖的上品，既好看，又耐看。

第二个，历史感。《北平无战事》写的是中华人民共和国成立前夕北平的一场"无战之战"，即1948年国共两党的搏杀已经到了最为关键的时刻，国统区政经体制混乱失控，物价飞涨，贪官横行，国民政府的统治早就危如累卵，大厦将倾。表面上看，北平确无战争硝烟，但暗藏着比战事更紧张、更严酷、更复杂、更惊心动魄的战争，这就是刘和平呈现给我们的比兵器之战更为深刻的人性之战、道义之战、政权更迭之战。如方步亭所说："现在连拉洋车卖香烟的人都知道，国民党要败了，共产党要得天下了。可有几人真正知道，国民党为什么会败？共产党为什么会胜？"不知从何时起，历史题材类电视剧几乎要占据整个电视剧创作生产的三分之一。从创作角度看，写历史易，写出历史感难。这么多年来，历史剧多如牛毛，但大多如过江之鲫，最后了无影踪，为什么？就是因为创作者只写历史，而没有写出历史感。历史感就像一粒米上的"胚芽"，如果没有这么一点点"精华"，营养价值就会大大折损。历史剧中如果没有胚芽，那就不是艺术表现，而仅仅是再现，这可是完全不同的境界，两相判若云泥。为什么刘和平在被称为著名剧作家、小说作家之余，还被冠以历史学者的美誉？他被历史学界评价为"对历史学的研究和阐述已达到史学研究的前沿"，我想这是有根据的。为了尽可能地接近真实，刘和平曾多次到我国台湾地区、美国胡佛研究院研读大量历史资料，包括一些未解密的日记等，深入研究共产党和国民党的历史，"准备的素材大概就有三千万字"。所以我们在这部剧中可以时常感到，创作者提供的历史感是丰沛的。难怪有观众说，编剧在用电视剧给我们上历史课，这课上得很成功，教案很珍贵。它被众多业内外人士称为"中国电视剧历史剧高峰之作"。剧作充分展露出国民党上下原来竟是这么贪、这么乱、这么无所顾忌，国民党政府不倒，天理难容，以至于方步亭得出"蒋介石斗不过毛泽东，铁血救国会也斗不过北平中共地下党"的结论。他深知："中国几千年贫富不均的病根不除，西方那一套金融经济只能是火上浇油。"《北平无战事》就是要揭示出国共最终谁胜谁败的历史规律。我觉得，写历史的价值不在于历史本身，而在于其是否提供了"史鉴"功能。我国这么大体量的历史题材电视剧创作，对民族和人心的"鉴往知来"的提升有多大帮助，我不得而知，估计也很难统计，但《北平无战事》无疑是非常成功的表率。

第三个，文学性。看《北平无战事》赞叹之余，更要感谢剧作家扎实的文学功力，让我们在看电视剧这种大众化通俗化呈现中有"含英咀华"之感。"文学是一种文化精英的活动"毋庸置疑，但我更看重的，是文学作为"一种为揭露和批评自己的局限性而存在"的艺术机制，这种机制应当在任何创作中都有它"在场"的必要性，进而言之，文学的价值总是在于在现有框架或同一题材下去探索如何超越前人，获得新的可能。比如，形象塑造上，剧作提供了各种个性、观念、行为鲜明的人物，如对比徐铁英和崔中石两个人物，徐为了那20%的股份，徇私枉法的手段无所不用其极，而崔中石则在被地下党谢培东反问冒生命代价将徐铁英的20%股份转到香港共产党的账号上是否值得时，崔的回答出奇的平静："我看到徐铁英将损失这20%那种难受的劲，我觉得值了。"这种生与死的价值观，在当时崔中石所处的特定环境中，是一种新的呈现。再如，在很多人物对话上，都能够找到恰切、精当而深刻的对白，曾可达到方步亭家欲告知崔中石是中共地下党时，将中国共产党比喻成月亮，并点出月亮照到地上也会发出光亮，崔中石就是能够照出月亮的那碗水，何等含蓄而阴险。另外，剧中大量地用诗用典，既得体又雅正，非常符合人物的身份。很多人物的台词创作设计，可谓精辟，见解也独到，如地下党员林大潍在三案并审时给方孟敖讲述的自己对共产党理解的那段话，实在是平实而深刻，不同凡响。风格化也是文学性的题中应有之义，历史题材的作品总是要有苍凉感的，我看到剧终时，谢培东（姑父）一个人留在了北平，思念女儿思念家人，我被这种人物内心的苍凉感俘获了，神为之夺。

第四个，表演力。讨论这部剧的成功，不得不说演员阵容构成的豪华级别，而且在演员角色分配上，也是匠心独运。王庆祥、程煜、焦晃、陈宝国等戏骨在剧中都属于超水平发挥，祖峰、董勇、倪大红等也各擅胜场，他们把曾可达、徐铁英、方步亭、谢培东、何其沧、崔中石、马汉山等角色演得鲜活生动，有着强烈的个性。方步亭作为中央银行北平分行经理，那种经济学家的头脑和资深政客的手腕，以及深谙任何形态的政治斗争都是嗜血的，不信阶级革命能换得大同，所作所为只是出于保护家中小儿女们，乱世中求自保而已，王庆祥对此给予了准确把握，演来游刃有余。徐铁英是国民党中央党员通讯局联络处主任，钩心斗角，城府极深，到北平市警察局任局长，更是国民党集团贪污腐败、玩弄权术的典型存在。陈宝国处处将分寸拿捏得十分准确。另外，我很看好董勇这位演员，浑身透露着剧坛少有的集沉郁、刚毅、稳健、自信于一身的气质，将一名国防部预备干部局少将督察、倾心忠于国民党的少壮派演得虎虎有生气。当然，剧中也有不少演员依然带有脸谱化、标签化，如五人小组里的其他三位、北京民调会的几个科长等。我个人认为，有几个可称为主要演员的表现倒是存在不小的提升空间，如方孟敖的演员表面看与世家公子的玩世不恭、狂放不羁甚为吻合，但没有把这种气质的内在彰显出来，既缺乏内蕴力，也缺乏爆发力。还有观众认为何孝钰的演员将秀美演成面瘫，木兰的演员将单纯演成智障，说明一些演员把人物性格塑造看得过于简单化、片面化了，在这样一部"戏骨云集"的高水平电视剧里，每一个人物都值得被反复咀嚼。

第五个，复杂性。虽然北平无战事，却暗流涌动，局势的复杂性、斗争的残酷性、人物的多面性、任务的艰巨性，构成了一幅国共两党夺民心、得天下的波澜壮阔的斗争图卷。联想到很多电视剧作品在人物塑造、剧情设置及矛盾冲突等方面，到处都充满着简单、苍白和标签化，我认为，这是能力的问题，也是诚意的问题。要么是能力不逮，要么就是懒得去逮。而造成这个局面的原因，我认为首先是很多创作者把电视剧当作了游戏，而且是赫胥黎式的"文化成为一场滑稽戏"，即一种充满感官刺激、欲望和无规则游戏的庸俗文化。《北平无战事》的出现，是对这种庸俗文化的反抗，尤其在复杂性方面，它无疑是中国电视剧坛的标杆性作品。不论是结构、线脉，还是人物、性格，抑或矛盾、冲突，总让人有曲尽其妙、出人意表的新鲜感。我想，这是剧作刻意追求的陌生化效果。观众或许对什么中央党部、党通局、国防部预备干部局、国防部保密局、华北剿总司令部、北平警备司令部、财政部、中央银行、中央银行北平分行、民食调配委员会等一堆机构名称，刚开始感到不明就里，但看到后来，不仅不会感到厌烦，还能游走其间咂出滋味来。从人物塑造来看，如方孟敖这个形象，身处时代的乱流当中，既有来自国军内部的猜忌和调查，也有来自同僚的暗算和倾轧，更有战火当前纷繁迭出的险状，但他和所有地下工作者们以其热血丹心奠定了建立新中国的基石。再如梁经纶，他是打入中共北平地下党的国民党"铁血救国会"核心成员，也是一个学贯中西的精英学者，他的内心是一个真正无私的人，热爱祖国，有着可贵的学者使命感，知道共产党更先进更民主，可自己的身份立场受限不许他走出来，内心充满着复杂的矛盾纠结，是历史人物画廊里的"这一个"[1]。值得一提的是,这部剧的成功,很大程度上取决于文戏好,可能有观众感觉这部剧节奏太慢,的确现在很多剧节奏慢是因为大量"注水",但我认为此剧的剧情丝毫没有"注水"的动机和痕迹,过去人们对人物的大段对白、大段的开会、大量的室内场景深感痛恶,但这部剧恰恰相反,我非常愿意不厌其烦、饶有兴致地去欣赏它们,因为它不平常,它能提供更耐咂摸的东西来。

(作者系《光明日报》副总编辑、高级编辑,北京大学电视研究中心特聘研究员)

---

[1] 黑格尔在《精神现象学》中提出的概念,原意是一切事物都是个别,一个东西也是一切。

纪录片《五大道》(2014)

致掌辞

无论电视生逢辉煌还是面临忧患,优秀的电视纪录片工作者总是选择远离纷争、远离浮躁、远离功利。他们相信好的内容具有穿透历史、洞察未来、直指人心的力量。他们与时代、历史、大地对话,他们用作品寻找影像在历史观察、艺术表达和思想深度上所达到的一切可能。

《五大道》以一片街区话中国近代百年风云,以精致影像带领观众重返历史现场,彰显了中国纪录片人以全球史观讲述中国故事的能力,在纪录片的国际化表达上做出了积极而有建设性的探索。

《五大道》简介

播出时间:2014年10月6日至2014年10月14日,每天20:00

播出平台:中央电视台纪录频道(CCTV-9)

片长:共9集,每集48分钟

2014年纪录片"获掌"现场

类型：纪录片

总制片人、总导演：祖光

联合摄制：中共天津市委宣传部、中央电视台纪录频道、天津广播电视台

现场观点实录

这部片子在反思，在重新认知这段历史，这不是简单的戏剧，是新的历史态度。

——张同道

我们现在确实进入了一个互联网时代，传播的特性都变了，现在是一个媒体纪录片、商业纪录片的时代，观众的选择太快了，我们来不及思索就得跟上才行，所以怎么办？我们在想办法把观众的眼球吸引到纪录片的屏幕上，找现实的切口，用代入感的，能够令人产生好奇心或者共鸣的，又和你所叙述的总故事相关联的一些小故事，不断地来穿插到我们的总故事当中，构成一个多重故事线来叙述。

——祖光（《五大道》总导演）

我们必须要走出去，听听西方对这段历史的当初和现在的叙述，以及对天津文化、世界人文的一些影响。

——祖光

历史的人，做了历史的事
——《五大道》总导演祖光对话录

时间：2018年6月16日

地点：祖光导演工作室（天津华光纪录影视传媒有限公司）

  祖光，纪录片导演，全国劳动模范，全国优秀新闻工作者，全国德艺双馨电视艺术工作者。现任中国电视艺术家协会理事、纪录片学术委员会常务副会长，中宣部电视专家组成员、国家新闻出版广电总局电视专家组成员、中央电视台专家组成员，加拿大班夫国际电影节评委，中国电视艺术家协会纪录片评委，中国电视金鹰奖评委，金熊猫奖评委等。代表作有《五大道》《有个学校叫南开》《解读皇粮国税》《延安时代》《中华魂》《丰碑》等。

采访人：《五大道》在当年获得了许多大奖，北京大学电视研究中心颁发的2014中国电视年度掌声是头一个奖。几年过去了，可否先谈谈《五大道》的成功对您的影响或改变？

祖光：如果说影响和改变，主要是更坚定了我创作转型的信念。作为习惯了传统拍摄手法的老纪录片人，我必须要紧跟时代，完成纪录片从理念到表达方式的时代化转型。因为我们的社会环境发生了巨大的变化，互联网时代一切都那么便捷，随着社会节奏的加快，碎片化阅读、点状观影在青年一代当中已经成为一种普遍现象，他们甚至不愿意再看纸质书，而喜欢电子版。在面对受众这样一个巨大变化的时候，如果还继续抱着那种我说什么你就听什么，我拍什么你就看什么的宣教式的理念和不转变的态度，全然不顾受众的反应，结果就是没人听、没人看。毕竟再好的思想需要传播才能有效，必须要适应这个变化。怎样变化？其实很简单，就是改变你的表达，才能改变一切。

现在都是数字化影像，谁知道未来技术革命会把我们带向哪里？我们不清楚。但我在尽可能地追求一种完美的艺术品质，尤其是对这样一个大家不看好的历史题材，我们得尽可能地用完美的视听效果和打动内心的情感体验所产生的审美变量，再造一个历史文化时空。我是想通过近代天津三部曲[1]给天津再造一个全新的历史人文时空。

采访人：这种改变在《五大道》的创作过程中有哪些表现？有没有特别艰难的时候？

祖光：应该说《五大道》是我的第一个转型作品。为什么拍了三年？因为纠结啊！突破不了自己，写着写着又回到老路上去，编着编着又回到老路上去，吃不下睡不着，然后突然之间悟出来一种崭新的故事逻辑、一种全新的讲故事方法，我给它起了个有天津味的名称——"麻花结构"。我还算比较能够接受新思想的，但毕竟按照老习惯做了二十多年纪录片了，把好端端的故事打散了，碎片化呈现，一时真的很难适应。但是完成转型之后，就是用我说的"麻花结构"，你会一下子发现一个新天地，《五大道》在国内外产生了那么大的影响，有那么好的传播效果，你会觉得还是转型好，这时候就更坚定了我作为一个老纪录片人转型的信念，我不能再回到老路上去了。五年过去了，《五大道》在豆瓣网上的评分还是 9.2 分，当时是 9.3 分，

---

[1] 自 2014 年起，祖光团队陆续推出"一道（《五大道》）、一校（《有个学校叫南开》）、一批人（历史名人）"三个系列的天津历史文化纪录片，前两部已经先后播出，第三部还在紧张摄制中。

这个评价应该是很高的。一部历史人文纪录片，一个城市的命运能够引起这么大的反响，应该说它的表达方式和讲故事的手段起了很大的作用。到了《有个学校叫南开》的时候，我们的转型尺度更大，因为《五大道》的信息量大包容性也强，但一个学校的历史怎么样让它更好看？我们想通过《有个学校叫南开》探索一下纪录片的年轻化，让青年观众更容易接受，片子用了大量的纪实和动态叙事的手法，纪录片总是在发展，总是在变化的。我们也在通过艺术上的不断尝试探索新的可能。

采访人：可以具体解释下"麻花结构"吗？

祖光：传统的历史题材纪录片的叙事结构是线性的，娓娓道来，从历史到历史，我把它比作一根长面条，很冗长很沉闷。为了适应受众的变化，就要变成多条故事线，主线是核心故事线也是人物命运线，一条副线是背景故事线，再加一条现实线既是勾连结构线也是思想贯通线，这样就有三条故事线了；再树一个对手线也是次要人物线，就有四条线了。这四条线如果平行往下推，时空跳跃太大，观众会受不了，我们必须得让它变成交叉叙事，发生逻辑关系，就像麻花一样，把这四条线再拧一下，交叉螺旋式地推进故事发展，形成多条故事线交织在一起的交叉叙事方法。这就好比我们天津的大麻花，几根面条之间是用糖馅儿、青丝、玫瑰这些辅料黏合上的，相当于我们片子里的有效信息、有趣信息，小细节、小情节啊，还有矛盾冲突，就像钩子和黏合剂一样把所有内容勾连在一起。但是，"麻花结构"一般适用于系列片或三十分钟以上的长片，包括体量大、内容丰富、结构复杂的纪录片，单一故事和短片也没有这个必要在结构上下这么大的功夫。现在的纪录片不是过去的"作者纪录片"时代，以前是有个想法，有个冲动，写个大纲，有个目标，扛着机子就走了。我们做的是"媒体纪录片"，需要变换不同的表达方式，适应传播的需要，适应受众，这也是国产纪录片时代转型的需要。

采访人：像天津这样的城市，历史资料庞杂，线索也很多，如何在有限的时长内进行资料的铺排取舍是非常考验导演功力的，您能谈谈这方面的经验吗？

祖光：历史人文纪录片的难点就在于打通古今，从历史到历史的传统手法不行了。如何让历史活起来，这是最难的一个点，主要难在要找到一个历史和当下的契合点。首先得把思想打通、底层逻辑打通。历史不能是标本，怎么把它变成活体？就要在现实的纷繁中去发现这段历史所承载的价值意义与今天的汇通之处，找到了这个，创作上最大的难题就解决了。这是"道"的层面，其次都是"技"的层面。技的层面上，像纪实美学、技术美学、戏剧美学、逻辑美学都可以用，历史题材纪录片如果没有当下性的思考，发现不了它的当下价值，一般我是不会动手做的。因为你的认识还不清楚，你出来就会是一个低端产品，或者说是废品。我做了三十年纪录片，产品不多，基本是一两年出一个东西，但出来的大片子小片子几乎没废品。这不只是幸运，而是你对创作的一个态度，对选题的深思熟虑和总体把握。我相信自己的人文观、历史观和价值观还是主流的，是能够被社会认可的，既要被党认可，还要体现人民性以及知识分子的精神追求。中国传统士人价值观在我骨子里是根深蒂固的，"为天地立心，为生民立命，为往圣继绝学，为万世开太平"，那些学以致用的思想，那些传统文化是血脉里的东西，是改不了的。有些事情虽然一时做不到，但骨子里的这种东西时刻在左右着你去追求。

俞虹老师之前在《五大道》的研讨会上给过我一个评价，我一直很在意，她说她发现我是用一种学术精神在做纪录片。我真是这样，俞老师说到我心里去了，每接一个选题，我大量的时间都在前期调研。这次拍《有个学校叫南开》，拍摄才三个多月，剪辑两个多月，但是一年半的时间我们都用在前期了。我从历史上挖掘出来的东西，从浩瀚的史海中翻捡出来的东西，从现实纷繁的尘嚣中发现的东西，连史学家都惊叹：你在哪儿找的这些东西？这是一种历史和今天的对接。没有今天的现实角度，就发现不了历史的光辉和价值；没有历史的厚重支撑，今天的东西就是无根之木，是浮萍。

采访人：《五大道》中对一些历史人物以及事件的处理是有突破性的，至少对我个人之前的标签化认识有冲击，比如认为八国联军代表着侵略、袁世凯是倒行逆施的罪人、租界对我们来说甚至意味着耻辱的这些标签化认识。这种对历史观的拿捏如何做到既能客观呈现，还能保持当下的态度和棱角？

祖光：《五大道》之所以有那么强烈的反响，能够做到上中下都满意，基本上没什么负面反应，这说明了什么？我也在思考这件事。这恰恰说明由于近年来学术研究的繁荣与文化自信的建立，使得我们大家心中对历史的态度，开始有了一些改变。比如现在民国热已经暗流涌动，大家都在反思，为什么"五四"新文化运动以来，我们经过了那么大的文化上的革命、经济上的革命、军事上的革命、政治上的革命，却像钱学森所说的出不来大师？那是一个怎样的社会？那个社会的一些东西，今天有没有借鉴作用？这些没人去点破它，没有一个有影响力的作品去点破，《五大道》就起到了一个破冰的作用，但是非常谨慎。既没有完全打破传统史观，又用故事去展示了一些和符号化历史不一样的东西，对这段历史做了重新解读，包括我们如何面对租界。如果永远不揭这个伤疤，怀着悲情史观，你就放不下这个包袱，你就无法建立自信去和世界打交道。今天的世界已经是经济和信息全球化，谁再建立壁垒，谁就是倒行逆施。美国那么强大，但搞单边主义，搞贸易壁垒，它的伙伴们也痛苦，所以我们要面向未来、面向人类命运共同体建立自信，我们得自信地去讲中国故事、中国理念、中国价值。

比如小时候和邻家孩子一起玩，他打过我了，我长大成熟后，还怀着这些仇吗？不会。但是他当时给了我什么，我却能记住。他打了我，当时我是痛，可是逼着我跟世界接轨，从封建社会转型了，把我强拉硬拽进入了一个现代社会,我从中受益。我知道了落后就要挨打，是他让我自强了，我们能不能从这里吸收一些正面的东西。《五大道》讲的就是这样的道理，我们拿捏的也是这样一个尺度，我们不去讲那些悲情史观、悲催的事情，我们讲如何在逆境中自强，如何在那样一个积贫积弱的背景下探求救国之路。历史的人有他的局限性，做的一些事也有他的局限性，所以我们如何看待一个历史的人，做了历史的事，他做的事情对国家有害或有利，历史会留下的。像李鸿章，很多人说他是卖国贼，但他其实就是晚清这个破房子的一个裱糊匠，他不去签，也得有人签。

采访人：片中印象很深的是李鸿章临死前只说了四个字"天津如何"，我在这里感受到了一种宏大叙事与个体视角之间的张力。这其实也是纪录片创作中非常重要的一个面向，可否请您谈谈这方面的体会。

祖光：我拍片子或者搞创作的时候有一个特点，就是小切口，大主题,我喜欢用一个很小的细节,后边带着一大串的东西,让不同的人有不同的解读,其实艺术的魅力就在于此。艺术是香花还是毒草,就在分寸之间。过了,是毒草;差了,不够味。所以分寸感永远是艺术的魅力,得把握着一个度。关于李鸿章弥留之际,有一大堆的史料,我们可以说别的事,但我们选了"天津如何"。为什么是这四个字?我有我的创作诉求。一是我给天津做片子,我爱我的城市,我想用历史告诉世人,天津曾是一个伟大的城市,是非常有魅力的城市,不仅有狗不理包子和十八街麻花,天津的主流文化永远是吸收外来文化的创新文化。中华民族文化也是在不断地创新提升的,各个民族的动态组合,外来文化的汇通吸收,这才是它的生命力所在。李鸿章那个时候完全可以说出这样的话,因为当时天津是政治旋涡的中心,是世界上唯一一个有着九国租界的城市,清朝的洋务集中在天津,国家和外部世界的矛盾冲突点也在天津,所以他说出天津是完全合情合理的,其他别的都不如这四个字"天津如何"。

采访人:除了中国本土的近代史资料,《五大道》也加入了许多西方学者对这段历史的评述,而且都是非常顶尖的历史学家和汉学家。如何处理好"中国故事"的国际视角?在海外学者的甄选及其观点的呈现方面有没有可供借鉴的思路呢?

祖光:实际上,纪录片选取的每一个人物采访,每一句解说词,每一个镜头剪接,都是创作者的立场。司马迁写的《史记》也有他的情感好恶,也有他的选择,所写的那些人物都是他的选择,没有绝对真实的历史,没有完全纯粹的客观,都是当时的人认知世界、认识事物的一种表达和呈现。所以我们对海外学者的选取是有一定的尺度的,第一不能选有反华立场的学者,或者说与国家利益相违背的人肯定不能选，起码他是友好的，我们要维护国家的核心价值观，政治上不能出问题；第二，要选择影响力更大的学者，尽量找学界有影响力的，这也是为了让我们的作品能够有所提升；第三，我们要选择他有价值的学术观点，比如史景迁，他作为一个汉学家，竟然能当选美国历史学会主席，说明这个人的影响力很大，再有就是他的作品都是用讲故事的方法解读历史，这和我们纪录片是一样的表达，我就对他很感兴趣。

采访人：您在联系采访史景迁的过程中有没有难忘的趣事可以分享？

祖光：我联系他的时候非常艰难，他不用手机，也不留电话，就通过层层介绍一封一封发 Email，十几封都石沉大海。后来发现可能是我们的翻译有问题，于是我给他写了一封亲笔信，我在信里谈了读他作品的感受，他的核心观点以及我对他的核心观点的评价，然后交给了我的儿子给翻译。可能是因为我亲笔写信，也可能加上是我儿子翻译的，这次很快收到了回信，说我提出的时间可以配合，但只给半个小时采访。我马上从纽约赶到康涅狄格州，直奔耶鲁大学，先到耶鲁大学神学院，找到了许多档案，我现在还有耶鲁大学的特别图书证，拿着那个证可以下图书馆的地库去找资料，海外资料都是我亲自去查的，包括美国国会图书馆我都去查过。

下午三点，史景迁午休好之后，我们去到他家，本来说的只给半个小时，结果那天我拍到晚上六点半，其实我是三点差一刻到他家的。中间他夫人觉得他比较累了想终止采访让他休息，但他说这位导演的话题很有意思，他愿意跟我谈。其实我不仅说天津，整个中国的历史和文化，凡是他研究涉及的问题，我都问了。学者就是这样，你只要跟他对得上语境，你只要能跟他深入探讨问题，哪怕是有不同或对立的观点，他都愿意跟你谈。他就怕你问一些非常肤浅、非常官样的问题，那样他会很快失去兴趣，肯定半个小时或者十五分钟就把你打发走。最后他夫人说，能不能请导演让他休息十分钟，他上床躺了一会儿，再下来接着拍，最后我们在院子里散步。老先生非常友好。但是他的采访不能算很成功，《五大道》里用得很少，因为他的表达比较分散，如果我们想用一段很完整的观点，就得切得非常碎。采访画面切碎，这是纪录片的大忌，会让人觉得是在断章取义。所以剪辑他的时候非常难，我们只用了一点儿，其实当时谈了很多问题，包括戈登的问题，包括早期传教士的问题，很多很多，但不太好用，我们不能剪得太碎去用。

采访人：下面换个轻松点的话题。在准备这次访谈的过程中，我发现很多网友在自发地搜索《五大道》的配乐，分享里面的原创音乐资源。一般来说电影、电视剧音乐传播会比较广，但纪录片音乐能受到这样的关注与喜爱还是挺罕见的一件事。可以看出，除了思想、内容，片子的方方面面、各个细节祖导一定都是有自己的考虑的。

祖光：除了对视觉的品质要求，我对音频的要求也是很苛刻的，我觉得视听是一体的。包括解说词，最后一定是要落到我手上改过多遍的，我甚至每次录音都亲自去监棚，读错了音的，或者是当场感觉不好的，马上就改，太长了塞不进去我马上缩写。尤其音乐，我非常重视，我觉得视听缺一不可，当然比重不一样，它不是五五分的关系，主要还是视觉，画面品质不抓人，张力不够不行。但是音乐和解说，必须要有它独特的魅力，要参与叙事，它的情绪和你的表达要一致，是烘托，甚至是提升、拉升，所以我们每次都要用大量的经费投入到原创音乐，找人作曲。作曲家跟我经常磨合，我带着作曲家沿着五大道走，我给他讲我这段要说什么故事，它是一种什么样的情形，往往我片子没剪出来就已经开始作曲了。因为电视纪录片音乐和电影音乐大致是一个范畴，它不允许作曲太随意地去表达，它是受限制地戴着镣铐跳舞。比如这个音乐只能有 1 分 10 秒，甚至 33 秒，音乐出来要有开头、有高潮，还得有收尾，就像镜头有起幅有落幅，不能是半截子镜头。

我们不能总用 double 这种"揣袖"的方法去剪接配乐，音乐得尽量完整，段落要完整，情绪表达要完整，所以我们会选择专门作曲，保证画面与音乐的完美契合。此外，我们还要设计主旋律，这个主旋律要有几个不同情绪的主题，主题音乐再产生出来变奏，产生不同情绪的音乐，包括器乐的分配、solo（独奏）的出现等，都要有所考虑。但它是一个主题，主题音乐里边有不同的情绪。我每次都是这样要求，所以我对作曲和音频制作要求非常严格，也肯花钱。在 2003 年做《延安时代》的时候，经费一共才不到两百万元，我拿出五十万元来做音乐，别人都说我疯了。可是我请赵季平作曲，赵季平只做过这一个纪录片的曲子。我还请戴玉强演唱主题歌。这个片子一直放在中国延安干部学院，学员入学第一课就看。赵季平写了五十多段音乐，他亲自监棚，演奏是亚洲爱乐乐团，演奏家都是中国顶级的，在音效上我就是舍得投入。我觉得一个作品的品质一定是多方面打造的，首先是思想价值，再一个艺术价值要高，这里边又有几个层面，我们通过《五大道》在尝试纪实美学、戏剧美学和技术美学融合的魅力。

纪实美学无疑是我们纪录片的看家本事，是一种纪录思维，这是我们的主调。戏剧美学体现在哪里？体现在我们的人物塑造和结构上。我们用戏剧的方式来做纪录片结构，产生悬疑、悬念、矛盾冲突，产生人物命运感，不能把一个人物变成独角戏，还要有对手戏，这种逻辑结构的完整性和精密性，是戏剧美学的部分；技术美学则要体现在我们的画面质感、电影化的品质、音乐动效等方面上。

采访人：您除了是《五大道》的总导演还是制片人，一边代表的是艺术创作，一边代表的是市场，看起来是互相矛盾的综合体，您如何协调这两种身份？现在有许多纪录片业者也面临着资金与创作的两难困境，您对纪录片的商业化有什么样的期待？

祖光：其实我这个制片人是虚的，导演是真的，我这个制片人是为导演服务的。这是违背规律的，其实应该是导演听制片人的，但是在纪录片还没能市场化的时候，我就得创作第一。没有好的作品，什么都谈不来，我现在就是要树立起品牌。就是因为你，因为你以往的作品，你的产品质量，别人才可能投资，所以我这个制片人在这里是弱化的，尽管最后可能都得我签字，因为我要对资金负总责。然而我还是一个导演的角色，但是现在我要变了。现在不能光去烧钱，得要考虑好，起码不能让投资人血本无归，所以要准备进入市场了。也许我会做网络纪录片，我得有尝试，得让投资能够有收回的可能，最好要盈利。因为纪录片的盈利模式目前不清晰，它隐性的东西很多，我们都知道它是一个巨大的潜在的市场。中国电视最后一块没有开发的处女地，就是纪录片了。它怎么能没有价值？肯定是有的。但是它的触点在哪？怎么激发它？怎么链接上？我们都在探索，我觉得这个点应该能找到。我们不能把钱都烧在明星身上，甭管是老百姓的钱，还是政府投入的纳税人的钱，都是社会财富。这个财富尽可能投到更多有价值的地方，而不是集中到少数人的手里。如果泛娱乐化的现象得到有效遏制，将会给纪录片腾出更多的空间，或者是能够有更多的资本来关注纪录片这样一个严肃的有责任心的表达载体。

采访人：最后请用三个关键词来形容下您心目中优秀的纪录片吧！

祖光：有思想，这是第一；第二个，有品质；第三个，有效传播，或者说是传播有效。有品质，有思想，有传播力，我认为这就是优秀的纪录片。

（采访人蒋锐系北京大学新闻与传播学院2017级博士研究生）

历史人文纪录片的新收获
—— 致掌《五大道》

胡智锋

由祖光导演执导的九集大型历史人文纪录片《五大道》，是近年来取得重要成就，并获得广泛关注、好评的一部历史人文纪录片力作。这部历史人文纪录片及其突出的历史价值、现代化的处理和艺术化的呈现，为历史人文纪录片的创作与创新，提供了丰富而新鲜的经验，值得我们认真梳理、总结。

一、史实、史识、史观、史思的呈现突破

历史人文纪录片最突出的价值，是对历史、人文的挖掘、揭秘与影像呈现，而《五大道》在这几个方面中所取得的突破是显而易见的——祖光导演和他的创作团队聚焦天津开埠历史上最具标志性意义

的五大道区域,并对此进行了全景式的观察、梳理、描述和呈现。在这部长达九集的历史人文纪录片中,主创团队不辞劳苦,在中外不同的国家区域内,广泛联络相关的学者、专家、当事人以及相关人物的后代等,并通过多个维度和视角的发掘、梳理,对"五大道"历史发展进程中一些重大而深远的事件、观念等进行了全面而深入的探索。

《五大道》开篇即连续不断地给观众带来惊奇的发现。如"高升号"商运船被日本击沉的事实存在较多争议,百年之后的这部纪录片通过详尽的跟踪与梳理,最终探寻出是来自日本奸细的秘密情报这一历史事实。这不禁会让我们进行思考——甲午战争的导火索是否与此存在着一定的关联,甚至与之后中国无数的割地赔款、不平等条约的签署等是否也存在相关的联系。诚然,通过这种期待视野所产生的联想,恰是《五大道》在史实角度的创新呈现,史实的切入,给予了整部历史人文纪录片更具有艺术真实性与开阔的审美空间。

历史事实的发掘,微观上可以作为对影像的一个符号意义,宏观上则可以联想到对中国历史乃至世界历史进程的一个影响,这无疑具有重大的、历史与人文的价值。在《五大道》中,对史实的发掘可谓比比皆是。由此可见,祖光导演和他的创作团队,为此做出的艰辛努力,在某种意义上,甚至可以说他们通过使用记录影像的方式,完成了对历史、人文的探索挖掘,完成了一次近代中国历史重大事件的历史梳理、历史考古和历史发现,这种历史事实的意义和价值也因此而得以彰显,并令人瞩目。

除了在史实层面,即对历史事实发掘方面的突出价值,《五大道》在史识和史观的层面也呈现出非常突出的、全新的价值。一般而言,史识是建构在历史事实的基础上,但同时,它也是需要有史观的支撑,才能得以彰显其价值所在。这部纪录片采访了众多的中外知名学者，如耶鲁大学的史景迁教授、法兰西学院汉学家巴斯蒂院士、大英图书馆中文部汉学家吴芳思主任、美国伊利诺伊香槟大学蓝云教授、英国布里斯托大学罗伯特·毕可思教授、英国牛津大学拉纳·米特教授等，他们正是以独特的见解和史识，为这部纪录片增添了高大上的层次和境界。这是因为，史景迁等国际知名学者的介入，不仅代表了来自学术的声音，更是体现了这部纪录片对历史认知的一种层次和境界。换言之，正是由于史景迁等学者的加盟及引入，使《五大道》能通过西方汉学家们的视角，反观中国近代历史的契机，对于在当下历史语境中我们如何能更好地阐述自身的历史、人文等，具备启示与借鉴意义。

当然，作为一部历史人文纪录片，《五大道》在史观层面也取得了较大的突破。此前，我们对《五大道》所关涉的复杂近代史是存在一些已有定论的，诸如半殖民地半封建等一些观念，或者说是遗老遗少等的一些看法。这些定论或许是我们站在已有的史观基础上对这个地域、这段历史的界定结果。《五大道》的突破在于并没有简单地去重复已有的结论或断语，而是站在了一个崭新的视角，从历史发展本身、自身的脉络进行梳理，并非是以一个现成的史观去表述这个历史的发展。《五大道》在启蒙与救亡的双重维度上，站在了更加具有历史唯物主义精神的高度，对这段使中国人民痛苦的历史记忆，进行了重新反思。

在这样更加立体、更加多元、更加客观的表述中，我们可以看到如李鸿章这位被国人唾弃为卖国贼的晚清历史重量级人物，在片中并没有简单地被贴上卖国、腐朽、落伍、腐败等标签，而是对他所发起的洋务运动，以及他从"中兴"到最后失败的历史进程进行了相当客观的描述，让观众体会到"历史演化不以人的意志而转移"的整个脉络思想。纵观这部纪录片的可贵之处就在于，它并没有情绪化的表态描述，而是更多地以历史事实进行传达——如大沽炮台屡毁屡建的进程，李鸿章一个一个条约的签署，以及他临终前留下的"天津如何"四字遗言等。在貌似不动声色的、平实的、客观的表述中，《五大道》通过史识而非既定的结论、情绪等，重新反观了这段历史，从而给予我们一个更加客观、真实、可靠的历史影像记录。

因此，《五大道》在历史人文纪录片中所取得的重要突破，或许离不开上述三点关于历史层面上的突破——这就是历史真相的全新发掘、史识方面借助了中外知名学者的介入所达到的史识高度，以及更加客观、平实的，并非情绪化或借助既定结论的，历史唯物主义观的运用。正是这三点，使这部纪录片达到了历史人文纪录片所应达到的高度。

在对历史事件发掘梳理的基础上，《五大道》更进一步地将聚焦点放在了对这段历史的反思之上。换言之，即通过对大沽炮台的屡毁屡建、九国租界的事件展开、从"高升号"被击沉到甲午战争的爆发、天津开埠历史上五光十色的租界景观记录、"五大道"上发生的若干历史活动轨迹的发掘与记录，以及对天津作为中国近代大都市丰富多彩的生活景观的追踪与记录等，给我们带来了若干启示：天津在近代史上到底扮演怎样的角色？如何看待天津对中国近代，乃至现代化所产生的影响？从天津的发展历史上，特别是通过对"五大道"的兴衰了解，我们获得了怎样的启示？这些应当说都远远超出了"五大道"的历史景观、生活细节本身，而是具有了更加深远的一种意义。

从大沽炮台的兴衰，我们看到《五大道》的主创者提出了"师夷长技不能制夷的洋务运动必然失败"的深层次原因，而我们必须要有高度的文化自觉和文化自信，方能走出中国特色的道路。简单地重复洋人或洋务，或通过洋务来重复洋人、洋派等的理念，是无法拯救这个东方大国的。所以，中国必须走中国自己的道路，才能够真正解决中国自身的问题。这种站在历史发展的脉络基础上，对历史深层次的思考，对今天中国的现代化建设、中国梦的实现、中华民族的伟大复兴等同样具有重要的启示性意义。当然，这也是《五大道》这部历史人文纪录片带给我们的宝贵的思想的启示、启迪及启发。

二、多方面的艺术探索价值

祖光导演和他的主创团队不仅在历史价值和思想价值的开拓上做出了艰苦卓绝的探索，而且，在艺术化的探索方面，或者说在如何找到当代观众所喜爱的接受方式上，也同样做出了难能可贵的新探索——这部纪录片在影像、音乐、解说等多个方面的全新探索也是可圈可点的。

（一）影像的构成

首先，我们谈谈影像的构成。《五大道》至少呈现了三种影像，历史影像、纪实影像和口述影像。在历史影像的层面，《五大道》走遍了世界各国，搜寻了大量的近代中国与天津"五大道"相关联的影像，包括我们看到的、罕见的来自于八国联军攻打天津的影像记录。这些珍贵的影像资料，构成了这部历史人文纪录片最重要的影像形态。同时，《五大道》创造性地借助了很多开埠时期天津重要历史人物后代的"再回首"、重回天津的活动，包括如在第一集中1860年英国第67步兵团的后裔菲尔柯姆探访天津等，并以此为线索，对他们进行了纪实性的记录。这些纪实性的影像，包括与"五大道"相关联的，像收集老明信片的赵健强，还有金家大院的后代金先生等这些人物的现场活动，一起构成了正在发生的新历史现场。这些纪实性的记录影像，成为把历史拉向今天、拉向当代、拉向大众、拉向每一位观众的重要关联点。

此外，大量的中外学者和相关人士针对这段历史所进行的口述追溯或口述评价，构成了这部历史人文纪录片的第三种影像形态。正是这些稀缺宝贵的历史影像，生动、鲜活的纪实性影像和口述评价的口述影像构成了这部历史人文纪录片多姿多彩的影像形态。

（二）音乐的意味

主创团队专门为历史人文纪录片《五大道》谱写了音乐，这也归功于整个团队煞费苦心的一种艺术创作。

《五大道》所牵连的历史丰富性和复杂性，给纪录片的音乐创作也带来了难度。但令人欣喜的是，《五大道》的音乐呈现，既没有一般意义上的沉重气质，也不是伴奏性的配角，而是带有着强烈叙事色彩的意味——该纪录片的音乐在影像的展开中，随时提供着情绪和情感的萦绕，从而极大地增强了这部历史人文纪录片的艺术感染力。

（三）解说的魅力

解说，尽管总体上是平实和庄重的风格，但我们也从解说中体会到了相关的交流感和互动性。在《五大道》中，解说词没有一般性地去做史识的描述和情绪化的判断，而更多是在历史影像的展开中娓娓道来，给观众阐述着当时的故事；同时，以讲故事的口吻，与观众似乎在做直接的沟通和问答，从而也使这部历史人文纪录片的色调更具有亲切和互动的当代魅力。

总之，《五大道》在历史人文纪录片的创作方面，经过祖光和他的主创团队的探索创新，给我们带来历史人文的突破、思想的启迪和艺术化的新经验，从而为近年来历史人文纪录片的创新积累了全新的经验。

因此，我们要为《五大道》的成功喝彩，要向《五大道》的总导演祖光先生和他的主创团队表示衷心的祝贺和致敬。

（作者系北京师范大学艺术与传媒学院院长，
北京大学电视研究中心特聘研究员）

《开坛》《论道》在坚守中创新(2013)

致掌辞

坐市场的冷板凳,留文化的热土地。《开坛》十二年,《论道》有六载,同是西部省份,同样坚守文化节目阵地。

不跟风选秀,不偏向娱乐化,始终耕作自己的传统文化,给地方留下一道亮丽色彩。沧海横流,方显文化底色,为坚守中创新的《开坛》《论道》鼓掌。

《开坛》节目简介

播出时间:2002年1月1日起,每周二 21:20

播出平台:陕西卫视

片长:每期45分钟

类型:人文类谈话节目

制片人、主持人:郑毅

《论道》节目简介

首播时间：2007 年 5 月 16 日起，每周三晚 21:30
　　　　　2009 年 6 月 1 日起，每周六晚 21:30
　　　　　2010 年 1 月 1 日起，每周六晚 22:10
　　　　　2013 年 3 月 1 日起，每周一晚 22:10
　　　　　2016 年 1 月 1 日起，每周日晚 22:10

播出平台：贵州卫视

片长：50 分钟

类型：高端对话节目

制片人：包晓竹

核心嘉宾：龙永图

主持人：荆慕瑶、林溪

现场观点实录

　　《开坛》和《论道》用自己的品牌说明了我们对电视节目的评价标准不仅仅只有收视率，他们对文化的坚持，实际上是对我们对这个时代最好的回答。

——刘昶

　　所谓的坚守并不容易，所谓的坚持也不是一件能说就一定能做到的事情。我觉得，我们的电视台，尤其是从国营到公营的电视台的文化使命，现在往往被人忘记了。

——刘昶

"道"这个字中国人跟它打交道最多了，我们说什么都是道，但是它是什么样的字？中国人赋予它的含义是什么？首先是首字，我们的脑袋、思想，接下来是走之，就是日常的行动，所以在中国人看来，道字里头强调的是知行合一，想到做到，《论道》也是这样。

——白岩松

《开坛》的意义，在于开放和开阔。

——刘昶

这些栏目也许不是最挣钱的，但是它们无形中让台里其他的栏目广告价格都悄悄地涨了20%。

——白岩松

月亮就是对每一个主持人、记者和电视栏目的提醒。很多年前我说过，我们是月亮，不发光，但是要反射对方的光，让大家知道我们很亮。我们不发光，但是要知道如何反射文化的光芒。

——白岩松

有所为有所不为，太热的东西我们不做，要它冷一冷，冷出理性和思维的我们再做；太新的东西我们也要等一等，相反，太旧的东西我们可以通过努力，开掘出新的营养和花朵，把它做出来。

——郑毅（陕西卫视副总监）

《开坛》十几年来不光是坚持把精英人物的光芒带给大家，其实我们也从草根中发觉不平凡，像费老师，就是普通的大学老师。

还有很多在教学一线坚持下来的，当过一辈子讲师的嘉宾，最受学生欢迎。

——郑毅

我们觉得节目的内容应该有三种样态才能构成内容的金三角。一个是所承担的宣传任务；再一个是收视率，我们肯定是需要大众认可的；第三个就是媒体责任和价值。我们认为这三者构成了一个有责任的省级卫视电视内容的金三角。

——包晓竹（贵州卫视《论道》制片人）

一个节目怎么用更好的手段呈现出来，其实需要大家费很大的脑力思考。一个好的想法，或者一个仰望星空的态度我们是不缺的；不流于曲高和寡，这是我们希望的。我们觉得没有捷径可走，只有一条路就是吃苦，我们要做到让一些老大爷、老大妈，甚至不是我们的目标对象的人，他们听得懂。

——包晓竹

龙永图先生告诉我们一句话，他之所以愿意在贵州卫视做这样一档节目，是因为国家有很多的政策在不断推出，国际形势在不断变化，老百姓有很多事情不了解。他希望通过他的理解和他的努力，让老百姓能够看明白、看懂，让他们有更好的选择、更幸福的生活。

——包晓竹

我们不怕"小众",怕"高冷"

——《开坛》制片人、主持人郑毅对话录

时间：2018 年 8 月 8 日　　地点：品智传媒研究院

郑毅，美学硕士、文学博士，曾任中央电视台综艺频道主持人，主持有央视一套《正大综艺》、央视三套《综艺快报》《神州大舞台》等节目。后加盟陕西卫视，历任陕西卫视北京基地主任、频道副总监、总监，当时系全国广电系统唯一一位80后卫视总监。2017年离职创业，参与制作央视及一线卫视多档大型文化综艺节目，曾获金鹰奖、星光奖、白玉兰奖等多项行业大奖。

采访人：您代表《开坛》领奖的时候，接受了白岩松的采访，据说当时他向您提的问题比较尖锐，是这样吗？

郑毅：也不能说尖锐，岩松采访一直有他的个性和角度，比如那天一上台，他问我的第一个问题是："凡事有所为有所不为，我不问《开坛》什么能做，我只想知道《开坛》什么不能做。"当时我的回答是："这要看题材的冷热，一个东西太热了，我们就要把它晾一晾，等沉淀出一些理性和思考再说；相反，一个东西太凉了，大家都不碰，倒可能是我们的机会。"这算是非常简单的回答，实际上我们对题材的判断，比这个要复杂很多。

采访人：您能举几个例子吗？比如您最难忘的节目选题是什么？印象最深的嘉宾是谁？

郑毅：《开坛》是从 2002 年开播至今已有十七年历史的老牌文化

访谈节目了。从我接手起的三年多时间里，也访谈了大约两百位华人文化圈的知名学者、作家、艺术家、企业家、文化官员和文化事件亲历者，以及"欧元之父"蒙代尔、美国影星施瓦辛格这样的国际人士。可以说，每个人的故事都精彩，每个人的思想都独特，每个人都让我难忘。如果非要问印象最深的，那请允许我提几位再也不可能采访到的嘉宾。

比如京剧大师梅葆玖先生。梅先生那次特别动情，八十多岁的老人，四个钟头，坐得少、站得多，因为讲着讲着要比动作，做身段儿，指点台下的票友、学生，这真不是节目组事先安排的。讲到一段不为人知的往事时，梅先生还要站起身，整理衣衫，恭恭敬敬向背景里老一辈名伶的相片鞠躬。我就站他身边，梅先生那种对艺术的虔敬，对老祖宗精气神儿的传承，让我如沐春风。

录完像，梅先生特高兴，说每次京剧院收徒，他都要去讲一次，但哪次都没这次讲得这么全、这么透、这么痛快。"以后啊，我不用讲了，放你们这节目就行。"

送老先生上了电梯，我多少有点儿愧疚地补了一句："这么长时间，您吃得消啊？""没问题，学戏的嘛，整天教学生不也得动来动去的？您瞅我这腿，这会儿还能抬到这儿呢。"说着居然就抬起来了，哎哟喂，这可是在动着的电梯上，我赶紧一把扶住。

录像那会儿是冬天，北京下大雪，谁也没想到，春节刚过梅先生就住进了医院，紧接着四月份人就走了，特别突然。

梅先生这期是《开坛》特别制作的季播系列——"青春季"里的一集，同系列里还包括情歌王子张信哲、新闻记者王志、曲艺名家姜昆等嘉宾。听上去有点儿奇怪，是吗？"青春季"为什么是这样一种"组合"呢？我告诉你，这就是《开坛》的态度，在我们看来，"青春"

不是小鲜肉，不是玫瑰和朦胧，而是一种姿态，一种文化里最健康、最活跃的部分；是梅先生冲龄学戏、至死方休，化入他全部生命的那个部分；是张信哲深情隽永，用他的歌、他的创作、他的收藏所传承的那个部分；是王志以新闻人的执着，为真实抽丝剥茧、百折不挠的那个部分；是姜昆深耕"笑的艺术"，以市井民间小道活化出生活斑斓大道的那个部分。这才是文化坐标上的"青春"，也是更本质的青春，是青春的精神和章法，也是青春的魅力与才华，它创造出所有的创造，通向每个人的自由王国。所以在节目现场，我们通过访谈、通过代际沟通和各种电视表现手段来放大我们的理解，让这些看上去分散在千差万别的嘉宾身上、实质上殊途同归的"青春"与观众共鸣、互动、交响，为传统的文化节目开出一个崭新的认知角度和表达层面。

采访人：这已经不是"命题"领域的事情了，已经牵涉到"解题"领域。

郑毅：是的，一档文化节目，命题跟解题本质上是一体的。命题的好坏，首先取决于你解题的功夫，如果自己都还没吃透，没整明白，节目做出来一定荒腔走板、颠三倒四，那观众反过来也会去骂命题。

接着您刚才的问题，梅葆玖先生之后，我还要特别说到陈忠实先生。陈忠实不是一般的作家，《白鹿原》也不是一般的名著，1949年后的中国长篇小说，我认为这部到今天依然是顶点。节目组当时策划了一个系列，十五集，叫"大风歌——文学陕军记忆"，约陈老的时候，陈老很犹豫，因为他已经几年不接受任何采访了，但最后还是拍了板："因为你们做的是陕西现代文学传统，缺了我这个环节，就不全了。"

　　录像那天，根据陈老的要求，清晨 7 点钟开始，老先生不让接不让送，自己打了辆出租车，提前半个钟头就到了。

　　场景是我们选的关中四合院风格，木桌木椅土炕马灯，特别贴合主题。

　　我头一回，也是唯一一回全程用陕西关中方言进行了访谈。后来有人问，陈忠实和贾平凹都满口陕西土话，为啥你访问贾平凹用普通话，偏偏到了陈忠实这儿要用方言？我说很简单，贾平凹人很本土，但你看他写的小说，笔法特"洋派"，深受拉美魔幻现实主义影响；而陈忠实呢？则有强烈的中国古典小说的影子和黄土地前辈作家柳青的印记。那么我就要设计，使这两位文学家风格的差异在访谈用语层面就能体现出来。

　　事实证明，使用方言，真可谓对了榫卯，成为这次节目成功的一个重要方面；另一个重要方面则基于我的一个判断：这是位有着深邃思想、对生活进行过全景式思辨性考察的文学大师，他的历史眼光，他的透彻，完全不是一位编导靠查查资料所能体会和框定的。面对这样的对象，任何预设的采访提纲都必然是限制性的、肤浅的，因而也是多余的。所以这次访谈我们没准备一个字的提纲。

　　访谈时间上有一处巧合：头天晚上，北京人民艺术剧院新排话剧《白鹿原》来西安首演，邀请到陈老出席。我注意到这个巧合，把它转化为头一个问题："陈老师，昨儿晚上看戏去了？咋样？"从这儿开始，后面一个多钟头，我完全根据对陈老语言的聆听随机建立结构，编织逻辑，反馈信息，调整节奏。聊着聊着，老先生越来越进入状态，不知不觉，他如关中老农一般，一只脚踏在木凳上，把裤腿一层层折叠着卷起来，双手时而抱膝，时而比画。最终，我们收获了两集思路清晰、内容饱满的高质量的节目，整场访谈，只剪掉了一句话。

说到这儿，我得说说，《开坛》一直是个小片比的节目，一集四十五分钟，录制时长一般在五十分钟左右。我们特别警惕依靠剪辑获得的节奏，思想的流动被打碎了，语言的个性被破坏了，人的交流被机器的再造阻隔，这是很遗憾的事。《开坛》历史上有两次基本做到了一比一片比：陈忠实先生，因为中途需要抽雪茄，拿掉了一句；诗人流沙河先生一时痰涌，拿掉了一句。

所以，什么是有价值的？有机缘与这些文化大家对话，得以窥探他们心灵世界生动的一角，留下他们的感悟、他们的智慧、他们的谈笑与反思，留下他们最后的影像，这就是价值！逝者如斯，我现在很后悔怎么只访谈过两个小时、四个小时，要是八个小时多好，十个小时多好，要是经费再充裕一点，时间再宽松一些，为每位大家做个纪录片式的系列访谈，做个完整的口述历史多好。遗憾啊，终身遗憾。

采访人：的确是这样，我还注意到，除了文化大家，《开坛》的其他选题类型也是很丰富的。

郑毅：嗯，人物专访只是《开坛》的一部分内容，此外我们还做过多方面尝试。

比如 2014 年是中日甲午战争一百二十周年，2015 年是中国人民抗日战争胜利七十周年，这两年，全国涌现出一大批以此为题材的电视作品。但是你现在上网去看，当时《开坛》制作的那一批节目仍然是非常扎实、非常出众、经得起历史检验的。

我们先是走进民间收藏家樊建川先生的博物馆聚落，以此为第一现场，以历史文物与事件亲历者为主要依据，制作了五集口述历史纪录片《大国魂》。虽然只有五集，可是节目视野非常开阔，信息量很大也很新。正面战场、侧面战场、地方军阀的战场都被囊括进来了，反抗者、侵略者、沦陷区与大后方的民众、报道真相的记者、忍辱负重的战俘、西方援华与中国援外的国际战士、来自日本的反思者等也都被囊括进来了。长期以来被忽略、被边缘化、鲜为人知的内容被我们纳入进来，尽量以历史的本来面目来观照这场具有"全民"性质的战争和这场付出了沉重代价的"惨胜"，而不是人云亦云。

随即，我们又从"抗战"上溯到"甲午"，以十二集深度访谈的篇幅，跳脱出单纯的战争叙事，以体制与文化的双重反思，历史机缘于关键处的开阖聚散，列述了一个国家国运之所以兴，以及另一个国家国运之所以衰，兴衰之间，祸福依存。以思想的力量而非情绪的宣泄，以真实之中自足的感染力而非戏剧化的编排煽情，以今日应该具备的宏观历史大视野而非片面的民族对抗话语去做这个节目，我们才能从过往的历史中获得一些真正的启迪。

读博士的时候，我的专业是中国古代文学，曾经把司马迁的《史记》通读过五遍，对太史公这样的"不虚美，不隐恶"的"良史之才"深为感佩。这不光是古代史官的个人操守，也是中华文化的核心价值观所在。作为今天的传媒工作者，做节目、写文章、采访报道，同样要有对历史负责，不要被一时人物牵着鼻子走，也不要被一时形态功利了自己的心，要以对历史负责的态度投身于对时代无愧的作为。

采访人：文化节目生存难是一个不容回避的问题，但我知道这几年您和您的团队也参与制作过不少文化类节目，在央视和一线卫视周末黄金档都有过很好的成绩，可以分享一下这方面的经验吗？

郑毅：在《开坛》之后，我参与的纯文化节目比较少了，做得比较多的是文化综艺节目，因为合作的基本上都是头部平台，必然要求这些节目从起点的创意、投入和制作水准，都要是行业领先的。但不管怎么说，文化节目，特别是以文化为内核、以综艺为表现手段的文化综艺节目越来越成为屏幕上的亮点和增长点，这是由政策大环境和行业小环境共同决定的。

在我看来，近十年的中国电视经历了三波发展热潮，表现为三个"时代"：2008年8月25日，北京奥运会闭幕次日，浙江卫视宣布改版，启动"中国蓝"为形象标识，拉开了完全意义上的全国电视市场竞争大幕。江苏卫视《非诚勿扰》、东方卫视《中国达人秀》、浙江卫视《中国梦想秀》等标志性节目纷至沓来，中国电视由此进入"佳片时代"，主要特征表现为"品牌发力"。

2012年，随着电视业市场化探索日趋成熟，《中国好声音》成为又一座里程碑，"高投入、高产出"成为行业共识，"制播分离""线下分账"成为新的发展方向，中国电视由此进入"大片时代"，主要特征表现为"频道发力"。

综艺手段的极大丰富和强势渠道的基本定型，必然呼唤更有价值的内容释放。2017年，随着中央电视台《中国诗词大会》成为现象级节目，《朗读者》《国家宝藏》以及东方卫视《诗书中华》、浙江卫视《向上吧！诗词》、四川卫视《诗歌之王》等一大批文化类节目继其后，掀起了中国电视的"正片时代"，"正能量"成为普遍追求，"传统文化"成为素材宝库。且由于这类节目天然具备的与互联网品类、教育品类、出版品类、旅游品类的广泛联系，这一时期的主要特征表现为"系统发力"，系统的文化产业成为可能，文化类节目的春天正式来临。

从"佳片时代"到"大片时代"再到"正片时代"，由"品牌发力"到"频道发力"再到"系统发力"。三波热潮，专业化程度越来越高，系统化能力越来越强，文化内涵越来越丰富。

在这样一种大趋势里，再来看"文化节目生存难"的传统命题，就不得不有所反思：作为内容的制作者，是不是办法少了、创意不足？作为平台的决策者，是不是缺少魄力、缺少了一些社会担当？

采访人：那如果您这档节目本身做的就是"小众文化"呢？怎么让大众喜欢？

郑毅：我们不怕"小众"，我们怕的是"高冷"。

"小众"是外在受限，"高冷"是自我陶醉。外在受限是题材问题，自我陶醉是心态问题；题材可以挖掘、可以开发，心态错位了，一切就都错位了。

古典诗词是不是小众？多少人还经常读？多少人还经常写？多少人还经常用？它当然小众了，但是《中国诗词大会》一出来，它就成了绝对的小众题材、大众传播。

所以，平台有强弱，文化无大小。文化类节目的制作者，第一，要有文化的眼光，知道什么东西好、哪里好、怎么表现它的好；第二，要有文化的襟怀，别看不起市场、看不起观众、看不起综艺节目，应该虚怀若谷、取长补短；第三，要有文化的修养，平时多学习，充实提高，一个人从事精神文化产品的生产，还整天不爱读书，实在不可思议；第四，要有文化的定力，知道什么是长久的，什么是暂时的，"技"在哪儿，"道"在哪儿，像之前岩松说的，有所为有所不为。

（采访人王小婷系北京大学新闻与传播学院2017级硕士研究生）

世界观，中国睛
——《论道》总制片人包晓竹对话录

时间：2018 年 8 月 12 日　　地点：《论道》节目制作工作室

  包晓竹，《论道》节目总制片人。1989 年毕业于中国人民大学新闻系，一直在贵州广播电视台工作，先后担任《社会大观》《走遍贵州》《多彩贵州》等节目制片人，2007 年起担任高端对话节目《论道》总制片人，副高级职称。《论道》先后获得"贵州新闻奖"一等奖、贵州宣传思想工作"创新方案奖"、全国评论电视节目"访谈评论类"优秀作品、"新中国 60 年有影响的 60 个广播电视栏目"等奖励和表彰。个人被评为第五届"贵州省优秀新闻工作者"，入选贵州省宣传文化系统"四个一批"优秀人才。

  采访人：《论道》为什么会诞生在位于中国西部地区的贵州卫视？它有没有蕴含一些独特的意义？

  包晓竹：这是节目开播以来大家问得最多的问题。《论道》是一档以中国前外经贸部副部长、中国入世首席谈判代表龙永图为核心的高端对话节目，开播于 2007 年 5 月 16 日，至今已经走过十年之旅。2007 年龙永图先生还在博鳌亚洲论坛担任秘书长。那个时候随着中国成功入世，作为首席谈判代表的龙永图一直是媒体追逐的热点。当时有很多电视台都希望邀请他开办电视节目，由于龙永图先生从小在贵州长大，最终龙永图先生答应了家乡台——贵州台。

  应该说，《论道》当年诞生于贵州台，看起来是一种偶然，但其中也蕴含着必然。那个时候正值贵州台希望在节目方面取得突破，恰好就邀请到了龙永图先生。作为一个地处边缘的西部地区电视台，无论从经济实力还是人员储备的角度来说，如果要走一条传统道路，很难在全国产生影响，所以就必须有所突破。这就像贵州省这几年快速发展的大数据产业一样，五年前贵州省在全国率先提出了大数据战略，举全省之力，取得了令人瞩目的成就；那么，十年前贵州卫视在全国首先提出邀请前任政府官员"触电"，产生了一档独具魅力的电视访谈节目，这正是一种一脉相承的思路，是一条具有贵州特色的发展道路。这个想法是非常大胆的，不走寻常路。

采访人：《论道》的定位是什么？它追求什么样的价值？

包晓竹：龙永图先生在谈到他为什么要开设这样一档节目的时候，不止一次这样去表达：世界的变化太快了，国家的很多政策老百姓不了解，很多天下大事老百姓不知道，政府与百姓需要加强沟通，社会各阶层需要加强沟通。大家希望通过这个节目搭建起沟通的桥梁，讨论中国怎么更好更快地发展，怎样建立健全的人生、和睦的家庭、和谐的社会、和平的世界。一句话，怎么使每个老百姓生活得更幸福一些。这个目标看起来很普通，但正是我们追求的最根本的东西。

"说真话"成为《论道》节目的核心价值观。龙永图在接受媒体采访的时候说："我在节目中表达的观点不一定是最正确的，但一定是真实的，我希望通过我的思考给大家带来一些启发。"因此，他坚持给参与《论道》的嘉宾一个"好好说话"的空间，坚持所谈论的话题要有思考，为社会带来理性的力量，而不是简单地追求气场，图个热闹。这一点，与国内大多数节目有很大的区别。

以至于有人戏言，说它是中国唯一一档无悬念推进，至今依然有热度的电视谈话节目。一直以来，背景短片＋嘉宾谈话＋道具＋互动，构成了《论道》不复杂的形态，思想和观点是节目最大的看点。

本着"说真话"的原则，《论道》从来不有意去设计"话托"，我们认为真实的交流是电视谈话节目的第一要素。所谓"话托"，是国内谈话节目普遍采用的方法，为了节目效果，他们负责根据需要提出不同观点，或引发现场争锋，而这个观点未必是他本人真正的观点。现在有一个词语经常被大家提起——"伪沟通"，现场让谁发言，是编导者预先安排好的，真正想发言的，却得不到应有的机会。观众甚至嘉宾，就如同节目的道具，被编导搬来搬去，或者被安排成"正方""反方"，或被设计为啦啦队员，不时地奉献一阵掌声，表演大于真诚，无法构成真正的沟通。

但这并不是说《论道》不追求多元的声音，它认真地寻找那些真正有不同观点的人，无论是嘉宾还是观察员、观众。现场如果有争锋，那是真实的碰撞，而不是激将。并且，在后期制作上，也不刻意去追求那些耸人听闻的效果，尽量保留嘉宾的原意，避免为了吸引眼球而断章取义。

《论道》的嘉宾不用担心自己的观点会被歪曲，也不担心到了现场会被愚弄，这个可以"好好说话"的平台普遍给他们留下了良好的印象。因此，当节目组再次发出邀请的时候，他们往往欣然应约，这是一种对真实表达和诚挚交流的期待。他们中有一些就是因为希望与龙永图在某些问题上进行沟通与探讨，才走进演播厅成为《论道》的嘉宾。有时候，他们会忽略掉这是一个节目录制现场，而把这段时间当作了一次说话的时间。

我们认为，谈话是一种能力，更是一种境界，它表现为一种生活发现的敏锐和探寻真相、真理的执着。在谈话类节目依然红火的今天，我们希望节目能多一些真诚，少一些虚假；多一些淳朴，少一些圆滑；多一些真正的"实话实说"，少一些"话托"的"挥斥方道"。"道",就是通往真理的路径。"论道",就是聚集来自政界、商界、学界的领军人物,在节目中传递最前端的思想。作为中国引领舆论的"意见领袖",他们的一言一行、举手投足,必然正在影响着这个时代。而这,正是《论道》作为一档高端对话节目的价值所在。

采访人:《论道》站在世界的高度去观察,用中国的方法去思考,叫作"世界观、中国睛",在这方面有哪些体会和经历可以分享?

包晓竹:节目以"高度、深度、关注度"为理念;邀请政商领袖以及各行业领军人与龙永图先生共同对话,以理性的视角探寻话题背后的价值,并始终将"追求公共价值"作为节目的最高理想。《论道》站在世界的高度去观察,用中国的方法去思考。不仅关注全球化背景下的趋势性话题和宏观走向,也探讨大时代下微观企业的发展和经营之道,不仅关注转型中国的各种宏大叙事和社会命题,也体悟个体生存之惑和民生所急。

至今,已有近三百位中外重量级嘉宾走进论道,与龙永图进行深度对话,而这份嘉宾名单足以让《论道》在中国电视荧屏星光闪耀。我们秉承紧跟当下新闻事件,但从历史纵横、体制根源、国际对比等宏观层面看问题的思路。作为一档周播节目,《论道》不是新资讯的提供者,不是吸引眼球的炒作者,而是当下社会各种话题和现象的冷静观察者、执着反思者、深入挖掘者、权威解读者。

我想举一个例子,由于《论道》嘉宾和选题的特殊性,我们常常会面对一些宏大的命题。比如围绕"一带一路"倡议,我们先后制作了二十多期节目,这里谈谈其中关于瓜达尔港的一期,《"一带一路"上的里程碑:瓜达尔港》。

我们抓住了一个很好的时机:2016 年 11 月 13 日,瓜达尔港开航揭幕仪式正式举行。在瓜达尔港通航一个月之后，2016年12月13日，由巴中学会举办的主题为"21世纪的瓜达尔"的中巴经济走廊暨瓜达尔港国际合作会议召开。借此机会，我们邀请到了在巴基斯坦工作了二十一年的中国港湾工程有限公司驻巴基斯坦办事处总经理王小平作为嘉宾，他经历了瓜达尔港从立项到通航的全过程，我们邀请他谈一谈他是如何看待瓜达尔港的投资机遇的。参与讨论的还有两位在巴基斯坦有投资的企业家和一位学者代表。

其中全片谈到了两个生动的案例：一个是在巴基斯坦期间，有一次王小平驾驶的汽车陷到水坑里，天下着大雨，周边的看门人召集了当地的老百姓大概五六个人，把车给抬出来了，但他们不要钱，他们说"我们跟中国大家是兄弟，不要钱"，这是一种非常朴素的感情，对于我们常常挂在嘴边的"巴铁"这个概念给予了一个生动的解读。

还有一个案例是中国标准的推广。当时我国有一家生产集装箱桥吊的企业，这家企业目前已经在全世界范围内占据70%—80%的市场，他们以前一直采用欧美标准生产，但当时他们的领导人非常有远见，说："我们就要用中国自己的标准。"他们跟巴基斯坦做生意的时候，对方表示如果不改用西方标准，就不要这些产品。结果他们说，产品给你十年保修期，部分产品终身保修。这个有很大的吸引力，对方接受了。在实际使用中，对方不仅感受到中国标准不低于西方标准，并且售后服务非常及时，一打电话四十八小时以内技术人员就到现场了。所以中国标准并不是硬性让你接受，而是惠及你，让你感受到它的好处，心甘情愿地去接受。

正是这样点点滴滴的细节，来自一线的亲身经历和体会，构建了"瓜达尔港"这样一个中巴经济走廊旗舰项目的真实情况，让"一带一路"倡议看得见、摸得着。

采访人：《论道》为什么要"走出去",打造特色电视论坛,举办各种社会活动?这方面取得了哪些效果?未来有怎样的愿景?

包晓竹：我们认为,中国的言论空间激烈有余,理性不足;我们的电视节目娱乐有余,高端对话不足。这种娱乐有余和激烈有余就造成了我们整个媒体环境存在一些问题。

在中国电视和中国言论的空间,《论道》开创了政府官员作为"话语领袖"介入媒体、引领舆论的新时代,它是独特的、不可替代的。

为最大限度地聚集多元思想,《论道》也尝试打破录制地域的限制,超越"节目播出"的单向思维,探索出独具特色的"电视论坛"。《论道》电视论坛连续八年走进博鳌亚洲论坛,连续六年走进生态文明贵阳国际论坛,并在入世十周年之际,举办了主题晚会《跨越十年·融入世界》。从 2013 年开始,连续两年举办大型公益悦读会,通过名人讲述自己的阅读故事,引领社会爱读书、读好书的风尚。并整合资源,先后向甘肃省、贵州省分别捐赠价值一百万元的图书,在当地举办"悦读书屋"落成典礼。

《论道》从一档节目出发,经过十年的历练,已经超越单纯的节目,成为一个内涵丰富的载体,一个高端品牌体系。而《论道》自身的探索也为中国电视谈话节目在"跨界主持""资源创新"方面提供了经典案例。

我们致力于在这样一个各种理念纷至沓来的时代,厘清我们的思想。希望不断去呼唤人们潜藏在最心底的真善美,启动我们身边的"正能量"。

(采访人王小婷系北京大学新闻与传播学院 2017 级硕士研究生)

让思想和情怀冲破收视率的牢笼

时统宇

2013年掌声的榜单中有陕西卫视的《开坛》和贵州卫视的《论道》，这两个栏目在获得掌声的时候，已经分别开播了十二年和七年。掌声有些姗姗来迟，但毕竟还是响起了。就像那句名言：正义可能会迟到，但不会永远缺席。掌声也是这样。

它们在非经济强省的西部省份生根、开花、发芽、成长，它们不迎合市场，不取媚于观众，它们坚守文化立场，追求思想品位，它们不惧坐文化类节目的冷板凳，它们以独特的角度让家国大事以更加可读的方式与观众共建精神家园。

聚焦《开坛》和《论道》，收视率是一个绕不过去的关键词。致掌嘉宾刘昶问道："在咱们国家的发达沿海省份，在传媒大省都在追逐收视率的时候，作为一个特别需要来自收视拉动的广告收入的西部卫视，为什么有这样的考虑？为什么不做一些更能赢得收视率，更能赢得广告收入的节目，而选择文化类的节目？"

《论道》的制片人包晓竹是这样回答的："贵州卫视在媒体的价值上有自己多元的思考。我们觉得节目的内容应该有三种样态才构成内容的金三角。一个是所谓的宣传任务；再一个是收视率，我们肯定需要大众的认可，需要广告的推动；第三个就是媒体责任和价值，这是《论道》在做的。这三者我们认为是构成一个有责任的省级卫视内容的金三角。"

另一位致掌嘉宾白岩松最后问了刘昶教授这样一个问题，也没有离开收视率："在陕西卫视和贵州卫视，《开坛》和《论道》都不是他们挣钱最多的节目，也不是收视率最高的，但是问起这两家卫视，为什么他们先说的就是这两个节目？"

刘教授说："我们的电视台，尤其是从国营到公营的电视台的文化的使命，现在往往被人忘记了。因为在市场经济大潮当中，我们想得更多的是收视率。实际上《开坛》和《论道》用自己的品牌说明了我们对电视节目的评价标准不仅仅只考虑收视率，他们对文化的坚持实际上是对我们这个时代最好的回答。我想他们所做的一切，值得我们所有的电视台，包括中央电视台在内好好地反思。"

的确，只有把《开坛》和《论道》置于中国电视收视率导向的环境和语境中，这两档节目的在坚守中创新才能愈发显现出来。因为按照收视率的逻辑，"电视一思考，上帝就发笑，观众就换台"，因此，电视注定要热闹和搞笑，排斥思想，拒绝思考。现实中，在收视率面前，不少有思想、有情怀的节目都被雨打风吹去。

因此，《开坛》和《论道》称得上是让思想和情怀冲破收视率牢笼的成功案例。除了节目形态的创新外，我以为更重要的是：给"说"的节目留下生长空间，实际上是给电视的思想和思辨以应有的位置，这对于改善中国电视的生态环境和优化资源配置，解决有数量缺质量，有"高原"缺"高峰"的问题，意义重大。有思想的节目一定有筋骨，没有思想的节目必然会有软骨症，我们不能做收视率的奴隶。

这里，我们想借这两档栏目掌声响起之时，简单谈谈电视节目的收视率问题。

应当承认，作为一个衡量电视节目受欢迎程度和市场占有程度的指标，收视率被我国电视界引入来评价电视节目，可以说是电视走向观众、接近观众的一个重要标志，是颠覆中国电视节目"我播你看"传统收视模式的一个重大转折，存在着某种历史进步的因素。然而，收视率的出现和发展只是媒体测量观众对节目内容的态度的一种技术进步和科学手段,而把收视率上升到导向的地位就开始走向了进步的反面。收视率导向之所以值得批判的原因并不在于收视率本身(这恰恰是受众表达意见的一种手段),全部的问题在于:收视率导向将收视率强调到了对节目的去留具有决定性影响的地步,使收视率从测量节目的手段变成了节目存在的目的。收视率因其天然的反文化的缺陷不能承担起这样的重任。德国思想家齐奥尔格·西美尔用"手段对于目的的殖民"来描述成熟文化的危机,也不妨用于概括收视率导向给中国电视文化所带来的危害:"首先,生活的目的臣服于其手段,从而不可避免地使许多不过是手段的事物被人们认为是目的;其次,文化的客观产品独立发展,服从于纯粹的客观规则,二者都游离于主体文化之外,而且它们发展的速度已经将后者远远地甩在了后面。"[1]

当我们对收视率导向进行批判,那么首先遇到的就是类似美国学者艾布拉姆森这样的看法:"收视率是民主方式;尼尔森和 Abitron 的装置是人们发现他们想从电视上看到什么东西的选票。事实上,收视率是一种赋予人们以电视节目最终决定权的途径。"[2] 或者像美国有线电视新闻网 CNN 的创办者之一里斯·舍恩菲尔德那样直截了当的说法:"电视是最广泛的民主,观众用眼睛投票。如果一个节目不受他们的关注,广告主就不会买这个节目附属的广告时段,它就只能灭亡。观众群的大小用收视率来衡量,没有收视率,就没有节目。这就是电视业运作的方式。"[3] 尽管在法国社会学家布尔迪厄看来,这些说法都是不堪一击的:"收视率,是市场、经济的制裁,亦即外部的、

---

[1] [德] 齐奥尔格·西美尔著:《时尚的哲学》,费勇等译,文化艺术出版社 2001 年版,第 173 页。
[2] Abramson,Jeffry B.1990. "Four Criticisms of Press Ethics," in Judith Lichtenberg, ed., *Democracy and Mass Media*.Cambridge University Press, P262.
[3] [美] 里斯·舍恩菲尔德著:《铸造 CNN》,陈虹译,机械工业出版社 2004 年版,第 1 页。

纯商业的合法性的制裁，而在文化领域屈服于这一营销工具的苛刻要求，恰正等于在政治领域受制于以民意测验为指导的蛊惑民众术。受制于收视率的电视有助于向假设为自由、清醒的消费者施加市场的压力，消费者们并不像那些犬儒派的蛊惑民众知识分子试图让人相信的那样，拥有表达清醒合理的集体观点、表达公理的民主手段。"[1]

既然收视率导向并非如一些人所认为的是民主的化身，那么，收视率导向的本质是什么呢？其实，从前面的分析我们已经可以认识到，就其最本质的意义而言，收视率是一种电视节目制作者用以向广告主介绍观众情况以便投放广告的商品，揭示了电视工业最本质的运作机制，是电视节目商品化最明显的表征。收视率导向背后所隐藏的是电视节目乃至整个文化的商品化。

从相当的意义上说，中国电视年度掌声·嘘声就是在与电视节目商品化进行抗争。而这种抗争的内在动力，很大程度上来源于《开坛》《论道》类节目的文化坚守和创新。正是由于这些节目的存在，让掌声保持了持续的魅力。

（作者系中国社会科学院新闻与传播研究所研究员，北京大学电视研究中心特聘研究员）

---

[1] ［法］皮埃尔·布尔迪厄著：《关于电视》，许钧译，辽宁教育出版社2000年版，第78—79页。

《新闻1+1》十八大及新常委评论的新语态新突破（2012）

致掌辞

对于举世瞩目的十八大，《新闻1+1》不用大话说大会，它敏锐而独特的报道与评论引起广泛关注与肯定，从开幕式报道打破一般媒体通行的泛中央精神而直接聚焦"民"字，到评析新常委的第一天，第十天，第二十天，始终不失锐度、精度，观点掷地有声。

《新闻1+1》十八大报道节目简介

播出时间：2012年11月8日起，每天21:30
播出平台：中央电视台新闻频道（CCTV-13）
类型：新闻评论节目
主持人：欧阳夏丹
评论员：白岩松

现场观点实录

《新闻1+1》，为什么我要给它掌声呢？因为这是真的在做新闻的尝试，岩松真的在做新闻评论员的努力，努力地坚守，他是一个真正的新闻评论员，这一点让我很敬佩。他在坚持着自己作为电视新闻评论员的身份，这种表述都是按新闻规律在做新闻，这是值得我们尊敬的。

——陈小川

我看了《新闻1+1》评论十八大的片子，特别有感触。新闻人要有很敏锐的眼光，可许多人敏锐不到点子上，但是《新闻1+1》，岩松所做评论的敏锐，则敏锐到了点子上。比如说先是一个"红色"的发现，然后对十八大报告中一个"民"字的聚焦，后面还聚焦了"真"，从复兴之路到西柏坡的对比中发现了他独到的问题。作为一个好的新闻记者、新闻评论员，他不仅有敏锐独到的发现，而且有一定的前瞻性，更重要的是他的评论和语言能够让百姓认可的同时，也和国家主流意识形态搭上了。就是说，一个真正的合规律的事儿，一定是能够得到上下共同的认可。

我们想说白岩松是稀缺的吗？这种稀缺是由人本身的稀缺还是环境制度导致的？也许它可以引出我们许许多多的问题，但我觉得白岩松的这种追求，在《新闻1+1》中所体现的，有一个很重要的主线，就是这件事儿和中国民主进程的发展有很大的关联，价值取向有非常清晰的方向。因此这种敏锐都是有方向的，是有价值观的支撑的。

——俞虹

以客观的眼光、深刻的描述、智慧的表达报道十八大的新气象，新常委透露的新信号，既顺应民心要求，又同时顺应着新常委的务实，重大时政报道的改进需要《新闻1+1》这样的助推。

——陆小华

大概是十七八年以前，当《焦点访谈》还有锋芒的时候，当《东方时空》还是闻名的节目的时候，有一个很资深的电视人对我说，中国电视的第一批评论员将产生在你们这群人中。他说的这群人，当时被看作属于电视前沿、电视高地的一群人。他说的像一个预言，我们终于看到了这批人中出现了新闻评论员白岩松。电视言论一直以来处于这样的状态：和报纸、杂志比，电视言论一直处于弱势。我们电视台特别习惯于这样说："明天，《人民日报》将发表社论。今天，《中国青年报》有这样的表达。"我们总是在传达着更有言论意识的报纸同行的声音。现在终于我们在《新闻1+1》里也听到了电视评论员的声音。我特别希望这样的电视评论员不再是稀缺。该坚持的坚持，该努力的努力。其他的栏目都很羡慕《新闻1+1》有这样的空间，其实我觉得这个空间也是做出来的。有没有这样的能力，有没有这样的意识，从某种角度上说就决定了有没有这样的空间。

——敬一丹

到底我们为岩松提供了什么？还是岩松为我们提供了什么？我们内部研讨、做重大突破和改变的时候，都是岩松在推动着我们。我相对年纪也是比较大的，我们那儿年轻人比较多，他们都有新闻理想，但在表述新闻理想上不很容易找到一个方法。大家看到的关于常委们的第一次亮相、第一个五天、第二个五天，甚至之前伦敦奥运会以及各种亮相的相关报道，其实都是白岩松在后面做了很大的推动。我们在做"两会"的时候很痛苦，每年"两会"我们又不得不做，做的时候又不知道怎么做，这是一个怪圈。我们做《新闻1+1》将近四年的时间，四年多的时间我们非常困惑，因为这样重大的新闻事件、政治事件，《新闻1+1》作为一个评论节目，我们没法绕过去，如果绕过去就失声、失语了，那我们如何做，一直都是一个让人比较头疼的事情。但自从岩松说我们还可以用伦敦奥运会的方式解读十八大，情况就开始好很多。当时我们一听大吃一惊，主创人员也大吃一惊，因为我们觉得如果谈体育的话，是可以的，但如果谈一个重大的十八大的会议，用这种方式应该是不合适的。这是我们脑子里首先想到的——合适不合适，这是多年在新闻当中训练出的本能反应。岩松同志又坚持这么做，我们便边做、边看效果。事实上第一期的效果非常好。大家知道，十八大，非常严肃、非常紧张、非常政治，岩松一直在说要把严肃拉下来，因为十八大会议的每一个决策和每个人密切相关，我们一定要把会议和自己的关联性找到。我们经常比较内疚的是，岩松在台前很辛苦，他给我们提供了很大的支持，很多灵感，所以他是我们的灵魂人物。

——刘明君（中央电视台《新闻1+1》副制片人）

　　用新闻规律的方式去做，当然要改变语态，改变语态就是说人话。我们在做十八大的时候就是按新闻规律来做的。第一天用的关键词是"民"，人民为大，比党都大，因此要推动民生和民主的改变，这样才能顺应民意。这是我看完十八大的感受。有很多人会觉得怎么关键词是这个呢,有人说你要选择"美丽中国""五位一体",我说我就要选"民"。几天后习近平总书记的就职演说,就着重于"民"。我不是在赌博,而是按新闻规律分析,只要按照新闻规律做永远没错。

我觉得干新闻得做两件事:第一,尽一切努力让世界变得更好。第二,环境不是那么畅达的时候,哪怕我们没有让时代变得更好,起码没有让它变得更糟。

——白岩松(中央电视台《新闻1+1》主持人)

大家总认为新闻的天职是啄木鸟,非常对。我不认为新闻这个行当是喜鹊,虽然都是鸟类,但我觉得就是啄木鸟,需要啄虫子,维护大树的健康。这样一来,可能90%都会是批评,但一旦有人做对了,就需要迅速肯定。这样他想改都很难再改回去。

——白岩松

记者要找到新闻与自己的关联感
——《新闻1+1》副制片人刘明君对话录

时间:2018年6月21日　形式:电话采访

刘明君,中央电视台新闻频道《新闻1+1》副制片人,北京大学艺术硕士。曾先后在《北京日报》《北京晚报》《中国青年报·京萃周刊》等媒体任记者、编辑、主编。2003年加入中央电视台新闻频道,先后在《新闻会客厅》《决策者说》等栏目担任策划。2008年参与创办《新闻1+1》。

采访人：离2012年十八大已经过去了六年，您认为当时《新闻1+1》的"十八大观察"做得最好、最精彩的点在哪里？

刘明君：如果非要说"十八大观察"的精彩点，我认为它最精彩的恰恰是对十八大后的解读。在新常委们的第十五天，第二十一天，《新闻1+1》均进行了解读。

2012年11月29号，在题为"新常委们的十五天"的节目中，我们重点关注了新常委们集体前往国家博物馆参观《复兴之路》展览，以及透露出的反腐决心，白岩松用"平常的声调""平实的语言""平实的工作作风""不同平常的感受"，概括了公众媒体对新常委们十五天来的感受。

2012年12月5号，新常委们上任的第二十一天，《新闻1+1》又以"对中国，再有点信心怎么样"为题，重点关注了中央政治局会议做出的"八项规定"，梳理了十八大以来新常委们的三次集体亮相。白岩松用"形象"与"态度"解读了新常委们在记者会上的第一次亮相，用"目标"与"方法"解读了新常委们集体参观《复兴之路》展览的第二次亮相，用"约束"与"承诺"解读了新常委们第一次召开政治局会议提出的"八项规定"。

从某种意义上说，这两期节目的传播力、影响力远远大于十八大期间的"十八大观察"。

事实上，2012年那一年的"十八大观察"，《新闻1+1》确实做了很多开创性的工作。而这种开创性，源于我们在十八大之前就已经做过的一个尝试。2012年7月份，伦敦奥运的时候，我们第一次别开生面地做了"奥运1+1"特别节目，当时最具开创性的改变就是碎片化的语境。三个多月后的"十八大观察"，我们也采用了相同的形式，同样把它分成几个板块，用瞬间、声音、数字、关键词、面孔等来进行解读。

记得2012年11月8号是"十八大观察"的第一期节目，也是十八大的第一天，刚好11月8号又是中国记者节，第一个瞬间选择的就是"红衣女记者们"。开党代会时，大家都习惯性地穿红衣服，因为穿红衣服比较抢眼，很容易辨识，所以我们是从那个瞬间开始进入主题的，首先就让十八大变得生动有趣。

其次，从形式上、包装上来讲，相对比较新锐、现代一些。电视包装就是面向观众的面孔，我们力图从包装的变革上与公众拉近距离，尤其是和年轻人拉近距离。通过片头包装先把大家锁住之后，在内容上再跟进。

另外，白岩松和欧阳夏丹搭档也是"十八大观察"的一个亮点。欧阳夏丹和白岩松第一次搭档是2012年7月的伦敦奥运，"十八大观察"是第二次了，欧阳夏丹是《新闻联播》中的新面孔，所以从主持人的搭配来讲，也是比较吸引人的一点。

采访人："十八大观察"之前的严肃时政新闻都是如何报道的？

刘明君：我只能从《新闻1+1》的角度来谈这个问题。我们以前做过"两会"的报道，在2012年之前，做得非常中规中矩。《新闻1+1》从2008年设立到2018年已经十年了，这十年间非常大的改变，实际上还是从"奥运1+1"开始的。但它毕竟是一个与体育相关的特别制作，比较随意，可以轻松一些。但正是这种随意组合与轻松语态，改变了我们过去呆板严肃的时政报道方式。事实证明，自从这次突破之后，《新闻1+1》2012年之后的"两会1+1""十八大观察"、巴西奥运会的"奥运1+1"以及"十九大观察",采用的都是这种碎片化的解读方式,现在大家都习以为常到又想要改变了。

采访人:当时的策划遭遇到了什么样的困难?又有什么样的支持?

刘明君:其实,那时候白岩松是最有勇气的,岩松是《新闻1+1》的领头人。如果你要说《新闻1+1》的核心是什么?那就是白岩松,没有第二个。对于这种改变,他付出了很大的努力。也正因为他要这么做,台领导才会放心,同意让他来做一些尝试和改变。确实过去的政治报道都是比较沉闷的,领导也希望媒体能够有一些变化。你想十八大都换新一届领导班子了,媒体也应该做出新的尝试。而且十八大开始的时候,确实有很多改变,有很多新的气象。

如果要说策划上的困难,就是十八大报告那么长,亮点特别多,选择什么样的信息放到"十八大观察"里面,实际上是比较考验我们年轻团队的。

采访人:"十八大观察"到底发生了什么样的语态变化?

刘明君:我认为就是要说公众能听得懂的,能够理解的家常话,这是电视语态表达的一个变化。具体到节目,就包括如何选择。选择什么样的声音、什么样的瞬间、什么样的关键词、什么样的数字、什么样的面孔,其实都要贴近民意,理解老百姓到底关心什么。政治不是冷冰冰的,它是有温度的。要让老百姓觉得政治跟我们每个人都相关。归根到底,其实就是用人性化的手段去解读政治。

采访人:《新闻1+1》的记者如何训练自己具体实现这一语态的转变?

刘明君：首先就是记者编辑基本上是全天候接收全方位的信息，不能缺席任何媒体释放出来的任何信息。这个对于《新闻1+1》的团队来讲，应该是一个很基本的事情。

其次就是判断。什么信息会让你留意，什么信息会刺激到你。从业久了以后，当一个信息出来的时候，是否可以深入解读，你会有天然的辨别能力。我们从大量的信息中进行筛选，挑选出一些可以作为节目关注重点的信息。挑选的过程，实际上是大家头脑风暴的过程。

另外，我们为什么要关注这个新闻，其实是因为它跟我们的生活密切相关。甭管是多重大的政治报道，多热的新闻事件，一切都要与我身边的事情发生关联。我们作为社会中的一分子，对周遭生活的感受和感知力，影响着自己的选题判断。其次，在找到关联感之后，再去找痛感。我觉得《新闻1+1》做久了，实际上就是找痛点，并不是找快感。这个痛点就在关联感当中，而这个痛点可能是一个阶层的痛感，是整个社会的痛感。经过这样的几次筛选和过滤之后，我们的选题以及评论内容基本上就会比较准确，就会符合社会公众的所思所想。这个过程不光是在关于十八大、十九大的节目中，实际上在所有《新闻1+1》的日常节目当中，都是按照这样的内在逻辑去找关系的。因此语态的转变，关键还在于你站在什么层面什么角度看问题。

采访人：所以您认为记者的关联感本来就是一个非常简单的道理，但其实也是做好节目的一个秘诀？

刘明君：对。没有这种关联感就没有感同身受的评论语态，找不到这种关联感就找不到评论的方向。白岩松对新闻至今是抱有信仰的，他认为新闻是可以推动甚至改变这个社会的。同时他也认为，只有当啄木鸟的时候，这种改变才会发生。即便是在现在这样的工作氛围和环境中，我们依然坚信，新闻仍然是一个可以有所作为的行业。而要有所作为，还是要有关联感，然后要找到真正的痛点所在。

采访人：您认为"十八大观察"语态的变化在当时对整个新闻界产生了什么影响？

刘明君：对外部有什么影响，这个我没有留意过，但对于《新闻1+1》内部来说，是至关重要的。白岩松不仅仅是《新闻1+1》的核心，在台里也是首屈一指的主持人、评论员。而且《新闻1+1》也成了央视唯一一档具有评论气质的栏目。

2017年人民网研究院发布了一个中国电视网络传播力的榜单，《新闻1+1》排名第六。前面的节目是《朗读者》《奔跑吧》《国家宝藏》《等着我》和《中国电影报道》，第六就是《新闻1+1》。前面几个大都是季播性的节目，都是投入巨大的大制作，一个新闻评论节目能跻身其中实属不易。事实上，《新闻1+1》每次的收视率在台里还算最高，而且坦率说我们本身在网络传播上面做的工作还是不够，但是我们的节目影响力都是不胫而走的。

所以我觉得只要始终坚持说人话，心里想着老百姓，想着老百姓的疾苦，然后找到社会的痛点，那这个节目肯定受欢迎。只不过做节目本身的人坚持下来并不容易，但是我觉得还是值得。

采访人：您认为目前《新闻1+1》遇到的困难是什么？

刘明君：新闻事实是我们一切评论的基础。如果我们选择的新闻事实错误了，或者不准确的话，那我们就是死路一条。好在我们十年来，还没有发生过这样的情况。

我们现在很多报道做得非常简单，甚至简单到"五个W"可能都不全，有些基本事实都还可能存在问题，我们在这个时候评论真的是有很多"坑"。因此我们在做评论之前，大量的工作是在核实事实，再做事实的更新和事实的更正或者说事实的判断，这个花去了我们大量的时间。以前相当多的报道还不错，而且更多的是调查性的报道。因为我们觉得调查性的报道才更加接近事实本身，一篇简单的报道，还无法进行评论。但是现在调查性的报道越来越少，包括中央电视台，以及其他一些主流媒体。这个也跟人才流失有关系。就没有人去做调查性的报道，然后各大新闻机构对调查报道也不是很看重了，因为它的阻力非常大，困难非常多。

因此《新闻 1+1》现在的困难，首先在于这样的媒体环境，这个环境给我们带来的非常大的困难，就是缺乏事实性的调查报道。现在的反转新闻太多了，很多是一转再转。我们万一要跟错了一个新闻事实，那就完了。你再评论有什么意义？所以我一直认为这是《新闻 1+1》最大的困难。

采访人：您认为在传统媒体进行新媒体改革的过程中还存在哪些问题？

刘明君：我觉得在这个方面，尤其像中央电视台和其他主流的传统媒体都在做出改变，但这个改变可能仅仅是设置新媒体，而不是让内容的本质发生改变，所以我觉得这个改变还是很有限的。比如说一个简单数据，中央电视台新闻频道的收视率，我记得最早大概是 3%，现在到 2%，有的时候连 2% 都不到。但与此同时，我们的一条新闻，它在新媒体上的传播量可能是几千万，甚至有上亿的阅读量。说明有一部分分流到新的媒体去了，那么传统主流媒体怎么去应对？现在新媒体的发展速度比传统媒体改变的速度要快得多，新媒体做得风生水起,但是传统媒体本身似乎还在原地踏步。如果传统的内容生产方式不发生改变,仅仅依靠传播形式的变化,这种新媒体改革仍然是无法持久的。

采访人:您认为北京大学电视研究中心的中国电视年度掌声奖项对《新闻1+1》来说有什么特别的意义?

刘明君:《新闻1+1》每年也都会获得很多奖项,包括中国新闻奖等,但掌嘘这个奖项不同,掌嘘的评委大都是高校学者,能得到学界的认可,对《新闻1+1》的专业性认可来说至关重要。

掌嘘的评价方式是全方位的,或者说它是在寻找新锐和变化,将创新作为评价的标准之一,所以我觉得掌嘘在电视学界圈里面,相当于《新闻1+1》在媒体圈的引领作用。希望《新闻1+1》能在掌嘘的关注下、监督下,继续成长。

(采访人赵丹系北京大学新闻与传播学院2016级硕士研究生)

改变语态就是说人话

时统宇

在点评《新闻1+1》十八大及新常委系列评论的新语态突破之前,我们有必要首先交代这样三个相关的背景资料:

一、年度掌声的央视占比

在北京大学电视研究中心举办的电视年度掌声·嘘声活动中,央视的作品每年在掌声中都会榜上有名，但 2012 年尤为突出——在总共五件掌声作品中占得四席。我们认为，尽管斗转星移事过境迁，但这四件掌声作品是经得起历史考验的。对《新闻 1+1》十八大及新常委评论的新语态新突破的致掌辞是："对于举世瞩目的十八大，《新闻 1+1》不用大话说大会，它敏锐而独特的报道与评论引起广泛关注与肯定，从开幕式报道打破一般媒体通行的泛中央精神而直接聚焦'民'字，到评析新常委的第一天，第十天，第二十天，始终不失锐度、精度，观点掷地有声。"

二、已有的研究成果

对于《新闻 1+1》十八大及新常委系列评论的新语态的文本研究成果，比较重要的有：由中央电视台新闻频道著，中国人民大学 2013 年出版的《为了美好生活新愿景——岩松夏丹十八大观察》。正像编著者所言："该书记录的，是短短六期'十八大观察'的节目内容；呈现的，是未来五年、十年甚至更长时间，中国前行的道路和方向；见证的，是一群有点疑惑，有点犹豫，有点忐忑，但最终还是选择勇往直前、突破创新的电视人的探索和努力。相信经历了这趟'试水'，我们对重大严肃新闻题材的'轻'处理方式，已经有了更多经验上的积累。轻，并不是指内容浮浅，而是举重若轻，以小见大，润物细无声。电视语言，是大众传播，它不是自上而下的命令和宣讲，而是人与人之间平等的沟通与交流。所有的表达方式、技巧和色彩，都最终是为内容服务。而语言，终归是要回归它的本质——说人话，说真话。"

发表在《电视研究》2013 年第 3 期的《重大时政新闻报道方式与评论语态的创新——以〈新闻 1+1〉十八大专题报道为例》，对《新闻1+1》十八大及新常委系列评论的新语态进行了系统梳理。文章从三个方面分析了研究对象的特点：注重观察而非记录，常识化的解读、平民化的视角，明晰的形式、动人的细节。该文作者是郑双美、邹煜。

三、主创者白岩松的现场心得

在掌嘘的现场，主创者白岩松的发言是最精准的解读，他的意思大概是这样的："我们报道十八大要按照新闻规律来做，当然要改变语态，改变语态就是说人话。第一天我用的关键词是'民'，人民的'民'，民生的'民'，民主的'民'和民意的'民'。人民为大，要推动民生和民主的改变，才能顺应民意，这就是我看完十八大的感受。几天后，习近平的就职演说说的就是'民'。值得骄傲的是我们做的一切不是马后炮，而是之前分析的结果。做新闻要思考一点，十年后它还成立吗？如果我们天天追随着别人、猜测着上意，做完就被淘汰甚至当时就错了，这样的新闻有多少价值？我觉得干新闻的要做两件事：第一，尽一切努力让世界变得更好；第二，环境不是那么畅达的时候，哪怕我们没有让时代变得更好，起码没有让它变得更糟。新闻这个行当不是'喜鹊'，我觉得就是啄木鸟，需要啄虫子维护大树的健康。"

我们认为："民之所念、国之所愿、政之所为"的良性社会运行，要求新闻特别是时政新闻一定要说人话，一定要把"民"作为关键词，这就是《新闻1+1》十八大及新常委系列评论新语态的巨大历史感。

这组系列评论是《新闻1+1》在党的十八大期间播出的特别节目，节目形式延续了"1+1"的双人谈话模式，主持人欧阳夏丹与集新闻评论员、出镜记者和主持人等多重身份于一身的白岩松进行视频连线，自2012年11月8日起，在十八大开幕后的一周时间里，第一时间通过直播解读十八大精神、十八大政策，讲述十八大背后的故事等，为观众提供了关于十八大更多的新闻观察视角。"十八大观察"是《新闻1+1》第二次推出的特别节目。在伦敦奥运会期间，《新闻1+1》就曾推出了奥运特别节目"奥运1+1"。"十八大观察"采用了《新闻1+1》，尤其是"奥运1+1"的直播连线形式，同时以十八大作为新闻大背景，以活泼、诙谐而又朴实动人的语言，描绘了十八大会场内外的风采、瞬间和声音，以常识化的平民视角和凝练深远的观点，提供了对十八大的深度解读。

正如白岩松所言："改变语态就是说人话。"节目中，说人话的白岩松率先垂范。例如，在11月8日播出的节目中，白岩松以感受到的色彩作为对十八大开幕的最初印象。他说："我刚刚走了一百多米就突然发现了一个非常非常有趣的现象，甚至说感受到了一种色彩，那就是红色。为什么会这么说呢？因为我在走过去的这一百多米路程当中，有很多电视台在做连线，我发现百分之七八十都是女记者或者说是女主持人，而她们几乎无一例外穿的都是红色的衣服。这让我突然想起20世纪80年代的后来被拍成电影的一部流行小说，叫《街上流行红裙子》，代表一个新的时代的开始。那我觉得在开党代会的时候，很多女记者不约而同地都穿上红彤彤的衣服，显然很中国。"这时，白岩松是作为十八大报道者，以引发视觉震撼力的红色，说明十八大的隆重、盛大、喜庆，平民化的视角真实可感，拉近了十八大与观众之间的距离。

又如，在阐述十八大首次提出的"美丽中国"时，白岩松将这一宏观的关键词，以朴实、简单的语言进行了深入浅出的阐释和升华。他说："中国人讲究的是尊老爱幼嘛，'美丽中国'就是尊老爱幼的体现，为什么呢？你得把老祖宗和岁月留给我们的美丽的自然环境，保有下去传给我们的下一代，这不就是尊老和爱幼吗？如果经济快速发展了，我们给孩子讲的时候说，过去天是蓝的，过去水是直接能喝的，但是现在都不行了，我们怎么去面对未来的孩子呢？所以我觉得这是一个巨大的变化。"

再如，在点评开幕式直播所配的手语解说，白岩松说："不要看它只是一个小小的细节，它体现了对每一个个体、每一个人的平等和尊重。"白岩松抓住了手语解说这个细节，进而说明了社会、国家对于残障人士的关心和关爱。又如，在参会的党代表中，来自四川的蒋敏和罗玮这两位党代表，孩子都没有断奶，所以本次党代会允许她们带着孩子来参会，这种以人为本的做法让人感受到十八大的温馨。正像白岩松在评论中说的那样："十八大期间，有时候换一个角度就会发现这样非常温暖和充满人性的新闻。"巨晓林是一位农民工党代表，他第一次穿西装、打领带，第一次来参加党代会，第一次进入人民大会堂。节目通过短片表现了这位可爱而又质朴的农民工在会场上的激动、紧张和欢乐。同时，节目将关注的焦点放在了农民工这一群体上，旨在引起社会大众对这一群体的关注，节目将十八大、社会民生与老百姓，尤其是一些弱势群体紧密联系在一起，动人中不乏强烈的感染力和表现力。

在十八大召开的语境中，正如白岩松所言，习近平的就职演说说的就是"民"："我们的人民热爱生活，期盼有更好的教育、更稳定的工作、更满意的收入、更可靠的社会保障、更高水平的医疗卫生服务、更舒适的居住条件、更优美的环境，期盼着孩子们能成长得更好、工作得更好、生活得更好。""人民对美好生活的向往，就是我们的奋斗目标。"

据此，我们能否这样说——新闻的不忘初心牢记使命，就是要从说人话开始。

(作者系中国社会科学院新闻与传播研究所研究员,
北京大学电视研究中心特聘研究员)

纪录片《舌尖上的中国（第一季）》
（2012）

致掌辞

只说故事，不讲道理。才下舌尖，却上心头。此中真意，欲辩忘言。都说众口难调，它却跨越民族、地域、阶层的差别，甚至跨越国界，赢得了罕见的共鸣。

《舌尖上的中国（第一季）》简介

播出时间：2012 年 5 月 14 日至 2012 年 5 月 22 日，每天 22:40
播出平台：中央电视台综合频道（CCTV-1）
片长：共 9 集，每集 50 分钟
类型：纪录片
制片人：周艳、史岩、石世仑
执行制片人：朱乐贤
总编导：陈晓卿

现场观点实录

如果说中国人有信仰的话，我们的信仰一个是教育，一个是吃。还有一句话是民以食为天。这个片子成功，我觉得有两个"最"：最大公约数，原来央视做过的《大国崛起》是特别宏大叙事的作品，但我觉得那只是小众，而中国百姓十三亿里，至少有十亿都在谈论吃；还要注意最小公倍数，说中国文化，可能还为时尚早，治大国如烹小鲜，我觉得和这个差不多。

——张志君

我在评选的时候说了这样一段话："第一，'吃'和'孩子'绝对是中国人的信仰，就像在西方《圣经》卖得最好。第二，这真的是一批爱吃的人拍的节目。第三，用了很好的影像和语言拍成了它。"

——白岩松

我有一个担心，担心这个片子会不会做成连续的新闻专题，因为学界一直在争论，新闻专题和纪录片有什么区别。像乐贤和晓卿，他们都不在意："我做出来，大家来评论就行了。"但学界一直在纠结这个问题，新闻专题和纪录片有什么区别。我个人觉得专题和纪录片最大的区别在于，专题是呈现一个事实，而纪录片解惑一个事实。等片子拍完了，我松了一口气，纪录片人是有他们的执着和追求的。因为他们通过对浅表的美食美味的叙述，表现了中国美食文化的变迁。吃是有意义，它是生活很重要的一部分。我希望并期待片子第二部、第三部、第四部能够坚持这个方向做下去。除了这个还有什么期待呢？我期待的是这个片子能否大胆一点儿，再做新一步的尝试。

——张志君

我印象很深的一个部分是确定整体风格的问题：我们究竟要做什么样的片子？最终我们决定要说一个很好的故事，接地气的，而且是做有节奏的、有故事的一个片子，因为我们觉得以前的纪录片整体上在节奏上、故事上是比较缺失的。

——朱乐贤（《舌尖上的中国》执行制片人）

《舌尖上的中国》对我们的总编导陈晓卿来说，是他作为多年吃货的成果，能够以自己的兴趣来完成自己的职业是多么幸福的一件事情。他确实是生逢其时，因为，我们在4月中旬开播了为中国纪录片打造的《魅力记录》栏目，《舌尖上的中国》在5月中旬登上了CCTV-1频道播出，这也是这部纪录片取得这么成功的效果的很好的播出基础。晚一点儿没有关系，觉得味道好才是重要的。

——周艳（中央电视台纪录频道副总监）

"我一眼看见这个东西，就感觉跟别的故事不一样"
——张同道对话陈晓卿

时间：2014年2月15日

对话人：

张同道：北京师范大学艺术与传媒学院教授，北京大学电视研究中心特聘研究员

陈晓卿：《舌尖上的中国》总编导

张同道：今天可以坐下来谈谈《舌尖上的中国》（以下简称《舌尖》）。我觉得美食已经拍了很多了，但是《舌尖》的核心在创意。你这个创意是怎么来的？

陈晓卿：应该说它是一个现有大环境下妥协的东西。纪录片就这么几种，做社会类的纪录片风险太大，做科技类、自然类的纪录片，它的投入又太高。那还能拍什么？只能参照这种类型找一个比较轻巧的角度，实际上《舌尖》是从一个比较轻巧的角度切入的，但是并不代表我们没有野心。

第一季播出的时候，康健宁说："陈晓卿太狡猾了，他想去说普通人的辛苦，他想去说中国拉不住的这种变化，他用了一个他自己最擅长的话语体系去说。"其实只做美食肯定不是我们的目的，所以在第二季里头我们尝试了更多突破。

张同道：这个野心跟你的位置是有一定矛盾的。

陈晓卿：是的。但是如果没有人去做这个尝试，纪录片也好，纪录片行业也好，它是死气沉沉的，需要带有一些刺痛感的东西来提醒人们。如果这些东西都没有了，我觉得那才是悲哀，所以我不太同意说这个东西是味精，我不觉得是。

张同道：从你最早的创意到最终完成的形态之间，契合度有多大？

陈晓卿：还是有很大差别的，《舌尖》不是一个完全讴歌中国美食的片子，它是带有反抗的，这个反抗来自我们摄制组内心。我是

来给你讲另外一个体系的美食品鉴的，食物里头究竟包含着什么样的东西。

张同道：你判断故事的标准是什么？

陈晓卿：我们首先要在做调研的时候知道往哪个地方使劲，有的是偏重吃，有的会偏重人物故事，有的会偏重两个故事之间的逻辑关系。你看《舌尖》基本上都是一大一小，或者是一个主题的故事带一串连接。就像山东煎饼那样的，只有煎饼可能没有那么大力量，我们就会加上各种各样的卷，有贵州的、潮汕的、福建的，甚至会有新加坡、法国的华人吃的东西。

张同道：把这么多食物进行地理空间上的和口味上的大跨度组合，这是出于什么考虑？

陈晓卿：最早我们和烹饪协会合作，他们说为什么不是拍八集？八大菜系一个拍一集。我们的摄制组觉得，八大菜系那些东西太陈旧了，要找民间的、非官方的、有活力的。第二个，我的价值体系跟八大菜系肯定不能一样，一定要冲破它。

张同道：这是你说的反抗，同时我理解这就是创意。

陈晓卿：刚才是从发端来说。从创作过程当中来说，你会发现讲完了一个内蒙古的故事，再讲一个内蒙古的故事就会不给力。你看《人类星球》会发现，它尽管都有一个水字，但是会在各个大洲之间来回跳跃，视觉上完完全全不同。《舌尖》第一季的第三集我特别喜欢，就是讲蒙古的奶酪和大理的奶酪，虽然是跳跃地说，但观众都没有感觉乱。这是暗逻辑，是技巧方面的问题。

从接收端来看，我们的收视曲线也支持了我们的观点，你会发现广东地区的收视率在讲到北方美食的时候会低一点，回到南方又会高；讲主食的时候，南方的人看得会比较少。这样我们就不得不暗自庆幸，如果当时是按八大菜系做的话，讲到鲁菜的时候，广东人肯定跑得没影了。

张同道：第一季拍摄的过程中，是不是一边摸索一边拍？

陈晓卿：当然。第一季有些导演比较坚持自己，从收视率上来说就是失败的。比方说黄馍馍，我内心喜欢极了，但是我很理智。作为第一个故事，它最早编了二十多分钟，可不可以占那么长时间？不行。最后那个段落剪到大概是九分三十七秒，收视曲线到六分钟的时候开始往下走。我们的判断标准和普通观众的判断标准真的是不一样的。你信息密集度不够，观众就不认；你想展示情怀，他也不认。第二季关于留守儿童的解说，就留了两个数字：中国有六千万这样的孩子，这个数字和英国人口总数大致一样。第一个是事实，第二个是为了传播。配音的时候导演让李立宏把这一段稍微带点感情。我在配音间听着不行，重新配。要和前面说食物的声音一样，恬不知耻地快乐地把这个说出来。这是个知识，你煽情没用。

张同道：我那天一看完这一集，就觉得有一种东西在触动我。我感觉到它从视听到理念，是一个新的话语体系。我的感受，一个是收视率肯定会高，因为它好看；第二个，它对行业的影响力会很大，为行业立了个制作标杆。《舌尖》第一季出来就是个标杆，《舌尖》第二季又往前走了一步。

陈晓卿：最重要的是操作层面，《舌尖》第二季的操作可以形成一个模式，制作水准是准电影化的。我觉得这是真正的良性的进步。

张同道：我觉得这就是工业化，就是可重复、有模式、有标准，而不是让你总编导成为标准。

陈晓卿：拍《舌尖》第二季的时候，我不用去拾遗补阙，可以把故事打造得更加符合主题，朝向更加精准，戏剧化又不脱离纪实类节目的边框，同时又能给人视觉上的刺激，在剪辑上体现出来专业制作的从容和自如。

张同道：《舌尖》拍摄上大面积地实现了视听陌生化，就是把一个平常的场景拍得不平常。

陈晓卿：真实和表现是对立的，你看到的东西和你想表达的东西，中间存在着信息过滤，存在着因果的重建。什么叫因果的重建？电影是线性的，放在前面的永远像原因，在后面永远是结果。我看到的世界和你看到的世界是两个世界。

张同道：你那个白菜就比较典型，切白菜就一个镜头的事，你用了四个镜头。

陈晓卿：这是态度问题。这个白菜像我们的主人公一样，我们是仰视它的，不能那么简单地切，而且它正好在一段食物制作的开头，要给大家制造点悬念。

张同道：所以白菜打开像一座山，从中间看。

陈晓卿：这个在摄影美学里叫宏观和微观。微观到极致的时候，你的联想就是宏观；在宏观到一定极致的时候，河流就像血脉一样。我们叫极致化处理。把熟悉的东西陌生化，把陌生的东西熟悉化。这样的情景特别多。

张同道：解说词也是陌生化，语调、语态，包括组词的方式。

陈晓卿：对，这个也是技巧的问题，你去看BBC的任何一个解说词，简单、短促、有节奏。你可以统计一下，一般的纪录片有多少个"了"和多少个"的"，你再去统计一下《舌尖》里边，尤其是《舌尖》第二季里有多少。

张同道：有意识地把它消掉。

陈晓卿：它是没有意义的，只要是"了"都是完成时态，我们都不要，把它作为行进式的。

张同道：你一直对语言很敏感，做电视的人很少有对语言这么敏感的。

陈晓卿：这也跟写作习惯有关，甚至和音韵是有关系的。中国话要说得漂亮。你可以再做一个统计，《舌尖》解说词的每一个段落的尾巴，几乎都是平声字，几乎找不到仄声字。

张同道：在第二季操作中有没有什么特别难的？

陈晓卿：没有多难。一段拍摄回来了，你要给我剪三个东西：一个是兴奋点；一个是人物出场；一个视觉的冲击。把这三个给我剪出来，故事你再慢慢剪。人物出场像地基，决定性瞬间像钢筋，其他的东西像是抹的材料。有了间架结构之后，其他的事都好办。兴奋点是你的创意和造型，就是我一眼看见这个东西，跟别的故事不一样。在哪？这就逼着导演自己在生活里面去寻找。

张同道：但是第二季会不会太满了，速度太快了。

陈晓卿：这个我可以用另外一个结果性的东西来告诉你，就是看分分钟的收视率，第二季收视最高的一集是《秘境》，有一千八百个镜头，《相逢》那一集收视率最低，剪辑率最低，只有一千二百个镜头。

张同道：最后说一点你不同意的事，品牌问题。我知道你一直反对，但是我还是认为你的最大贡献是这个。

陈晓卿：我不是说反对你说这个，因为现象级的表现，实际上是一个电视节目的现象级表现，和纪录片关系不大。

张同道：这个我们的理解就不一样了。其实品牌是个商业概念，品牌不是个纪录片概念。中国整体是没有形成品牌的，但是你刚才说的这些，其实恰好就是品牌，只有工业才有品牌，手工制作永远没有品牌。

陈晓卿：我不同意手工制作没有品牌，个人化品牌其实还是非常多的。

张同道：个人化品牌是不靠谱的，再好的手工师傅，都不能保证每一件有同样的品质。《舌尖》的出现，是一个轰动的作品，甚至是一个伟大的作品，但不一定是品牌。但《舌尖》第二季出现了，我就认为品牌是成立的。《舌尖》第三季现在又能卖那么多钱了，我并不认为只有钱是重要的，但钱是个重要的考量指标。

陈晓卿：是，我跟广告部也这么说。但我也没有想到它的收入能达到那么高，我只是觉得它是对这个节目品质的肯定。

张同道：不仅是品质，《舌尖》带来的东西，我觉得对央视的意义是大的，对你的意义是小的，你的虚荣心早可以在这之前满足了，或者可能已经没多少了。对央视的作用比对你的大。

陈晓卿：对行业的作用又比对央视的大。

张同道：我觉得它的意义在这儿。一个《舌尖》的出现，突破了整个社会对纪录片的认识。虽然我去年调查，好多人都不知道《舌尖》是纪录片，把它当电视剧、电影的人都有，但是因为这个才让整个（纪录片）行业有了热气，有了生气。这个对纪录片的贡献，是其他任何东西都无法比拟的。《舌尖》之后出现了大量美食节目，你是无意中撬开这个历史的按键。《舌尖》改变了很多观念，比如说现在要策划一个选题，在一开始就可以把它作为一个整体来构思，包括全媒体，包括产业链的，而不是等它发生了情况再构思。我觉得这个制作的标杆极其重要。

陈晓卿：但是在《舌尖》这个节目里边，个人对整个节目品质的影响，不完全是工业化的东西，这是一。第二，操作层面上，对节目的评判标准也影响到节目质量。第三个是一些核心的导演，他们内心的梦想通过这个来实现，那些有温度的东西，在这个格式化的表达体系里边的作用，我觉得是绝对不容忽略的。

张同道： 我理解。我们不可能把这个理解为一个汽车的元件，这个品牌也带有巨大的创意成分。但是，中国纪录片产业现在没有创意所占的费用，创意在里边都被无偿剥夺，包括你本人。你现在是靠着梦想，靠着对这个职业的坚守，这个能坚持多久？尤其是对年轻导演，我们不能把所有的职业都放进梦想。梦想很重要，但是仅有梦想是不够的。其实我提这个不是为你，是为这个产业的健康发展。纪录片人拿的是制作费，领的是苦力钱，但做的是个创意的工作。如果是这样，这个行业一定不能健康发展。

（特别鸣谢北京师范大学艺术与传媒学院教授张同道提供对话原稿，整理人邓泽苗系北京大学新闻与传播学院2017级硕士研究生）

透过美食看当下
——《舌尖上的中国》执行制片人朱乐贤对话录

时间：2018年6月28日　地点：北京希格玛大厦

朱乐贤，1996年毕业于北京广播学院（今中国传媒大学）电视系广播电视新闻专业。曾任中央电视台大型纪录片节目执行总导演、制片人，中国国际新媒体短片金鹏奖选片人、专家评委等。

现任腾讯视频纪录片内容运营中心总监。负责腾讯视频纪录片频道节目运营及纪录片对外合作，包括联合出品、委托制作、版权购片、网络发行等。

采访人：《舌尖上的中国》在当年获得了许多大奖，包括北京大学电视研究中心颁发的 2012 中国电视年度掌声。几年过去了，先聊聊《舌尖上的中国》的成功对您的影响或改变吧？创作过程中最艰难的是什么时候？

朱乐贤：也没有什么太大的改变，因为我们本来就是纪录片从业者，这只是我们其中的一两部作品。我记得陈晓卿导演和我说过："我们这页已经翻过去了。"如果一定要说一些变化，可能是陈老师（陈晓卿）在观众心目中从一个纪录片导演变成了一个美食家。这是一个比较大的变化。从纪录片本身来说，《舌尖上的中国》确立了一个美食类纪录片的标准，它使美食片成为中国纪录片里的一个主要类别。在这之前，我们团队，包括陈老师在国际上的观察，发现美食类纪录片是国际上纪录片里面的一个重要品类，但在国内它一直没有发展起来。有了《舌尖》系列之后，这一类纪录片开始在国内出现得越来越多。这对我们自身倒是没什么太多影响。

第二个问题是在《舌尖上的中国》创作过程中最艰难的时刻是什么时候。我想了想，最焦虑的是在最后的阶段。最后阶段剪辑已经完成了，但一直无法确定播出时间，因为受到了当时非常多的因素制约。有一阵几乎是停滞下来了。团队很焦虑，大家费心费力，花了几乎一年半的时间制作这部片子，可是却面临着播出困难的境遇。因为在当时那个时间段，中国的食品方面遇到了一些问题，局部的问题被放大，比如说地沟油或者是毒大米，大家对食品安全比较担忧，这样的背景可能就影响到这个片子的播出。这个当然也能从后面的一些反应看出来。有人说，你们为什么不揭露暗黑料理？为什么不说大家关心的食品安全的问题？当时有一些这方面的担忧，有一个多月的时间都没有确定能不能播出。

我和陈老师那段时间非常焦虑，甚至最后的阶段我们私下认为只要能播出就可以了，无所谓时间段，播出就是对大家的一个安慰，一个了结。即使在举办《舌尖上的中国》首映式的时候，也没有确定要不要播，什么时候播。我记得很清楚，首映式在上午举办，中午就得到了下一周播出的消息。在北京梅迪亚中心的大厅门外，我当时就傻掉了。我们在接到这个消息后根据每集的时长重新做了最终的剪辑和后期，大家加班加点，最终《舌尖上的中国》还是按照要求的播出时间播出了。

还有一个问题就是经费。第一季的经费一共是五百万元，算起来每一集的经费不到七十万元。我们天南地北地跑，加上一些七七八八的支出，经费基本所剩无几了。当然在第二季时经费稍微多了些。

2011年前后，纪录片领域整体有了一些变化的趋势。比如对新的叙事手法的探索，原有的整体结构以及叙事、讲故事的手法，都在面临一些挑战和变化。另外在2011年前后，技术设备的进步，也给纪录片的拍摄带来了一些转变。当时索尼公司出了F3这个新的机型，这给纪录片的拍摄带来了一种新的可能，电影的一些拍摄手法运用到了这部纪录片中去，定焦镜头大量使用。你们后来在成片里能看到浅景深镜头，这个在片子里面应用得特别多，因为当时秉持着尝试新技术的愉悦心情，其实后来我们也觉得这些镜头使用得稍微多了一点。

纪录片将时空的大跨度展示了出来，上一个故事可能是在东北，下一个故事可能就在南方，这种大跨度带来的一个结果就是差旅费在增加。同样，革命性的技术手段带来的改变，需要有相应的灯光设备、相应的人员配置，成本也在增加。

采访人：文化相关题材纪录片的拍摄特别考验导演对资料的取舍功力。民以食为天，中国的饮食文化博大精深，您是如何平衡不同地域的饮食文化特色之间的关系呢？如何在有限的时长内集中思路进行内容的铺排？想必您有很多经验可以分享给我们。

朱乐贤：这个片子我感觉可能更偏向饮食文化，或者说它与现实和文化有一定的关联。我们想表达的一个思想是"透过美食看当下的中国"。说到菜系的取舍，这个是根据中国当时的饮食特点来表现的。中国传统的是八大菜系，但是我们并没有直接用八大菜系的表述来记述，因为在当时情况下八大菜系已经互相融合，你中有我我中有你，很难分清彼此的界定，有些菜系已经式微了。而且八大菜系也相对单一，并不能把中国辽阔的国土面貌全面反映出来。中国饮食文化很丰富，这是普通老百姓在食物上智慧的凝结，以及他们的辛勤劳动。如果单单用八大菜系概括，那就没有东北、西北以及食物品种多样的云南等省的美食了。

在选材上，我们有几点宗旨：一是选择独特的景观，让观众看到新奇的东西，好奇心是人的天性，观众看到稍微陌生的事物会有一定的新鲜感；二是食材具有独特性，只有本地才有，是世界上独一无二的；三是要包含劳动成果，凝结着劳动者的智慧和汗水；四是要健康而亲民的，拍摄取材要贴近百姓生活，要是我们日常生活就能触到的而不是必须去豪华餐馆才吃得到的。

采访人：第二季与第一季相比，增添了许多人物故事，更多的是通过人物的故事将饮食串联起来,有人说第一季是在食物中挖掘故事,而第二季是在故事中挖掘食物。您如何看待这种评价?在纪录片中,应该如何将具体内容与故事情怀的关系拿捏到位?

朱乐贤:我的理解是,第一季里我们更多讲述食物物理上的变化,比如时间的转化,是时间对食物发生作用而形成的味道,从这个层面来讲物理变化或者化学变化是更多一点的,整体来说是从物质转化上进行表达。等到第二季的时候,更多的是从精神层面来叙事。并不是单纯说是故事内容多还是食物的制作过程复杂,还是制作食物的人、采集食材的人的故事多。

对于中国人来说,食物不仅仅是饱腹的存在,更多的是我们感情的寄托。举一个最简单的例子,我们看TVB的电视,里面有些经典的台词,比如"煲汤给你喝""你要不要喝糖水",这里面的食物就是我们中国人表达情感的一种方式。

如果一种食物只是用于单纯的充饥,中间没有结合劳动的辛苦,我们就感觉不到食物背后的精髓、食物背后的心意。我们当时还是希望有更多的一些故事,这个理念肯定是和食物紧密相关的。大家可能觉得看到第二季社会性的话题稍微多了一些,就想区分美食本身和故事本身,其实这两者很难做到割裂存在的。如果不掺杂任何情感去介绍美食,那这就很容易变成一个推销菜品或者厨艺展示的节目了。中国人对食物的情感与背后的故事是密不可分的。

采访人:纪录片拍摄过程中,有没有什么小趣事或者让您感动的事情,能和我们分享一下吗?

朱乐贤:拍摄过程中最让我兴奋的应该是新科技的发现和使用,因为科技的进步,我们多了许多表现方式,比如我们有一幕是将摄像机扔进水里，这就是运动摄像机的独特之处，可以模拟很细小的视角。到第二季拍摄的时候，使用小型无人机，可以以俯视的视角展示全景。当然小型无人机的使用还是有一定难度的，遥控与机身具有一定距离，而且户外操作得结合当时的风向与地形，一不小心很容易摔到机身。

当然，如果想进一步了解我们的幕后工作，有现成的花絮视频，那个就很有趣，足够展示我们工作的一些内容了。

采访人：最后请用几个关键词来形容下您心目中优秀的纪录片吧！

朱乐贤：如果需要我用几个词来形容，我认为一要有故事性；二要有正确的价值观，引发人的思考；三要有对人生中一些永恒主题的思考，比如生与死、爱与恨、欢聚与别离，要有共情性。

（采访人张雪明系北京大学新闻与传播学院2017级硕士研究生）

《舌尖》与中国纪录片品牌时代

张同道

我们已经无法回避这样一种现实：中国纪录片进入后《舌尖》时代，即以品牌为核心的纪录片生产与传播时代。《舌尖上的中国》为中国纪录片树立了一座无法忽视的里程碑，但这仅仅是开始——不光对于《舌尖》本体品牌而言，而是对于整个纪录片行业而言。品牌创建、传播和营销将为纪录片打开一个陌生而神奇的发展空间，而这也将是中国纪录片产业必须面对的新课题。

像一阵飓风掠过电视荧屏，《舌尖上的中国》凌厉的收视与劲悍的话题超越同期所有电视娱乐节目、传媒事件，甚至电影，成长为一个超级传媒文化现象。"舌尖"一词跨越文化与地域限定，填平意识形态鸿沟，成为几乎所有阶层都津津乐道的一个热词：从《人民日报》上的《确保人民群众"舌尖上的安全"》、大学生仿制视频《舌尖上的宿舍·泡面篇》，到银行工作者的《舌尖上的银行》，甚至连英国人都仿制了《舌尖上的英国》。

《舌尖》开启了中国纪录片品牌，实现了传说多年的产业价值。《舌尖》的品牌维护与发展、产业价值可能性也给中国纪录片留下丰富的启示。

一、《舌尖》传播

《舌尖》传播的成功突如其来而直达顶峰，无论是收视率还是议程设置，它都抵达了新世纪以来中国纪录片的新高度。甚至拓展范畴，从整个电视传媒看，《舌尖》现象都是一个经典传播案例。

从传播策略上来说，如果说《舌尖》第一季从中央电视台一套开始走红，不经意间卷起"舌尖热"，那么《舌尖》第二季采用了富于冒险色彩的周播策略，收视成功也伴随着剧烈的社会反响。一时间，《舌尖》成为社会舆论焦点。然而，与《舌尖》第一季近乎一面倒的赞美相比，《舌尖》第二季的反响多元、复合，甚至充满争议，伴随着网络暴力与尴尬误读。

二、《舌尖》制作

《舌尖》制作首先是中国文化价值观的确立。

《舌尖》不是平面化的对"现场品尝食物"的表现，也不是单一化的食物制作及知识介绍，或者是饮食文化的历史讲述，而是追求了立体化的价值传达：以多个故事、多种内涵相互叠加，产生出一个复合型的丰富立体的"知识、文化、情感、观点"的价值体系。同时，《舌尖》抛弃了所谓精英路线，选取了大众视角与平民化的立场来建造和呈现其"价值体系"，用总编导陈晓卿自己的话说就是"我们把位置摆得很低"。摄制组的镜头尽可能地规避了豪华大酒店的精致盛宴，重点把老百姓的厨房推至前台，不仅将全国各地普通人的饮食习惯与饮食喜好给予平等的展示，更将中国底层劳动者勤劳、吃苦、忍耐的精神捧至观众眼前，制造出"才下舌尖，又上心头"的感染力。

其次，在广泛的价值认同基础上，强化纪录片的文化情感内涵。品牌的内涵意义是要经过消费者的消费体验才能完成的。研究者指出，消费者正是通过体验，并且结合自己的经历和生活环境，才最终形成了个人对品牌内涵意义的理解。[1]从"口水"到"泪水"，《舌尖》所制造出的身心反应，实际上正是观众由生理体验到心理体验的过程。《舌尖》让观众再一次体验到，"食物"原来在中国文化中与个人情感有着如此密切的联系：母亲、童年、故乡、祖国。正是这些与食物存在着多重对应关系的情感，触及、满足或唤醒了当下中国观众，特别是生活在都市中的人的情感需求。正如《舌尖》的解说词所言："当今的中国，每座城市外表都很接近。唯有饮食习惯，能成为区别于其他地方的标签。"每个观影者都带有自己的生活潜背景，在观赏影像的过程中存在着观者与影片之间的对话关系。人们在现实生活中缺失的东西，比如田园、故乡、亲情，甚至对食品安全的忧虑，都在

---

[1] 曹泽洲、陈启杰，《品牌崇拜的重释与建构》，《现代管理科学》，2012年第1期，第19页。

这种对话中得以触发、补充或释怀。而消费者与品牌之间的良性对话关系，会不断将个人情感叠印在品牌之上，丰富品牌情感内涵，利于延长品牌生命力。

再次，重视品牌对民族文化的承载与传播。西方传媒虽然在制作有关中国的纪录片中也涉及中国人的饮食，例如中国协助BBC拍摄的《美丽中国》(wild china)当中有对中国西南山地村民林中采笋和烹制的展示，也有对东部米农在稻田养鲤鱼，收获季节做熏鱼庆节日的动人场景。虽然这些片段讲述的也是中国的自然与人文，但它终究是西方视角的产物，难以深入和系统地传达中国文化。《舌尖》第一季当中的第三集《转化的灵感》、第四集《时间的味道》和第六集《五味的调和》，均分别从不同的层面将蕴含在中国饮食当中的中国民间智慧和东方哲学，巧妙、生动地传递给观众，不但令外国观众叹为观止，也令中国观众深感自豪。从7集364分钟的作品来看，该片毫无疑问是以承载、传播、弘扬中国文化为己任的，这也正是央视纪录片频道所追求的核心价值。我们可以学习英国BBC、美国国家地理、美国Discovery的制作方式和叙事技巧，但中国品牌纪录片深层次承载的中国文化和中国式的美学趣味始终是我们在国际市场竞争中区别于同类节目的重要因素。

同时，《舌尖》也是工业化制作模式的成功。

第一，《舌尖》的诞生是以开放的选题立项方式为前提的，也就是项目制下的产物。优势平台加上优势资金，采用高清摄像技术，按照工业化制作模式制作。专业品质是打造品牌的必要条件。

第二，把受众的需要摆在核心位置，走大众化路线，讲求"好看"才是硬道理。《舌尖》创作团队放弃走央视以往喜欢走的"义理考据"和"文献辞章"的传统路子，而是走大众化的讲述模式。按照BBC

制作纪录片时惯用的做拍摄大纲的方法,要求拍摄小组上交具体细致的拍摄纲要;同时强调一线的田野调查工作,发掘真实的、正在进行中的、日常的故事。[1] 而且在解说词的创作上,也反复强调要"用最浅显的语言来讲故事,不允许'掉书袋'",必须简单、浅显,易于大众接受。

第三,运用纪录片的国际通行语言,打造国内原创品牌纪录片的视听特征。

首先,《舌尖》注重讲故事以及讲故事的方式。7集片子总共有54个故事,平均每集七八个故事。每个故事都讲求精炼。如此高密度的故事量突出了节目的速度感。短小的故事便于后期结构调整,增加了编排的灵活性;同时又不会因为冗长而让人觉得乏味。而短故事的连缀方式,正符合了现代人好奇心重又缺乏耐心的电视观看心态。从故事的讲述方式来看,抖包袱、制造悬念、开门见山、小曲折等各种增加趣味性的故事技巧,片中都有用到。

其次,《舌尖》运用了陌生化手法,打破了观众日常的视听经验,成功制造出一种前所未有的视听快感。与《美丽中国》的段落格局非常相似,《舌尖》展现出大跨度空间跳跃的特点。按照我们的日常经验,每个人的饮食都会相对局限于一定的空间范围,就算借助最快的交通工具,一天之内能够品尝的食物也很难超过两三个地域。而《舌尖》可以让你在一小时之内吃遍祖国大江南北,这等"口福"也只有看《舌尖》才能享受得到。《舌尖》强化视觉冲击力,一集最高达到一千多个个镜头,形成了传统电视纪录片难以企及的视听冲击力和艺术感染力。

---

[1] 陈晓卿在2012年5月30日《舌尖上的中国》学术研讨会上的发言。

三、《舌尖》品牌

如果说 2012 年《舌尖》第一季开启了中国纪录片品牌时代是一种预言，《舌尖》第二季则成功地将预言转化为现实，并为中国纪录片品牌发展提供了丰富的启示。

《舌尖》第二季的成功固然可以从传播策略、传播媒介等多方面找到解析空间，但核心支撑元素依然是《舌尖》第一季积聚的品牌动力与受众期待——这是大众文化工业所具有的突出特征。

品牌是一个商业概念，它是产品价值与用户认知反复磨合形成的一种心理契约：相近的价值观、稳定的品质和美学形式。用户越多，品牌价值越高，心理契约越紧密——同时也越脆弱，任何改变契约的行为都可能导致双方的误解，损耗品牌价值。因此，品牌不是个人行为，而是一种工业模式。建构品牌固然不易，品牌维护与升级也并不是简单的灵机一动——它可能来自灵感，但仅仅灵感是不够的，它需要在充分市场调研的基础上进行。

《舌尖》第一季创造了纪录片品牌，其知名度、美誉度都得到充分认可，但忠诚度还需要通过第二季培育起来，关于《舌尖》第二季所发生的争议甚至网络暴力从一定程度上映射了忠诚度的困扰。

《舌尖》第二季成功地延续了品牌，但如何稳固原有核心受众，修复与游离受众的关系，扩展新受众，这是《舌尖》品牌维护与发展需要面对的问题。因此，《舌尖》品牌不仅是一部作品的创作，而是以《舌尖》作品为核心的传播与产业链条，应该制订长远的品牌发展规划。

四、《舌尖》产业

中国纪录片长期戴着精神贵族的高帽过着清贫日子。2011 年央视纪录频道开播以来,纪录片形象逐步改善。2012年,《舌尖上的中国》横空出世,不仅从形象上也从产业上重塑中国纪录片形象。《舌尖》第二季广告招标高达8900万元,市场销售也趋于兴旺。截至2014年6月,已有35个国家和地区购买了《舌尖》第二季的电视播出权,单片销售额达到35万美元,创造了近年中国纪录片海外发行的最好成绩。2014年11月,在央视招标会上宁夏懿丰投资控股集团有限公司以1.18亿元的价格中标,并且,《舌尖》第三季有三家不低于3000万元的合作伙伴,其总收入达到2.6亿元。当然,《舌尖》第三季播出引发巨大争议,《舌尖上的新年》电影也折戟院线。这提示我们,品牌开发并非一蹴而就,而是另有机杼。这一领域我们有些陌生。

因为缺乏相关数据来源,《舌尖》究竟带来多少产业价值还无法清晰地估算。但有一点可以肯定,《舌尖》出品方的广告和版权销售不会是其中最大的部分,因为《舌尖》拉动的旅游、股市和网络销售都不会与出品方分享经济利益。由此可以得出初步结论:与原来的纪录片作品相比,《舌尖》已经获得了巨额产业回报;与真实的市场价值相比,《舌尖》获得的产业价值只是其中一小部分。换言之,《舌尖》作为传媒品牌的产业价值还有巨大的开发空间。

五、后《舌尖》时代的纪录片产业

多年来,中国纪录片一直扮演意识形态宣传、文化传播与美学引导的角色,而产业属性几乎缺席。

新时期以来,以《话说长江》《望长城》为代表的纪录片塑造了中国电视的人文品质与美学风貌,催生了一个电视新时代。此时,国际纪录片也以公共传播为主,如英国BBC、日本NHK、美国PBS等,而1985年创业的美国Discovery正在跌跌撞撞地寻找产业动力。

新世纪以来，以快乐、婚配、歌唱为核心的娱乐节目大行其道，纪录片在收视率为王的市场格局里节节败退，不仅无力为电视供给营养，甚至无力自保，沉浮于媒介边缘。此时，美国Discovery已于2008年在纽约交易所上市，迅速从一家地面有线频道扩展到224个国家和地区，年收入达到69亿美元，成为纪实传媒的媒体帝国。并且，美国Discovery和国家地理、英国BBC、日本NHK等知名品牌之间的合作越来越频繁，全球化态势日趋明显。

央视纪录频道的出现改变了关于纪录片曲高和寡的传说，而《舌尖》的诞生则预示了一个时代的迫近：纪录片已进入一个工业化、品牌化时代。在纪录片家族中，非工业化的品类将依然守护原有生存模式：宣教纪录片依然在亢奋语态与辉煌画面中高歌猛进；独立纪录片继续拷问社会，探索美学，在电影节上寻求温暖；人文纪录片以精致的视听美学演绎历史文化。但只有工业化纪录片昭示了富于诱惑的市场空间，《舌尖》绝不是一个偶然成功——尽管成功确实有些偶然——而是一种方向：纪录片产业时代悄然来临。

后《舌尖》时代的纪录片将从运营、制作到传播发生系统变迁，从而改变产业格局。

第一，运营。《舌尖》将改变选题、立项、制作然后止于播出的纪录片制作模式，从传统选题制走向项目制，从而建立以品牌为核心、以产业为导向的工业生产模式。从选题策划阶段运营人就从产业链条进行考察，根据选题的品牌潜质、制作模式、视听表达和产业开发空间评估项目的投资规模与传播方式以及招商方案。

第二，制作。《舌尖》为工业纪录片建立了技术标准与美学范式，从拍摄方法、结构方式、剪辑节奏到美学风格，制作不再是个性张扬的艺术狂想，而是精密细致的工艺流程。

第三，传播。传播是所有媒介产品实现价值的核心环节，而《舌尖》带来的启示是如何通过传播将价值最大化。《舌尖》第二季将每天一集的播出频率拉长为每周一集，把接近两个月的时间变成全民美食狂欢，既拓展了文化影响力，更拉长了产业销售期。由此可知，作品播出不仅关系作品本身，而且关系到产业链条。

第四，产业。中国纪录片天生贫血，无法像国外同行一样收取收视费，而是像新闻、娱乐节目似的争夺广告费。《舌尖》的成功昭示一向清贫自怜的纪录片也有可观的产业空间，并不仅仅限于卖版权、广告、赞助之类的传统招式，而且具有深入相关行业的可能。事实上，如同《舌尖》对于食品行业的拉动，《敦煌》《问道武当》《大黄山》等作品对于当地旅游也厥功至伟。因为对象关联度较高，纪录片产业链几乎可能深入所有行业，这才是真正的产业空间。

中国纪录片产业已然进入后《舌尖》时代，认知刚刚开始，调整还将继续。对于当下纪录片平台来说，这是一条陌生的路，却也是一条无法回避的路，因为最终的决定力量还将来自市场，而市场也将是文化有效传播的根本保障。

（作者系北京师范大学艺术与传媒学院教授，
北京大学电视研究中心特聘研究员）

中央电视台新闻频道《走基层·塔县皮里村蹲点日记》(2011)

《走基层·塔县皮里村蹲点日记》节目简介

播出时间：2011年9月17日至2011年9月23日

播出平台：中央电视台新闻频道（CCTV-13）

片长：共7集，每集约12分钟

类型：新闻节目

主创记者团队：李欣蔓、何盈、汪成健、谢岩鹏、王永强

现场观点实录

　　记者通过走基层，可以克服一些记者的精英化和低俗化倾向，尤其是在当前电视记者越来越往"走红地毯"的方向发展的现状下。其实记者本身是一个很普通的职业，不应该精英化。从央视这个电视节目中可以看得出来，记者在回归他们的"本能"。

——陈小川

记者永远应该在现场。选择怎样的现场，关注怎样的新闻，代表着记者的价值判断。记者应该向受众介绍中国弱势群体的生活状态，因为他们是日常视野中常不被关注的人。而现场对记者而言，是大学问，是严峻的考题。

——陆小华

对于电视现场新闻，记者是重要的，但是如果没有一个好的摄像，没有一个能够跟随你不断地走，捕捉到最关键的细节、最关键的场景，记录下最难忘的那一段故事的人，电视就不是电视，新闻就不是新闻。

——陆小华

我们想看看孩子们的路到底有多难走。我们进去之前听说这条路非常难走，但真正走进以后发现比我们想象中的还要难。

——李欣蔓（中央电视台新闻中心记者）

对于我们年轻的记者来说，这一次，不仅体验了这条路，不仅认识了这么多可爱的孩子，而且学到了作为记者最重要的，是用心去体验、用心去体会。

——李欣蔓

如果没有摄像的话，记者用再好的文字也写不出这么好的片子来。在拍摄过程中，难度特别大，但是为了能够真实地记录路程，摄影师都冒着挺大的危险在拍。不过，我们没有必要为了呈现惊险的东西，拿自己的命开玩笑。惊险的地方是没有办法拍的，因为要用双手双脚去爬行，碰到最惊险的地方我们没有拍下来。

——李欣蔓

于无声处
——《走基层·塔县皮里村蹲点日记》
主创、中央电视台记者何盈对话录

时间：2018年7月15日　形式：电话采访

何盈，中国人民大学新闻学院传播学硕士。2000年进入中央电视台新闻中心，2010年至今任央视驻浙江记者站站长。其作品《走基层·塔县皮里村蹲点日记》曾获中国新闻奖一等奖、教育部优秀教育新闻奖特别奖。2012年获全国优秀新闻工作者、国家广电系统全国巾帼建功标兵、全国广播电影电视系统先进工作者等荣誉；2013年获得全国妇女巾帼建功标兵荣誉；2015年获评第二届世界互联网大会新闻宣传先进个人。

采访人：这个"获掌"作品对于您有怎样特殊的意义？您回忆起当时《走基层·塔县皮里村蹲点日记》报道的制作过程，有什么记忆犹新的瞬间和故事？当时您和您的团队遇到的最大的难点又是什么呢？

何盈：这个报道对我本人的意义还是挺重大的。人这一辈子会有一两件事对你的人生观和世界观产生影响。日本作家村上春树说过："我一直以为人是慢慢变老的，其实不是，人是一瞬间变老的。"生命

2011年《走基层·塔县皮里村蹲点日记》"获掌"现场

中会有一些这样的关键性时刻，做《走基层·塔县皮里村蹲点日记》对我的职业生涯来说就是这样的关键性时刻。这个报道让我对记者这份职业有了不一样的认识，甚至它会融入血液里，影响未来的职业经历和价值观。它的意义对我来说就是这样的。

刚刚你问我，《走基层·塔县皮里村蹲点日记》的拍摄过程中有什么让我特别难忘的事情。其实每一天都挺难忘的。这也是我的幸运吧，能碰上这样的选题。它可以说是颠覆性的。之所以会有这个选题，是因为我在一次采访中，在喀什塔什库尔干塔吉克自治县的寄宿小学里偶然认识了这些孩子，跟他们玩了两天，处出了很深的感情。他们跟我聊天时邀请我说，姐姐你一定要去我们的家乡，看看我们的家乡有多美。当然他们也告诉了我去他们家乡的路很难走。我当时答应了他们。三个月后我就跟着孩子们走了他们的上学路，真正去了他们的家乡，我走进村子跟孩子们见面时，紧紧拥抱在一起，久别重逢。那时候我特别开心，特别欣慰，不是因为我拍了这个片子，而是因为我答应孩子的事情做到了。我觉得这不仅仅是一个职业行为，而是我答应了这些孩子，我兑现了自己的承诺。我原来不太相信在这个世界上，在中国，还会有这样一条路，一条没有路的路。这对我的冲击是很直接的。在此之前，我自认为我去过一些很艰苦、偏远的地方，比如可可西里，比如墨脱。我在新疆也驻过站，去过很多人迹罕至的地方，参与过不少条件艰苦的报道。但真正有一条路是没有路的路，这个是超乎我想象的。一步步去走的时候才发现，我们的国家真的还有这样的地方，超出你想象的地方。那些天我每天晚上睡觉都会做梦，还会梦见从悬崖上掉下来这样的场景。这都是生理反应，白天的所见所闻所导致的自然的反应。

当然，更难忘的除了这条路，还有这条路上的人。在这样的生活环境里、这样的一条路上生活的人更加让我记忆深刻。孩子们的纯真,对外界世界的渴望,超越其他孩子的善良和明亮,他们的乐观和坚强,都让我印象非常深刻。这条路把我们吓成那样,但他们却是每天都在走。这对于我们来说可能是一次采访经历,但对他们来说这就是他们的生活。可是他们在这样的生活面前,还是昂首挺胸的。在这期节目的结尾,我们把所有素材重新翻一遍,把这些路上抓拍到的孩子们在险途上的笑脸全部找出来,我们要用这一张张笑脸配上孩子们唱的塔吉克族民歌的歌声做结尾。这个结尾其实代表了我发自内心的对这些孩子的崇敬。就像我们台的评论员杨禹说:"皮里村让我们看到了在中国确实有发展的不平衡,我们需要正视这种不均衡,要用均衡的眼光看待不均衡的中国。"就像习近平总书记提出的,只有认清了我们国家的发展阶段,正视了我们的不均衡,我们才能踏踏实实地去扑下身子做扶贫,我们要精准扶贫,我们要让所有人一个不落地步入小康。我们要正视现实,同时不放弃努力。皮里村的大人们身上就有这种"不放弃"。

其实我们在拍摄过程中,最难的地方是拍不到的。当时我们还没有无人机航拍器,如果拍皮里村的时候有无人机航拍,拍出来的真的是这样——悬崖绝壁上有一排小蚂蚁,我们就是这一群小蚂蚁。这就是人在自然险境下的渺小无助、微不足道,甚至像尘埃一样随时会被一阵风吹走。我们当时拍险境的时候就拿一个小型的手持摄像设备在拍,在最危险的地方两只手都得用来扒着悬崖壁,腾不出手拿摄像机。我们爬的五百米大悬崖是整条八十公里路中最恐怖的一段。当时我带着组里两个 80 后年轻人一起走皮里村,虽然 80 后现在也不年轻了,但当时还感觉很小,比我小六七岁。我走在前面,乡干部们用绳子把我拽上去之后,我坐在山头喘口气,以为接下来就是好走的路了。因为人的心理就是这样的，感觉已经把最难走的路走了，前面的路一定会好一点吧。但我坐在山头往前看，接下来的路居然连固定绳子的地方都没有，只能贴着垂直于地面九十度的悬崖走三百米才能走过去，而且根本看不到路，就是在悬崖上稍稍凸起的碎石间找"路"，下面是两百米的深渊，那时候我真的心理防线快要崩塌了。当时我就坐在那个小山头想一个问题，我可以对我自己的生命负责，但我没有权利让团队里另外两个年轻人的生命置于危险中。我甚至没有跟他们的父母说一声要带他们走这么一条路，我怎么能就这么直接逼着他们一起走呢？这两个年轻人万一出了什么危险，我怎么去面对他们的父母？这是当时坐在小山头看着他俩在向我一点点靠近的时候我想的唯一一个问题。后来他俩跟我会合了，我就跟他们说："我建议你俩留下，不要再继续往前走了，你们看一下前面的路，这样的'路'我们还得走三百米。你们别走了，我跟我们团队里的资深摄像汪成健汪哥一起走进去，回来的时候带你们回去。"他们当时就跟我说，一起进来的就一起走到底。这个瞬间已经过去了六七年，我依然很难忘。那是我心理防线将要崩溃的一刻。

采访人：但其实这两个年轻人当时心灵受到的震撼您也是看在眼里的。

何盈：对，我们现在已经安全出来了，所以回头看，这一段经历对于这两个年轻人来说也是一种幸运。他们当时进央视才几个月的时间，而我当时已经入台近十年了。他们能比我更早有机会接触这样一次职业价值观的洗礼，其实也是一种幸运。

采访人：您刚刚也提到如果有航拍器，片子拍出来的视觉效果会更加震撼。现在电视拍摄技术发展飞速，除了航拍器外，如果让您用其他的新技术重拍皮里村，您会不会产生什么新思路？

何盈：您这个问题问得很好，这也是我这几天一直在思考的问题。我们的技术手段在不断更新换代，越来越发达，但我依旧认为有些东西是不能变的。我们现在讲创新，但技术手段的创新永远是第二位的，而内容创新才是首位。形式永远是为内容服务的，否则就会走偏，就会变成炫技。怎么看待技术创新，我们需要有正确的认识。即使现在我们有更先进的拍摄手段，我们还是得去一步步走，俯下身来，沉下心来去采访依然是第一位的，不能变。我们片子的主题如果稍微偏一偏，变成专门去表现路如何难走，那可能就变成另外一条片子。但看完这个片子之后，人们一方面能看到环境的艰险，被画面震撼，另一方面人们看完后心中还是有温暖的。这是我们想要达到的效果。所以，如果我们现在在拿着最先进的设备，比如 GoPro 运动相机，这个片子的视觉效果会更震撼，但我们始终不能丢弃的是片子里该有的温度和温暖，站位和视角依然要把握好。

我去年做的一个迎接十九大的题材，用了很多航拍和超越普通电视新闻报道的设备去拍摄，但我们依然是从个体的视角出发，从尊重人的视角出发去阐释大主题。我们是中央媒体，我们有责任和义务去进行大量的主题类宣传。无论我们的主题有多宏大，多么硬邦邦，我们还是要"让人看到人"，依然要关注人，关注普通人，关注每一个普通中国人的活法。在大的时代变迁中人的命运、人的变化和人的状态，这是我们无论什么时候都必须要摆在第一位的。

采访人：您认为七集的《走基层·塔县皮里村蹲点日记》如果换成小屏传播会是怎样的？

何盈：我认为这个题材依然会受到人们的关注和转发，但传播策略需要改变。如果要重走那段路的话，会考虑做新媒体直播加强互动感，不过还是需要网络的保障，而当地可能没有网络，这需要跟技术提前进行沟通，让这些可以实现。在操作策略、传播样式上一定会更多样化、更丰富，多层次、多视角，增加互动感。我们要根据变化的技术条件和收视习惯进行新的创新。但无论是哪种创新，走近他们，沉下心采访这种方式是不能变的。老一辈的新闻人都是这么走来的。

采访人：当时您拍全部七集的片子前后的时间跨度有多长？

何盈：我们是线性的记录，从进去到出来大概是七八天时间。我们背不进去剪辑设备，每天都是起早贪黑的，一天要走四十公里，十四个小时都在路上。所以我们一路都在拍摄，在他们那儿连硬盘都买不到。等安全出来之后赶到乌鲁木齐找了一家宾馆，在宾馆里编片子。编一集，传一集，然后播一集；再编，再传，再播，是这样的。

采访人：那面对一周拍摄的庞大素材量，您是怎么厘清思路，又是怎么想到用日记的手法进行呈现的呢？

何盈："蹲点日记"这个词不是我们《走基层·塔县皮里村蹲点日记》发明的，在《走基层·塔县皮里村蹲点日记》之前《走基层》系列已经出现了"蹲点日记"这个子标题。当时《走基层》系列出来，《走基层·塔县皮里村蹲点日记》是第一批出来的节目，节目样态、时长这些都没有明确规定，都是摸着石头过河，凭着个人直觉，凭着个人对题材的理解。当时（台里）给我们的创作空间很大，这也是很重要的。如果一个节目给的条条框框太多了反倒会影响创作。

采访人：其实七集的片子就像是对你们记忆的一种投映。

何盈：没错，我们走了这一路，再把片子编出来就像是重走第二遍一样。

采访人：那在后期制作的时候您有没有收获新的感受？

何盈：你记得在节目开头有"蹲点日记"这么一个像记者手记的形式。这样记者的代入感更强，我们可以把主观的感受写进这样的手札中。虽然时间很紧，但每一集开头的这些文字都是我花了一些工夫和精力写的。节目里更多的内容是客观呈现，没有表达出来的一些感受我都写在这一段短短的文字里了。

采访人：《走基层·塔县皮里村蹲点日记》播出后获得官方的好评、观众的好评，也受到许多媒体同行的关注。当时您接受中青新闻网的采访时这样说："做一个裤腿上永远沾满泥巴的记者。"现在您对这句话是否有了新的或者更深刻的体会？

何盈：确实，如果让我用一句话来表达我对记者这个职业的认识，我就选择这句话。节目播出后，我竞聘浙江站站长，在竞聘演讲里也用了这句话。在说到自己对站长的理解的时候，我是这么说的，我认为站长要做一个"大记者"。虽然我现在也不敢说自己是大记者，但这是我的一个理想。站长不应该是一个领导岗位，而应该是一个职业上的带头人，首先你得一直在一线，就像我们老一代的大记者，比如范敬宜，即使当到了《人民日报》的总编辑，也依然笔耕不辍，一直还在做新闻业务。这是我们的榜样。裤脚上永远沾着泥巴的记者才是大记者。一个始终在思考的记者才能成为大记者，大记者既要成为当地问题的专家，也要认识和研究当下中国。什么样的记者才能成为

"大记者"？怀有一颗悲悯之心的人才能成为大记者。

采访人：掌嘘论坛上，中心特聘研究员认为《走基层·塔县皮里村蹲点日记》显示出记者这个职业在"去精英化"，在回归它的本能。七年过去了，您觉得记者的精英化、"走红地毯"现象是否还存在？作为央视的一名资深记者，您认为现在的记者生态圈是否出现了一些新的问题？

何盈：我认为自己可能还不够资格来回答这个问题。但正像钱理群先生说的，建设社会要从建设自己做起。我也一直用这个鞭策自己，不要太受旁人和身边环境的影响。现在我作为站长，带着二十多人的团队，我觉得我带的小团队能一直保持着昂扬的姿态、正能量和正确的职业价值观，这是我能做到的。

采访人：如果要用几个关键词来概括您的新闻报道理念，您会选择哪几个关键词？

何盈：我刚出了一本书《于无声处》。书名的四个字是一个比较了解我的新闻前辈送给我的，我认为它可以做我的关键词。我在前言里有这么一句话："报道可以大火炝炒，也可以如同品一口香茗。我始终坚信'看不见'的宣传才是最好的宣传。"我们的孙玉胜副台长在十五年前写了一本书《十年——从改变电视的语态开始》，我最近又把这本书拿出来看，虽然是十五年前的书，但现在看仍不过时。我的"看不见"是带引号的，其实也是一种语态的改变。

（采访人李祎璇系北京大学新闻与传播学院2017级硕士研究生）

把报道写在中国的大地上
——再看《走基层·塔县皮里村蹲点日记》

陆小华

《走基层·塔县皮里村蹲点日记》朴素地讲述了一个发生在乡土中国的故事。劝学记加上学记，讲述了马尔洋乡的一行人去皮里村的过程。按照那一阶段他们"走基层"报道一个选题播一周的惯例，一共七集：《双脚走出的上学路》《上学路上闯悬崖》《跋山涉水，进村只为劝学》《踏上艰辛上学路》《大手牵小手，共闯上学路》《老师，你好！》《再访塔县·为皮里村孩子带去温暖》。

这是一个城里的孩子很难想象的故事，皮里村的孩子去读塔县城乡寄宿制小学，要趟冰河、翻悬崖、日行四十公里。有些路段，是"能搁下一只脚就算一条路"，因而才会"一双鞋难倒一家人"，才会"乡干部进村又上山，只为劝学"，却"徒步第二天，艰难抵达皮里村"。

这同样也是一个不下基层拍不出的故事。记者同样需要经历"五百米大悬崖步步惊心""徒步两天，走出大山"，同样需要亲历"悬崖挡不住的上学路"，去感同身受"孩子们的愿望：一双鞋、一条路"。于是，当小学生们走在陡峭的悬崖上时，伴着哭声，摄影师在峭壁上仍然需要把镜头把稳；也才能让观众真正感受到"一双鞋、一条好路"是孩子们多么重大的期望。

这是一个深具中国意味的故事。劝学，这样的行动能够深刻说明中国文化感召力所在。人们也会理解为什么需要劝学，毕竟，不是每一个父母都能轻易让自己的孩子结伴经历冰河、悬崖这样的上学路。也因为如此，人们才更能理解像片中描述的郭玉琨、阿依甫这样的基层干部的责任心与使命感，理解支教老师给一群孩子带来的向上的动力。

这样的报道，在当时和现在都具有特别的感染力和说服力，因为，这是一个感人的故事，让人看到他们所体现出来再艰苦都要奋斗的韧性，让人看到深藏在中国普通人内心中的强大力量。这是构成中国力量的最深层的因素。因而，观众不只会被感动，还会在价值观层面有强烈共鸣。

一个能让人们在价值观层面有所共鸣的报道，才是真正有感染力的。《走基层·塔县皮里村蹲点日记》以电视手段，把中国人的追求和奋斗精神，蕴藏在生动的故事和细节中；把中国何以如此有力量的内在秘密之一，体现在普通基层干部和支教老师的精神境界和日常追求中。

生活中从来不缺少美，只缺少发现。中国传统智慧是不仅要读万卷书，更要行万里路。而对于新闻工作者，不仅要走基层，更要心入基层，才能真正把报道写在中国的大地上。《走基层·塔县皮里村蹲点日记》就真正把报道写在中国的大地上了：

一是善于挖掘、体现中国之美和中国力量的故事。

《走基层·塔县皮里村蹲点日记》这个报道是如何一步步形成的，相信人们已经读过主创人员的许多体会。在我看来，《走基层·塔县皮里村蹲点日记》的撼动人心之处，恰恰在于这个系列报道不是一般性地报道普通劳动者的工作与生活，不是一般性地放大民生细节，而是通过一个普通而特殊的故事，形象地告诉人们中国人的追求。

新闻同行都深知，讲好中国故事是我们的使命。但值得新闻工作者深思并力行的，是对内对外都要讲好中国故事。对国内的受众，讲好中国故事，可以更好地凝聚人心、汇聚力量；对国外受众，讲好中国故事，可以塑造形象、增加共识。在讲好中国故事方面，对内对外都十分必要,这正是新闻宣传水平的体现。而真正能够打动人的故事,是体现人的奋斗、人的精神境界的。《走基层·塔县皮里村蹲点日记》告诉人们,好的中国故事,只要切入点对、共鸣点准、讲得好,同样可以享誉中外。

要讲好中国故事,不能仅仅把注意力集中在具体的讲法,集中在讲的艺术,集中在技巧层面。这还只是术,而不是道。那道是什么?我的理解是,不能为讲故事而讲故事,要立意高远、立意在先;不能局限在故事素材本身,要着眼于大立意提炼小故事的内涵,把一般性的故事放在更高层面权衡其价值。这样把故事内涵与价值巧妙地体现出来,就会在价值观层面产生共鸣和共振,从而更有感染力和引导力。

这样的共振与共鸣,与一般的讲故事相比,就更容易形成一种更具分量的氛围,形成一种势不可当的力量。

二是善于用关键性细节彰显故事的思想性。

《走基层·塔县皮里村蹲点日记》让人记住了许多细节。这些细节,彰显着中国人的内在力量。这就是在关系链传播时代讲好中国故事的一个关键。

网络传播是关键词传播,而移动端传播、社交媒体的关系链传播,同时呈现细节传播的特性。细节,会被格外放大。细节,在社交平台上更有穿透力。人们可能因为一个细节而感动,而愿意去议论、去分享、去评论。

好故事,必有让人永远难忘的细节。要讲好中国故事,就需要发现能代表中国的细节,要讲好中国人的故事,就要善于发现中国人的心声和细节,用细节彰显一个个普通中国人的内心追求,用细节传递一个活生生的正在奋斗的中国。

三是与中国人情感相通,把报道写在中国的大地上。

走基层，不仅是一种要求，更应当是一种追求，不仅要身入而且要心入，要把报道写在祖国的大地上。这就需要与中国人情感相通，参与、感受、观察、描述中国人的努力和追求。尽管现在人们获取信息的渠道十分广泛，交通、通信、网络的发展使采访手段更加便捷多样，但对于新闻记者来讲，这些都替代不了深入实际、深入生活，替代不了与人民群众的直接接触。因为只有同群众在一起，才能感受到群众的喜怒哀乐，感受到社会的深刻变革，感受到时代的发展进步与人民群众密切的血肉联系；因为只有深入实际深入生活，才能去伪存真、辨明真相，看清社会的主流、支流，保证报道的客观真实准确，把握好报道的正确导向。不管是什么形态的报道，都应是深入实际、调查研究的产物；选取什么样的人物、故事、细节，都是深入实际、调查研究的结果。

以历史的眼光看，报道之所以在当时有强烈反响，在较长时间段依然有重要价值，在我看来，正是因为把报道写在了祖国的大地上，把电视报道拍在了人民群众之中，才既体现了价值观层面的共振，又体现了感情和心声的共鸣。

（作者系新华社音视频部主任，北京大学电视研究中心特聘研究员）

浙江卫视《新闻深一度》(2011)

《新闻深一度》节目简介

播出时间：2010年8月2日起，每周一至周四 22:45
　　　　　2012年1月1日起，每周一至周六 18:00
　　　　　2018年1月6日起，周六节目改为"特刊"《周末面孔》
播出平台：浙江卫视
片　　长：每期30分钟
类　　型：新闻直播栏目
制片人：黄小裕（2010—2017年担任）、叶暾（2018年担任）
主持人：李晗、王帅

现场观点实录

　　《新闻深一度》在电视荧屏上首创网络评论员这一代表公众言论的角色，开拓了电视新闻评论崭新的形式与空间，尤其是成功摸索出了一条电视媒体与网络媒体融合的节目生产模式。

——胡智锋

《新闻深一度》深在公共评论员这一度，充分发挥了网络视频新媒体的优势，让观众领略了"人人都有麦克风"的评论广度和深度，为传统电视评论开启了新的一页。

——时统宇

浙江卫视的努力与国际媒体的前沿做法完全是对接的。法国一家很有名的新闻网站有个著名的品牌口号，叫作"来自三方声音的新闻报道"。所谓的"来自三方声音的新闻报道"，就是浙江卫视《新闻深一度》的模式：新闻报道包括来自专家、记者和网民三方面的声音。

——刘昶

《新闻深一度》非常有效地、有机地实现了演播室里的专家型评论员和网络视频中来自基层各行各业的草根式评论员的有机结合。

——时统宇

现今的新闻报道，常常由三股力量组成：一股是专家，一股是记者，一股是网民，而每一股里面又有很多的"发丝"，它们总起来构成了当今的报道权。在时下的中国新闻媒体中，浙江卫视走在最前面，率先实现了多元的新闻报道，做到了报道的广度和深度兼顾。因此，他们完全有理由赢得掌声。

——刘昶

其一，出于新闻专业角度的考量，浙江卫视《新闻深一度》

充分借用公众的广度来弥补报道深度的不足,获得了突破性的成果,值得我们为它鼓掌。其二,从中国多元化舆论氛围角度看,《新闻深一度》的成功对于我们当前营造这一氛围,起到了很大的推进作用。

——刘昶

引进了公众网络评论以后,随之而来的人们的担忧也恰恰在于这一点:即有品质的专业新闻报道(Quality Journalism)和一个公民新闻报道(Citizen Journalism)之间的平衡。三方报道不应仅仅是一种新的模式,关键是在深度上怎样把握二者之间的平衡。

——刘昶

创办《新闻深一度》是我们在新媒体时代寻找自己出路的结果。近几年来,省级卫视因为娱乐化使新闻阵地萎缩而紧张。我们没有央视这么强大的采集能力和播出平台,以及能够播出的垄断的时政资源,也没有地面民生频道,贴近百姓的题材积累,在这种环境下,我们探索着把公众评论员引进到新闻评论当中。在社会开放度越来越强的今天,我们有理由让在网络上发言的公众评论员走上前台,和大家分享、交流他的看法以及对新闻事件的评价。

——王水明(浙江广电集团编委、浙江之声总监)

《新闻深一度》怎样保证草根评论的真实性,其实就是怎样让他们畅所欲言,又能保证不出差错。经过一年半的《新闻深一度》258期节目的录制和500多位公众评论员的互动和了解,我认为，不要低估公众的价值观，他们跟传统的体制内的价值观不矛盾，只是在表达的方式上可能有所区别。这也是《新闻深一度》在打通体制内的舆论场和草根的舆论场时努力做的事情。

——黄小裕（浙江卫视《新闻深一度》前制片人）

不要低估公众的价值观。每个人代表自己表达出真实的想法，并且有正确的价值观，其实就是在弘扬正确的社会价值观。在这个基础上，公众评论员、代表自己、代表各个阶层，发出自己的声音，在各种声音的PK过程当中，深度自然能够出来。

——黄小裕

声音广一度，新闻深一度
——《新闻深一度》制片人黄小裕对话录

时间：2018年7月3日　　形式：电话采访

黄小裕，女，知名电视新闻记者，高级编辑，浙江卫视文化专题部副主任，原浙江卫视新闻中心评论部副主任，《新闻深一度》前制片人。长年从事电视新闻深度调查、舆论监督报道、电视新闻评论及大型活动策划。擅长深度报道、电视节目创意策划。主创作品多次获得中国新闻奖、中国广播电视大奖、"五个一工程"奖等。

采访人：《新闻深一度》既不是传统的"单一信息发布模式"，也

不是主持人"意见引领模式",当时为什么想到创办这样一档专家点评和公众评论结合的新闻评论节目?

黄小裕:《新闻深一度》是2010年8月2号正式开播的。2010年,综艺节目霸屏各大省级卫视,特别是一些相亲和选秀的节目,因内容低俗和恶意炒作受到了广泛的批评。同一年,广电总局要求各主流电视媒体"新闻立台"。在"限娱令"加上"新闻立台"的背景下,很多卫视都要重新考虑加大新闻栏目的比重,这为我们电视新闻人创造了一个很好的环境。

事实上,在2010年之前,电视新闻栏目,特别是深度的新闻栏目,因为收视率、热度、参与度不断降低,基本都从主流的省级卫视转到地面频道。那时候,网络社交媒体开始兴起,特别是像新浪微博等社交媒体出现了。那一年,被称为"微博元年",微博上不光是新闻分流了原来传统主流媒体的受众,更吸引人的是新闻的评论。比如一个新闻热点,一下子就可以在微博这样的平台上被炒起来,传播速度、受众参与度超过传统媒体,这个也是大家始料未及的。当时,我觉得,虽然电视的发展趋势看起来是综艺节目收视率越来越高,电视新闻越来越边缘化,但事实上,如果让受众有参与度的话,最有吸引力、最有参与感的还是新闻节目。这从微博上就能看得出来。

当时我们想创办一档节目,我就在考虑怎么样能够有创新、有突破、不走寻常路。在使用几个大的门户网站的微博时,我发现如果是看新闻,我都是先看评论,然后再回过来去看新闻本身的内容,因为评论实在是精彩纷呈。以前,很多人可能会觉得新闻评论是很枯燥的,但事实上不是。广开言路后你会发现,民间智慧是很丰富的。有公众广泛参与的评论,不管是想不到的新的解读角度,还是新的爆料,都会让人有意外惊喜。这样既能丰富新闻的内容,又能让新闻评论的角度多样化。

微博是非视频化的虚拟的社区，那能不能将这种形式移植到新闻栏目来，特别是移植到主流的电视节目的平台上来呢？在传统电视新闻中搭建这样的互联网平台，能把电视的边界充分延伸，也打破了电视长期以来单向传播的缺陷。所以，当时尽管可能有技术和内容上的风险，但我们还是开始了尝试。

采访人：《新闻深一度》最大的突破和创新是什么？

黄小裕： 我们最新、最重点的突破，就是把公众评论员引进来。当时新浪有很多民间的博客写手，他们有一个博客圈子。他们的身份是教师、自由职业者、家庭主妇，也有公务员，还有农民工。他们很关注新闻，也很喜欢点评新闻。这些人都是一些普通人。我就去问他们愿不愿意在我们电视的平台上来亮相，他们表示当然很愿意，求之不得！但是，只是他们来的话也不行，因为言论如果没有一个尺度去把控的话，公说公有理婆说婆有理，那又是一地鸡毛了。于是就有了专家嘉宾的加入。后来我们就决定把各方的声音都放在一起，让他们能够进行观点的PK、碰撞，再加上新闻是有热度的。这样一是更好看，二是更公正，同时受众也更加有参与度。

三十分钟的节目，纯评论肯定不行，纯评论的在我们平台上收视率不会很高。一档电视深度新闻栏目，还是要以调查为主：一半深度调查，一半多元评论。调查是基础，评论是旗帜。评论就分为三块：嘉宾点评，记者快评，网民酷评。《新闻深一度》引进公众评论员，还是有新意的，也算是开创性的了。大家觉得主流媒体这样做，可能还是头一回。

采访人：为什么没有像《新闻1+1》那样将主持人作为新闻点评的核心人物？

黄小裕：一是这种模式很依赖主持人的个人魅力，我们很难找到像白岩松老师这样的主持人。二是这种模式也有缺点，因为主持人毕竟不是各方面的专家，所以我们希望在《新闻深一度》中，主持人起到一个解释和承接的作用。整个节目的评论呈现，主要还是专家加上公众评论员的评论，主持人的作用是代表栏目观点进行点评，同时也在多方不同声音中起到"扭偏"的作用。我们的专家都不是固定的和长期的，会根据不同选题进行调整，根据内容去找最适合点评的专家。比如像足坛反腐反黑案，我们会找对足球黑幕比较了解的人。当时我们请了已经退休的浙江省原体育局局长陈培德，他是足球反黑时非常有名的高官，体制内官员自己揭露内幕，他自己又是一个专家。教育类的就找葛剑雄、熊丙奇等。我们会保证专家点评这一部分的专业性。

专家、嘉宾的选择有两类：一类是比较权威的专家，还有一个就是这个事件的当事人。可能的话，我们会把事件当事人请来，也作为嘉宾参与解释，向公众答疑解惑，也对事实本身做出个人意见的点评。在节目中，网民作为公众，能够没有任何隔阂地直面新闻当事人，也可以跟热门新闻里最令人瞩目的专家进行PK。当然，他们的观点不一定要和专家一样，可以有碰撞，可以有争论，可以有质疑。公众评论员我们一般都是四个到八个，他们之间可能观点会不一样，会有很多争论，跟专家也会有很多的碰撞。

采访人：2010年节目创办时，遇到了哪些困难和阻碍，尤其在实现多人视频实时互动上？

黄小裕：这个阻碍还是很大的。首先是技术上，当时技术确实也是一个问题和风险。虽然当时已经有不少能够实现一对一连线的视频软件了，但技术其实并不是很成熟。我当时提出这个想法后就发现，怎么把网络平台接入到电视是个大问题。连我们浙江卫视自己的技术部门都觉得这不可能做到。后来我们去找到外面的一些专业的网络视频公司，有针对性地开发了一个视频的网站，还专门去注册了一个"新闻深一度"的域名。其实视频连线当时是有软件可以下载的。但是它有个问题，下载以后不能够同时连线很多人，只能一对一。连线人听不到同时在线的其他网友的声音，参与者之间没有办法进行对话，更无法实现主持人、嘉宾、各个在线网友的同时对话。我们专门有针对性地开发了《新闻深一度》的视讯技术平台后，这个平台理论上最多可以同时在线八十一个人。我们做特别节目时最多同时在线二十五个人，日常节目最多的时候同时在线十六个人，一般录节目时是四个人到九个人。

除了连线平台，每个公众评论员还要在个人端装摄像头，但是每个人的摄像头情况参差不齐。有些精度低，有些精度高，因此还需要大致有个统一。再比如有些偏远地区的网络状况不太好，就容易断线，这些都是问题。

直播的第二个风险就是舆论风险。网络鱼龙混杂，很多东西都不可控，所以不管是技术还是内容，直播还是会有很大的风险。参与的公众评论员当中，最初的班底是门户网站的写手，已经是比较可控的了。但我们的公众评论员不可能老是这几个人，你必须要增加队伍。其实当时我就已经预测到，我们的节目肯定会一下子火起来。因为本身内容就是社会热点，再加上对新闻事件的调查又比较扎实，观众觉得你内容比较权威靠谱。果然，过了两三个月节目就已经非常火了，收视率一下子飙升。于是很多人都来报名参加做公众评论员。我们 QQ 群里最多的时候有五六百个人，这其中不可控的因素就大大增加了。后来我们大部分就以录播为主，做到尽量保留它原来的内容，又能够处理一些紧急状况。

采访人：公众评论员的报名入口是什么？他们是怎么被选出来的？

黄小裕：报名入口的话，我们是通过播电视节目当中的预告，把公众评论员的 QQ 群号滚动播放。很多人就能加入我们的 QQ 群，很短的时间里，群里就有了几百人。

当时我们专门设了两个维护公众评论员 QQ 群的专职编辑，而且选的是业务能力很强的人。编辑会跟他们对聊，抛一个话题看他们的反应情况，同时对他们的身份进行核查、摸底。

这中间也是有很多故事的，因为网络上什么人都有。有些网友也比较偏激，虽然那个时候整个舆论环境比较宽松，但我们毕竟是主流媒体，安全把控还是第一位的。

采访人：《新闻深一度》是"专家点评、记者快评、网民酷评"相结合，他们各自在节目中的定位是什么？实际上的话语比重如何？

黄小裕："记者快评"后来融入我们的调查当中去了，调查节目到了最后肯定会有一个结论性的东西需要记者来呈现。当然这主要是靠调查的新闻事实来支持，至于观点，则由主持人来呈现。所以"记者快评"在这里起到了一个串接、定音、纠偏的作用，最后的点评是"点到为止"。

"专家点评"和"网民酷评"则应该是各占剩下的一半的。既然是专家，肯定在这个话题当中是比较权威的、有话说的。观众也是非常期待这个问题是由他们来讲的，因此肯定要给他们一些比较大的比重。"网民酷评"的话，每件热门事件出来后，舆论都会有不同的甚至截然对立的声音，那就让他们来各抒己见、拷问专家、提出来自公众的质疑。当然他们之间也有很多观点的碰撞，有的时候他们也会吵得不得了。当然，我们会对内容有一个剪辑，尽量保持原状，但剪辑中会对内容的精彩程度有一个筛选。

专家跟网民的评论其实相对比较重要，这两者加起来是比较多的。三十分钟的节目基本上有一半已经是调查了，本台的观点就作为最后的收尾点评，做平衡观点的作用。主要还是把时间都让给专家和评论员。

至于事实上的比重，根据选题的不同，有的选题专家可能会发挥得不够好。专家是有身份的，有些话可能还不太好说，或者比较谨慎，或者认知会有局限，这个时候公众评论员反而比专家点评得更精彩。就像我们在看微博热门新闻下面的评论一样，其实很多很多专家还不如一些网民对情况更了解，评论也不如网民更智慧。网民身份实际上是很复杂的，有些网民可能还是知情者，只是不暴露自己的身份而已。但是他可能会抖出来一些内幕，或者是看问题的角度会很丰富，提供的观点会很有价值。

采访人：公众评论员的引入除了带来观点的多元化，会对节目本身有影响吗，比如新闻选题？

黄小裕：这个问题问得太好了。在这个节目的运营过程当中，最大的收获是什么？不光是呈现了各方的声音，这个是我们输送给电视机前的观众的。但其实公众对我们节目的帮助反而更大。因为我们的选题必须是社会热点，而且有一定的社会价值和可讨论性，作为准日播新闻节目，每天要去找这样的新闻选题是很难的。那么多事件，你选这个还是选那个呢？

后来我们每天早上开早会的第一件事情，就是让公众评论员来说，他们今天对哪一个话题最感兴趣。这些公众评论员参加我们栏目以后，对新闻比以往更加有热情、有关注度。如果说当天有一件什么热门事件发生，比如说药家鑫这个事情，他们前一天深夜在网上刷到了以后，会马上在群里报题，把各种链接发给我们看。

所以实际上他们已经是编外的节目内容参与者了。我们有了这些力量以后，其实是打开大门在办新闻评论节目了。他们不光是报选题、提供线索，还把自己的观点不断地在群里面讨论。最热闹的时候，有些话题能在群里讨论几天，到了晚上后半夜还不断有人在跟进。大家抛出各种观点，不断争议、讨论，这说明公众对于社会新闻的热情和参与度都是非常高的。

采访人：当时有嘉宾提到节目"公众声音的广度有效并精彩地促成了新闻的深一度"，公众声音的广度必然会带来新闻的深度吗？《新闻深一度》是如何处理这种关系、让广度为深度发力的？

黄小裕：当时刘昶老师有这个意思，但别的专家有不同的意见，说其实公众言论的广度不一定能够促进新闻的深度。我个人觉得，对于新闻的深度到底是什么，其实是有不同的理解的。

我觉得新闻的深度，首先就是呈现事实的深度，它是靠调查的，而不是评论。我们已经努力地让我们的调查记者去完成任务，来呈现它的深度。因为"新闻深一度"并不是仅仅是评论的深一度，评论是否能深一度其实也是在尝试阶段。但是调查可以让它深一度，因为这个事实是基础,有了事实基础才有各方的评论、才能站得住脚。

但从评论的深度来看,我们已经设置了专家的角色,他就是来承担让评论"深一度"的责任的。他是专家,理应在这个话题的领域比普通人有更深的观点,但是一般情况下,评论如果停留在一家之言,也很难有很深的深度,所以我们设置了不同身份不同角色的围观者来和专家观点 PK,不断地质疑他,就能促进他的思考更深一度。

有的时候公众评论员像是一种催化剂和推动力,去推动专家把他的一些观点完善、深化,让他思考问题的角度多样化,让他的评论更"深一度"。公众评论员互相之间的观点的 PK 也是一样,"真理越辩越明",有些道理在辩论当中才能够更深一度。尽管可能只是深了一度,但也比一家之言要深。

采访人:有没有一到两期印象深刻的节目可以跟我们的读者朋友们简单分享一下?

黄小裕:这个太多了。我记得有一期节目题目叫作《一场由"羊羔体"引发的网络狂欢》。那年,武汉市纪委书记车延高写的诗获得了鲁迅文学奖,却被大众群嘲。当时又是在微博元年,大家都广开言论,形成了一种"遇官则疑"的风气,觉得他的这个奖实在是太不靠谱了。网民去翻他的诗,发现写的都是回车键敲出来的那种打油诗,所以大家给他起个绰号叫"羊羔体"。因为他叫车延高嘛,取了个谐音,这就成了"一场由'羊羔体'引发的网络狂欢"。我们一下子看中了这个选题,第一时间联系采访他,但当时他不肯露面,我们就没当面采访到他个人,只是电话稍微采访了一下。后来经过我们后续深入的调查了解发现,其实他获奖的并不是那些打油诗,他获奖的诗其实还可以。

那期的嘉宾是石述思，那些公众评论员本身也是网民的代表，一开始也是质疑的占多数。那期节目录了很长时间，我们不断地把调查的结果一点一点地分享给公众评论员，后来他们整个观点都随着节目的推进而转变了。这个就发挥了主流媒体的舆论引导力。在当时的社会风气下，文坛的一些不良风气、一些评奖体系，包括不少官员有许多沽名钓誉的问题的确值得被质疑，但"遇官则疑"这种风气也是非常肤浅的。事实上，车延高作为一位热爱文学创作的官员，并不是网民所想象的那样。很多网络新闻会去搏眼球，把它夸张化或者片面化夸张。而我们经过调查和各方观点的PK，会为大众呈现一个相对完整的真相。这期节目一直比较冷静，也纠正了很多公众的误解，这个就是我提到的舆论的引导力。

所以如果我们以开放式的姿态来进行观点的碰撞，我个人觉得不会把观点引向更偏激，而是会让很多不冷静的这些网民能够沉静下来。我觉得这个是《新闻深一度》对社会起到的真正的正能量作用。像《一场由"羊羔体"引发的网络狂欢》，我们有好几个环节，前面公众评论员是一片群嘲，到后面，在节目中就能看到他们观点的转变，看到各种偏见被扭转。这一期节目我们做得还是很有感觉、很满意的。

那个时候受技术所限，《新闻深一度》的传播力没有现在这么强。如果有现在这样的技术，还能做像《新闻深一度》这样的新闻的话，肯定对社会起到的作用是非常积极的。我始终认为，公众在新闻评论上的力量和智慧远比我们想象的厉害，因为公众并不是一些狂热的盲流。一个新闻事件面前，公众为什么会喧嚣？声音为什么会那么不一致？就是因为往往事实真相缺乏应有的透明，公众缺乏权威的引导，公众也不可能像主流、权威的媒体一样，能与事实走得那么近。所以，我们更应该给公众一个准确的事实，尽量客观公正，给公众知情权、参与权，基本上公众还是会相信主流媒体的。

我觉得我们永远不能小看公众的是非观，有一个很好的渠道，就恰恰能把一些不良的声音沉淀下来，代之以正确的声音去引导它。如果不搭建这样的平台，特别是主流媒体不去搭建，就会产生一些缺席。网络上有很多新闻，比如雷阳案，公众对它的事实有各种猜测。最后结果出来，公众对公安、对事实都不信任。而如果有一个平台能先呈现事实、呈现公众的质疑，来进行直接的对话的话，很多事实真相都能够水落石出。

采访人：《新闻深一度》后来逐步取消了公众评论员，并且进行了较大的改版，这是从什么时候开始的？为什么会做出这样的改变？

黄小裕：2011年底，我们获得了掌声，而跨年以后节目立即就面临了改版。改版肯定不是因为效果不好，事实上有几个原因：一是综艺节目的影响，因为《新闻深一度》之前在晚间十点钟左右播出，还算是比较好的时段。虽然收视率也比较好，但是新闻类节目收视率高，肯定是建立在话题很热门的基础上的，同时也就意味着有"风险"。再加上新闻再热门，对于整个频道的创收，也还是跟综艺没法比。所以从整个频道运转的角度，我们就把栏目调整到下午六点钟。其次，其实是整个节目环境发生了一些变化。在2010年我们刚刚开创这个节目的时候，很多人都眼睛一亮。后来移到了六点多播出，这就不是电视新闻评论节目播出的最佳时段了。

采访人：北京大学电视研究中心的掌声从2011年到现在已经七年了，作为首届获得掌声的节目的制片人和领奖嘉宾，您对掌声有什么想说的话？

黄小裕：获得首届掌声奖以后，我真的是由衷地觉得，虽然自己在职业生涯中获得过各类奖项，但这个奖的含金量是最高的。

《新闻深一度》当年获得了浙江新闻奖名专栏奖，也获得了中国新闻奖的名专栏提名，特别是得到了北大这个学院奖，说明我们得到了专家学界的认可、业界和市场的认可，我觉得这个奖含金量很高。

我觉得在一片喧嚣之中，北大依然有这样一片潜心推动电视行业发展的热土，有这样一个悉心呵护电视人业务理想的环境，真的是我们中国传媒界的业内良心。

（采访人李松晓系北京大学新闻与传播学院2017级硕士研究生）

评浙江卫视《新闻深一度》

刘昶

自2011年始，每年冬至前后，北京大学电视研究中心都循例邀请传媒学界和业界的一批专家，评点本年度中国电视的表现，以掌声和嘘声的方式表达见解，提供富有社会责任感的专业判断和最具北大气质的价值选择。

第一届中国电视年度掌声·嘘声发布会暨论坛于2011年12月22日在北京大学英杰交流中心举行。

相对于当今纷繁众多的电视奖项，掌嘘的东道主、北京大学电视研究中心主任俞虹教授自始坚持活动的三个关键词——"吝啬、纯粹与严谨"：从全国的电视频道每年成百上千档节目中，只挑选五个值得获得"年度掌声"的节目，这种数量上的苛刻，使得评选必须对质量严格把关,并以宁缺毋滥为原则;作为评委团主体的传媒学者,以学人身份梳理一年的中国电视,对节目做出坦诚纯粹的评审,通过观点的不断归纳与提升,筛选出最能代表学人价值取向与学术表达的电视作品,而不以平台背景和市场冷热评高低,保持独立的视角和独到的评判,展现具有北大气质的视野与见地;评选的操作流程清晰严谨,经过层层审核与讨论,让每一档节目的价值都得到深入透彻的挖掘,最终诞生出能够载入视频节目传播史的年度掌声作品或获学界年度批评的嘘声作品。

浙江卫视的新闻评论类栏目《新闻深一度》是获得首届掌声奖的五个年度掌声的节目之一,这一栏目开播于 2010 年 8 月 2 日,是一档全国首创的电视、网络实时互动的新闻深度评论节目,栏目定位在报道时下公共事件和关注热门焦点话题。节目平台则是在新闻调查的基础上,引入专家点评、记者快评和网友酷评,并借助互联网的优势,通过栏目特有的网络视讯平台,让观众坐在家中就能直接上电视,与新闻演播室的主持人、现场嘉宾一起,参与新闻评论,进行观点互动,可谓是传统电视评论节目的一大创新。

一、《新闻深一度》获得掌声的理由

随着全球传媒生态的深刻变革,新闻内容的生产方式也不断推陈出新。美国学者谢尔·以色列(Shel Israel)在总结不同媒体对 2011 年埃及骚乱新闻报道的特点时,提出了"辫子式新闻报道"(Braided Journalism)的理念。他认为,在信息与传播技术(ICT)日新月异的当今时代,新闻报道的主体已由主流媒体、社会化媒体和公民(自媒体)三部分组成,而且互相作用、彼此影响,宛如编织在一起的辫子的三股发束,而在各种媒体内部,位于新闻内容生产不同环节的传媒人，又犹如每一股发束中的发丝。法国一家将"来自三方声音的新闻报道"奉为编辑方针的著名新闻网站即为一例。

事实上，"辫子式新闻报道"理念或"来自三方声音的新闻报道"的本质属于媒体融合之技术性层面——叙事技巧融合层面，契合了新闻内容生产、分发和消费的新趋势。

浙江卫视《新闻深一度》栏目所创设的模式正是融汇了专业记者、专家和网民三方面的话语，来一同完成新闻报道与评论，多元的叙事角度和不同的思辨能力挖掘了新闻报道的深度，与"辫子式新闻报道"理念不谋而合。

相对于中国其他媒体新闻报道的理念与形式创新，浙江卫视走在了前面，率先做到了报道的广度和深度两个面向的双赢，其《新闻深一度》所做的努力和获得的成功可圈可点。具体而言，基于新闻专业精神的考量，浙江卫视《新闻深一度》充分借用公众参与的广度来补报道本身的深度，获得了突破性佳效，值得为其鼓掌；从中国文化多元主义趋势的角度来看，《新闻深一度》的成功对于营造宽松的舆论氛围，起到了很大的推进作用；从新闻内容品质的维度来审视，《新闻深一度》引进了公众网络评论以后，化解了人们对新闻品质滑坡的担忧，得益于三方共同交互报道的新闻生产新模式，在深度上很好地把握了高品质新闻报道与公民新闻报道二者之间的平衡。

二、《新闻深一度》的创新要点

在传媒生态深刻变革的时代，作为主流媒体的浙江卫视既要坚持对舆论的引导，同时还必须面对高品质的专业新闻与以自媒体形式生产的公民新闻之间的落差。主流电视媒体的新闻类栏目在发挥自身权威性的同时，或应借诸网络公众评论员代表自己、代表各个阶层发出的声音，结合专家的观点，立足更高的层次来认知、解析相关话题，从而提升新闻舆论的传播力、引导力、影响力和公信力。《新闻深一度》在这方面的努力，无疑是成功的，而其个性化的创新提供了充分保证。中国电视年度掌声·嘘声活动的评委们发现，《新闻深一度》之所以能够在全国省级卫视同时段同类栏目中排名收视率第一，离不开栏目以下的创新努力。

（一）努力提高互动性和参与性

快速崛起的新兴媒体在互动性方面巨大的优越性，使得电视新闻评论类节目可以在交互性方面持续发力。作为浙江卫视重点培育的新闻评论类栏目，《新闻深一度》栏目创办伊始，就注重运用互动思维，创新高互动性、高参与度的节目形态。这一栏目是三网融合发展的语境中，浙江卫视新闻立台战略迈出的崭新一步，是互联网时代电视新闻评论节目从单向传播到双向互动的一次全新尝试。其特点或可解读为：

（1）充分调动多媒体手段，构建共时性意见互动平台

《新闻深一度》作为融媒时代电视评论模式的创新，将新闻评论类节目惯用的单向传播，变成了多方互动的传播。三网融合技术的运用，使得主持人、专家和网络公众评论员意见的汇总成为可能，节目因此成为一个更为开放的文本，为新闻内容消费者的参与提供了极大的便利。

《新闻深一度》栏目组注重对博客、微博的开发与经营，每期节目都会提前在网站、博客和微博上预告新一期的选题，交代新闻事实背景信息，进行话题传播，广邀网友参与评论。节目播出过程中，栏目组利用新兴媒体即时、迅捷、深植草根的特点，通过电视屏幕下方的滚动字幕不断播出各地网友评论本期内容的短信、微博内容，并连

续而重复地在浙江卫视新蓝网《新闻深一度》的主页地址、博客和微博的地址，及时刷新网民的观点，既在活跃了现场气氛的同时，提升了观众表达观点的兴趣，又展示了电视评论节目的互动性。此外，还在演播室内设置大屏幕，通过视讯平台邀请公众评论员现场发表观点，汇集各类媒体受众的观点意见。节目播出后，开展多种类型媒体合作，制作节目的电子版、纸质版，充分调动观众的参与性。

（2）借力人际传播，形成同舆论的互动

《新闻深一度》栏目的特色之一在于将人际传播的方式很好地运用于大众传媒。栏目积极地运用网络，依托浙江卫视自主开发的网络视讯系统平台，并且通过网络挖掘草根网络公众评论员，受众可以与新闻演播室的主持人、现场嘉宾一起，对每天的热门新闻、焦点事件进行现场即兴评论。《新闻深一度》的评论以"对话"为主要形式，通常由主持人进行传媒个案引导，四位公众评论员和现场嘉宾（专家）各抒己见，公众评论员和现场嘉宾的看法时同时异，充分的观点交流推进了对新闻事实认识的深化，也引发了观众的情感共鸣和参与欲望。

（3）强化内容消费者在新闻节目制作过程中的参与感

从大众传播到网络传播的转型，信息接受者的角色也逐渐完成了从受众到用户、到消费者，再到生产型消费者（Productive Consumers）的转变。契合这一新变化，《新闻深一度》栏目着力开发消费者资源，推动、鼓励和帮助作为消费者的观众在节目制作过程中发挥主观能动作用。在栏目中，观众首先是信息员——提供信息和话题；其次，观众是评论员——在全国范围内海选，在节目现场通过电脑摄像头进行现场视频连线，观众在自己家中就可参与节目录制；最后观众是节目生产制作者——在节目中采用自拍的新闻素材或网络视频，增强节目的真实性，扩大节目资源。

（二）"评论"的多维铺展

电视新闻评论类节目的重心和内核显然在于"评论"。因此，评论主体、评论结构、评论模式与评论话语层次对于这类节目的成功至关重要，其特色包括：

（1）评论主体多元化：主持人＋专家（特邀嘉宾）＋公众评论员

在网络 Web2.0 时代，随着论坛、博客、播客及微博等以新技术为基础的各种数字平台的出现，网民的个人自我表达变得极为容易，多元意见的传播成为现实。浙江卫视的《新闻深一度》对标媒介技术提供的可能性，每期评论均采取"主持人＋专家（演播室现场的或电话连线的特邀嘉宾）＋公众评论员"等的多元话语主体的构成方式，既保证了内容的贴近性，还彰显了"辫子式新闻报道"中的草根性。

主持人在这个栏目中不仅是新闻事实的报道者，还担负着提问和串联节目的任务，对评论观点和立场进行宏观把握，构成了评论主体的第一维度。

栏目自开播以来，全国法律界、企业界、传媒界、文艺界等一大批严肃睿智的知名专家和学者，应邀成为《新闻深一度》的嘉宾评论员，栏目逐渐建立了实例雄厚的评论员资源库，构成了节目评论主体的第二维度。作为新闻评论权威声音来源的嘉宾，《新闻深一度》在选择上也是煞费苦心，学者和专家深刻的思想、独到的见解、犀利的言论，不仅构成了节目的官方舆论场，他们本人也成为媒体明星，不仅极大地提升了节目的知名度，也拓展了节目的影响力。

此外，栏目还有一支由五百多名网络草根博主和时评人构成的公众评论员队伍，分别来自全国三十个省市，他们中有大学教师、律师、自由撰稿人、公务员，也有私营企业主、学生、退休干部、农民工等，从而构成了《新闻深一度》栏目评论主体的第三维度。在"人人可以发声"的时代，栏目一改新闻评论类节目中常有的精英话语形象，努力为不同的言论提供宽敞的思想空间，充分体现普通公民参与新闻评论的话语权，构筑了节目的民间舆论场，同时也为中国社会主义协商民主制度增添了生动的注脚。

（2）评论结构与模式推陈出新

在既有的电视新闻评论类节目中，评论结构通常多采用以央视《焦点访谈》为代表的"提要→引导式主持→主体事实→评论式主持"的四段式结构，评论每每只是机械地附在篇尾，铺陈解析有限，观点难以深入。然而，《新闻深一度》在评论的结构上大胆地进行了改革，尝试以新闻事件中的亮点来结构布局节目，采用"提要→事实梗概→N个事实评点→N个深度评点……"的多段式节目结构模式。由于评点次数的增加，评论节目观点的推介力得到了加强，新闻事件的亮点也在这一结构中得到了强化和放大，从而避免了主题被掩盖在事件整体性叙述之中。

（3）评论话语多层次化

《新闻深一度》自推出节目始就努力建构评论话语的多层次化，"专家点评＋媒体快评＋网友酷评"三位一体组成了栏目的评论话语层次，在呈现方式上，以影像与背景材料等信息相结合为主，运用醒目关键词提示、图片、音乐、电话连线等多种传播手段，对媒体观点、专家见解和民间舆论进行有机整合，实现了评论话语的多层次叙述，为节目内容消费者思考提供多个视角，引发多种见解。

（三）选题始终聚焦本地

作为一家省级卫视，浙江卫视推出的《新闻深一度》栏目的选题虽然呈现多样性，但始终聚焦本地，既围绕社会热点，也紧密关注省内时事：栏目不仅仅是一档评论社会时事的新闻类节目，而且还结合省内现实，推出了不少有关浙江省发展的专题。例如2011年10月24日《新闻深一度》的浙商专题，假首届世界浙商大会召开良机，围绕"浙江模式""浙江经验""浙江现象"等主题，进一步推介浙商，极大地提升了电视观众对浙江发展的关注度。

《新闻深一度》开播后，始终坚持立足新闻本地化的原则，努力加强内容的贴近性，十分关注百姓身边事，节目选题关乎时政、民生、社会、法制等方面的典型性例子，有效地通过议题设置来引导舆论。例如，从郭美美事件到最美妈妈，从姚明退役到达·芬奇密码，从动车事故到美国主权信用等级下降，从地沟油到查查政府的钱袋子等，选题范围之广和叙事之丰富回应了不同观众群的期待。有些选题还采取系列专题的形式，持续而深入地评析社会问题，力争独家内容和完整呈现，如"打拐"系列专题（从民间"打拐"英雄到微博"打拐"，从"打拐"之后到被拐儿童和家人的团圆等），令人对"打拐"有了较全方面的了解。

（四）注重多方话语的平衡性

众所周知，新闻评论分析的公正性与观点的平衡性直接决定了评论的质量，《新闻深一度》在邀请专家评论员进行权威解读的同时，侧重其个性化的评述，以意见领袖的姿态引导舆论。此外，栏目还引入来自民间的声音，巧妙地拉近了栏目与公众之间的情感关系。

值得一提的是，《新闻深一度》开播后吸引了全国各地更多的网民的积极参与。然而，五百多名网络公众评论员因各自的社会阶层、职业分工、教育背景和家庭情况等的差异，他们在评论新闻时会从不同的视角出发，提出不尽相同的观点，这不仅丰富了人们对于事件的理解，也更加契合网络多元性的特点。当节目中出现争议较大的话题时，《新闻深一度》不单单由特邀专家评论员表述观点，还会听取公众的不同意见，从而形成了节目中三方见解的博弈——主持人、专家和网络评论员诸方各自表达观点，形成一种良好的互动。通过多方话语的平衡，栏目对相关话题进行的理性分析，既无偏袒、回避，也不激愤偏激，就事论事，因势利导，实事求是，节目的舆论引导也因此顺利实现。

三、《新闻深一度》的改版

受到传媒生态环境整体变迁的影响，浙江卫视调整了自身的发展战略，于 2012 年打造了"第一梦想频道"概念，并推出大型励志音乐评论节目，已经成为品牌的《新闻深一度》栏目也因之出现了相应的变化。播出频率由原来的每周四期（周一至周四）扩版为每周六期（周一至周六），播出时间也由以往的晚上 22:45—23:15 提早至 18:00—18:30。与此同时，随着自媒体的勃兴、新闻评论中公众评论员的角色日渐式微，《新闻深一度》节目的样态也有所变化——公众评论员参与节目的形式逐渐消失。时至 2018 年，《新闻深一度》再度改版，除了每周一到周五日常的时事报道之外，将周六原有的综合性新闻内容，调整为以聚焦人物报道为特色的《周末面孔》。

在新兴媒体大发展的当今时代，新闻内容消费者需要的并不仅仅是信息传播的速度，同时也更加注重信息的可信度，并希望在众多信息中发现具有独立见解的、权威性的话语表达。专业化、品牌化的电视新闻评论在社会热点事件和公众关注的焦点话题方面的舆论引导作用，或是社会化媒体或自媒体无法比拟的，《新闻深一度》的改版和扩版也都没有忘记这一点。

四、结语

在传统媒体和新兴媒体不断融合的时代，人人自由发表对时事的见解和评论的可能性早已成为现实，"人人都可以是评论员"。然而，网络上泛滥的信息真假混杂，不时还影响、甚或误导舆论。面对这种情形，全面坚持正确舆论导向的电视新闻评论节目，在分析和释放观点方面的重要性和独特性就显得愈发重要。作为承载着国家意识形态的主流媒体，对于国内外时事的报道、解读和分析直接关乎话语权的把握，这方面作为的缺失或不力无异于主动放弃舆论引导。

作为中国电视界最早关注并应用三网融合理念的一档电视节目，《新闻深一度》的实践表明，省级卫视的新闻评论完全可以在舆论引导方面发挥权威性作用，其成功或将给全国各级电视台树立起新闻评论创新的标杆。

中国电视年度掌声·嘘声发布会暨论坛活动，是传媒学界和业界共同的人文追求，是记录中国电视媒体发展的集体努力，愿掌声激励电视媒体更坚实、更有力地前行，让嘘声给电视传媒人带来更多的冷静、理性的反思。

（作者系中国传媒大学新闻传播学部副部长、新闻学院院长，北京大学电视研究中心特聘研究员）

嘘声篇

"王宝强离婚"事件舆论风波（2016）

因何而嘘

明星王宝强离婚一事在网络上爆炸传播，从事发的2016年8月14日起，引发了长期的关注和讨论。

而在事件的传播中，一些媒体从中推波助澜，使事件不断发酵。从王宝强14日深夜发布声明至16日17时30分，全网相关信息量已高达469.45万条，其中微博占比达到96.12%，达到451.23万条。在微博话题中关于"王宝强"的相关话题达到382个；而关于"王宝强离婚"的话题达到150余个，其中仅"王宝强离婚"一个话题的阅读量在3天内就达到了52.7亿次，讨论量达158万次；最受关注的前10个话题的阅读总量达59.9亿次，讨论总量达187.2万次。

在这样的惊人数据中，我们可以看到：

第一，整个舆论空间被网络媒体绑架，网络媒体中娱乐八卦泛滥，导致网络舆论没有营养、生态异常。

第二，传统媒体面临着更严峻的挑战，应提高报道水平，尽到引导舆论之责。

第三，王宝强离婚事件过热，占用了过多媒介资源，造成媒介资源及受众注意力的浪费；媒体资源是有限的，对这种有限的资源，如何理性地用好它是值得我们思考的问题。

不要因为走得太远而忘记为什么出发，新闻的本源是事实，因为追求所谓爆点而捏造、歪曲事实，难免让人质疑媒体新闻的权威性。

对明星私生活的过度聚焦，使得个别媒体丧失了自己的职业操守。对受众猎奇心理的过度迎合也拉低了媒体作为新闻单位的整体格调。

而我们每一个人在这场"风波"中是否清醒、理性？混乱的舆论场面中我们是否也"贡献"了"力量"？

北京大学电视研究中心将2016年度的嘘声，向王宝强离婚事件所引发的舆论风波发出。

现场观点实录

自媒体从来就不是媒体，自媒体公共化问题非常大。

——陈小川

我看过鲁迅先生写过的一篇杂文，有一个人路上看到一个洞就一直看，别人看到这个人在看什么，就很好奇，也去看，接着围了两圈三圈，无数的圈，大家都不知道在看什么，只是在围着看。围观心理到现在也没改变。这些围观的人是猎物，真正受益的是背后的操作者，我们民族这个古老的习惯就像一头发情的公牛。新媒体带来的东西，可能不见得有多新，我想王宝强事件就是一个案例。

——张同道

其实这个事的微信、微博刷屏，我实在不懂。当时我看到的情况是：首先，有人拿一个人的私生活炒作，让大家来骂来撕；其次，稍微发表一点不同的意见，下面就充满了某些粉丝各种各样的很不文明的跟帖。这个时候我就意识到，这件事情代表了公共的某种情绪的非理性的发泄。这件事情出来以后，我们的媒体如获至宝——大家终于找到头条新闻了。于是大家蜂拥而上，大肆渲染，把这件事情放大了，而且引发了羡慕嫉妒恨各种情绪的宣泄。媒体承担着泄洪的责任，污浊的东西要泄出去，但是在这个时候如果过度去渲染这种事情，它一定会刺激人们更多的联想和想象，所以我觉得媒体要保持一定的距离、一定的冷静，而且我认为不是所有的私人生活、私人道德，都可以在公共领域里面去讨论清楚。媒体还是要有自己的选择，有自己的坚守。

——尹鸿

从我的角度看，我觉得这事怎么去评价呢？两个方面：第一，可以理解；第二，需要控制。怎么叫可以理解？我发现一个很有趣的现象就是，不管是哪个阶层的人，他可以是达官贵人，可以是王室贵族，可以是学界精英，但是在八卦这件事上，大家都是同样地充满了兴趣，而且乐此不疲地唧唧咕咕。古今中外，好像莫不如此。王宝强这个事是一个名人八卦，这事大家感兴趣，可以理解。但是得看是什么角度，如果八卦影响公共道德、公共审美、公共文化价值，是三观跌破的角度，那我们的媒体该警醒了，首先自己要控制，然后相互要控制。我要问，谁将王宝强风波推波助澜到极致？首先是媒体自己，然后是媒体后面的，或许是有资本的力量，或许是有一些其他利益集团的推动，这个绝不是一个简单的八卦问题。既然这样，我们就真的要考虑有所控制，所以我的两个结论是：第一，可以理解；第二，需要控制。

首先要感谢八卦。人类传播历史的最初源头就是人谈论各种各样的八卦，大家可以参照《人类简史》。现在是12月，"一"和"二"代表北京大学电视研究中心对掌声和嘘声的不同态度。"一"代表掌声，表示我们对一流作品，对一流价值观和一流的方向的一种坚决的支持。但是只有北京大学电视研究中心每年还弄一个嘘声，这多得罪人呢，这反映了北京大学电视研究中心还挺"二"。今天是2016年12月22日，我们"二"得足够了。但是"二"也是一种坚持和力量，我觉得这一点很重要。接下来我认为今年年度的关键词就是"撕"。王宝强在撕，最近这一两天又有人在闹离婚，已经上升到生活不和谐等层面，接着就是无数的撕，万科和宝能，"川普"和希拉里，整个贯穿一年的就是撕。审美会提高收视率，审丑收视率更高。虽然我们的传播最初是由人们谈论八卦所延伸出来的，但是后来为什么八卦并不能成为主要的追求方向？这个值得我们深思。这里有一道无形的边界，但是我们现在正在跨越这个边界。因此，我觉得媒体需要控制。如果放纵审丑，的确会有利益，会有收视率，审丑甚至取得的效益高于审美。但是，因此就要审丑吗？

最后只有一句话，麻烦以后中国的名人离婚的时候，离得安静点儿。最好就是在法律的框架之下，签完协议，关灯锁门，说声再见,哪怕再也不见,离婚其实是一件挺考验素质的事。

——胡智锋

  大家可以看到其实我们也在拿王宝强离婚说事儿,我们也在关注这个八卦,但是关注点不太一样。今天的技术已经赋予了我们每个人都可以自由发表言论的权力,每一件事都可能成为一个私人的事,也都可能成为一个公共事件的时候,你把握这支笔,这个话筒的能力、准则,是否与这个技术相匹配,就显得特别重要,所以我们愿意把这个话题拿出来,当个事儿,跟大家说一说,希望大家能多一些理性。

——俞虹

电视媒体中国际新闻评论的泛军事化现象
（2014）

因何而嘘

2014年12月13日 普京打"印度牌"对抗制裁 俄美"斗狠"谁能赢？

2014年12月12日 国防部回应高超音速飞行器：不针对任何国家

2014年12月11日 美F-35部署日本 尖端武器云集亚太威慑谁？

2014年12月10日 炒中国核潜艇威胁全美 美开启新核军备竞赛

2014年12月09日 日媒炒作俄屯兵争议岛屿 日夺岛无望？

2014年12月08日 5架战机连遭日本监视 中国如何维护海上安全？

2014年12月07日 法拒付两栖舰 车臣又爆枪战 普京如何应对？

2014年12月06日 炒中国空天武器 试飞绝密战机美强硬对亚太？

2014年12月05日 日舰机跟踪中国舰队 强化海洋安全刻不容缓

2014年12月04日 普京发表国情咨文 亮出俄战略新底线？

这是某台的一档时事述评栏目，栏目的定位是紧密跟踪国内外重大新闻事件、新闻话题，邀请国内外一流的专家和高级官员，梳理新闻来龙去脉，分析新闻背后的新闻，评论新闻事件的影响和发展趋势。

从它 12 月份已经播出的 10 期节目标题就不难发现，国际新闻评论的泛军事化解读已成常态。这样的电视节目，大都以各种武器为噱头，具有相当的冲击力，因此也具有较高的收视率。

近年来，随着"新闻立台"的要求不断强化，又加之国内新闻的限制较多，因此许多电视台开设了较多国际新闻评论节目。从某种意义上来说，做国际新闻是需要实力的，做国际新闻的评论更是如此。即便是做国际新闻评论，很多台的收视率往往也是一塌糊涂。因此国际新闻评论的泛军事化，就成了在竞争夹缝中的最佳选择。

然而，国际新闻评论的价值远不止于此。"文明冲突论"的创始人，美国著名学者塞缪尔·亨廷顿（Samuel Huntington）认为，未来世界中国际冲突的根源将主要是文化的而不是意识形态的和经济的。文化的"丝绒幕"将取代意识形态的"铁幕"。

我们暂且不考虑他观念的对错，但国际新闻评论，无外乎就是用自己的文明体系去观察分析发生在另一个文明体系的新闻事件。因此，国际新闻评论实际上是两种文明的对话，在这种对话和碰撞中，互相了解并理解，最终达成一种文明差异下的和解。

而纵观我们现在的国际新闻评论，往往是绕过经济、文化、社会、政治、宗教、意识形态等因素，直奔军事对抗而去，似乎国际冲突唯有战争能够解决。军事的确是国际新闻评论中的一个因素，但绝不是唯一的最终的选择角度。

过去是使硬新闻软化的新闻娱乐化，现在是使国际新闻硬化的泛军事化。看这样的泛军事化国际新闻评论，让人还以为战争一触即发。看这样的泛军事化国际新闻评论，将会导致媒体放弃自己的社会责任，从而失去公信力。看这样的泛军事化国际新闻评论，将使受众丧失对现实世界的思考能力和批判精神。

因此，北京大学电视研究中心将2014年度的嘘声，向国际新闻评论的泛军事化现象发出。

现场观点实录

针对泛军事化的倾向，我要说，战争其实是最愚蠢的决定。哪怕真的哪一方胜利了，从中国媒体来看，中国真成为全世界讨论展示肌肉的一个国度吗？这符合中国利益吗？

——白岩松

看电视节目，会让人感觉这个第三次世界大战已经爆发了六十多次，尤其是在看凤凰卫视节目的时候。其实仗都没有打起来。国际新闻的硬化比血管硬化强不了多少。

——陈小川

关于国际新闻报道泛军事化，其实不仅仅关涉地方媒体，而是关涉从中央级媒体到地方媒体。有人跟我说，只要一报道打仗，收视率就上升20%到30%。可怕的不仅是战争在媒体上的宣传，更可怕的是在我们内心生长，所以我觉得让战争回到游戏当中去，让和平回到我们生活当中来，才是根本。

——尹鸿

习近平总书记在G20会议上多次讲话，新华社摘出了十段习近平总书记讲话所引用到的古籍中的话，这些我们老祖宗的东西，基本内涵都是兄弟齐心，齐力断金，已所不欲，勿施于人。而我们现在这种状态是唯恐天下不乱，这点出息挺没意思的。

——时统宇

泛军事化这个问题又回归到了收视率，收视率这个万恶之源在导致国际新闻节目偏离方向。而最重要的是做国际新闻的人需要对国际新闻本身的意义和价值做重新思考。

——俞虹

国际新闻评论军事化的危害

时统宇

这几年每到年底，北京大学电视研究中心都要举办掌嘘活动。2014年的嘘声之一，我们给了中国电视国际新闻的某些节目——国际新闻评论军事化，军事新闻评论娱乐化。

实话实说，在一些卫视晚间档推出新闻节目之初，我是很看好的，毕竟娱乐节目受到了限制，新闻立台得以彰显。但好景不长，很快就感觉到这类节目的突出特点是唯恐天下不乱，打打杀杀的事情是这些栏目的首选。仔细一看，原来在国际和军事的所谓专业化外衣下面，仍然是"可了不得了，又出人命了"的娱乐本质，要害还是收视率在作怪。

假如国际新闻泛军事化的危害还是在"万恶之源是收视率"的范围，那问题似乎还不太严重，因为它终究还是电视圈子里的事情。而新华社的一篇《读中华经典词句 学主席外交理念》的通稿，则让我们对国际新闻评论泛军事化的危害有了更高端的认识。

  新华网北京 11 月 22 日电（记者吴铮）　国家主席习近平 15 日至 23 日出席在澳大利亚布里斯班举行的二十国集团领导人第九次峰会，对澳大利亚、新西兰和斐济进行国事访问并在斐济同太平洋建交岛国领导人举行会晤。其间，习主席在演讲、发言、会谈和署名文章中援引中华经典词句，向世人深刻阐述中国和平发展、合作共赢的外交理念。

  "志合者，不以山海为远。"

  语出晋·葛洪《抱朴子·博喻》，意为：志同道合的人，不会因为山水阻隔而感到距离遥远。

  习主席 14 日在澳大利亚媒体发表题为《开创中澳关系更加精彩新篇章》的署名文章中，用这句话阐明中国和澳大利亚虽然远隔重洋，但历史和现实的纽带将两国紧紧连在一起，成为好朋友和战略伙伴。

  "求木之长者，必固其根本；欲流之远者，必浚其泉源。"

  语出唐·魏征《谏太宗十思疏》，意为：要使树木长得高大，就一定要加固它的根基；要想使河水流得很远，就一定要疏通它的源头。

  习主席 14 日在澳大利亚媒体发表题为《开创中澳关系更加精彩新篇章》的署名文章中，用这句话强调中澳双方应遵循相互尊重和平等互利的原则，以对话增进互信，以合作实现共赢，以交流筑牢友谊。

  "大海之阔，非一流之归也。"

  语出明·冯梦龙《东周列国志》，意为：大海的广阔，并非一道溪流能够形成。

习主席17日在澳大利亚联邦议会发表题为《携手追寻中澳发展梦想 并肩实现地区繁荣稳定》的演讲中,用这句话点明中澳两国人民源源不断的相互理解和友谊,汇聚成了中澳友好关系之海。

"以和为贵""己所不欲,勿施于人。"

语出《论语·学而篇》与《论语·颜渊篇》,意为:人与人之间的和睦最为重要;自己不喜欢或不希望的事情,不要强加于他人。

习主席17日在澳大利亚联邦议会发表题为《携手追寻中澳发展梦想 并肩实现地区繁荣稳定》的演讲中,用这两个典故阐明中华民族历来是爱好和平的民族,中国人民绝不会将自己曾经遭受过的悲惨经历强加给其他国家和民族。

"国虽大,好战必亡。"

语出中国古代重要兵书《司马法》,意为:一个国家无论多么强大,如果不断进行战争,最终必会灭亡。

习主席17日在澳大利亚联邦议会发表题为《携手追寻中澳发展梦想 并肩实现地区繁荣稳定》的演讲中,用这句话阐明:中国人民坚持走和平发展道路,也真诚希望世界各国都走和平发展这条道路。

篇幅所限,我只引用了一半,关键词是和平发展、合作共赢,没有丝毫火药味。反观我们的不少国际新闻,怎么就那么好战呢?!"打呀,打呀,往死里打!"围观起哄架秧子者,就是这样。这让我想起了小时候经常看到的场面:小孩儿挨了揍但嘴上还挺硬:"你等着，我叫我哥去。"

写到这里，我突发奇想：国际新闻评论节目的现成好评论员是于丹。

实际上，国际新闻评论的泛军事化并不是什么新奇的东西，也不是中国特色，欧美国家电视曾经喧嚣一时的电视新闻娱乐化，人们就多有见识。这种电视新闻娱乐化有一个特定名词——奇观式媒体事件，其中的关键词是冲突和解决方式的戏剧化。美国学者道格拉斯·凯尔纳（Douglas Kellner）总结世纪之交美国的奇观式媒体事件包括：1995年洛杉矶警方在高速公路上追捕辛普森、1996年一架TWA航空公司的客机在纽约附近爆炸、1997年戴安娜王妃之死、20世纪90年代末克林顿的多起性丑闻、1999年小约翰·肯尼迪驾机失事和2001年的"9·11"恐怖袭击……在这些事件发生时，以有线新闻频道为主的媒体中断正常节目的播出，对事件做实时跟踪报道，在广播电视的脱口秀节目中、在网上、在日常生活中，人人都在谈论这些事件。广播、电视、网络等各种媒体连篇累牍的报道，把这些突发性的新闻事件打造为超级奇观，长期占据着当代媒体文化，把其他的新闻和公众事务挤出媒体的视线。[1]

所以，把舆论场变成了战场，除了打仗没别的，这样的新闻编排绝不是创新，无论如何都有旁门左道之嫌。这样的国际新闻倒是有点与国际接轨的味道，只是这种接轨不过是别人玩儿剩下的。

必须指出，军事冲突的最高形式是战争，战争是人类社会最大规模的暴力。由此可见，无论电视军事新闻的娱乐化有何种形式的花样

---

[1] [美]道格拉斯·凯尔纳著：《媒体奇观——当代美国社会文化透视》，史安斌译，清华大学出版社2003年版，第106—107页。

翻新，其基本的套路仍然是为了争夺收视率而乐此不疲的暴力。

（作者系中国社会科学院新闻与传播研究所研究员，北京大学电视研究中心特聘研究员）

"虐童"等事件马赛克缺失及"杨武事件" "小悦悦事件"报道凸显的媒介伦理问题
（2011&2012）

因何而嘘

在"小悦悦事件"报道当中，有多家媒体把小悦悦被碾压的过程一次又一次地展现在网络以及电视新闻当中，刺痛着一批又一批的人。当以践踏媒介道德的一种方式去建设某种良知的时候，建设起来的良知依然是有颜色的。在"杨武事件"当中，第一次的伤害还只停留在一个小的范围当中，而记者们的到来以及突破底线的伤害却让他展现在更多公众面前。一个又一个触目惊心的、让我们难堪的标题，一个又一个围在他的妻子像病榻一样的床边，一个又一个围在已经感到非常绝望的杨武的身边，提问、摄像、闪光灯，这一切都聚焦了什么？在这一年当中，类似的事情一点也不少。新闻报道中出发点的"合理"与"正确性"，不能替代传播过程与传播效果的伦理和价值取向的正确性。2011年，北京大学电视研究中心的年度嘘声给了"小悦悦事件"的电视报道中，对孩子被反复碾压的画面没有进行剪裁、黑屏等技术处理而直接呈现的媒体行为，以及"杨武事件"报道中，话筒林立、镜头直指极度痛苦中的当事人，并对当事人肆意使用特写镜头以强化视觉效果的媒体行为。

2012年，针对一度引起热议的虐童事件，掌嘘评委会对媒体报道中的马赛克缺失，给予了年度嘘声。媒体在报道过程中，对受害者乃至新闻当事人毫无掩饰的曝光，无疑是一种二次伤害和二次处罚。媒体报道未经任何马赛克处理，无意识还是故意吸睛？北京大学电视研究中心特聘研究员陆小华认为，马赛克缺失造成对受害人的重复伤害，就是对社会基础的损害。只有对弱者尊严有足够行动上的尊重，才能显示一个社会的品质，才体现一个社会的正常。仅仅是语言上的同情是远远不够的，马赛克缺失显示了传媒仍然缺少对生命的尊重，缺少对伦理底线的尊重，缺少对传播权、话语权内在的认识，同样也缺少对传媒人自己的尊重。在马赛克缺失中所反映的媒介伦理缺位与迷失问题，值得我们去深入反思。秉承2011年的年度嘘声，2012年，评委会再次将批评落点放在媒介伦理上，对媒介暴力、二次执法以及伦理缺位的现象进行深度评论。可见，未来传媒如何平衡自我约束与伦理底线，这个课题任重而道远。

现场观点实录

2011年：

北京大学电视研究中心在确定每年的掌声与嘘声的时候，并不是以一个宏观的大概念做简单的依据，有的时候我们甚至希望在明年和后年，仅仅因为一个画面就足以让我们给它掌声了。但在"小悦悦事件"电视报道当中，虽然非常短，但却让我们每个人心里格外难受的碾压过程，让我们不得不把嘘声给那些直接呈

2011年嘘声现场，白岩松发表观点

现的媒体行为。

——白岩松

中国的新闻现在面临两个困境，第一个困境来自于非常传统的自由的缺失，第二个来自于我们突破底线的无限自由。我很难判断未来的时候，这两种伤害哪一个更强、哪一个会导致我们走向万劫不复。

——白岩松

我们之所以把这两个画面放在一起，对它们发出嘘声，是因为虽然事件不同，报道媒体也可能不同，但是它们所呈现的问题是相关的，即都表现出了媒介伦理的缺失。作为电视媒体而言，画面是说话的、有意义表达的。选择用什么样的镜头语言、画面剪辑与呈现的时长，都是在表达你的观点与立场。如果回到最起码的常识，有时候我们都在想，像"小悦悦"这样来回碾的镜头，从视觉上都是感到极其残忍的，为什么编辑还会让它出现？期待通过它得到什么？像杨武夫妇，如果他们是你的亲人、朋友，你愿意让他们刚离开噩梦又如此被动、无奈地在媒体暴力中走入公众视野吗？资料显示，在"杨武事件"报道中，从平面媒体到电视媒体，都是以非常放大的、刺激的、冲击力的视觉形象来告知受众的。于是，一个巨大的问号困扰着评委们，而这就是为什么今天我们要通过嘘声发出的一个反思、一个警醒。因此，出发的"合理性"不代表结果的正确性。警惕在"合理"的外衣下遮掩着的非理性诉求，警惕媒介人的迷失可能导致的负面影响的持续性、弥漫性。

——俞虹

我觉得这个嘘声应该发自于媒体工作者的内心，因为道德是一种自律，而不是一种别人强加给他的东西，所以，嘘声应该发自内心地表达出来，这才真正起到了作为嘘声的作用。

——喻国明

一个社会的文明程度，恰恰是需要把目的和手段同等地放在价值、伦理、法律等的天平上去考量。对于媒体来说，永远要记住，在突发重大事件的时候，你需要展现的是能力，同时你还要有能力约束。手段绝对不在价值权衡的"特区"。目的是重要的，手段同样是需要约束的。这个约束的尺度就是人，就是对人尊重。什么是生态保护？生态保护就是对人的约束，只有对人约束、对人的行为约束，才真正可能是在保护生态。而媒介生态保护是什么？媒介生态保护也许就是对媒介权力、对媒介影响、对媒介人的行为有所约束。

——陆小华

从严格意义上讲，媒介伦理是具有共性特征的。我们说媒介伦理的时候，都有三个原则在支撑，即自由的原则、真实的原则和责任的原则。然而，对于任何媒介而言，自由、真实都是相对的，但责任却是绝对的。

——俞虹

像这样的事情，它告诉我们的，就像1978年美国诺贝尔经济学奖获得者赫伯特·西蒙（Herbert A. Simon）曾经说过的一句话："一个人无论你做什么，你的底线就是，不要因为我们的存在而使这个世界变得更坏。"这是一个底线。所以新闻工作者可以做很多事情，但是有些底线是永远不能碰的。我想这就是自己对自己的要求。自己有一条底线，能够永远坚守，这才是最重要的。

——喻国明

责任在谁？"小悦悦事件"责任不在记者，责任在编辑或者总编辑，总编辑从来没有灌输一种价值导向，从来没有强化一种伦理底线。我们今天的社会焦虑已经够多的了，做记者的，做媒体的，应该在客观真实的前提下，尽可能地让社会少一份焦虑。

——陈小川

2012年：

今天我们的嘘声主要集中在关于"要脸"和"不要脸"的讨论，有些不要脸的事儿还能要着脸，但我们今天要关心的是中国电视如何"通过不要脸而要脸"。因为有的时候，要了脸就不要脸了。我不是在这儿说绕口令。我们的社会中有相当多的丑态，比如说虐童、醉驾，但这些丑态又没有越更大的界，我们却在新闻的报道过程中对它进行二次惩罚——没有打任何马赛克。当有些醉酒者被电视记者拍到，种种喝醉的状态都被拍摄下来了，本来他们已经被吊销驾驶执照、罚款、罚分，电视节目将他们播出后，他们被一遍又一遍地当成笑话，这对他们形成了二次处罚。在每年、每时、每刻的中国传媒中，这样因为没打马赛克，因为"要人的脸"，而让大家觉得电视人有些不要脸的行为时刻在发生着，请为该加上马赛克的孩子和新闻当事人加上马赛克。当电视人有一天会觉得电视不需要那么清晰的时候，电视的脸就要了。

——白岩松

我认为马赛克的缺失和干露露的登台都是电视的不要脸，或者说是我们媒体伦理的缺失。做媒体人不能道德沦丧。

——陈小川

我们经常说一句话："己所不欲，勿施于人。"当在电视屏幕上，我们发现自己的亲人、孩子，或者熟悉的人暴露在电视上，并且这种暴露会对他的未来带来伤害的时候，我们会怎么想？我觉得对电视人最基本的要求是爱护、保护、尊重每个人最重要且最基本的权利。

——尹鸿

勿让媒体利益压倒新闻伦理

陈小川

自从 20 世纪 80 年代中国有了"国家不管饭"的媒体以后，媒体在众声喧哗中就常常成了一个利益体了，媒体需要收视率、发行量、点击率、关注度。为了这些，媒体利益和媒体伦理常常有矛盾，稍有不慎，或者稍有故意，媒体在受众面前就呈现出极其不道德的形象。我们几年来给了嘘声的就是这些踩踏了新闻伦理道德底线的报道。

发明屏幕马赛克并且在电视屏幕上使用的，我不知道是谁，但是我认为是新闻伦理驱使发明人这样做的。可能就是因为完全真实报道和新闻伦理的激烈冲突，导致马赛克诞生了。但是我们嘘了的这些报道案例，却该用而不用马赛克，恰恰是媒体利益压倒了新闻伦理。马赛克是不是会减损新闻报道的真实性呢？我认为在特别关心人的面相的中国受众中看来，可能会有减损；但是在这些连麻衣相术都没有入门的受众群里，其实没有减损。我们在"嘘"报道者"无知无畏"的同时，也需要考虑，对新闻伦理道德底线的无视，是不是会让媒体付出太大的公信力代价？结果其实肯定是一把赢、把把输的。媒体遵守伦理道德，多是自律，但是也有他律；有些国家有行业道德委员会来评审失德行为，而我们没有。

报道"太脏的"新闻时，要不要遮盖一下？我做记者、编辑三十五年来，一直认为是应该遮盖一下的。不是遮盖新闻事实，而是遮盖可能会让受众嫌恶的东西。例如，太恐怖的、太凶残的、太肮脏的等。"小悦悦事件"的报道画面在电视屏幕反复地不加修饰地播出，就是没有考虑这点。假如真要考虑媒体利益，这账也是蚀本的。

"自媒体"来了，信息传播者越来越漠视新闻伦理，他们弄个自媒体终端，发布点儿真真假假的消息，这不能叫记者。因为这些人没有记者的专业培训和专业精神，更没有记者的道德操守，我最反感"人人都是记者"的谵言妄语。大学的新闻学院招了聪明的学生，四年本科、两三年研究生读下来，读书六七年，学的不应该单单是做新闻的技术。学生那么聪明，技术一学期就学会了。但是学懂新闻的伦理道德，是得用那么多年，因为这将决定这些学生能够走多远。

我认为报道的自由、真实和责任是成正比关系的。我不太赞同新闻报道要公正这样的说法。公正是法律的事，新闻报道要客观真实。我常常被新闻学院的学生问："你们的报道都是真的吗？"我总是回答："我保证我说的都是真话，但不是所有的真话我都说。"可能这就是报道中的马赛克原理吧。如果报道可能会引起受众的焦虑、不安，我就会考虑少说几句真话。有一年山东曹县高考大面积作弊，记者在开考第一天就完全掌握了作弊事件的事实。我当天晚上在总编室上夜班，决定把这报道晚发两天，怕影响其他地方考生的心情。当年高考学生有六百多万人，加上考生父母、亲人，有几千万人。这事儿如果曝光出来，会导致大面积的不安。两天后我们发表出来了，对作弊事件的处理并没有太多不利，也没有影响报道的影响力。这可能就是规避报道引起的受众嫌恶吧。就像为什么火葬场不建在居民区，垃圾桶不摆在楼道里是一样的道理吧。

（作者系《中国青年报》原党组书记、社长、总编辑，北京大学电视研究中心特聘研究员）

特别关注篇

电视新闻怎样走进新时代？（2017）

因何关注

如今电视新闻正面临着一种"断代"危机。提到好的新闻，我们不难想到《人民日报》的"中央厨房"在2017年"两会"和十九大中的突出表现，但它不属于电视行当，且还不是简单的视频传播或网络传播。而电视深度新闻的生命力却在逐渐衰退。

第一，新闻评论节目的播出比例逐年下降且力度不足，调查类节目的数量越来越少。

第二，今天当问起电视新闻的代表人物时，我们首先想到的依然是从20世纪90年代就开始活跃在电视屏幕上的那些新闻人：著名的评论员、调查记者等。可当老一代人逐渐淡出舞台，新一代人成长为中流砥柱却并不及时，十五到二十年里电视新闻没有产生新的代表人物。

第三，融媒体的出现对电视新闻也带来了一定的冲击，新的媒介技术和新的语态正在争夺电视新闻的观众。

就此，北京大学电视研究中心提出2017年度的特别关注：电视

新闻怎样才能走进新时代？

现场观点实录

我马上就到五十岁了，十九大时还要做现场评论，原因很简单，只见人走，不见人来，老同志又得上第一线。新栏目很久没有出现，新同事很久没有到达，新语态很久没有激荡内心，新闻不常有。2017年我们最重要的关键词是"电视新闻将如何走进新时代"。

——白岩松

今年我在中国传媒大学做的主题是"坚持新闻专注精神"。电视走进新时代，从专业角度讲，专业人做专业的事，特别重要。为什么今年评选新闻节目遇到困难，因为作品都差不多。我们往往容易把电视新闻没有做好归因为体制、意识形态框架等。但在我们看来，在专业担当、专业技能、专业经验上是不是可以有拓展的空间？如果真的在专业路上走下去，那我们走进新时代一定会产生很好的作品与社会效应。

——刘昶

内部研讨时岩松提到十五到二十年里新闻界没有产生代表性的人物和群体，他满头白发还在一线玩命干。不过，央视出走的主持人和播音员中，最主要的就是搞新闻的人。

——时统宇

我们需要重新认识我们所面对的受众群体，也需要重新认识我们所面对的社会，需要重新认识什么是发展。现在中国96.3%的网民是手机网民，中国网民所占比例超越世界平均线3%。今天大家都在感叹对媒体的高度依赖，所有人使用4G已有四年左右的时间，四年里人们习惯了移动支付、社交媒体，也习惯了通过社交媒体获取信息，习惯了玩手机游戏。不管是《王者荣耀》还是《绝地求生》，都有庞大的受众群。

今天的电视新闻，按照传统的思维方式和工作方式，采集内容与还原内容来面对今天的社会，多少有点力不从心。台上的传媒人和台下的各位学者专家，特别是今天在场的年轻人，希望各位充分发挥想象力、认知能力，重新认识什么是传播，介入到现实传播中。我们要以新的眼光和思维来看这一世界，世界唯一不变的就是变化，变化得不够是问题的核心。

——陆小华

电视新闻非常大的悖论是，地方电视台不能异地监督，所以关于异地全是正面报道；又不愿意监督本地本省的问题，关于本地的报道又变成正面报道。中央电视台报道二十分钟以后就开始报道外国的事，同事觉得可以做的天地很小。在微信群我看到，我所在的《中国青年报》，每年都会迎来很多激情洋溢的年轻孩子，又会走一批油腻的中老年。没有关系，很正常，关键是要让人觉得有天地可以做。如果一进门看到的就是天花板，那还在这里干什么，没有意义。要让专业的人做专业的事。美国（新闻）人干到七十六岁才退休，他们反应非常机敏，我们现在很多人就是到大学里教书去了。当然当教授也很好，不然白岩松说错了没有人提醒。

——陈小川

  看到王晓晖我特别感慨，以前他每次出现都是新闻人的样子，穿黑色的立领，他推选感动中国委员的话写得非常精彩。我们以前是一伙儿的，但他现在去互联网了。我以前的老同事现在也有人在腾讯的，真的走了很多人，又没有站出来的新的人。想成为白岩松？他们现在都不大想。白岩松二十多岁的时候知道自己要什么，现在学新闻的人还知道吗？我退休时，人家曾经问我一个问题说，你怎么面对新媒体的挑战？特别是电视新闻怎么面对新闻媒体的挑战？我说我不需要面对挑战，反正我要退休了，让白岩松面对挑战吧。退休两三年以来，我家的电视永远在播新闻频道。因为这是我的习惯，我的期待，我期待它变得更好。我现在没有看到"白岩松们"的出现，白岩松五十岁了还在坚守。他以前说特别希望和更多的年轻人在一起，可现在很多学新闻的同学谁愿意像白岩松那样苦苦坚持？坚持需要专业，也需要初心。看到掌嘘给大家发入场票的时候，大家都在寒风中排队，我还在想，怎么有这么多人关心电视？

  我退休后还保持惯性偶尔当评委，当评委特别不安，我评电视节目特别勉强，尤其是评电视评论节目的时候。早年间，也就是20世纪90年代初期和后期，中国新闻奖最锐利的节目都产生在我们的群体中，年年《焦点访谈》榜上有名。现在评一个奖很难，尤其是评电视评论新闻方面的，有力量和影响力的新闻罕见。我们需要很多年轻人，也更需要空间。如果失语，观众肯定会失望，我们频繁失语，大家会频繁地失望。

我充分理解王晓晖同志的选择，比如我们看《中国有嘻哈》不是看它的形式，它有另外一种形式的表达。我们谈"嘻哈"时仅仅是在说"嘻哈"吗？不是。同事去腾讯时，我其实也在关注腾讯在做什么。当年有追求的新闻人其实还在实现自己最初的理想。

——敬一丹

在 2017 年 11 月份的一个会议中，我在熙熙攘攘的人群中看到《新闻调查》的制片人张洁。那个极其专业的新闻人说，他如今想在电视剧中找到一种感觉。

今天很多人讲找不到深度调查和电视新闻好节目，这类节目日渐衰微。但我个人依然坚定地认为，最好的新闻节目一定在电视台，在中央电视台。每半年央视的新闻节目都会进行评选，我在评论组真的会看得停不下来。我知道每年都是最好的毕业生才能进中央电视台，而且他们都会选择去新闻中心。有人在，有传统在，有基地在，为什么说现在衰弱？

我的学生们两年前是掌嘘这个论坛的工作团队中的，今天他们都是自带媒体如央视新闻、《中国青年报》等坐在这，他们都是最优秀的人。为什么我们还会说断代？为什么还会说节目衰微？

因为好节目没人看。为什么没人看？这是最大的问题。现在是流媒体多渠道，我们的渠道是否能够畅通？人才培养的接替，不谈体制绕不过去这个话题。如果机制不给足够的保障，如果在评价体系上没有足够的肯定，很多事情很难持续。

我一直在评奖，所有评奖都评不到白岩松。因为白岩松不需要奖，但他的接班人和年轻人是否需要奖？最好的节目会产生是因为记者，因为主持人，因为评论人，但没有他们的奖项。问题在哪儿？这是很大的症结。"走进新时代"是大词，但往前走怎么走？我们要认识背景环境，以专业者为基础，积极主动地往前走。

——俞虹

  这一环节并不是年度嘘声，也不是年度伤感。这一环节只不过是年度特别关注，我们期待电视新闻走进新时代，人不能比自己的影子走得还慢。电视新闻报道模式依然在延续着1993年邓小平南方谈话后的大改革，没有开启全新的电视新闻时代。我已经老了，你们得以比我更快的速度超越我。我今天利用从大剧院往外走的时间写完《新闻周刊》的九段稿子，你想超越我得用比我更快的速度，我不会等你的。我希望你超越我，因为这样我才可以做我喜欢的教育事业。

  没有新栏目不会有新主持人，这是电视的硬道理。好久不开新栏目，怎么可能会有新的主持人？机制要变。我们不是没人，中央电视台有了全国的记者站和全世界的记者站，我的心中有四五个人会成为中央电视台主播的人选。他们已经成熟了，他们应该回来，把白岩松踢走或者说成为他的同事。

  2018年是改革开放四十周年，无论是十九大还是刚刚闭幕的2017年中央经济工作会议都在强调，更加改革、更加开放。开放的不仅仅是经济领域，如果电视新闻更加开放，相信会走入新时代，中国电视新闻人要努力推进时代、国家向前进。有时担心得多了电视人会比自己的影子走得更慢。

——白岩松

电视新闻如何走进新时代

——当前新闻传播的需求侧与供给侧：现状、特点与问题

喻国明

一般认为，影响中国传媒业发展变化的三个主要维度是：体制与政策面、市场与产业面、技术面。一直以来，我们极为重视政策体制面的改变对于新闻传播领域的重要影响；改革开放以来，特别是我国确立了走市场经济道路以来，我们又着重研究了市场和产业在配置新闻传播资源和打造内容产业链方面的重要作用；而对于技术面的革命性改变之于新闻传播业态及规则的改变，从根本上说是缺乏足够深入的研究的。我课题组对技术驱动逻辑对于传媒产业生态格局的影响进行了专项考察，特别是对于移动互联网条件下，新闻传播的需求侧与供给侧的现状、特点和问题进行了定量与定性相结合的考察分析，得出若干重要的分析结论与观点。

一、需求侧：时至今日，传统媒体的内容供给与话语体系已难满足用户日益丰富和多层次、个性化的信息需求

（一）万物皆媒时代已经来临，人们对于政府掌控的主流媒体的渠道依赖越来越低

新媒体技术带给传统新闻业最大的冲击就是信息渠道越来越多，所有的新兴技术平台都具有"媒体化"的属性。以前信息渠道主要是由党和政府掌控，随着微博、微信等自媒体的崛起，人人都是麦克风、个个都是通讯社的时代骤然来临，传统媒体作为民众主要信息通路的价值被迅速消解。以《人民日报》为例，如今其发行量在三百万份左右，而新浪微博中，粉丝数量在一千万以上的微博账号就有近一万个。

传播学中的"渠道依赖论"认为，由于受众的渠道依赖赋予被依赖渠道的潜在影响力，就是人们通常所说的"渠道的权力"。在媒介产品的生产链上，由于技术的发展，内容生产渠道对于中介化的传播渠道具有越来越大程度的依赖性，同时由于渠道转换成本高，因而内容生产者被"单边锁定"，媒体对于整个产业链过程的影响更大，具有渠道权力的倾斜；相对于传统媒体，全国范围的商业性媒体的传播宽度更广，占据了更多"有价值的资源"，因而也具有渠道权力的倾斜。随着网络社会的发展，已经产生了这种倾斜于互联网、全国性、商业性新兴媒体的渠道权力结构。

（二）社交网络已经超过传统大众媒体成为民众获取信息的第一渠道

据中国人民大学舆论研究所近十年来的舆情监测显示，以微信、微博、微视频为代表的自媒体平台（37.3%）已经超过都市报、电视台等传统新闻媒体（20.4%）成为新闻信息的第一落点，如2015年天津"8·12"爆炸事件发生后不到五分钟，名为@小寶最愛旻旻的微博用户发布了一条关于天津爆炸的微博，称"重大火灾，爆炸声跟打雷一样！"并配以一段视频。据现有信息可查，这可能是最早的发布天津爆炸消息的人。而直到8月13日深夜00:43，《人民日报》官微才根据网友@愚大象的微博推送了消息；新华社官微@新华视点直到13日早上6:49才推送了第一条关于天津爆炸的消息。

事实上，受众越来越习惯于通过社交应用获取新闻，根据Global Web Index公司的调研，2015年全球网民平均每天在使用社交网络方面花费1.77小时。社交媒体已经超过传统新闻媒体成为民众获取信息的第一渠道来源。据中国人民大学舆论研究所的调查显示，目前民众获取信息的主要渠道是以微博、微信为代表的社交媒体（42.8%），而以报纸、电视、广播等为代表的大众媒体占29.4%，即民众不再将传统媒体作为信息的第一来源，并且自媒体的公信力与传统媒体的公信力在不断"摊平"，新媒体的公信力地位在不断提升，传统媒体的公信力在丧失信息第一落点的地位后在不断下降。

（三）单向度的内容供给的宣传范式已经无法满足民众的信息需求，情感沟通和价值共鸣已成为现阶段传播致效的第一要义

传统的新闻宣传是一种单向度的关系，即我传播出去，不论民众是否有反馈，有何种反馈。由于信源的单一，民众对信息的需求只是停留在"我知"这一层面。随着自媒体渠道的出现，民众开始不仅仅限于"我知"，已经上升为"我思、我疑"的信息需求，而传统媒体由于其技术特性和思维惯性，依然是单向度地进行宣传灌输，造成民众觉得新闻所提供的信息价值低、不解渴、不好看。在2015年纪念抗战胜利七十周年大阅兵的众多相关微博中，最热门的不是各大媒体有板有眼的报道，而是一个微博署名"周顾北的周"的草根网友发布的一条"这盛世，如你所愿"短短七字的微博，该微博配图是周恩来总理的一张黑白照片。这条微博极大地唤起了微博网友的情感认同，让不少人表示"戳中泪点"，截至2015年9月3日晚上8点，转发量达九十三万，评论、点赞量达七十九万。

随着市场经济的发展和多元文化的勃兴，民众在获取新闻的过程中开始对新闻传播有了在信息获知之上的更高要求，希望与传播主体之间形成情感沟通和价值共鸣，这就是近几年"脑残粉"等文化现象兴起的主要原因，只要对传播主体产生了情感依赖和价值认同，不论对方传播了什么都会无条件地喜爱。如著名微信公号"罗辑思维"的使用者罗振宇推荐的任何书目都有众多粉丝购买，不论这本书真正的价值如何。反观我们的传统新闻媒体，则依然停留在简单的新闻价值

层面，缺乏与民众建立情感沟通和价值认同的思维与动力，造成目前受众与广告双向流失的不利局面。从这意义上说，受众变了而传统媒体没变，依然刻舟求剑地进行新闻宣传才造成了目前的局面。

（四）入耳入脑入心的前提是入眼，传统媒体在注意力资源的占有上越来越不占优势

按照认知心理学，人们对信息认知的过程遵循注意→兴趣→需求→内化等几个环节，入耳入脑入心的前提是入眼，即必须引起受众的注意。笔者所领导的调研组曾经对中国人民大学新闻学院2015级新生做过简单测评，一百四十七名学生中最近一周阅读过《人民日报》的学生仅为九人（学生可以每天免费在宿舍楼下取阅最新的《人民日报》），传统媒体没法进入受众的注意力通道是目前最大的问题。如果不能解决"入眼"的问题，入耳入脑入心更无从谈起。新一代受众呈现出了全新阅读喜好。在信源权威性上，人们对于内容提供方的态度已经随着信息供求结构的变化产生了转变，在信息爆炸、资讯多样化时代，用户更多把目光聚焦到内容是否满足需求上，对信息的权威性和可信度的敏感性有所下降。根据艾瑞咨询发布的《2016年新闻资讯渠道价值研究报告》，用户资讯获取的方便程度、时效性、内容覆盖范围成了用户选择资讯获取途径的三大首要考量。在具体信息内容上，受众的信息获取也进入了速食时代，更活泼的文字、图片、视频和个性化推荐受到欢迎，用户最喜欢的资讯形式为头条和标题，而专题报道和长文相较之下则备受冷落。互联网技术的发展也加速了信息速食的趋势，互联网促进了网络新闻"算法分发"，即精准内容推荐模式的快速发展。基于用户兴趣的算法分发利用数据技术，筛选用户感兴趣的新闻资讯，极大提升了新闻的分发效率。传统的"编辑分发"已经不足以把握用户的注意力资源。传统媒体在无法改变互联网

催生的既有的信息供给结构和用户习惯的前提下，想要使信息到达民众并为民众接受，就必须要重塑自己的表达方式。

（五）成功的"两微一端"在新闻信息传播中承载着社会信息流动中不可或缺的"二传手"和"意见发酵池"的功能

随着微视频、问答类社区、弹幕、应用笔记等新的技术应用的出现，新闻热点事件越来呈现出"遍地开花"的趋势，如某非正常死亡事件的最早爆料平台为问答类社区——知乎，但由于这些新兴技术平台的网民基数及自身技术特性，不适合意见的交锋与对接，而微博、微信由于其技术特性，依然扮演着新闻传播必不可少的环节，即意见发酵与事件的价值赋予功能，同时也扮演着信息扩散的"二传手"角色，依然是社会舆论场中最核心的信息桥结点。"两微一端"由于其本身的公开性、公共性特质，已然成了一个公开的舆论场。在相关新闻下，民众可以参与公共讨论，产生观点的交流和碰撞，甚至是再传播、再生产。除非完全封闭公共讨论的空间，否则即便是严肃的主流媒体也不能避免地会充当"意见发酵池"。就这一点而言，主流媒体与商业媒体不论导向性是否有差别，都会被民众"一视同仁"。因此，传统媒体从思维到人士，从内容到渠道，从平台到经营，仍亟待实现与新媒体的"深度融合"，最终形成良性的可持续的现代传播体系。

（六）时政新闻从数量上看只是网民较低的信息需求，网民新闻消费的总体呈现出多来源、多层次、全方位的复合型消费形态

追求猎奇好玩的信息是人的信息需求天性，在民众的信息偏好类别上，娱乐、体育等软性新闻的比例最高（47.2%），远超过时政新闻（11.3%）。国外的政治学研究表明，在一个政治生态稳定的社会中，民众对时政新闻的关注要低于政治不稳定的社会。这也是这几年西方社会大选中"首投族"（参与首次投票的总人数）越来越少的原

因，时政类新闻被过多过度地关注恰恰说明政治生态出了问题。2015年12月，《人民日报》发布出2015年国内十大新闻，其中时政类新闻占八条，社会新闻和经济新闻各一条。而新浪微博根据热议程度盘点出的2015年十大热门新闻中，时政类新闻仅占五条，社会新闻两条，娱乐新闻两条，经济新闻一条。相比之下，范冰冰李晨公开恋情，姚贝娜去世等娱乐新闻都成为网友热议，但《人民日报》所盘点的中央修订颁布两部党内法规、新一轮军队改革启动等时政新闻却没有引起民众的较高关注。在某种程度上而言，网民对于时政类新闻的关注被过度强调了。相较于传统媒体，商业门户网站对娱乐新闻的关注度更高，实际是更符合民众信息需求结构的表现。商业门户网站看似总量不小的新闻采编人员很多是专门服务于娱乐新闻岗位，腾讯娱乐、凤凰娱乐、搜狐娱乐近年来发展的强劲势头已经足以体现商业网站对娱乐新闻的重视。而传统媒体过度强调时政类新闻以期树立主流媒体的权威只能使得媒体越来越远离民众。

（七）非时政类新闻对社会情感按摩与代偿、维护社会稳定具有重要作用

美国传播学者拉扎斯菲尔德（Paul Lazarsfeld）和默顿（Merton）曾将新闻传媒的社会功能归结为：社会地位赋予功能、社会规范强制功能和社会麻痹功能。时政类新闻由于其内容的敏感性与特殊性，承担着前两者的属性，但不能承担社会麻痹功能；只有软性的娱乐、体育等非时政类新闻才能实现这一功能，娱乐等软性新闻一定程度上能够实现话题转移、社会情感安抚与心理代偿的作用，

在社会学研究中"社会安全阀"是一个重要的概念。学者认为，通过建立社会安全阀制度，使得社会情绪具有了代偿目标和发泄渠道，有助于维护社会关系。一定程度上，网络上的非时政类新闻就具

有社会代偿功能，可以消解社会情绪，维护社会稳定。通过网民在网络上的戏谑、嘲讽甚至辱骂，宣泄了社会不满情绪，化解了社会戾气，减少了网民付诸于线下具体冲突的可能性。过分强调时政新闻的作用而忽视其他新闻的价值，会引起民众情绪极大的压抑与反弹。2016年9月15日，微博用户"中国作家刘信达"发微博称"王宝强必须就里约奥运会失利，向全体中国人民道歉！"认为王宝强的娱乐新闻分散了民众在国家大事上的注意力。这一条微博引起了网友极大的不满，收到两万六千多条回复，多以抨击为主。这一事件虽小，却也足以看出民众新闻多元需求被尊重的渴望，单一的新闻种类无法支撑起良好的新闻舆论环境。

另外，非时政类新闻对转移社会焦点议题也具有一定的价值，如王宝强离婚事件对雷洋非正常死亡事件具有一定的消解稀释作用。过度的娱乐化固然会使得整个社会浮躁，但适度的娱乐会使得整个社会心情愉悦，一定程度上起到维护社会稳定的重要作用，这恰恰是当下中国所需要的一种社会功能。

二、供给侧：新闻信息生产供给侧呈现出严重的结构性失声、失序和失势的态势

（一）传统媒体的传播普遍呈现渠道失灵、传播中断的态势，社交媒体成为触达广大受众"最后一公里"的传播渠道，新闻传播呈现为接力传播的模式

随着自媒体平台和终端的发展，信息传播已经进入"秒传播"时代，新闻报道进入以个人为代表的社会化生产为主的阶段，传统媒体获取新闻源也由传统的通讯员转移到社交媒体网站，并且以知乎、网络电台、AB站弹幕、网络直播、网络字幕组、笔记类分享应用（如

印象笔记等）等为代表的新兴自媒体平台已然兴起，微信、微博、微视频甚至被进一步推延，变为热点事件的"二传手"，更何况传统媒体，新闻传播呈现出接力传播模式，即"自媒体—微信—微博—传统媒体—新闻网站—公众"。前一段引人关注的某事件就是最典型的案例，该事件最早是在知识问答类社区——知乎上首先爆料的，后来再在人大校友朋友圈中被刷屏，进而在微博上引起大家的讨论，传统媒体这时才介入报道，新闻门户网站转载打通到民众的"最后一公里"。

（二）当前新闻信息生产的供给侧结构存在失声、失序和失势的状态

信息技术革命正在改造乃至颠覆新闻传播业，进而延伸至对传统新闻生产关系的重构。传统的新闻生产供给侧是由国家掌管的传统媒体来主导的，但随着新兴媒介技术的发展，所有的新兴技术平台都有了"媒体化"的属性。无论是问答类应用还是健身类应用，都成为新的信息生产者，加入到新闻信息的供给侧之中，新闻生产供给侧出现了翻天覆地的变化；传统媒体的新闻生产由于其技术、思维、体制等多方面的原因，在供给侧结构中越来越边缘化，失声、失势的状态已经形成，传统媒体在失去了多次把握主动权的机会后变得更加被动。

反观欧美新闻生产供给，我们口中的传统媒体，它们的客户端反而成了读者主要的新闻来源，像《纽约时报》、CNN都非常热门，远远超过聚合类和门户类的网站。主要原因就在于，传统媒体借助自身良好的公信力，与时俱进，在新闻生产理念、技术更新速度上与新闻聚合网站不相上下，如美国《纽约时报》采用个性化推送，"看什么"由受众做主。

而在一些重大突发事件面前，我国传统媒体由于宣传纪律的限

制，往往处于失声的状态；在信息真空中，谣言自然乘虚而入，而一些谣言摸清了民众的心理预期，迅速形成网民群体的思维定式和刻板印象。后期传统媒体再进行澄清常常显得劳而少功，甚至适得其反。

另外一方面，在传统媒体工作者的专业价值实现受限的背景下，最会做内容的传统媒体"意外"地成就了一大批内容创业者。这就是所谓传统媒体的人才流失问题。由于内容创业行业越来越红火，尤其是经济刺激力度较大，传统媒体辛辛苦苦培养的人才流失得越来越快，人才的流失必然导致传统媒体的内容生产能力下降得更快，未来传统媒体的新闻生产供给的压力会越来越大。2015年以来，长期以来以内容见长，认为自己最会做内容的传统媒体却迎来了煎熬的窘境：受众流失、广告下滑、骨干流失，"红旗还能打多久"的困惑萦绕在上至媒体一把手下至普通员工的心头而难以挥去。互联网打破了传统媒体的内容垄断权。不过，仍有一些传统媒体认为：传统媒体相对于互联网的最大优势是"新闻采编权"。言下之意内容依然是传统媒体竞争的利器和撒手锏。这句话貌似很对，但实际上正是独家的"新闻采编权"给了传统媒体内容垄断的优势，也正是独家的"新闻采编权"使得传统媒体一直过着优哉优哉的舒服日子。然而，大量内容创业者的涌入，在壮大互联网媒体内容势力的同时，也在很大程度上削弱了传统媒体的内容优势。概言之，新闻生产的供给侧改革到了必须改变目前以传统媒体为本位的惯例的时候了。

（三）在巨大的竞争压力之下，传统媒体在时政报道中也时常出现标题党和哗众取宠的现象

在当下的媒体环境下，信息传播速度大大提高，竞争的环境和生存压力，"逼"一些传统媒体习惯"迅速出手，否则新闻可能成为旧闻"。于是，相当一部分传统媒体、新媒体，甚至自媒体，都为了

"快"而"抢"。然而，一味求"快"让一些媒体变得浮躁，没有深入采访就发稿，没有核实就转载，为吸引眼球不惜使用标题党形式来哗众取宠，给媒体公信力、当事人都带来了伤害。比如2015年6月23日，某国家级媒体播发《走私僵尸肉窜上餐桌，谁之过？》，该报道通篇叙述的重点只是说海关屡屡查获走私肉，对国家食品安全造成很大影响。但是一句信源表述不详的"甚至冷冻三四十年的肉"被抽象化命名成了"僵尸肉"，使得七十年代的"僵尸肉"在受众的记忆图景中成为"板上钉钉"的事件，造成社会上不必要的恐慌情绪。再比如，2016年2月21日，中央公布了《关于进一步加强城市规划建设管理工作的若干意见》（以下简称《意见》）的重磅文件。22日早上9点，微博上正式有媒体提出"拆围墙"，比较有代表性的是某主流媒体的新闻客户端在9点发布《你家的小区围墙要拆了？中国城市将不再建封闭住宅小区》，此后不少网站和报纸跟进使用"拆围墙"，对于《意见》的政策传播出现噪音和谣言。

（四）门户网站在时政新闻的内容解读形式和质量上开始比肩传统媒体

传统媒体由于自身历史的原因，在商业运作能力、讲故事的水平等方面还与门户网站存在一定的差距，尤其是在对时政类新闻的内容解读与呈现方面。门户商业网站借助自身的技术优势，在互动与友好呈现方面给了网民更好的体验。如2014年11月11日晚上，习近平带奥巴马夜观中南海瀛台，传统媒体的报道相对中规中矩，而网易新闻推出了一个互动新闻，即将习近平总书记与奥巴马的卡通形象站在瀛台地图上，每一个景点都可以互动展现这个景点的历史和两位领导说了什么，特能吸引网民的关注。2014年腾讯视频制作的年终国际新闻盘点作品《一眼难尽》同样让人耳目一新，H5技术配合手机重力感应系统、裸眼 3D 图片技术，将年度国际大事对比盘点，用户只需要倾斜手机就能逐一历数马航事件、一战纪念、德国世界杯夺冠等众多大事。而这些无论在眼界还是表现手法上都是目前传统媒体尚不具备的。

（五）传统媒体的话语体系与新时代用户的需求之间存在着较为明显的"裂隙"

传统媒体长期以来形成了权威、严肃的话语体系，其中的典型代表是"新华体""人民体"和"央视体"，很符合年龄较大和受教育程度较高的受众的口味。但是，现在用户的群体变了，互联网年轻化的现象很普遍，"领导与你谈谈心""专家告诉你"等传统的话语策略已经行不通，现在实行的是"友谊的小船说翻就翻""Are you OK"等轻松的话语策略。也许这种话语形式用传统的眼光看显得太"low"，但传播的最高境界是什么呢？不就是以文化人，在用户不知不觉中完成价值观的传达和熏陶吗？如果用户根本不愿意听你说什么，你自以为再高明的内容又能产生什么影响呢？在这方面，《人民日报》（海外版）旗下的"侠客岛"等微信公众号就给传统媒体提供了很好的创新探索和启示。

（六）机器人写作、虚拟现实技术对新闻业生产与新闻监管产生颠覆式影响

2014 年 3 月 18 日，美国加州当地早晨发生了 4.4 级地震，而《洛杉矶时报》是首家报告这次地震的媒体，之所以能拔得头筹，也是赖于"机器人写手"的功劳。写一篇报道，机器人写手只需 1 分钟，并且文从字顺、数据翔实，看不出是机器人写作的。机器人写作使得传统媒体与记者的角色进一步转变，一般的信息生产权力被逐步"让渡"，专业化的新闻生产依然具有价值，但以前所承担的无所不包的

新闻生产功能必然会进一步细分化。

此外，VR技术则使得新闻生产的成本上升，对目前传统新闻"广种薄收"的新闻生产模式提出了挑战，传统新闻经济运作能力偏低，一定程度上不适合目前新技术层叠不穷的出现。媒介融合中传统媒体的不佳表现，一定程度上与新技术更新迭代速度过快、思维跟不上有关，因此这些新技术都对传统新闻生产模式造成颠覆性影响。

（作者系教育部长江学者特聘教授，北京师范大学新闻传播学院执行院长，中国人民大学新闻与社会发展研究中心主任，北京大学电视研究中心特聘研究员）

电视问政节目：媒体一小步，民主一大步（2012）

致掌辞

创新执政，务实传播，公民参与。只要有心，大有可为，《电视问政》与《我们圆桌会》搭建政府、媒体、公民平等沟通平台，省会城市台成为理性传播的领跑者，接地气，有胆识，有诚意。媒体一小步，社会民主一大步。

《电视问政》节目简介

播出时间：

2011年11月22日至2011年11月25日（共4场），每天20:00

2012年6月26日至2012年7月4日（共5场），每逢双日20:00

2012年12月17日至2012年12月21日（共5场），每天20:00

2013年7月2日至2013年7月6日（共5场），每天20:00

2013年12月25日至2013年12月29日（共5场），每天20:00

2014年7月2日至2014年7月6日（共5场），每天20:00

2015年1月6日至2015年1月10日（共5场），每天20:00
2015年7月6日至2015年7月11日（共6场），每天20:00
2015年12月25日至2015年12月30日（共6场），每天20:00
2016年7月18日至2016年7月22日（共5场），每天20:00
2017年7月17日至2017年7月19日（共3场），每天20:00
2017年12月16日至2017年12月18日（共3场），每天20:00
2018年8月8日至2018年8月10日（共3场），每天20:00
播出平台：武汉电视台
类型：议政类现场直播节目
主办单位：武汉市治庸问责办公室
承办单位：武汉广播电视总台

《我们圆桌会》节目简介

播出时间：2010年12月20日起，每周一至周五20:00
　　　　　2013年3月2日起，改为每周六、周日21:45
播出平台：杭州电视台综合频道
片长：改版前每期30分钟，改版后每期40分钟
类型：谈话节目
制片人：张平、项辉
节目顾问：王平
主持人：张平、郑煜

因何关注

在2012年的年度特别关注中,评委会将焦点汇集到了"媒体问政行为"之上,其代表杭州台《我们圆桌会》和武汉台《电视问政》获得掌声。地方电视台能够得到如此关注,也是北京大学电视研究中心眼光之独特与视野之开阔之体现。

杭州台和武汉台在媒体问政上做出的可贵实践,既是媒体承担社会责任的一种创新尝试,也是在公民实现有序参与民主政治上的积极探索。

尹鸿认为,城市电视台已经介入城市群众的生活当中,帮助建立更和谐的状态,让政府为民服务好。媒体问政为城市电视台提供了一种选择,应该把这个声音放大,让更多的城市知道它们能做这样的节目,这样的节目是更有价值的。同时,这个掌声也给了执政者如何合理地使用传媒一个参考。媒介是帮助政府与社会沟通十分重要的工具和平台,这对政府执政能力建设也是一个很好的启示。

刘昶认为,杭州台、武汉台的节目其实是协商式民主的成功实践范例。公民在决策立法上与执政者有直接的对话是当代政治发展的趋势,也是当代政治发展最重要的因素,今年的十八大也第一次明确提出了"社会主义协商民主是我国人民民主的重要形式",杭州台、武汉台都做出了非常可贵的实践,为我国公民有序的政治参与提供了很好的路径。

现场观点实录

这两个节目不仅为两个城市电视台提供了选择的方式,换句话说，城市电视台已经介入城市群众的生活当中，帮助我们建立更和谐的状态，让政府为民服务好，让城市台有自己的空间。

——尹鸿

把电视实实在在做成市民的问政公众平台，让市民有序参与、有效监督，这是一种进步，也是一种回归。武汉电视台和杭州电视台的实践证明，让公众有机会从政治关注、政治评论走向多种形式的政治参与，有益于中国的当下和未来，有益于电视的生存和发展。

——陆小华

大家注意一个细节，今天特别关注颁给的既不是国家台，也不是省级台，我们给了两个省会台，杭州台和武汉台。它们既不是省级台，也不是中国一般的地市级台，这一类台到底算中国电视的"第几世界"？我弄不清楚，"第二世界"不是，"第三世界"也不是，两级半吧。我记得武汉台的科教类节目，历史悠久，做得非常有名气，但在中国电视的竞争版图当中，省会台如何生存和发展，尤其值得像我这样职业研究电视的人好好想一想。

——时统宇

杭州台的节目、武汉台的节目，其实是协商式民主的成功实践的范例。协商式民主是20世纪80年代末期、90年代在西方兴起的理论，是发现代议制民主的缺点之后逐渐发展起来的，要求公民在决策立法上有直接的对话，这是当代政治发展的趋势，也是当代政治发展最重要的因素，因此在今年的十八大上，我们国

2012年特别关注对话现场

家第一次明确提出了"社会主义协商民主是我国人民民主的重要形式",实际上杭州台、武汉台都做出了非常可贵的实践,为我们国家的公民有序的政治参与提供了很好的路径。

——刘昶

大家都说民主是一个好东西,但真正好的是,很多正在做事的人从来不提民主这个词,但却实实在在地在做,这点非常重要。

——白岩松

其实做这样的问政节目特别需要团结,我看他们也很团结。

——白岩松

这个特别关注还有一个很重要的意义,就是告诉我们的执政者,要如何合理地使用传媒,通过媒介帮助政府和民众沟通。媒介应该更好地帮助管理社会,让更多的朋友参与协调。这个意义很重大。我们很多政府官员仍然把媒体看作,要么是给我抬轿子的,要么就是给我捣乱的。他就没有想过,媒介是帮助政府与社会沟通非常重要的工具、非常重要的桥梁和平台,我觉得这对我们执政能力的建设也是非常好的启示。

——尹鸿

任何"问政"都是出在地方,如果不是出在地方的话,问政就不太好问。地方给我们开了一个好头,实际上这种问政节目是在帮助地方官员问政。

——陈小川

谁在问、怎么问、问什么，这是我们最近想问的问题。我们是用电视台这种模式来问政，而不是电视台问政，我们后面有老百姓，老百姓有需求，我们要找到怎样巧妙把它做好的规律。

——黄尚建（武汉广播电视总台副总编辑）

有一个卫生局的局长是我的好朋友，他来参加我们的节目时他说他害怕，让我来陪他一下。结果老百姓问他的问题，全是医疗方面的，比如政府的相关政策、退休的人怎么看病等。他突然发现，为什么这些东西老百姓他们都不知道呢？我们其实什么政策都有。他说："下一期我再来，或者专门给我们做一期，我给他们解释。"我觉得这就是有需求。

——黄尚建

我们的收视率是1.6%，相当于一个节目平时收视率的三倍。在电视问政期间，我们投放的广告以公益广告为主。

——黄勇贤（武汉电视台总编室副主任）

任何冠名都是惨败的，对于武汉电视台来说，我们就把这个钱出了，其实没几个钱。

——黄尚建

我们在做《我们圆桌会》的时候有一个考虑，因为现在中国城市的治理已经进入政府不可能包揽天下的时代，现在很多城市问题需要政府和社会机构进行协商、合作、沟通交流和对话才能解决。在这个过程当中，我们要进行沟通、交流和合作，我们不是对立的。比如说垃圾处理问题，每个公民都在产生垃圾；比如汽车尾气的问题，每个开私家车的人都在制造污染。所以社会和公众应该形成共识，合作解决问题，这就需要对话和讨论，而不是针对性很强地对立起来。

——王平（杭州电视台《我们圆桌会》总策划）

领导经常会出汗，但我们通过这个节目在推动决策。

——王平

我们有这样一个要求：绝不允许说假话、空话、套话。在整个讨论当中，政府官员一定要到场，学界的专家要到场，市民要到场，行业评论员要到场，一起讨论一个问题，因为对于公共话题各界的意见都是很重要的。我们想找到一个新的民主电视的方式。首先是让大家都说心里话，都说实话。

——张平（杭州电视台《我们圆桌会》制片人、主持人）

我们在做电视的时候，一直说要按照媒体的规律去做，而不是按照官场规律去做，这是媒体应该坚持的。我们一直在坚持把这个节目长期做下去，在做的过程中还要不断完善它。

——王平

交流的前提是理性
——《我们圆桌会》制片人、主持人张平对话录

时间：2018 年 6 月 19 日　　形式：电话采访

张平，主任记者，杭州电视台综合频道《我们圆桌会》制片人、主持人。从事电视新闻工作近三十年。曾任新闻记者，调查记者，人物访谈、纪录片编导，新闻专栏主持人，谈话节目主持人。参与的新闻专题《震中 54 小时》获得中国新闻奖二等奖。主创的电视谈话节目《我们圆桌会》获得浙江新闻名专栏奖、中国广播电视影视大奖电视栏目奖、北京大学电视研究中心 2012 年度中国电视掌声奖。获第三届中国金话筒电视主持人百优奖。

采访人：您当初为什么会想到做一个问政类型的节目？

张平：当时是 2010 年，那时候网络开始高速发展，还没有微信，好像是微博正火的时候。网络让很多事件引发了热烈的讨论，比如"小悦悦事件"，当时感觉老百姓对政府有蛮多不信任的，只要政府一发声，网络上就是一片嘘声，就是那种众声喧哗的状态。

当时的政府，一是不善于，另外也疲于跟老百姓沟通。当时杭州市委办公厅的胡征宇副秘书长一直想在媒体上搞一个民主促民生的平台，在这样的背景下，他觉得搞这个平台更急迫了，觉得需要政府和民众进行面对面的对话、沟通交流，最后政府释疑解惑。有这个想法之后，他们决定和我们杭州电视台综合频道合办一档节目。首先，这个节目肯定是一个政府和民众对话的节目，而且是非常理性地、心平气和地沟通交流的节目，给政府一个说话和解释的地方。之所以叫

《我们圆桌会》是因为当时杭州一直在打造一个"我们"的概念,即所谓的民主促民生,希望这个城市里头的每一位成员都是这个城市的主人,共同治理这个城市。圆桌就是平等的意思,来源于西方的圆桌骑士概念,身份没有贵贱高低,大家平等地坐在一起,就城市的公共问题和民生问题进行对话,交流沟通,最好能够达成共识。

采访人:您强调这种平等对话的氛围,和冲突性比较强的节目类型相比,这种理性的气氛的优势在于哪里?

张平:以前媒体喜欢语不惊人死不休,风格就是以批评为主,把那些一把手问得哑口无言、大汗淋漓,大家就觉得这个非常好,这才是媒体的作用。但是那样的节目有不好的地方:只能图一时之快,就是发泄情绪,老百姓会觉得这些官员被我们问倒了我们很开心。但是实际上政府的很多公共、民生问题,不是说你批评一下官员就能解决的。政府需要听到建议,因为有时候他们自己不知道该怎么做,或者说他以为这样做是对的。

所以在这样的情况下,我们要理性的目的第一是让大家不冲动,这样我们才能够把很多的事情心平气和地说出来。第二,通过理性的交谈,大家才能够把自己的建议和意见都谈深、谈透、谈清楚。如果只是一方指责,不让另一方说话,那就没办法进行交流。交流的前提是理性。公众理性了以后,官员们才有可能愿意来参与讨论,如果你老是指责他的话,他的抵触情绪可能会更厉害。理性是基于一种建设性的考虑。为什么我们节目一定要强调学者的参与?就是因为大家能够理性,才能够开始交流沟通,最后才有可能达成共识。所以我们在嘉宾选择上也始终强调社会各界的参与,圆桌构成中一定有专家学者、政府部门、市民代表、话题利益相关方代表、媒体评论员、相关行业企业社会团体代表等各界人士，这样才能达到交流、沟通、协商的效果。

采访人：在多方对话的过程中，主持人扮演的是一个什么样的角色？

张平：主持人在这个节目当中还是非常重要的，因为我们这个节目不是完全按照台本走。我们拿到话题以后，首先自己了解，自己了解清楚以后我们就会向职能部门、向专家、向市民了解情况。然后根据所掌握的情况做一个提纲，比如说在整期节目当中，我们有哪几个分话题，怎样一步一步推进。主持人拿到这个提纲之后，在现场根据整个节目的推进、话题的推进，及时地进行把控，因为有的时候会跑题，有时候在节目当中又突然发现台本中没有发现的问题。所以主持人的作用第一个是把控，及时防止偏离主题。第二个是围绕主题进行深入，把最根本的东西挖出来，这是主持人的一个重要作用。第三个就是要在现场营造一种对话的气氛，平和的、理性的、轻松的气氛，使大家能够没有任何的压力，畅所欲言。第四个就是随时在场上进行调度，有的时候突然发现新的问题，可能不能够按照台本来了，我就按照我们所理解的这样一个方向走，再直奔主题。所以说《我们圆桌会》对主持人还是要求非常高的。其实《我们圆桌会》这个节目最大的一个好处在哪里？就是它绝对是把很多的问题完全地展示在观众面前，把建设性的意见和建议也摆在政府面前，一下子让他们也茅塞顿开。这就是这个节目很重要的一个作用，也是主持人在里面起的作用。

采访人：民生是所有人都关注的议题，而且《我们圆桌会》也有对民众开放议题征集通道，节目是如何在这么广泛的话题中进行选择和把握话题深度的？

张平：我们选择的话题肯定是城市公共问题，而不是市民的个人问题。这个问题一定是大家共同关注的，或者是比较重大的，或者是目前的热点，跟老百姓切身利益非常密切相关的，大家可以提供话题，但是我们一定要选取那些带有普遍性的话题。做了选择之后，通过我们自己对这个话题的理解和认识，和各个方面的了解来设定怎么谈这个话题，谈到哪一步，最后要拿出一个什么样的结果。针对每一个话题，我们栏目组要开两次会进行讨论，讨论好以后开始具体的操作。比如说像这个星期，今天上午我们定下来两个话题，其中一个就是抱团养老。现在老龄化特别厉害，杭州在全国来说是老龄化比较严重的，已经有20%多的老年人了。今年浙江省和杭州市政府又出台了一些新的政策，在养老这一块加大力度，且实际上养老是一个带有普遍性的社会问题，再加之最近在杭州附近出现了一些很成功的抱团养老的模式，所以我们就想把这些模式在我们的节目当中好好展示给大家，让大家看能不能够在整个的城市养老当中发挥社会的力量。这就是我们这个星期要做的一个话题。还有一个就是后G20时代杭州的城市治理。在G20会议期间，杭州的城市治理做得非常好，但是现在又开始退步了，所以我们还要做这么一个话题。这些话题如果做出来以后大家反应很强烈，有一些很好的建设性的意见的话，我们会把它整理出来，专报给市里的主要领导。

采访人：节目有一个很有意思的标志，就是每一个嘉宾手里都有一个表态手牌，可以随时表达他对于某一个人正在阐述的观点的意见。节目在添加这种元素的时候是做了怎样的考虑？

张平：一般的谈话节目都是上面有几个嘉宾在谈，下面一群观众在看。我觉得那种节目形式不好，我们不想让观众来做人肉背景。而节目容量有限，如果人多就不可能每人都能说话了。所以这个节目，人不能太多，且一定要让每个人都说话，这样它的参与热度才会有。原来我们只有六个人，后来发现老百姓的声音太轻，后来就增加到十几个人，现在我们大概每次有十三个人来参加节目，增加了四五位市民代表。

为了大家能够在现场及时地互相交流，我们就觉得一定要在讨论当中有自己的观点。比如对方的观点你认可，你要给他鼓励亮黄牌；如果你不认可，你把红牌亮出来的话，我们就知道你是反对的，这时候我们就可以让你提出你的反对的意见和建议。牌子的作用一个是便于在整个节目当中让主持人掌握每个人的态度，第二个也能够及时让他们表达他们的认识，第三个是嘉宾听到认可的观点还可以给对方点赞，互相鼓励，给大家营造这样一种氛围，让他感觉很好。另外这些牌子也能够表达对这个问题态度的比例，知道反对的人和赞成人都有多少。所以在节目当中设置这种符号性的东西，我觉得一个是让节目更生动更好看一点，同时也能够及时表达他们的一些观点和想法，第三有助于主持人掌握现场的一些情况。

采访人：您认为政府的参与为这个问政节目带来了什么？问政节目又为政府带来了什么？两者之间的关系是怎样的？

张平：我们这个节目其实不应该叫问政节目了，我觉得我们这个节目有点像是一个协商节目。

首先对政府来说，他们收益还是蛮大的。刚开始的时候政府对于参加电视的讨论其实是蛮抵触的，政府官员其实都不愿来参加节目，认为是来听骂声的，然后杭州市委办公厅用了一个制度就是发函，比如说这次节目的话题涉及城管委，那市委办公厅就出面发个函，要求城管委必须来参加节目讨论，用这种制度保证我们这个节目有相关职能部门参加。参加了以后他们突然发现，这个节目对他们来说挺有用的。过去政府办事情有的时候吃力不讨好，他们觉得到这个节目上，他能够把他们要办的事给大家说清楚，释疑解惑。第二，政府过去是闭门造车，通过这个节目，他们能够听到专家学者、老百姓各方对这个事物的认识和意见，就知道了民意。第三点就是他们在这确实听取了非常多好的建议，回去对他们工作的开展有很好的帮助。

民间智慧在《我们圆桌会》上体现得特别充分，所以杭州的市委书记市长对此都非常重视，经常收看节目，他们觉得《我们圆桌会》上的建议是最真实的。现在杭州政府部门已经养成一种习惯了，要出台一个新政策，要听取民意，就到《我们圆桌会》上来做一次节目，这就成了政府部门听取民意和民间智慧的一个非常重要的平台，杭州有四十多个政策的出台都受到了它的影响。现在政府很主动了。

对于这个节目的好处就是，以往我们做节目以揭露批评报道为主，一段时间下来，再采访职能部门就很困难，光批评没有建设性，职能部门不配合，节目寿命也不会长。像美国现在开始做解惑新闻，我觉得这是世界的一个趋势，他们也发现如果报道只是图一时之快，实际上解决不了根本的问题。只有通过协商，通过好的建设性的建议，通过大家共同想办法，才能够推动社会进步。这样政府欢迎，老百姓也欢迎。而且，问政培养了市民的公民意识和理性的精神，我们现在有一大批粉丝，他们关心这个城市的公共事务。他们自己都说：我们现在很理性地考虑问题，不像过去那么偏激了。

还有一个就是专家学者也走出象牙塔，把他们的真才实学用到社会当中，这是非常有用的价值。他们也变得能够接地气了，能够了解民意了。所以对专家学者来说，《我们圆桌会》也是很好的服务社会的平台。因为现在的普遍现象就是专家学者有自己的世界，忙着做课题，他们跟这个社会有时候不太接轨，这也是一种资源浪费。但是《我们圆桌会》这个平台就给他们一个空间，通过《我们圆桌会》，我们现在培养了好多杭州的"网红"专家，现在政府遇到问题都要听他们的建议。所以，这是一个多赢的节目。

采访人：您能简单介绍一下这个节目从坐而论道演化为实际的对民生的改善有哪些比较有代表性的成果吗？

张平：《我们圆桌会》有很多很好的社会反馈，对杭州一些政策的推进绝对是有实际性的帮助。比如交通治堵，杭州很多的交通治理方法都是以《我们圆桌会》当中大家提的"交通三十六计"为基础的，城管也采用了很多的建议，再有就是物价的调整，包括水价、煤气价格的调整，还有公共自行车的管理。另外杭州地铁交通设施标识的导引，包括街道路名的导引标志建设都受到了节目的影响，各个方面都有实质性的推进。

采访人：这个节目其实也可以算作是对于公民公共素养的一种培训吧。

张平：是的，是对于公民素养和公共意识的培训。因为老百姓以前可能站在各自的利益角度来考虑问题，但进入城市化以后，公共的领域越来越多了，很多时候因为大家没有公共意识，所以社会才会出现问题。通过这个节目，我们也不断地进行关于公共意识的讨论，这样的讨论在我们好多期节目当中出现了，这是一个。第二，老百姓都来参加以后，他们都有了全局的观念，他们看问题就不会那么偏狭了，我们就可以站在更高的层面，培养他们对整个杭州市的公共事务的热情。现在杭州老百姓还是挺关心这个城市的公共事务的，比如说西湖是世界文化遗产，但有些人到西湖边去唱歌、跳舞、唱越剧，噪声非常厉害。政府的办法就是让老百姓把分贝降下来，或者规定有些地方不能跳，但老百姓不同意，最后就跟政府管理人员推推搡搡起来，不让他们进行执法，闹得很厉害，媒体也进行了很多报道，可是政府没办法，就是搞不定这些人。后来我们就把"圆桌"搬到了西湖边，把每天在西湖边唱歌跳舞的几十位代表请到现场，再把反对方的市民、专家学者、外国朋友和职能部门都请来，我们在西湖边的柳浪闻莺公园里面做了两场圆桌会，好好讨论这个事情该怎么办。最后大家都充分地互相理解了，约定了一个《湖滨公园娱乐自治公约》，并且在演出队伍里设置志愿者，戴上红袖章，让他们自己管理自己，变成了湖滨沿线的一个娱乐的自治队伍。这样的话，他们的积极性就高了，也不抵触了。在这个节目当中，专家会详细讲解公共意识，老百姓也就明白了：西湖边是一个公共区域，是杭州的标志，我如果这么做，其实会给城市丢脸。慢慢地这个事情得到了有效解决，后来他们专门给我们送了一面锦旗。

采访人：《我们圆桌会》是一个地级台的节目，在地级频道播出对于这个节目而言，有什么优势和劣势？

张平：这种节目在省级卫视做不一定能做得好，因为它是区域性的，完全就是一个闭合式的小世界。它的落地性很强、黏合性很强、针对性很强、目的性很强，跟这个区域的每个人的关系都非常紧密。另外从市级政府的角度想，他们也更愿意跟自己市级区域的媒体合作,这样的话更能接地气,就是有这样的优势。劣势就是它的收视率和影响力不会那么大了。

采访人:《我们圆桌会》有没有在传播和推广方面采取一些措施呢?

张平:推广现在确实是我们的短板,因为我们人手很紧,时间也很紧张,每星期两个话题都是当周决定当周做的。在推广方面呢,我们是有公众号的,跟杭州网也进行了合作,在"民声试听"板块上我们也一块落地了,线下我们会通过路上的路牌宣传一下,原来我们还进社区搞社区小圆桌,进工厂,到实地去,把桌子搬到现场去做。应该说在推广上我们的手段不是太多,也做得不是太好,因为我们确实需要精力和时间。如果有一个专业的团队来帮我们做推广,可能效果更好。但是现在《我们圆桌会》在整个杭州的影响还是挺大的,包括我们的市委书记和市长都经常在政府部门中帮我们推广。政府部门中对于《我们圆桌会》的知晓度基本上是特别高的。在民众当中的认知度也比较厉害,菜场里的摊贩、保安室的门卫、收停车费的人都知道《我们圆桌会》。而且节目里很多的专家评论员也成了明星,出门能被认出来。包括一些经常来参加节目的热心市民,在民众当中也已经成了明星。我们这档节目应该说是口口相传,大家自发地互相传递。

采访人:节目今后的发展可能会有哪些改变呢?有没有一些新的构想?

张平:今年下半年我们的演播室要高清改造了,改造之后可能会做一个大屏。我们一直想让更多的人参与进来,毕竟现在讨论的只有那么十三四个人。我们可以让北京的专家学者通过连线的方式来参与，或者说让那些老百姓，因为工作没办法来参加的人，通过视频来参加，这是表现形式手段层面上的改变。我们还在想，怎么样才能让节目更生动，因为四十分钟的容量真的是太小了。我们经常会发现，一个半小时剪成四十分钟，有时候就感觉好像意犹未尽，但是又不能限制他们发言。这个事情还要看以后怎么解决。我们杭州有一个市民中心，本来想在那边做个小圆桌，摄影棚再来个大圆桌，每次连线小圆桌进行讨论，但是时间上不够，这个问题就困扰着我们。不管怎么说，我们肯定想多层次、多方式、多人群来参加节目。另外在表现手段上，我们能够尽量到事件发生地现场去做节目。这些都在考虑当中，以后我想我们还会把它做得更加丰富。

采访人：在这么多年节目的创作过程中，您应该关注了杭州发展的很多问题，也听到了很多人的观点和声音，您有什么感触想要跟大家分享的吗？

张平：我个人的感触就是，做媒体三十多年了，我觉得我做了一件非常有意义、有价值的事情。一个公共性的媒体，要承担社会责任、推动社会进步。媒体用这样一种形式来深度参与到整个城市的治理当中，并且在将近八年的时间里头，《我们圆桌会》这个节目在某种程度上真的在推动这个城市的进步和发展，这点让我感到非常荣幸。作为传统主流媒体，《我们圆桌会》这个节目走出了一条有特色的、媒体服务社会的道路。我们这个节目还吸引了国外的学者来进行考察，从德国、日本、新加坡、美国、法国过来的都有。我印象最深的就是德国的一个学者跟我说："你们做得比我们好。"他觉得像这种每个人都成为城市的主人公，共同参与、解决问题的模式，是一种非常先进的模式。所以我的感受就是我们做了一件非常有意义的事情，作为传统媒体的一种探索是很有价值的。我真心希望这样的一种探索，能够在全国推广，希望其他地方都能够吸取这种模式。这个对中国的发展，特别是城市化的治理，是很好的一条道路。现在《我们圆桌会》已经不仅仅是一个电视节目了，它是整个杭州市城市治理链条中的构成环节，在其中发挥媒体的作用。这就是我最深刻的一种感受。

我的第二个感受就是我非常幸运能在杭州这个城市，我觉得在别的城市做会比较困难，不一定能办成这样的一个节目。好多地方来向我们取经时都说："我们不一定能办得成。"之所以杭州能够那么早地在2010年开始办这样一个节目，是因为这个城市的开放度，包括政府的开明，有一个很好的基础，所以在这点上我们也非常幸运。如今我们这个节目已经成了浙江大学成人教育学院的一堂课的内容。他们把全国各地的官员聚集起来进行培训，培训的时候必定要放《我们圆桌会》给他们看，《我们圆桌会》随着这个干部培训班的课传遍了全国各地。现在济南也开始做这样的节目叫《商量》，广州也在做了。

我们有一个信条，在节目里头我一直要求大家，不能说假话，不能说空话，不能说大话，就要说实实在在的话。这是我们节目一直严格遵守的原则。有些专家评论我们说："这是一个很老实的节目，是个很朴实、很实在的节目，不搞噱头，不搞花里胡哨，也不搞一鸣惊人，你们就这么实实在在地做！"我们就这么实实在在做了八年的时间，好在现在杭州市从上到下，大家都非常赞赏，这点还是比较成功的。

（采访人邓泽苗系北京大学新闻与传播学院2017级硕士研究生）

电视问政：中国"公共新闻"的开拓者
——以节目切入的现象关注

俞 虹

2012年年末，北京大学电视研究中心的年度掌声·嘘声中的"特别关注"，聚焦于"电视问政"，其实更准确地说它是一个特别的掌声。因为，"电视问政"让媒体真正成了政府与市民的桥梁，开启了中国电视媒体"公共新闻"的新征程，并以扎实的实践与追求引领了地方电视台问政节目的发展路径。

我们给予关注的理由是："媒体一小步，民主一大步。"这是核心意义的表达。

电视问政最早进入我的视线，大约是在2000年前后金话筒奖的评选，当时广州电视台选送的《市民广场》，让我眼前一亮！不仅因为主持人应对自如、睿智机敏，更让人耳目一新的是电视问政——一个新领域新天地的出现。从此，就有了对这类节目的关注、传播、研究。很快，从省级卫视到地方电视台，《电视问政》《人民问政》《问政面对面》《政府与百姓》等栏目层出不穷。可事实上，电视问政节目是听着挺热、看着挺好，做起来并不容易的节目，所以一直处于慢热的艰难行走状态。尽管可能有主管部门的支持，但是核心的话题、嘉宾和主持人，这三要素无不充满挑战。比如，选择怎样的话题，有热度有锐度又无风险？走上荧屏的领导官员、职能部门的主管们，能否直面大众，坦诚沟通？主持人又是否能与他们进行顺畅的无障碍交流？这些都既是让人疑惑也是现实存在的问题。恰恰在这些问题上我们看到杭州电视台的《我们圆桌会》与武汉电视台的《电视问政》，做出了积极而有借鉴意义的探索，值得在掌声与关注中放大影响力。

　　与《我们圆桌会》邂逅于那年暑假回杭州度假期间，真是意外的惊喜！尽管当时它已经走过三年，在当地也很有知名度了，但由于是地面节目，并不广为人知。节目开放坦诚的姿态、亲和简洁的形式、丰富多元的内容，将政府与媒体的共谋非常到位地呈现给了观众，真正搭建起政府与百姓交流沟通的桥梁，使之成为城市发展中热点问题的公共话语平台，积极有效地推进了城市文化建设。举贤不避亲！《电视问政》是一档在武汉影响很大的节目，每年开播时，几乎成了武汉市民的嘉年华。对于熟悉的身边事，听主持人怎么问，看市长怎么答，充满悬念和未知的进行时讨论，让市民们有充分理由去关注它。因此，这两个市级电视台的问政节目，得到中心特聘研究员们的一致肯定。发布现场的特聘研究员们与主创的对话场景，至今历历在目，作为那一届压轴的颁布与对话环节，产生了出乎意料的响尾效应。这是北京大学电视研究中心的掌声第一次为城市地方电视台响起。显然，这是为中国电视的媒介意义与责任担当响起；为这些节目背后所昭示的社会前进的步伐响起；为我们政府职能部门的开明、开放与城市公民素质的提高响起。

　　所谓电视问政，是指执政者通过电视媒体就公共事务与民沟通、公众借此参政议政的传播活动和传播现象。和传统的舆论监督、批评类节目不同，电视问政节目的最大特点是在同一时空或同一谈话场所中搭建了政府、媒体和公众面对面交流与沟通的平台。作为一种新的、动态发展中的节目形态，它与民生新闻、批评性报道、舆论监督节目等有不少相似和交叉之处，同时也有着自身鲜明的特点，如政府主导、多方参与、民生指向、公众诉求等，因此也具备了公共新闻的主要特征，是一种开拓性的探索。在目前国内电视问政类节目的具体实践中，不同电视媒体在节目理念、实际运作上均存在许多差异，比如既有媒介行动类的，也有常态化播出类的，既有现场直播的，也有准直播、录播的，不一而足。

电视问政节目的兴起具有多方面的原因，但其中最显著的一点在于它是中国民主化进程中政府创新与公民传播权利意识不断觉醒、参与公共事务的热情不断高涨的产物。党的十八大报告提出"健全社会主义协商民主制度"，主张在多元社会现实背景下，通过普通公民的参与，就决策和立法问题相互交流、沟通，最终达成广泛共识。电视问政节目的重要价值就在于在国家权力中枢和社会公众之间架设了一道桥梁，增强了政治体系的开放性和包容性，最大限度地倾听民声、反映民意、凝聚民智，从而增进互信，实现双赢或共赢。

著名学者俞可平教授指出："政府创新，就是公共权力机关为了提高行政效率和增进公共利益而进行的创造性改革。"[1]《我们圆桌会》正是杭州市政府创新管理的践行。市政府作为创办者和主办方直接参与节目，几乎全过程介入，但又尊重媒体的独立与专业性，给予节目鼎力的支持。与国内其他"问政"类电视栏目相比，《我们圆桌会》在价值追求、功能定位、栏目形态、运行机制等方面既实现了"搭建公共话语平台"的职能，又具有自身鲜明的特点。节目"平和"与"理性"共存，不以"问责"、辩论的尖锐方式制造针锋相对的现场效果，也不以暴露矛盾、解决问题为直接目标，而是致力于搭建平等参与、交流协商的平台，力求在多方讨论中取得共识。这种探索与实践，体现的正是走向"公共新闻"的探索与努力。使该栏目在政府执政创新、媒介责任引领、公民社会建设、电视内容生产等层面，特别对中国公

---

[1] 俞可平著：《民主与陀螺》，北京大学出版社 2006 年版，第 107 页。

共新闻的发展都具有一定的启示意义与样本价值。

电视问政类节目的核心指向在于"问计于民、问需于民",在于搭建公共、开放的话语平台,让公民通过公共媒体参政议政。从这个角度看,电视问政节目是中国特色媒介体制下电视媒体走群众路线的生动实践。也是公民反映心声、参与公共管理的主要途径,在促进民主政治发展方面具有独特作用。随着中国社会民主建设的加强、公众参政议政意识的提高,"政府开放日""市民热线""电视问政""网络问政"等多种公众参政议政的形式开始兴起和发展,电视问政是其中重要的媒体平台,也将在各方的关注下努力前行,逐渐走向成熟。

总之,我们试图通过年度特别关注引导人们对中国电视问政节目当下与未来发展做出前瞻性的思考:这类节目在培育公民意识与建构城市公共领域上有多大可为空间?互联网时代如何在融合传播中最大化地实现问政节目的有效到达与传播影响生成?因此关于电视问政的意义追问,必然指向它对建构合理、平等、开放的公共话语平台,形成公共舆论以促进公共新闻的推进与发展等问题层面的探讨。从这个意义上看,电视问政依然在路上。

(作者系北京大学新闻与传播学院副院长、教授,
北京大学电视研究中心主任)

中央电视台纪录频道：
国家电视台厚重的人文追求和历史气象
（2011）

中央电视台纪录频道基本信息

开播时间：2011 年 1 月 1 日

频道标语：纪录 天地之间

因何关注

央视纪录频道自 2011 年 11 月 1 日开播以来，作为中国唯一一个全国播出、全球覆盖的高端专业纪录片频道，取得了巨大的成就。一直以来被认为是高雅、小众的纪录片在央视纪录频道的传播下成为各个年龄层都可以收看的家庭教育节目，在这个浮躁年代里，央视纪录频道坚守了作为媒体的教育责任，坚持理念先行、内容为王、品质第一，为广大观众提供了与众不同的历史题材与内容，同时为中国加强文化软实力建设、提升国际影响力和传播能力做出了巨大贡献，极大地提升了中国电视的高端影响力，也为改善中国电视文化生态做出了重要表率。

现场观点实录

这是中国电视发展史上第一个国家级专业纪录频道，开播一年以来好评如潮，其身后的历史文化内涵与清新高雅的品质品位，极大地提升了中国电视的高端影响力，也为改善中国电视文化生态做出了重要贡献。

——胡智锋

一部纪录片，可以是一个人、一个社会、一个民族、一个国家或者一个群体的记忆，它的影像记载的是人类的历史、人类的文明，它保留和传承的文化价值是现实而深远的。纪录片意味着一个文化大国的国家电视台的立台之本，我们希望这个"本"能够永远保持下去。

——刘昶

我想到一句中央人民广播电台的口号，送给中央电视台的纪录频道，叫"万众喧嚣中，我有我追求！"

——张志君

我们频道宣传短片的 logo 设计就意味着频道内容的丰富性和多样性的理念。我们觉得纪录片里面最核心的一个理念就是多元和多样，所以，我们弄一个立方体，希望能够从不同侧面观察这个世界。

——周艳（中央电视台纪录频道副总监）

我们以高品质、高规格、高质量的节目赢得了学界和业界很大的关注和支持。但超乎预期的是青少年观众的流入量特别大。因为很多纪录片的知识含量非常丰富。现在很多青少年，把我们这个频道作为获取知识的另一个平台，这是非常让人欣喜的一个现象。在国外，纪录片的核心受众往往是中老年人，而我们在这有了很大的改变，为未来的发展预留了很大的上升空间。

——韩雯（中央电视台纪录频道规划组制片人）

引领人类精神世界
——中央电视台纪录频道总监梁红对话录

时间：2018年7月5日　　形式：电话采访

梁红，中央电视台纪录频道总监。长年从事人文与社会现实类纪录片创作，其导演和任制片人的多部作品曾获国家级及国际纪录片节大奖。曾创办《讲述》《心理访谈》等多个栏目，并率团队自主原创《中国诗词大会》等多项具有广泛社会影响力的品牌项目，是位有深厚文化积淀并具国际视野和创新力的媒体工作者。

采访人：央视纪录频道自2011年建立以来，作为中国第一个国家级纪录频道在传播中国文化与培养国民文化素养方面扮演怎么样的一个角色？

梁红：中央电视台纪录频道是一个面向国内外的大舞台，优秀的作品、优秀的团队、优秀的创意或选题，都能在这个平台上获得掌声与喝彩。纪录频道也是一个大擂台，那些契合国家传播需要和观众收视需求的纪录片会发挥"良币驱逐劣币"的作用，快速替代行业中意识陈旧、粗制滥造的低端作品，进而提升整个行业纪录片的品质。它还是一个枢纽，是中国纪录片走向国际市场和国际主流平台的重要推动力，是打造国家名片，展示国家形象的重要力量。纪录片对于过去和未来，对于人类的精神世界都承担着一份独特的责任。纪录片对于我们居住的这个世界有所影响，但它的责任还远不止于此。纪录片应当也必须帮助我们超越眼前的功利需求，探索未来的方向，帮助人类建立长远的梦想，探索更美好未来的可能性。

采访人：纪录频道成立之初，引进了大量国外纪录片版权（BBC、Discovery）的纪录片版权，在很短的时间内就产出很多自制的优质纪录片，您认为转变得如此快的主要原因是什么？在这个转变的过程中遇到了哪些困难与阻碍？

梁红：我觉得首先纪录频道这些年来经历了一次国际化的过程，也就是在传播语态、制作技术、观念表达等内在和外在的元素方面，通过交流与合作实现提升，同时我们又始终坚守我们自己的文化自信，那就是不管用什么样的技术，什么语言，什么形态，都是要讲好一个中国故事，我们自己的故事。

在这个过程中，目前最大的阻碍依然是纪录片行业长久以来的惯性创作，我们的纪录片依然存在着说教意味浓厚、节奏偏慢、题材过于高冷、孤芳自赏、传播力不强等问题。所以在2018年，我们既会有大投入、大制作的品牌大片，也要有小而美、接地气的精品集群，更要有可以延续生产的文化IP级纪录片。

采访人： 央视纪录频道的纪录片从开始有框架、构想到最终搬上荧幕，大概需要多长的时间？

梁红： 按照国际通行标准，通常一部公共媒体纪录片的制作周期平均需要十八个月，根据不同的制作需要会有更短或者更长的周期。

采访人： 一直以来被认为是小众、高雅的纪录片，在央视纪录频道开播以来不断聚拢不同年龄层与背景受众，您认为最主要的原因是什么？

梁红： 没有受众的纪录片是必然要死亡的。中国有全世界最大的电视观众群，也有最大的互联网用户群，这是纪录片发展最大的"人口红利"。央视纪录频道开播八年，始终在做的一件事就是让曲高和寡、阳春白雪的纪录片能够接地气聚人气，从殿堂走入民间，这一点《舌尖上的中国》的出现应该说是标杆性的一个节点。

采访人： 平时团队是通过什么样的方式去关注贴切社会的议题（如《00后》《镜子》），并通过独特的视角去呈现给观众的？

梁红： 央视纪录频道一方面在内部广泛打开选题遴选的模式，及时跟进受众需求心理，掌握好文化生态的引导能力。另一方面始终不能闭门造车，要最大化扩大创作人才的年轻化、大众化、全球化。纪录片的未来年轻人是关键，央视纪录频道以"我们始终年轻"为核心价值，从2017年开始，频道进一步释放年轻导演梯队的创作热情，从年轻人的审美需求和工作思维中找寻节目的发展方向。同时，频道的许多作品也是整个中国纪录片行业的创作体现，2017年以来，央视纪录频道向全行业发出"共同打造行业生态圈"的呼吁，获得大量地方电视台、制作机构的认同与支持，让每一个希望做纪录片的人都可以随时随地找到央视纪录频道。

采访人：近些年频道的 logo 包装不断在变化，2018 年年初有对频道的品牌标识再一次的视觉升级，请问这一次的升级与以往的相比有什么新的想法以及想传达的信息？

梁红：纪录频道的视觉包装系统在国际屡获大奖，一直是我们品牌形象的重要组成。我认为我们的视觉系统一方面传递我们的品牌价值和诉求，另一方面也体现纪录频道的总体美学思考。我们坚持的是，在打造国际文化品牌的过程中，将频道包装作为品牌视觉资产运营，维持包装作品的高水准，不断扩充完善视觉识别系统。让助力纪录频道品牌建设的目标贯穿始终，指导实际工作中的每一个细节。

在本次改版中，我们依然将蓝色立方体 logo 作为频道视觉资产、品牌资产来进行运营管理，为它赋予更强的传播力，沉淀新的视觉资产价值，以立方体 logo 为载体，让央视纪录频道理性、多元、全面纪录时代的形象深入人心。我们还继承了与国际顶尖团队的合作经验。此次包装升级中，央视纪录频道依然与国际一流设计团队保持了良好的合作关系。相关团队长期服务于 BBC、HBO、迪士尼等国际知名影视频道品牌。良好的沟通让双方的合作迸溅出火花，新设计沉稳又不乏活力，在世界范围内也鲜有类似作品。它既适合频道固有的收视群体，又能吸引年轻观众，实现了"内容资源的国际化、传播方式的国际化、人才资源的国际化"，用国际通行的表达方式来诠释中国文化的品牌价值。在继承之外，本次新包装也有所突破。首先，在频道导视系统中，logo 首次以单片结构出现，呼应传统立方体 logo 的多元面向。单片结构从不同视角进行动态翻转，帮助观众看到事件的真实观点。且单片结构叠加累积，反映出纪录频道的深度内涵。这次频道导视系统较以往画面更加简洁，频道logo更加凸显出来，也更加适应跨屏幕呈现。此外，在这次更新的标识演绎中，我们首次让频道标识作为装置艺术作品出现。这次的设计理念是，大自然就是一个天然的博物馆，我们logo标志置身于大自然之中，融入天地之间。沙漠、湖面、丘陵、大山，给观众提供一个可以暂时抽离纷扰的宁静气氛。引导观众静心观看其见如艺术品般陈列着的频道logo。让观众以全新的视角去欣赏世界的真实。此次我们以视觉手法强化了全新的包装理念，赋予频道标识安静却不乏灵动的视觉样貌。在构思新包装内含的品牌定位时，我们将对频道的期冀融入其中，希望央视纪录这个品牌以真实、多元、变动的永恒姿态，成为这个新时代的记录者。

采访人：央视纪录频道自成立以来一直不断向国外推广中国文化，但依然存在许多传播题材上的壁垒，如在传播的题材上存在壁垒，如果不是一个有中国教育背景的人可能比较难以理解与吸收，请问您是如何看待这个问题的？

梁红：中国是一个历史悠久的国家。中国纪录片的资源很多都取材于此，这是中国纪录片文化资源的巨大优势。从传播的角度来看，国内和国际是不同的。国内，从我们做收视调查上来说，很多观众对历史类的纪录片有着巨大的渴求，所以在国内市场上，我们播放的题材很多都是历史类的纪录片。对于中国人来说，夏商周并不陌生，所以不需要太多的背景解释，就能去理解这些历史故事，并且觉得比较有趣。但是对于国外的观众来说，他们不太了解我们的悠久历史，所以在往国外传播的时候，需要很多的背景介绍和解释，而且这个背景介绍和解释还需要非常通俗化，这样才能让国外的观众了解我们中国的历史。但我认为这并不意味着我们的历史类节目就走不出去、传播不出去,我们现在不断地在尝试以国际化的传播手段去讲中国的历史故事,希望能够让国外的观众能够接受,了解我们的中国文化。

目前国际市场对中国纪录片的需求主要集中在社会类,对中国社会类纪录片的结构比较容易接受,《超级工程》目前卖到一百五十多个国家,所以过去几年央视海外纪录片销售成绩最好的片子是《超级工程》系列,而非《舌尖上的中国》。这源于国际观众希望看到中国社会发展现状,虽然文化类历史类与国际的合作我们也持续在展开,但由于不同社会之间文化背景差异,决定了我们的社会类纪录片是最先走出去的。

实际上当前纪录片制作者的任务还是比较艰巨,因为我们不仅仅要讲好故事,还要把中国历史比较有意思的,包括将历朝历代如孔子、老子等伟大的思想家的思想传播出去。他们的思想智慧其实很多年前就传到了国外,从国外又传了回来,但是当前有些年轻人对这些历史的了解有很大的缺漏,所以中国的历史文化题材还是值得我们去挖掘并且推荐、讲述给世界的,让世界也看到中国古老的文明中从古到今的智慧。我们并不会放弃国际化传播的努力,在这个传播的过程中我们需要会讲历史题材的故事,然后把它讲得很"popular",让国外的观众也能够理解。我认为我们还可以采用跟国外联合制作的方式,包括跟国际多交流。总的来说就是用国际化的手段讲一个古老的中国故事。我相信随着我们的国际传播语态不断更新,我们的文化类、历史类也会随之在国际市场上受到欢迎。

采访人:您认为一部好的纪录片在国际传播中应当取得什么样的效果?纪录频道开播以来在国际传播的推进中取得了哪方面的成就?

梁红：央视纪录频道目前在新时代就是需要把中国的故事传播到世界，同时把世界上好的故事引进中国，实际上是双向的。现在我们纪录片基本上是致力于使用国际的手段，因为人类的情感是共通的。纪录片是文化"软实力中的硬通货"，纪录片不像电视剧、新闻，它是可以有国际通用语言的，所以在纪录片上内容是中国的故事，手段则需要用国际的手段，这样才可以用人类共通的情感让国际的受众去接受。在这一点上，其实中国跟国外的制作者没有区别，要求是一样的，无论是中国的、英国的，或者美国的纪录片的制作者，其实都力求用国际通行的手段去让所有的人能够看得懂这么一个自己的故事，并且在情感上、情绪上能够引起国际观众的共鸣。因为只有让观众能够看懂、明白，并且在情感上有共鸣，在情感上有冲击力，他们才能深入地理解这个故事。刚才说的纪录片是"软实力中的硬通货"其实就是说它是具备解读功能的，纪录片首先是解读我们所处的这个时代，能够把中国的故事传播到世界各地，但同时又能够帮助我们更好地认知这个世界、探索这个世界，从"软实力中的硬通货"的概念上来说纪录片有不可替代的作用。所以就得力图打破文化和民俗之间的间隔，能够在人类情感的共鸣上找到一个共同点，这是我们频道追求的目标。

作为央视的对外宣传频道之一，纪录频道主要从纪录国际频道、国际合作项目与海外节展等几方面来强化对外传播能力。纪录国际频道目前在全球一百多个国家和地区拥有近六千二百万用户，平均首播率达 26.46%，还译制播出了众多中国韵味浓厚、表达新颖的纪录片。海外受众调查显示，世界各地有许多观众通过观看央视纪录片，产生了探索中国的兴趣。央视纪录频道也积极开展与国外同行的合作交流，首播了《中国艺术》《大熊猫》等多部联合摄制纪录片，让中国题材受到国际关注，传播了中国文化、中国审美和中国价值观。此外，央视纪录频道还多次参与国际纪录片专业节展，如英国广播公司的全球选片会、春季戛纳电影节、法国阳光纪录片节等，进一步开拓和维护与国际纪录片播出平台、制作机构的关系。

采访人：央视纪录频道在 2017 年四川电视节上表示计划未来将走向"手机小屏、电视中屏、银幕大屏"，不仅仅只局限于电视屏幕上。您能说说关于纪录片与电影融合的具体构思与计划吗？

梁红：许多Ⅰ级的纪录片如《航拍中国》等，将会制作纪录大电影，许多 90 分钟规格的纪录电影选题也将专门生产。另一方面，纪录电影在院线上近年来一直有令人惊喜的现象，从电视进入院线我觉得是未来越来越多纪录片的传播通路。习近平总书记强调："人在哪里，阵地就在哪里。"我们不仅要坚守电视屏幕的传统阵地，更要不断开拓互联网、电影院线等新阵地，以"跨屏"为路径，探索出一条纪录片媒体融合的新路径。在"媒体融合"的大背景下，只有新的动能、新的产品，才能够给纪录片行业注入新的活力。

央视纪录频道首次推出"V9 视频"系列产品，V9 视频是一个横跨移动端和电视端的微纪录片系列。V9 视频并非我们目前所能接触的互联网短视频概念，而是一个涵盖了央视原创、委托订制、全民创作的纪录片新语态，是打破原有的制作与播出高门槛，从内容呈现、制作手法、表达方式、传播渠道进行的一次颠覆式改造。从这一年开始，纪录频道的节目生产模式中片长规格从原来的 50 分钟、25 分钟两种，正式增加了五分钟左右的短视频与九十分钟的纪录电影两种。2018 年一季度，我们推出了《如果国宝会说话》《中国字》《中国微名片》等一系列微纪录片，这正是 V9 视频的第一批探索型产品。

2019年，央视纪录频道一方面会打开专门的媒体融合电视时段，另一方面也会推出针对互联网移动端的V9视频端口，为记录新时代提供多元的视角和渠道，覆盖更广阔的人群。2018年，我们也会结合热门电视纪录片同步推出纪录电影，如《航拍中国》《功夫少林》等，让CCTV-9横跨"手机小屏、电视中屏、银幕大屏"，形成电视端与移动端，家庭屏与院线屏的互联互通。最后，在不断推出新产品，激活新动能的同时，我们依然要坚守传统电视纪录片的价值高地，不断推出精品力作，因为这是我们的出发之地，也是我们的价值所在。

采访人：央视纪录片的题材未来还会向哪些新的领域扩展呢？

梁红：我认为现在表面看起来很丰富，但实际上还不够，纪录片的题材应该是非常开阔的，纪录片应该要有"上天、入地"这样的一个功能。所谓"上天"就是很多高大上的内容。实际上在产品细分上来说，我觉得应该加强细分观众口味的要求。央视纪录频道将在以下几个题材上做出扩张来服务到不同的受众群。第一个题材是"审美题材类型"。关于审美方面，BBC就出了很多艺术家的故事。"审美题材"包括音乐等方面，我们正在策划与制作一些节目，在审美的层面上，希望能通过纪录片培养大众的审美涵养。第二个题材则是"科学类的题材"。科学类的节目很难做得有趣，容易枯燥，所以我们意图在纪录片上让有意思的科学走进纪录片，关于物理、化学包括其他专业的科学门类，我们正在尝试用纪录片的呈现方式，运用有趣的语言能够让大众理解。第三个题材是"接地气的生活类节目"。现在一提起纪录片，大家都觉得是高大上的，上来就是上下五千年历史这样的印象，所以刚才我说纪录片应该"上天入地"，言外之意就是除了历史类题材这一个特别开阔的领域以外，还应该接地气，为老百姓提供精神需求、生活方面的服务，如开设健康类的节目，内容包括减肥、居家等。

现在阳春白雪的题材挺多的，但是我们下一步会增加一些跟生活常识、生活知识相关的题材。

我觉得理想的状况应该是所有热爱纪录片的人在央视纪录频道都能够找到他们喜欢的内容，这才算是真正的丰富，目前可能在大类上还算丰富，但是在气氛上、接地气上还不够丰富，所以我们可能将来在产品的信息分化上、细分上更加针对各种年龄层以及各种类型的观众口味和趣味去策划选题和制作节目。

采访人：央视纪录频在 2016 年选择入驻"B 站"（bilibili），央视纪录频道决定与 B 站合作的原因是什么？央视纪录频道的纪录片《我在故宫修文物》在 B 站实现了现象级的走红，几名修复师变成 B 站平台的男神，您认为纪录片得以在 B 站传播中取得成功的主要原因是什么？

梁红：2016 年 2 月 19 日，习近平总书记在视察中央电视台时特意强调："媒体融合非常重要，是下一步的工作方向。"从总书记提出明确要求的这一年多来，几乎所有的纪录片人都已经真正意识到了"媒体融合"是摆在中国纪录片面前最重大、最深刻、最紧迫的时代课题。媒体融合一直是纪录频道内容传播与生产思维的发展方向。央视优质纪录片的播映权在主流视频网站的销售一直不错，这种模式也正在让更多的网络用户和青少年群体能够接触到纪录片这种优质的文化产品。

我就央视纪录频道在媒体融合领域的一些实践和思考，和大家进行分享：

第一，从割裂走向融合，媒体融合将为中国纪录片复兴提供最强动力。以中央电视台2005年推出的《故宫》为标志，中国纪录片掀开了工业化、大片化的制作发展阶段；大约十年后，以央视纪录频道推出的《舌尖上的中国》为标志，中国纪录片又迎来了从单一大片作品发展到有品牌价值的文化IP的阶段。我认为，未来的纪录片必定是具有高度媒体融合属性的，兼存社会价值、产业价值以及新型传播模式的纪录片业态。中国有全世界最大的电视观众群，也有最大的互联网用户群，这始终是纪录片发展最大的"人口红利"。在网络时代一日千里的刺激下，如果我们能够通过"媒体融合"，让电视受众和互联网受众从割裂走向互融，这样新媒体不仅不会是纪录片发展的阻碍，反而是中国纪录片复兴并走向成熟与壮大的最强动力。而我们正在做这样一件事。从中央决策开办一个专业的国家级纪录片频道那一刻起，央视纪录频道就始终肩负着驱动中国纪录片产业发展的"引擎"责任。现在央视纪录频道正在着力布局，为十年后的未来纪录片打造一个培育孵化的平台。

第二，从相加走向相融，优质的内容始终是传播的真正价值。习近平总书记提出，媒体融合，要尽快从相"加"阶段迈向相"融"阶段，从"你是你、我是我"变成"你中有我、我中有你"，进而达到"你就是我、我就是你"。央视纪录频道的"媒体融合"发展，始终强调"相融"而非简单的"相加"，纪录片要有新平台、新融合、新业态，首先需要新媒体技术和传播渠道，但也不能完全躺在新媒体技术和渠道之上。今天的时代，从微博、微信客户端，到直播、大数据、无人机、人工智能，变化的速度日新月异，但优质的内容需求始终没有变过，也许在短期内，内容在一定程度上要依赖新技术，但从长远来看，技术必然成为内容的舞台。这正是我们纪录片人需要牢牢抓住的最大优势。另一方面，从相加到相融，也对纪录片制作行业提出了新的要求，以央视纪录频道为例，我们正在把内容价值快速延伸到移动终端等新媒体上，整合资源，转变观念，我们思维不能被局限在一块电视屏幕上。我们必须清醒地认识到，媒体融合是大融合、大视野、大传播，而不是仅仅盯着互联网，我们正在以"跨屏"为路径，尝试探索出一条纪录片媒体融合的新路径。

第三，从技术思维走向融合思维，要让媒体融合变得有深度、有意义、有价值。习近平总书记要求："人在哪里，阵地就在哪里。"未来纪录片创作必须以人为核心才有价值。媒体融合的价值最终要看用户是否扩大了，受众是否认可了，传播效果是否达到了。这三点做到了，市场价值自然应运而生。纪录片的媒体融合，必须形成优质的内容，加上有意义的互动，才能实现有深度的融合。现在央视纪录频道正在转型，从传统的技术思维，走向未来的融合思维。主要有三个方面：首先，媒体融合背景下，融合传播具有规模大、速度快、互动强、个性化等特点。其次，不能闭门造车，要最大化扩大创作人才的年轻化、大众化、全球化。最后，媒体融合是整个中国纪录片行业凝聚起来，才能达成目标。

《我在故宫修文物》受到大家的欢迎，我觉得一方面是中国纪录片人一直在表达语态上实现自我突破，另一方面是我们的社会心态在历经改革开放四十年的沉淀与积累已经到了一个崇尚精神趣味和匠人精神的这样一个阶段。就像改革开放初期我们更多考虑的是如何摆脱贫困，先富裕起来一样，什么样的时代就会有契合这个时代精神气质的纪录片，这也恰好是纪录片最有价值的本质。

我们应当在节目生产全流程中建立起"产品思维"和"内容导向"，从选题策划的源头便建立起"媒体融合"意识，融入创新思维，从贴合纪录片生产创作流程入手，从贴近互联网受众需求入手。

采访人：央视纪录频道一直以来做的纪录片都是面向广泛人群的，在未来的发展中有没有考虑过观众年龄层差异的情况，例如专门针对儿童或针对某一个群体的纪录片？

梁红：在日益多元化和碎片化的传播环境下，针对市场细分的产品细分是必然的发展趋势，在面对普罗大众的泛受众纪录片之外，我们必然会尝试一些细分产品。现在提及纪录片受众们可能想到的就是高大上、历史类型的题材，我们现在正在尝试实现题材的多元化，尽可能地让题材"接地气"，在科学、生活方面的题材上扩展，帮助人类建立长远的梦想，探索更美好未来的可能性，并在他们的生活资讯上提供一些科学性的帮助与信息服务。

采访人：央视纪录频道对于未来有什么计划与新的定位？

关于未来的定位，央视纪录频道将努力打造自身为纪录片的中国高地。

第一，要引领纪录片文化语态体系的建立，打造纪录片"精神高地"。作为中国纪录片的旗舰频道，纪录频道对行业的引领至关重要。频道要进一步凝聚全国纪录片制播力量，通过制作播出高品质的纪录片节目，着力搭建高端文化传播平台，从而弘扬主流文化价值，平衡社会文化生态，为时代中国存像，向世界展示中华优秀传统文化，传递中国形象和中国声音。

第二，要建立项目管理数据库，打造纪录片"品质高地"。节目品质是纪录频道事业发展的根本保证，也是推动解决精品节目"有高峰、缺高原"现象的重要抓手。以"大数据管理"为原则，对合作机构动态、选题策划管理、观众收视习惯及变化等方面进行数据化管理，建立项目管理数据库，不断提升纪录片品质。

第三，持续推出精品佳作，打造纪录片"传播高地"。2017年，力争形成具有全国影响力的文化创新事件，迎来一个精品纪录片节目的"丰产年"。形成"纪录大片出央视"的行业引领地位，担负起中国纪录片"传播高地"的使命。

第四，引入全新导视生态系统，打造纪录片"品牌高地"。为了给观众带来全新的收视体验，将在年底对频道进行包装升级，重点加强新媒体融合，加速频道宣介从电视端到PC端、移动端的延伸，形成央视纪录频道的"品牌高地"。

2018年，我们将着重强调以人为核心的纪录片创作理念，在传统纪录片创作冷静、客观的美学观感之外，探寻更具个性表达、更具主动性、更具真正互联网思维的新表达语态，用纪录片关照当下中国人的内心世界，感受中国人的心跳和体温，尽快推出一大批有人文情怀和精神内涵、具备时效热度、有收视有口碑的精品力作，用作品让我们所处的这个世界变得更加美好。我们相信，这就是未来的纪录片！

（采访人黄诗淳系北京大学新闻与传播学院2017级硕士研究生）

央视纪录频道：中国传媒的绿色风景

张同道

2011年1月1日，中央电视台纪录频道以中英文双语面向全球正式播出，其核心理念浓缩为一句口号，就是"为时代中国存像，与大千世界共鸣"，其目标是国际化与产业化。央视纪录频道播出以来，已经形成了良好的口碑，在商业气息浓郁、媒介生态恶化的传媒格局中建构了一道绿色风景。

近年来，中国电视产业化发展迅速。央视收入突破两百亿元，湖南卫视、江苏卫视、浙江卫视、上海卫视收入突破一百亿元，电视剧、真人秀、娱乐节目空前繁盛；与此同时，收视率战火连绵，一些低俗节目不断突破主流价值的道德底线，广电总局像消防队一样四处灭火，频发禁令，而火势依然不减。一些作为公共资源的电视频道在商业竞争中逐步丧失公共属性，放弃社会责任与精神担当，成为拜金主义的同谋。从这一媒介生态看，央视纪录频道的开播是对中国媒体公共属性的积极拓展，也是承担媒体责任的具体呈现。它表明，穷困中国在四十年改革开放、经济总量已经晋升世界第二位之后，文明建设也提上议程，长期被忽略的公共文化开始浮出水面。

央视纪录频道开播以来，全年收视份额从 2011 年的 0.2% 提升到 2017 年的 0.66%，观众规模已达十亿九千万，特别是八岁至十四岁的青少年观众比例达 30%，具有全国规模的传播力。频道覆盖范围也稳步扩大，在受众尤其是"三高"（收入高、学历高、社会地位高）人群中积累了良好口碑。

品牌是传播成功的结果，也是市场实现的方式。目前，世界纪录片品牌主要有美国探索传媒集团、美国国家地理频道、英国 BBC、日本 NHK 和法德合作的 ARTE 等少数几家，它们都已奠定独特的行业地位，主宰着世界纪录片市场，其传播力、影响力遥遥领先。然而，中国至今还没有建立一种独立的、稳定的、可以参与国际市场的纪录片品牌。在国际纪录片格局中，以美国国家地理、美国探索传媒为代表的工业纪录片与以电影节为代表的独立纪录片把纪录片分切为两种不同的类型：前者强调市场，后者注重表达；前者强调模式，后者注重个性。新时期中国纪录片在国际电影节上频频获奖，却从未与工业纪录片体系对接。那么，央视纪录频道如何在目前国际传播格局里建立中国纪录片品牌？

纪录片品牌包括三个基本要素：一是价值观，即观看世界的方式，既要有独特视点，又要与世界主流价值观相容；二是稳定的艺术品质，即为跨文化受众接受的叙事方式，作为视听媒介，电影语言的国际性远胜于地域性，而叙事方式是传播成功的要素之一；三是稳定的技术品质，它来自于稳定的制作模式，即从创意、调研、立项、制作的完整流程，强调每一个节点的标准意识和全程可控性。所谓品牌，不仅具有上述共性，也有各自的独特性。从国际纪录片品牌看，美国国家地理和探索频道属于比较典型的工业纪录片，英国BBC、日本NHK和法德合作的ARTE则在模式化的框架内保持了一定的个性与思想空间。

作为国家级专业纪录片频道，央视纪录频道秉持"国家气质、民族精神、央视品质"创作理念，注重原创力和创新力，进一步强化"高品质、高品位、高水平"的专业特色，不断求"新"，探索对品牌的新理解、对原创的新认知。

2012年，《舌尖上的中国》首播引发全国性收视狂潮，成为现象级节目。这是央视纪录频道培育品牌的成功尝试。2014年，《舌尖上的中国》第二季再次获得成功，不仅创造了空前的文化影响力，而且取得空前的市场效益，将品牌延续下来。可惜，《舌尖上的中国》第三季未能尽如人意，争议较大，品牌有所流失。

品牌成为央视纪录频道的核心价值。记录中国重大工程项目的

《超级工程》获得成功后，相继推出第二季、第三季；从空中看美丽中国的大型航拍片《航拍中国》第一季播出后成为现象级节目，目前正在拍摄第二季；百集短纪录片《如果国宝会说话》通过对中国国宝级馆藏文物的呈现，传播中国文化与审美观，第一季播出之后口碑丰收，第二季即将播出；《自然的力量》第一季成功之后，开始进入第二季。

原创纪录片也不断推出精品，《南海一号》《京剧》《春晚》《丝路》《茶，一片树叶的故事》《与全世界做生意》《园林》《我从汉朝来》《高考》《我们这五年》《回家过年》《00后》《创新中国》等社会人文、科学自然等不同类型纪录片一再引发高度社会关注，设置社会议题，构成中国传媒生态的绿色力量。

自成立之日起，央视纪录频道非常重视与世界品牌合作，如与BBC联合摄制《改变地球的一代人》《生命的奇迹》《非洲》《蓝色星球（第二季）》《猎捕》，与NGC联合摄制《秘境中国之天坑》《透视春晚：中国最大的盛典》，与国外品牌机构联合摄制《金山》《番茄的胜利》《中国设计》《雪豹》《中国艺术》《大熊猫》等作品，通过合作提升了中国纪录片的国际水准，扩大了中国文化的影响。

央视纪录频道借鉴国际品牌的成功经验，既建构工业纪录片模式，又在模式化基础上提升思想深度与美学个性，而不是简单地重复其他品牌的风格特征。为此，央视纪录频道从两种维度打造品牌，一是精品大片，借鉴BBC蓝筹大片的经验，高起点、高品质、大制作，思想深度与美学个性和谐统一，主打文化影响力，如《舌尖上的中国》《园林》《颐和园》等；二是工业品牌，低成本、类型化，通过工业化生产，展示纪录片的整体力量，形成传播品牌，文化与市场兼顾，如"自然探索、历史人文、社会纪录、文献档案"四大节目类型基本概括了纪录片主流产品。

从中国电视频道的竞争格局看，纪录片确实无法获得新闻、电视剧、真人秀、娱乐等节目的收视率，仅仅依靠广告肯定无法单独支持频道发展。当然，这并不意味着纪录频道没有市场前景。纪录频道市场回报不是短期的，而是长期的；不是简单的收视率与广告的交易，而是品牌影响力拉动的市场效应。比如版权销售占据的比重将越来越高，与产业终端市场的联合可能开辟新路，如纪录片品牌与学习、教育、旅游等产业的结合将孕育一个全新的市场。

作为一种跨文化、跨时空的媒介形态，纪录片需要一定的空间和时间完成传播周期与市场驱动。现在，新媒体的崛起直接威胁到以广告为主要收入模式的电视媒介，腾讯视频、爱奇艺、优酷、哔哩哔哩等网站都已在纪录片上发力。网络新媒体与纪录片天然相容，海量存储、主动收看、互动性强，这些网络特征为纪录片跨时空、跨文化属性提供了传播平台，有利于通过网络聚集散落在各处的受众，形成一个不容忽视的传播力量。

大风起兮云飞扬。新媒体崛起，观众分流，电视衰落，央视纪录频道面临又一次出发。期待它带给我们新的惊喜！

（作者系北京师范大学艺术与传媒学院教授，

北京大学电视研究中心特聘研究员）

附录

我与掌嘘

在掌嘘间永远年轻

胡　双

　　2011年，第一届掌嘘开启了接下来七年七届的跋涉与坚持。我作为"俞门"较为"年老"的一员，有幸跟随了孕育和开创它的整个过程。感情特殊。

　　掌嘘的雏形，来自于七年前一个单纯的念头。当时，中国电视在新媒介的时代背景下面临着新的更迭和发展命题。在记者节等年度活动业已形成品牌之基础上，我的导师俞虹教授想做一个能够对中国电视行业未来发展有所影响的全新年度活动。我很快开始了这一活动的策划和设计。当时三十一岁的我，博士学业刚刚进入二年级，在央视的制片人岗位也刚刚开始第二年，"意气风发"，充满着大干一番的雄心和希望。一切都是新的。一个"新"字清晰地显现在脑海间：北京大学电视研究中心的视野必须是与众不同的，必须辐射到中国电视每一个创新的层面，占据独一无二的制高点，必须是新的。于是，在2011年9月，我执笔了掌嘘的首个雏形——"中国电视年度创新大奖"的方案。

今天再次翻开七年前的文案，当时的日子仍发着光。我在第一版文案的题头写了四句话：以创新的目光梳理电视，以学界的目光梳理趋势，以未来的目光梳理当下，以文化的目光梳理内心。这四句话既是对当时方案的概括和对电视研究中心未来工作的理解，也是当时我自己内心强烈的欲望。新，在我看来，是电视的生命力之源，也是我自己所追求的力量之源——因为新，意味着青春，意味着年轻。

电视中心有个标志性的活动，叫作"凑秋"，在立秋时节，全中心的特聘研究员和同学亲朋们于某地相聚，瓜果美食间激荡智慧、融情入思。在2011年的"凑秋"上，这个活动想法被第一次讨论，一个比"创新大奖"更创新的形态出现了——向一年的电视成果致以掌声！理念只有一个：做一个区别于所有评奖的全新活动，向真正值得被鼓掌的中国电视创造致以学界独立而价值鲜明的赞赏。记得每一个特聘研究员都分享着自己对于新、对于未来和电视的理解，那一刻，不管实际年龄孰小孰大，每个人的神采都显得那么年轻。

2011年的11月，一份"中国电视年度掌声"的方案又一次放到了万柳那凝结了所有人记忆和情感的会议桌上。记不清了，也许是个下午或黄昏，因为记忆里的画面满是灯光和夕阳交融的丝丝温热。岩松老师提出，除了掌声，对一些不良现象有没有鲜明的态度，能不能提出质疑和警思，敢不敢致以和掌声同等重要甚至更重要的嘘声，才是考验这个机构是否有独特价值观的地方。大家的眼睛亮了。相信在那时，还没有人确切知道活动呈现的样子，岩松老师也不知道自己将会承包从那时起至今每一年的嘘声环节，但创造一个新物种的兴奋，我相信，蔓延在整个会场每个人的心里。这个活动至此有了魂魄，一个年轻的魂魄：够前沿，更够锐利，血气方刚。

第一届中国电视掌声·嘘声在 2011 年的 11 月正式开始筹备，研究中心的特聘研究员们和"俞门"的年轻人们忙碌得不得了，万柳的会议桌充满了青春创意的荷尔蒙。一切从无到有，都是年轻人们各显其能的结果。记忆最深的是确定掌声"奖杯"的过程。各种方案似乎都不令人满意。而当青年艺术家骆海鸣拿出用自己的手拓印的鼓掌图案时，所有人热烈鼓掌，为这个极其扣题、充满前卫艺术感而又着实"省钱"的方案深深折服。海鸣也将自己青春的掌纹与"中国电视"烙在了一起。要说青春，有一对年轻人不能不提。俞老师的先生——书法家任平老师，永远带着青春乐观的笑，还有他那儒雅气质遮不住的纯真。今天掌嘘的标题，即是他的墨宝。更要提的自然是俞老师，她是整个年轻团队里精力最充沛的一个。虽然时常忙到不可开交，但我的导师从来都是事无巨细，从宏观到微观，带领着年轻人日夜兼程，干得痛快，笑得畅快。任老师给我们讲过当年他第一眼见到俞老师时的情景，说迎面走来一个大家闺秀，如此青春大方，笑得明媚。看着俞老师在掌嘘间的忙碌身影，我们似乎也看到了那一刻。

　　2011 年冬至那天，第一届掌嘘在英杰交流中心开始。记得当天深粉色的景板效果那么好，观众是那么多。当全场在岩松老师带领下发出掌嘘史上第一个集体嘘声的那一刻，我知道，活动成了。

　　2017 年冬至，我在第七届掌嘘开场后不久悄悄走入会场。俞老师在台上致辞，一丹老师在台前主持。台前的嘉宾阵容囊括了中国电视各个层面的最高精英。没有变的是，台下依旧座无虚席，一张张青春而热切的脸，一双双充满希冀的年轻的眼睛。

　　思绪一下子回到七年前，又回到十七年前。

　　七年后的我们，不再那么年轻。还会记得年少时的梦吗？对掌嘘和我们来讲，我相信不仅记得，而且还延续着。掌嘘对我来说，像是青春打卡，每年来打一次，提醒自己一路而来所追求的青春是什么，源头在哪里。问问自己，曾经想过为何而来，为什么而生活，又为了什么而死。

掌嘘一直青春。我们在掌嘘间永远年轻。

（作者系北京大学艺术学院2010级博士研究生，掌嘘创始团队成员，中央电视台制片人、导演）

一个非官方"奖项"的诞生

马 骏

掌嘘八年了，我也从一个研究生成长为一个电视人。

2010年10月下旬，我刚刚结束为期一年的意大利交换学习回到北京，从夏季延期半年，计划1月毕业。不到一个半月的时间，论文答辩、找工作、考博令我应接不暇，实属人生中最慌乱迷茫的时期。俞老师给我吃了两颗定心丸：一是我的论文选题独特，赶一赶完善一下，答辩没有问题；二是作为一个就业选择，毕业后可以来电视研究中心工作，当时安全感和归属感油然而生。

万柳公寓一层新落成的中心办公区成了我们的家，博士大师姐顾晓燕和新入学的大师兄胡双，还有MFA大师兄刘明君，带着妍琳、陆芸、寅博、林楠等师弟师妹们和我一步步落实俞老师关于电视研究中心的新构想。胡双师兄因为在央视上班不住校，他便把宿舍让给我住。答辩完成，有了住处，而我也正式成为俞老师的主任助理，开始参与中心的大小事务。

一、两种声音

2010年，已成立五年的电视研究中心进入新的发展阶段。除了已有的"未名大讲堂"传媒论坛、地球日和记者节公益活动之外，媒体实验室、节目模式研发、小演播室节目录制等新想法纷至沓来。也是在那个时候，俞老师提出，希望利用北大的学术优势和电视研究中心的业界资源，从学者的独立视角，策划一个中国电视的年度梳理和评选。大家听到这个提议，都很兴奋，深感这是北大该做的事。官方有飞天、星光、金鹰、白玉兰、金熊猫等各种评奖，媒体有《新周刊》《南方周末》等的年度榜单，而学界的评选还鲜有形成规模和序列。

是评选还是评奖？这个舆论喧嚣的时代并不缺少评奖，有政府的褒奖，有商业的裹挟，还有粉丝的簇拥，缺少的是公共知识分子独立、客观、真实的声音。除了发现与洞察，还要有反思与质疑，就像白岩松特聘研究员的"鸟论"：媒体既要做"喜鹊"，也要当啄木鸟，通过叼出树干上一个又一个的害虫，维护整个森林的健康。在经过很多次的头脑风暴之后，胡双师兄拿出了一个方案，他是文艺编导出身，从舞台效果获得启示，提出了"声音"——掌声。与金鸡、金鹰、金熊猫、金话筒等"金字招牌"的评奖或评选不同，或许这是唯一一个以"声音"或者"肢体动作"命名的评选。大家拍案叫绝。

后来，我们对掌嘘进行了阐发：掌声或嘘声，褒扬或针砭，都是对中国电视的关注、守候与致敬。向本年度有突出的业界影响、强有力的价值引领和在公共事务中有特殊贡献的电视实践致意。对本年度电视领域中所出现的媒体责任意识缺失，传播过程中的失语、失真、失度、失衡等问题，发出学界独立的警醒之声。

二、一双手

有了掌嘘的提法和方向之后，作为一个评选，我们应该选用什么东西来作为"奖杯"呢？一般的奖杯就是依奖项的名称来设计的，像金鸡奖就是一只金鸡，飞天奖就是飞天女神，但是掌嘘是"声音"，如何实物化？中央美院的青年艺术家骆海铭做了一个尝试，他把一双手拓在了白纸上，然后通过画笔加工，栩栩如生又若隐若现，仿佛正在鼓掌的手停在了半空中。

声音是线性的时间过程，而这双手却定格了时间，实物化了那些响亮的掌声致敬。更为巧妙的是，这双手并没有合到一起，似鼓非鼓，只是一个动势。这样，大家的直观印象就是一双手，它可以是等待握手的手，可以是正在创造的手，就像库里肖夫实验里那张没有表情的脸一样，可以被赋予更多的意义。和一个实物金奖杯相比，一双水墨拓印的手更有了丰富的抽象意味，这与我们希望传达的理念高度契合——一个有温度、有态度、有深度的评选。在大家的一致认可下，这双拓印的手加上中国艺术研究院任平老师的题字和印章一道，成了我们的"奖杯"。

三、一群人

俞老师常常把"愉快地做有意义的事"挂在嘴边，愉快和意义就成了电视研究中心的两大宗旨。中心特聘研究员和参与中心工作的研究生们都是秉承着这样的理念走到一起的，带着愉悦感畅游学术的苦海，带着责任感洞察业界的变幻。每次中心的论坛、研讨会等各种活动，大家都会把特聘研究员头衔放在前面，比如"川总"会这样自我介绍：我是北京大学电视研究中心特聘研究员，兼《中国青年报》总编辑。我相信这不是客气或调侃，而是内心对中心的价值认同和情感归属。

我参与筹备和组织的第一届掌嘘评选，可以说完全是海选，没有既定范围，也没有类型比例，颇有些兼容并包、民主自由的意味。研究员们都是各类奖项的评委和业界参与节目研发和节目制作的大拿，他们的触角很广，眼光也很挑。他们会完全从个人喜好出发，每人推介五个左右的候选节目。作为补充，研究生团队也会收集全年度中国电视业界涌现出的口碑节目和创新节目，由特聘研究员们在其中勾选纳入初选名单中。之后，特聘研究员们会背对背投票，根据票数高低选出进入复评环节的十来个节目。最后是终评，特聘研究员们面对面评议，推荐或不推荐都需要说出理由，有的是一致同意，有的是争得面红耳赤，就看谁能说服谁。就这样，首届掌嘘名单出炉，像《走基层·塔县皮里村蹲点日记》《看见·专访药家鑫案双方父母》、"杨武事件""小悦悦事件"报道凸显的媒介伦理问题等都在传媒业界和社会中产生了深远的影响。

四、回响

后来，我在央视从事电视剧工作。博士毕业后，都是师弟师妹们在具体执行掌嘘评选，我只是偶尔帮着邀请一些嘉宾。2014年首次有电视剧获得掌声，是《北平无战事》，俞老师让我帮着联系一下主创，我给制片人侯鸿亮老师打了个电话，他二话没说欣然应允，还给了我备选方案。第二年《琅琊榜》又获得掌声，我把致掌辞发给侯大大，他连回了三个"抱拳"。2017年，《白鹿原》获得掌声，我通过在新丽的师姐陈婷找到制片人李小飚，飚总和导演刘进都在剧组走不开，编剧申捷在封闭创作，而且据说他们都极少在公开场合露面。负责嘉宾统筹的蒋锐着急了，我安慰她，没说不来就有希望。果然在活动前两天，飚总回复我说，他和编剧过来，我知道他们肯定为了掌嘘推掉了其他工作。

看看豆瓣评分，《琅琊榜》9.1分，《北平无战事》8.8分，《白鹿原》8.8分，都是国产剧中为数不多的高分作品。《北平无战事》《琅琊榜》在北大获得掌声之后，也拿了金鹰奖；《白鹿原》在北大获得掌声之后，今年又获得了白玉兰奖最佳电视剧、最佳导演、最佳摄影三项大奖。我想这也从侧面证明了掌嘘的洞察力和引导力。

念念不忘，必有回响。

2018.7.17 于 G656 高铁列车

（作者系北京大学艺术学院2003级本科、2007级硕士研究生、2011级博士研究生，曾参与"2011—2013年中国电视年度掌声·嘘声发布会暨论坛"的策划、组织工作，现为中央电视台电视剧管理中心定制剧组副组长，主任编辑）

我和中国电视掌声·嘘声
肖妍琳

中国电视掌声·嘘声诞生在2011年的冬至那天，下午两点半录制开始了，我终于松了一口气，几个月来的连轴转终于等到了这一刻呢。现场人头攒动，过道上满当当都挤着人，我在人群中逆流挤着去后台。背后的主持台上，俞虹老师正在介绍两个月来和我们一起奋战的各位传媒大牛白岩松、敬一丹、陆小华等老师们,然后我就突然听到俞老师说:"策划和筹备,还有来自北大的胡双、肖妍琳、马骏。"听到我们几个的名字时,内心还跳了一下。彼时我们只是年纪尚小的学生,能跟着这样一场项目与其说是策划组织,不如说是学习汲取的程度多一点。至少我在北大的七年间,能让学生到台前的高端论坛还是少数。一个不值得多讲的细节,却从一个小侧面表示了,这是一个重视年轻人的组织。

掌嘘的设立初衷,离不开一群年轻人对中国电视的拳拳之心。有天晚上,俞老师、胡双(我们师门的博士大师兄)和我,三人在万柳谈完学业,俞老师让胡双说说他的一个策划案。这事在胡双心中应是勾勒了许久,他的语气满是在做一件中国电视界价值大事的使命感,让人当场拍案叫绝。这个榜单确实是当下缺失的一种气质。敢"掌",但不是给荧屏爆款掌声,是给一种价值气节掌声;敢嘘,但不是挠痒痒地跟风嘘,是嘘一种对底线的无视和媒体暴力。爆款的节目和值得给掌声的节目是两回事。"爆款"这两个字,不是它获得掌声的理由,但爆款背后的先进生产机制,才是我们关注它的核心。冷门呢?有价值的冷门更要被拿出来反复研究,因为它的兑现时间在某个未来。就像初出茅庐的小年轻,酒香巷子深。掌嘘就是整合合适的资源去铺垫它,推送它,以北大之名,以知遇之心。

于是大伙就开干了。怎么干?都说万事开头难,还真是,没有模版,没有人手,从零开始,就是创业的感受。"人最怕找到自己,因为你会因此义无反顾地投入进去。但人最幸运的也是找到自己。"短短两个月的倒计时,团队像创业一样高效率地到位、运转。我是第一届的总秘书,秘书处外设评审组、嘉宾组、研究组等。其中特别值得一提的是研究组,由一百多号北大各个院系的本科生构成,我们让他们按兴趣成团，对某类电视节目进行地毯式观片，取其精华，更取其糟粕，形成两份掌嘘的初步提名名单。虽然嘉宾评委会从专业角度给出另一份名单，但这份百人的研究报告是一种扎实的补充，极大的观片量能够尽量保证全面性和公正性。学生们在具体操练中去体味把关人的责任感和专业性，我想这也是掌嘘的独特气质之一，永远培养和重视年轻人。

因而这场盛会，其实远不只对中国电视，对那些获奖的节目本身有启发和鼓舞，对参与的孩子们来说，也是一次冬天的播种，期待春天的开花。发布会开始后，我和媒体组的负责人陆芸走到会场侧边位置，这个位置刚好可以看到各个获奖节目组进场，每个导演和主创的脚步和节奏都一览无余。在那两个半小时里，中国最好（或是最好之一）的新闻人走过，真人秀导演走过，舞台编剧走过，中国电视的星火光芒里，有那么多就来自他们手上，有些声名赫赫，有些不为人知。把一个行业看遍了，你才宠辱不惊，耐得起摔打也耐得起赞美，一如掌声和嘘声。这是那天留给我生命非常重要的启示。我不知道参与它的那些像在创业一样的年轻人有没有受到更多鼓舞和信念，但我知道的是，前文提到的两位学长，七年后始终坚持在中国电视的一线，成为非常优秀的文化节目导演和电视剧制片人，还有那一百个学生，也有很多进入了传媒文化行业，在行动中践行心中的掌嘘信条。

这是中国电视风华正茂的时代吗？

你说呢。

（作者系北京大学艺术学院2007级本科生，2011级硕士生，首届中国电视年度掌声·嘘声发布会暨论坛统筹人，现任职于上市公司粤传媒并购投资部）

其则不远

胡 宁

我无疑是幸运的。作为协调者投入大量精力参与的两届掌嘘,一届是 2013 年与陕西卫视牵手,在电视上评电视;一届是 2014 年,我们用一部电影的时间完成全部流程,节奏紧凑,被白岩松老师评价为"完成度很高"。

那段时间,我们的学生团队从艺术学院过渡到与新闻与传播学院"杂交"。而一项品牌活动走到了第三年,口碑在慢慢发酵,创新、精品化就成为当时新的诉求。所以,2013 年,在俞虹老师和吕帆师兄的努力下,我们向外拓展;2014 年,我们则向内寻求优化。

也许对于每一届"总协调"来说,自己所经历的那一年都是特别的。这种"特别"还有一个理由,就是我们在聆听中国电视的呼吸——这是岁岁年年不尽相同的。有时强而有力,有时底气略虚。我有时候会厚着脸皮想,我们也在用自己的方式,为中国电视写史。

我还记得,俞虹老师不愿意称掌嘘是一种"奖",而更在意它属于学界的独立的态度、观点和声音。倒不是刻意追逐冷门,规避热点,而是综合市场因素之外,有学者的考虑。比如,我们的掌声里不乏给大热电视剧《北平无战事》《琅琊榜》、"现象级"综艺《爸爸去哪儿》的,但是我们看的不仅是收视率和点击量,而是主创"七年磨一剑"的精品意识,以及一档节目能将家庭黏合在电视机前,引导社会重新思考亲子关系的力量。

那些严肃的或是一闪而过的特别节目,也许不能让市场展颜,但是它们也会被学者的眼睛捕捉。比如央视新闻频道"纪念曼德拉报道"的全天整体编排,比如山东卫视的《调查》栏目。更难得的是每年的嘘声，国际新闻评论节目的泛军事化，"李某某强奸案"部分媒体侵犯隐私、不良炒作等，这可是"得罪人的事儿"。因为成为电视史的一块拼图时，掌声与嘘声一体两面，否则就成了单纯的赞歌，其价值恐怕要折半。

每年初冬，在万柳29号院的长桌旁，看着这些有着熠熠闪光的名字的人坐在一起"头脑风暴"，有争论，也有灵光一闪。那成为我一年一度最重要的课程。我感到掌嘘的迷人之处在于，它如此独特，不求全，不求照顾谁的面子，而有自己独立的坐标系，不为利益、数据、权力左右。跟这些"大脑"在一起时，我能感到，我在做一件有使命感的事。这些老师没有任何大咖端着的架势，而是像一起做作业的项目小组，不厌其烦地提名、讨论方向、投票、写致掌辞……不管外界是否认可，至少我们在追求这样的高度：未来，当我们重新看待今天中国电视的历史时，某个角落里，会有一份特别的声音等待被发现。

掌嘘同样是一种传承。讨论的时候学生会先拿出第一轮参考名单，老师们与学生有充分的互动，年轻的意见同样被认真看待。而2014年，央视原台长杨伟光离世。那一年的特别关注环节，所有的特聘研究员站到台上，讲述他们的记忆和杨台长给予的馈赠时，尽管我已经记不清其中的字句，但是站在台下的我能铭记那种力量，从杨台长传递到台上的老师们，再从台上的老师们感染到我们。难的不是道理、原则，而是他们如何实践自己那份"独立"的。这些都通过掌嘘的筹备一次次刻在我的记忆和行动中。

开篇时我说自己幸运，还有一重幸运的理由来自更大的背景：2014年前后，那是中国电视最近的一次"黄金时期"。大综艺方兴未艾，资本青睐，新闻节目和纪录片有亮眼表现，观众对电视荧屏再次燃起了期待。"涨潮"的欣喜掩盖了很多问题。而今，潮水退去，在日常生活中，我以为，掌嘘的评点、坚守就会像遗留在沙滩上的"金子"。星星点点，提醒我们，就在不远的过去，我们曾经做对过，我们做对了什么。

作为一个暂时离开了电视行业，却没有离开掌嘘的人，我很希望能陪伴掌嘘，看它不忘初心。作为一个观众，我期待着中国电视也能如此。比创新更容易实践的，或许是再做对一次过去曾成功过的事儿。假设在如今的背景下，再试一次"七年磨一剑"——谁能说这本身不是一种"创新"呢。

（作者系北京大学艺术学院 2009 级本科生、2013 级硕士研究生，曾参与 2013—2015 年中国电视年度掌声·嘘声发布会暨论坛的组织工作，现为《中国青年报》记者）

掌嘘，给我们留下珍贵的记忆！

刘明君

当赵丹师妹说，师兄你谈谈 2012 年《新闻 1+1》做"十八大观察"时的一些感受吧，我的确有些蒙。2012 年，好遥远的时光啊！

当我从网上打开 2012 年的特别节目"十八大观察"时，顿时觉得，那个时候真是好啊，一派万象更新的景象！从新常委们首次集体亮相中外记者招待会，到集体参观《复兴之路》展览，再到中共中央政治局会议上提出的"八项规定"。既鼓舞了股市，也鼓舞了民心，更鼓舞了媒体。《新闻1+1》也分别就此进行了评论，岩松更是用习近平的"平"字对新常委们十五天的表现进行了解读。对新常委们上任二十天时第三次集体亮相提出的"八项规定"，岩松还用"约束与承诺"进行了评论。岩松轻松自如的表达，直击人心的点评；对未来充满期许的态度，给观众留下了深刻印象，也得到了北京大学电视研究中心各位专家的赞许。因此2012年《新闻1+1》的"十八大观察"，获得了第二届中国电视年度掌声。

围绕"十八大观察"，赵丹给我列了十几个问题。"十八大观察"改变了什么？为什么会有那样的表达？最精彩的地方在哪里？我们的挑战是什么？在认真回答完这些问题的时候，我发蒙的脑袋才开始变得清晰。2012年之所以有"十八大观察"这样的新语态，完全是因为我们已不知不觉地进入新时代了。

想想，在那个时候，我们可以有"新常委们的十五天！""对中国，再有点信心怎么样？"这样的标题。想想，在那个时候，我们可以把十八大新常委们集体参观《复兴之路》展览的活动，与十六大后胡锦涛总书记前往西柏坡的活动进行比较。想想，在那个时候，我们可以把头一天政治局会议提出的"八项规定"，与第二天暴涨的股市进行关联性观察。那种做新闻评论的感觉，要不是因为"十八大观察"获得2012年中国电视年度掌声，要不是因为赵丹的采访把我拉回到六年前，这种感觉或许只是沉睡不醒的记忆。

最先我得知要创办《新闻1+1》栏目的消息，是2008年2月在我的婚礼上。岩松和俞虹老师在场，一同从报纸转向电视的两个兄弟叶闪和王学永也在场。席间岩松说台里要他创办一档时事评论节目，我们一起干吧。就这样，2008年3月24号，《新闻1+1》在央视新闻频道亮相了。

十年间，《新闻1+1》活得实属不易，但也收到不少掌声。有官方的，但更多的是来自民间。而让我最为珍视的莫过于北京大学电视研究中心给予的掌声。中心的特聘研究员有来自媒体一线的，也有来自高校顶尖的学者，更有知名媒体的管理者。他们的眼光是挑剔的，他们的态度是坚定的，而"十八大观察"之所以能够获得他们的掌声，最为重要的是，我们的媒体价值观是一致的，而且从未改变。

感谢北京大学电视研究中心通过掌嘘这种方式，给我们留下珍贵的记忆，让我们不会忘记过往的那些美好瞬间！

（作者系北京大学艺术学院2006级艺术硕士，中央电视台新闻频道《新闻1+1》栏目副制片人）

认真，你就赢了

吕 帆

近日重读日本学者千石保的《"认真"的崩溃》，才知这本社会学著作在出版之初是被划归到"标题党"的。直到20世纪90年代日本经济陷入长期停滞后，不少人才猛然醒觉：日本人确实不再认真了！这好像和我们的认知有点差异：日本人不是向来以"认真"闻名于世的吗？千石保给出的结论很直接：随着社会形态从生产型转为消费型，新一代日本人已不再将"认真"作为一种美德，他们更认同"生活大于工作"，自我价值、体验快乐，替代了勤勉负责、任劳任怨。于是，老板无法强求员工责任到人、父母不能将个体意志强加于孩子、教师得拜托学生好好学习……

快三十年的书了，写的简直就是当下的中国。不知从何时起，我们也精打细算利害得失，却做出一副不经心的样子，甚至在情感上都生怕自己先陷进去。不安全感笼罩着所有人，与其拼尽全力却颜面全无，不如自嘲自保、早选退路，"认真，你就输了"几乎成了都市丛林法则的一种补充。可你真的甘心吗？这又真的对吗？

掌嘘不同，从它被创造之日起，便因怀有对掌声的敬意和对嘘声的警醒，难以用单纯的学术讲座或颁奖典礼来概括。如果让我为掌嘘的八年做个概括，我会说：这是由一群认真的媒体人亲手创造的一个认真表达的平台。每个要素都不可或缺，共同构建起了一个"认真的五角星"。

"第一角"是认真的俞虹教授。俞老师对掌嘘的投入我想只能用"亲生骨肉"来形容了。从创意想法到呱呱落地、成才成仁，俞老师不是简单办个活动，而是在"孵化"某种理想性的东西。它很难形容，但你身处其中定能感到，大概就是我们平时说的一种气质吧。

2013年，掌嘘首次现场录播，并将在跨年期间登陆陕西卫视。舞美光、服化道，一系列专业、复杂的问题，对一个学院团队而言无疑是一次考验。作为那场录制的校方导演，我焦虑万分，救场灭火，好容易挺到最后一个环节：落实主持串场，却发现俞老师一声不吭地坐在化妆间改稿子，走近一看，还没开始化妆！那时离开场只有不到半小时了，我几乎是惊叫着问老师怎么没化妆？俞老师头也没抬便回复一句：稿子还要改。那一刻，我知道在老师心里，个人形象远没有内容品质重要，作为论坛主持人的俞老师，底色永远是学人。后来我也注意到，几乎每次活动，俞老师手中都拿着厚厚的文件夹，里面装着各种版本的稿件，直到上场前才替换成干干净净的最新版。

"第二角"是认真的特聘研究员。2013年，俞老师邀请我们几位同学观摩特聘研究员的提案研讨会，在这之前我从没想过，研讨会可以开得如此激烈而和谐。记得那次主题有二：一是表决获奖名单，二是讨论掌嘘定位和发展。第一项议程很快就结束了，但之后气氛就突然变得很严肃，因为俞老师提出了一个困惑已久的问题：我们选出的致掌对象与当下传媒环境、现象、趋势的关系为何？不解决这个问题，往远说，掌嘘的未来很容易丧失学术气息；往近说，每篇致掌辞都难定调性。我们知道，中心的特聘研究员全是产、学、研三界的大咖，哪一位出席论坛、研讨会都绝对是众星捧月的座上宾，多说一个观点、多讲十分钟，都是组织方莫大的荣幸。但是，这个问题引发了特聘研究员们长久的研讨和辩论，从宏观政策到微观操作，从新闻理念到栏目形态，从北大精神到论坛气质，从白日论到天黑，大有"不出结论决不罢休"的架势。几个小时后，最终由白岩松老师做总结，摆明关系、厘清思路，甚至还现场调整了致掌辞的写法。大家见框架已定，才如释重负，伸懒腰、查短信、聊家常，笑声便又回来了。俞老师也早就请万柳食堂的大师傅备了大馅儿水饺，只记得时统宇老师眼疾手快，吃了第一口便大呼："这饺子，真好吃哎！"众人大笑。岩松老师听闻："平时我吃五六个就成，今儿得多吃俞老师两个！"

那顿饭，吃得真香。

"第三角"是认真的嘉宾。筹备过程中，负责外联的同学要顶很大压力，因为对接的既是行业领袖，又都是大忙人，经常是好容易联系上本人，却被告知活动当天人在外地。可是，几乎每年都有"临时变卦"的嘉宾和团队。2014年，《北平无战事》的编剧刘和平老师本因病无法前来，却强忍着病痛"空降"现场。事后他说：这个剧拿了很多奖，但北大的奖意义不同，得亲自来才显出庄重；2016年，《我从新疆来》的总制片人库尔班江·赛买提刚下飞机就赶到北大，帅气十足、意气风发地领了奖,可当他说到"我们想要展示的是,我不是这个国家的客人,而是这个国家的主人之一"时,突然泣不成声。我环顾四周,很多记者和观众也热泪盈眶。多年后,我问几位师弟妹他们心中的掌嘘瞬间,几乎所有人都提到了这个细节。是的,那一刻虽然无声,但我们从心底为这位年轻的新疆小伙子鼓掌,也再次表达着我们对媒体人的敬意。

不光现场会留下这些"用心"的时刻。2014年我协助央视节目研发部采访《中国汉字听写大会》总导演关正文,刚进门厅,就看见一双熟悉的"掌印"被规整地摆在台上。采访结束后,我才自报家门说是俞老师的博士生,并说起门厅的那副掌声图。关导一乐,说那是特意挑选了公司最佳的位置,每有客人来访,定会询问这份新颖的"奖状"出自谁人之手,那时他便可以"嘚瑟"一下:北大颁的!

"第四角"是认真的学生团队。在校工作八年,我有个突出感受:学生的课堂作业永远比第二课堂做得好。但奇怪,掌嘘的学生团队不拿分、不评优,却要常开会、常加班,很多同学在这儿都成了强迫症:一条通知短信在群里翻来覆去地改,生怕有一丝不规范,冒犯了嘉宾;为给栏目团队送车证,有同学竟在校门站了两个多小时;负责接待的女生每次都精心化好妆,一个举手引导的动作排演半天;哪怕只是挑一个提醒嘉宾时限的小铃铛,都有同学比较多种型号,最终找到音量合适、声音悦耳的才算罢休……这个团队较真到什么程度呢?好几次,特聘研究员们好容易定下的获奖名单,几位学生骨干还要讨论、斟酌半天。要知道,这可是中国最顶尖产学研阵容的决定,但到同学们这儿,还是不放心,一定谨慎细致地查资料、翻新闻,生怕漏了一点信息,给评奖工作带来不便。

我总在想,这种"较真"为何难在其他校园活动中见到?如今回首，我似有一份答案："因为我们参与，所以我们参与。"前一个"参与"是指"参与感"：大多数校园活动——说得直接点——学生其实是劳动力；但掌嘘不同，俞老师特别尊重学生的想法和能动性，每次提案工作都是由学生先调研发起，再交特聘研究员讨论。虽然这些提案往往成了讨论会的"资料"，但我们从没有"给俞老师和特聘研究员干活"的心理。在掌嘘，学生不是干活的，而是全程参与、最终负责的重要一环，同是活动的主人——正因为是"自己的事"，也就没有可推卸的责任、可懈怠的岗位。这份被赋予的参与感，便自然地产生了后一种自觉参与的"使命感"，每个人都以能参与其中为荣，不看别人做了多少，只问自己为团队贡献了什么。恐怕这也是每次掌嘘结束后，俞老师作为主持人，都会特别请学生团队上台合影的原因吧。

"第五角"是认真的观众。其实，做了几届执行导演，最令我感动的还是观众，毕竟掌嘘是专业性很强的论坛，而大部分观众并非新闻传播专业的学生，他们愿意听吗？听得懂吗？能不虚此行吗？从结果看，是我想太多了。且不说每届观众都是"早来晚归"（早早进场占座，结束还要留影提问），每到互动环节，他们作为个体的观众，言语间透露的对传媒的思考和期待，常令我动容。在那些或炙热或深思或懵懂或疑虑的眼神中，有对掌声的认可，更有对嘘声的痛心，我相信这些只言片语会在他们身上逐渐形成一种价值观，如种子般深埋，如鲜花般绽放。

从 2011 年到如今，我有幸和掌嘘同行八年。八年磨一剑，在这个多元、疾速、易忘、速朽的时代，一个学术品牌的建立实属不易。我们在为他人颁奖、为媒介守望的同时，也是时候给自己加加油、鼓鼓劲了！如果真的有机会为所有为掌嘘奉献过的人写一篇致掌辞，我的版本可能只有一句话："致这个时代不妥协、不将就、不放弃的媒介守望者。是的,认真你就赢了。"

2018.7.18 夜

(作者系北京大学艺术学院 2004 级本科、新闻与传播学院 2008 级硕士、艺术学院 2010 级博士,曾参与 2012—2017 年中国电视年度掌声·嘘声发布会暨论坛组织协调工作。现为北京大学新闻中心电视台副台长)

我与掌嘘

王 帆

初识掌嘘是在 2011 年。那一年,我大四;它,崭新诞生。

直到如今,我依然清晰地记得第一次到师门开掌嘘碰头会的场景:一走进万柳 29 号工作室,茶香扑面而来,沁人心脾;长木桌的中间摆放着茶具、干果和水果,两旁整齐地摆放着文案;师兄师姐们都在按部就班地做着准备工作。过了一会儿,各位特聘研究员陆续到来,大家先是有说有笑吃着零食,等人到齐会议正式开始。这一切给我的感觉并不像开会,而像一次聚会。

后来随着我正式加入到掌嘘工作团队才逐渐发现,这就是我们团队、我们师门的特色之一——快乐地做有意义的事。这也成为我自己学习、工作和生活的信条之一。掌嘘的工作繁重又琐碎,尤其每年掌嘘举行的 12 月又是同学们期末备考的时间,大家在课后赶到万柳工作室，有时是在学校的某间教室中，一起边吃盒饭一边讨论掌嘘的主题、今年有哪些值得关注的节目和传媒现象、今年的掌嘘要有哪些创新点等。"边吃边聊"也成了我们团队的特色之一。但这吃也是有讲究的。还记得有一次白岩松老师带来了褚橙供大家品尝，我们只顾着吃，而白老师吃完一个之后说："这个橙子有一种高贵的甜。"敬一丹老师紧接着说："你看，有文化的人就是不一样，吃个橙子都能吃出高贵的感觉。"从此"高贵的甜"就变成了大家的一个"梗"。

平日的北京大学电视研究中心中充满了家人一般的温暖，但只要筹备掌嘘的号角吹响，每个人就立刻各显神通，全力投入到工作当中。白岩松老师曾评价我们这个团队："工作的完成度很高。"我想这主要源于我们在平日学习和工作中养成的习惯。

我们团队的掌舵人俞虹老师是一位"细节控"。从活动主题用词到给特聘研究员发送邮件的时间，从现场背板设计到每一项流程的顺序安排，从全部节目的汇总到单个节目的联络，从致掌辞的修订到嘘声尺度的拿捏等，俞老师都会事无巨细地叮嘱每个环节。她经常说："细节要做到位，正是细节才能体现一场大活动的品质和品位。"因此我们团队中的每位同学都养成了注重细节、将小事做好的习惯，整个团队也形成了"完美主义"的气质。包括我们的特聘研究员也是如此。记得在2015年掌嘘论坛上，白岩松老师在台上为获奖单位颁奖，当礼仪同学将致掌牌递到他手上之后，他并没有立即颁给领奖人，而是将致掌牌四个角上的纸壳保护套拆了下来，之后才把崭新的致掌牌颁给领奖人。这个细节我永远记得，因为那年我作为活动的总协调人，这个关乎门面的细节没有做到位，真是无地自容。我将它写到了自己的掌嘘总结条目当中，从此以后"拆掉致掌牌四角保护套"就成了一项固定工作。

从2011年到2016年，我一共参与了五届掌嘘的组织工作，每一届都要经历学生海选节目、特聘研究员看片商讨节目、特聘研究员投票、联系制作单位、筹备论坛等一系列过程，这是一个每年去梳理中国传媒发展脉络的宝贵机会。这片课堂之外的田野对于学习戏剧影视学以及传播学专业的我来说，在专业知识运用以及专业实践上都有巨大的帮助。俞虹老师及各位特聘研究员都经常强调："我们做掌嘘不是为了评奖，而是要在热闹的传媒环境中冷静下来思考，什么是中国电视真正应该坚守和追求的，不受舆论所左右，发出学人独立的声音。"我们不仅乐于向优秀的电视节目、制作团队致掌，我们更敢于向违背主流价值观和传媒伦理的现象发出嘘声。正是北京大学电视研究中心的特聘研究员们这种批判精神、独立意识以及对学术理念的恪守、对人文价值的追求，才让掌嘘在评奖泛滥的时代独树一帜，也让许许多多像我一样关注掌嘘、参与掌嘘的年轻人备受启发和鼓舞。

从本科到博士，从一名普通观众到掌嘘工作团队的一员，从在场外负责媒体、嘉宾签到，到在场内担任礼仪，再到担任活动总协调人，从第一届到第七届，掌嘘成为我在北大学习和生活的重要标识之一。七年过去，之于我，它不仅是一个论坛，一场活动，更是一个课堂，一份记忆，一份牵挂。

很荣幸，我与掌嘘一同成长，一同前行。

2018.09.04 于瑞士

（作者系北京大学艺术学院 2008 级本科、2012 级硕士，
现为北京大学新闻与传播学院 2015 级博士研究生。
从 2011 年开始参加掌嘘团队工作，
2016 年负责团队组织协调工作）

中国电视年度掌声·嘘声（2011—2017年）一览表

中国电视年度掌声·嘘声历届"掌声"一览表

年份	名称	首播平台	类型
2011	《走基层·塔县皮里村蹲点日记》	中央电视台	新闻类节目
2011	《地球之声 云南卫视大型跨年公益晚会》	云南卫视	综艺晚会
2011	《新闻深一度》	浙江卫视	新闻类节目
2011	《年代秀》	深圳卫视	综艺娱乐节目
2011	《看见·专访药家鑫案双方父母》	中央电视台	新闻类节目
2012	《新闻联播》播出"我姓曾"这一细节	中央电视台	新闻类节目
2012	致掌辞 这是一个从细微处见变化的新起，出乎意外，并非主流的回答在《新闻联播》中播出，折射出的是中央主流媒体的话语姿态和选择标准、选择价值的转变，令人在意外中产生兴奋与期待。		
2012	《新闻1+1》十八大及新常委评论的新语态突破	中央电视台	新闻类节目
2012	致掌辞 对于举世瞩目的十八大，《新闻1+1》不用大话说大会，它敏锐而独特的报道与评论引起广泛关注与肯定，从开幕式报道打破一般媒体通行的泛中央精神而直接聚焦"民"字，到评析新常委的第一天，第十天，第二十天，始终不失锐度、精度，观点掷地有声。		
2012	中纪委推动反腐倡廉公益广告"底线片"播出	中央电视台	公益广告
2012	致掌辞 "人生不能越界，底线必须坚守。"中纪委推出的"底线篇"公益广告，简短有力，不喊口号，却直接关心、赢得民心，好看、耐看，它为尚显虚弱的电视公益广告，特别是廉政广告做出了积极的引领。		

续表

年份	名称	首播平台	类型
2012	《中国好声音》	浙江卫视	选秀节目
	致掌辞 在引进节目成为中国电视一道重要的风景线时，《中国好声音》不仅以它的好声音、好故事、好沟通、好激情、好机制赢得市场一路飘红，更在海外引进和本土化融合方面成为范例，引领中国电视的新空间。		
2012	《舌尖上的中国（第一季）》	中央电视台	电视纪录片
	致掌辞 只说故事，不讲道理。才下舌尖，却上心头。此中真意，欲辩忘言。都说众口难调，它却跨越民族、地域、阶层的差别，甚至跨越国界，赢得了罕见的共鸣		
2013	《爸爸去哪儿》	湖南卫视	真人秀
	致掌辞 父亲在中国的文化系统里长期被塑造成"背影"，高大却沉默。今年，《爸爸去哪儿》将新时期的父亲形象带入亿万中国家庭，将父亲的概念还原为鲜活的人。 更重要的是一档节目竟引起全社会对父亲的关注和表达、对成长方式的辩论和关怀、对亲子问题的引导和反思。父爱不缺席，代际新联系，每一个小家温暖社会的大家，为《爸爸去哪儿》所点燃的亲情能量鼓掌。		
2013	电视公益广告全面提升	—	公益广告
	致掌辞 从缺平台、无创意，到成规模、有回响，中国公益广告不再是商业广告大潮中蹦出的几朵浪花。从命题作文到家事国事公益事，事事关心，中国公益广告样态不再是被动的模板。 吸引人、打动人、引导人、塑造人，2013年公益广告的全面提升成为公民进步和社会成长的生动注脚。为中国电视公益广告的全面提升鼓掌。		

续表

年份	名称	首播平台	类型
2013	《中国汉字听写大会》	中央电视台	文化类节目
	《汉字英雄》	河南卫视	
	致掌辞 在海外节目模式引进重围中,"汉字"主题的节目异军突起,以黑马姿态突破唱歌真人秀一统荧屏的格局。对汉字这一传统主题的开拓初试告捷,成功激发了中国电视挖掘本土文化资源的动力和自信。 民族性文化话题,也让一家老少围聚客厅观看电视的场景得以再现,重建起当下被新媒体割裂的家庭空间。为收视回家鼓掌。		
2013	《开坛》	陕西卫视	文化类节目
	《论道》	贵州卫视	
	致掌辞 坐市场的冷板凳,留文化的热土地。《开坛》十二年,《论道》有六载,同是西部省份,同样坚守文化节目阵地。 不跟风选秀,不偏向娱乐化,始终耕作自己的传统文化,给地方留下一道亮丽色彩。沧海横流,方显文化底色,为坚守中创新的《开坛》《论道》鼓掌。		
2013	《七分之一》	上海电视台新闻综合频道	新闻类节目
	致掌辞 每周一个小时,十年,五百二十小时,是一个以地方频道为主播平台,用镜像记录并呈现中国社会发展变迁的新闻评论节目。十年所关注过的热点、难点、疑点,已正成为今天社会公平、公正和文明的推手。 它在本土收视很高,而新闻视野展望全国,地方与全国两个对比的背后,是栏目组看齐世界一流评论节目的理想和新闻专业主义的信仰。以梦为马,笃实前行。掌声献给上海广播电视台走过十年的《七分之一》。		

续表

年份	名称	首播平台	类型
2014	"纪念曼德拉报道"全天整体编排	中央电视台	新闻类节目
	致掌辞 2013年12月5日，南非前总统曼德拉去世。瞬间，整个世界陷入哀痛中。第二天，2013年12月6日，中央电视台新闻频道为此进行了整体编排，以资讯、直播连线和大量专题片相结合的方式与世界同步悼念伟人的离去。这一天同一平台集聚而出的专题片，以其翔实的资料、丰富的影像、客观的表达、多维的透视，体现了该频道的新闻敏感与专业水准，呈现出了央视的大台风范。 这一天的特别编排，文风朴实，哀而不伤。民主、宽容、和解、自由等关键词准确刻画了曼德拉一生的追求与价值，也让观看者动容并为之沉思。这一天央视新闻频道纪念曼德拉的内容，可以翻译成各种语言在各国同步播出，因为它与人类同在！也因此，这一天，CCTV是国际大台。		
2014	《北平无战事》	北京卫视	电视剧
	致掌辞 在雷剧、神剧、家斗剧泡沫泛滥，浮躁之风充斥中国荧屏的环境下，刘和平七年磨一剧，以真诚而执着的创作态度和为伊憔悴的创作历程，用一个文艺工作者的良知和情怀、艺术修养和文化自觉，撑起当代中国文艺精神的风骨和脊梁。 《北平无战事》逼人的戏剧张力、丰富的影像层次、暗流涌动的戏剧节奏，"宏大叙事"和"工笔写生"并举的叙事策略，睿智的历史眼光和精致的电视美学，实现了文学与史学的有机融合，达到了作品和大众精神的共鸣。该剧深深触动了业内同行的心，也让观众听到了它强烈的呼吸感。 以剧证史、以史为鉴，《北平无战事》照见了远阔之地，成为近些年来最具评论价值的优秀影视作品。		

续表

年份	名称	首播平台	类型
2014	《2014年北京电视台春节联欢晚会》	北京卫视	综艺晚会
	致掌辞 跨过而立之年的春晚力不从心地存在着，迷失在路上。 北京卫视2014春晚以一个鲜明的选择让人们重新绽放出由衷的笑容。 回到初心，回到春晚童年的纯粹，回到艺术最直接的美感，回到联欢最质朴的快乐。这种回归，成就了成功，也响亮地回答了一个最基本的问题：真才能美，春晚的明天也许恰恰在它最初的单纯，童年般的真挚。 背负了太多功利和想法的我们，回到童年真好，中国电视也是这样。在相当的程度上我们可以这样说：电视文艺扎根人民、扎根生活就是要回归童年。毕竟，那是我们的梦想起航的地方。		
2014	《互联网时代》	中央电视台	电视纪录片
	《五大道》	中央电视台	
	《你所不知道的中国》	江苏卫视	
	致掌辞 无论电视生逢辉煌还是面临忧患，优秀的电视纪录片工作者总是选择远离纷争、远离浮躁、远离功利。他们相信好的内容具有穿透历史、洞察未来、直指人心的力量。他们与时代、历史、大地对话，他们用作品寻找影像在历史观察、艺术表达和思想深度上所达到的一切可能。 《互联网时代》是互联网诞生二十年来，中国乃至全球电视机构第一次全面、系统地呈现和解析互联网的纪录片，它从"已知"出发探索"未知"的勇气令人敬佩。 《五大道》以一片街区话中国近代百年风云，以精致影像带领观众重返历史现场，彰显了中国纪录片人以全球史观讲述中国故事的能力，在纪录片的国际化表达上做出了积极而有建设性意义的探索。 《你所不知道的中国》突破性地在纪录片创作中以全媒体方式，整合资源，联动传播，行走中国大地，穿越古今，呈现了一个不为大家熟知的神奇中国和文明，解读不一样的中国骄傲。 在以"快"为美的时代，需要静下心来，将人生中值得特别关注的东西掰开揉碎了，用一种熟悉的陌生化的方式呈现出来给人看。 向关注习焉不察的纪录片节目和主创者们致敬！		

续表

年份	名称	首播平台	类型
2015	"一带一路"特别报道《数说命运共同体》	中央电视台	新闻类节目
	致掌辞 《数说命运共同体》围绕"一带一路"合作倡议,立足中国、放眼丝路,实现了宏大主题微观表达,抽象主题具象展示,在大数据及可视化技术运用等方面创造了全国同类型新闻专题报道的多个第一。节目实现了新闻产品从可读到可视、从静态到动态、从一维到多维的升级融合,开创了中国电视媒体运用大数据技术实现重大主题宣传报道创新的先河。		
2015	《生命缘》	北京卫视	电视纪录片
	《急诊室故事》	东方卫视	
	致掌辞 《生命缘》和《急诊室故事》是两档充满生命关怀、引人思考的医疗纪实类节目。它们的出发点和落脚点,不约而同地盯住了以生命的名义体现出的价值诉求。前者追求有价值的收视率,后者力求以真实传递价值。 中国电视竞争惨烈的黄金时段,究竟是谁家之天下?这个问题在《生命缘》和《急诊室故事》里有了明确的答案。主创用节目唤起社会最有良知的基因,向生命致敬,向医者仁心致敬。在电视行业泛娱乐化的时代,北京卫视和东方卫视,以严肃的人文纪实节目样态呈现在晚九点黄金时间档,体现了首都和大都市媒体的气魄和胸怀、责任与担当,真正诠释了有价值观的收视率才是有价值的收视率。		
2015	《高考》	中央电视台	电视纪录片
	致掌辞 近年来,纪录片的影像愈加华丽,市场更为广阔,但思想深度与美学个性却并不因此而更加突出。唯此,《高考》才显示出纪录的价值。它客观地记录了当下中国教育现状,理性地呈现了其中问题;摄影机永远是冷静地旁观者,永远只做静默观察式的记录,没有重演,没有解说,努力排斥一切可能破坏原生活生态的主观介入,不偏不倚,拒绝煽情,成为媒体纪录片中少有的现实题材佳作。		

续表

年份	名称	首播平台	类型
2015	《我们15个》	腾讯视频 东方卫视	真人秀
2015	致掌辞 这是中国视听史上前所未有的创新实验，它以生活实验为节目宗旨，无剧本、无任务、无拍摄死角，它用执着、客观的态度，完成对社会横截面的剖析，是一个具有社会学、心理学意义的视频节目，开播半年以来，累计不间断直播时间超过四千小时，数亿观众共同见证了十五位普通人实现梦想的全过程，它为用户提供了一种新的视觉呈现方式。 作为全球本土化理念的成功实践，它的制作在演播在系统搭建、互联网视频产品设计等多个技术领域，都达到了世界先进水平，树立了网台联动的新标杆，为视听节目发展提供了可资借鉴的成功经验。 这就是我们给予腾讯制品（联合荷兰 Talpa 公司共同研发，并和东方卫视联合制作播出）的全素人观察类真人秀视频节目《我们15个》掌声的理由。		
2015	《琅琊榜》	北京卫视 东方卫视	电视剧
2015	致掌辞 《琅琊榜》是 2015 年中国电视剧的现象级作品。这部历史架空的古装剧，以才冠绝伦的"麒麟才子"卧薪尝胆、匡扶正义为主线，塑造了一群个性鲜明、造型新颖、情感饱满的人物形象，突破了宫廷历史剧尔虞我诈、争权夺利的权斗历史观。《琅琊榜》的美学风格刚柔相济、虚实结合、张弛有致，服装、化妆、美术、音乐的精致与视听节奏的流畅共同构成了其精品大剧的艺术品格，被认为既树立了中国古装剧的新标杆，也为网络文学 IP 的电视化提供了一个成功范本，同时也使一直毁誉参半的架空虚构的古装剧类型得到观众和行业人士的认可，扩大了电视剧创作的想象空间和表现空间。		
2015	《调查》	山东卫视	新闻类节目
2015	致掌辞 在山东卫视《调查》栏目里，新闻即命令，记者即战士。在纷繁的新闻事件中，他们力争不缺位，不失语，有作为。在第一时间到现场，是他们的职业常态；敏感活跃是他们的职业形象。摸到跳动的脉搏，触碰热点的事件，纪录世事的变化，反映多元的社会——这样的调查实践，在新闻弱化的背景下，凸显出其价值，张扬了新闻是旗帜、是立台之本的传播理念。		

续表

年份	名称	首播平台	类型
2016	《传承者之中国意象》	北京卫视	文化类节目
	致掌辞 这是一档以非物质文化遗产为主题内容的电视节目，舞台兼容并蓄，内容不拘一格。用经典的"中国意象"，传达出中华文化的精髓，在坚守传统与开拓创新之间找到了平衡点，使源远流长的文化基因，依托电视这一大众媒体，迸发出新的生命力，开创了中国电视节目的全新题材类型。在真人秀泛滥、原创节目匮乏的众声喧哗之中，态度明确，底线清晰，守正出奇。		
2016	《我在故宫修文物》	中央电视台	电视纪录片
	致掌辞 在浮躁、功利之气弥漫的时代，为故宫修复文物不仅是一件日常工作，也是一种人生修养。这些匠人们身怀绝技，专注敬业，一件器物的修复也是一种文明的传递。《我在故宫修文物》以工匠之心记录工匠精神，创意独特、语态轻快、叙事平易、清新自然，赢得年轻观众的追捧，为纪录片开辟了传播新空间。		
2016	《我从新疆来》	中央电视台	电视纪录片
	致掌辞 假如一部片子在末尾已飞出剧组人员的名单时还能让你不忍离去而久久回味，假如一部片子改变了你对某个地方某些人的偏见，那么，这部作品一定有它独特的魅力。《我从新疆来》就是如此。成本低但品位不低，制作小但意义不小。用现实主义精神和浪漫主义情怀关照生活，让人们看到美好，看到希望，看到梦想就在前方，它的成功昭示我们：纪录片的本质是艺术而非技术，是人文而非资本，中国电视需走心的小制作。讲好中国故事关键是讲好中国普通人的故事，《我从新疆来》做到了。		
2016	《小别离》	北京卫视 浙江卫视	电视剧
	致掌辞 《小别离》以白描式的叙事手法，还原了真实生活的繁芜和琐碎，生活化的同时又不落俗套，情节的展开缓急相间，富有节奏感。看似随意的台词，实际上有着极具匠心的设计，用幽默的话语诉说沉重乃至灰暗的社会现实，让观众在发笑的同时自我反思、自我警醒。剧中演员的表现从容自然，几位小演员的表现也令人眼前一亮。实属剧本、编剧、演员都十分精致的一部社会伦理剧。		

续表

年份	名称	首播平台	类型
2017	《朗读者》	中央电视台	文化类节目
	《中国诗词大会（第二季）》	中央电视台	
	《国学小名士》	山东卫视	
	《诗书中华》	东方卫视	
	致掌辞 2017年，电视文化类节目精彩纷呈，形成了电视荧屏一道亮丽的风景线。这种突破与焦点的呈现，必将载入中国电视史册。其中以《朗读者》《中国诗词大会（第二季）》《国学小名士》《诗书中华》为代表，它们以开阔的人文视野、丰富的思想内涵、新颖的节目形态、广泛的百姓参与为文化类节目的发展提供了新范式，为浮躁的综艺圈带来一股诗书清香，为浅薄的电视文化注入了思想的力量。 《朗读者》充分彰显了国家媒体平台的责任与担当、潜力与能量，昭示了适合的土壤可以让一个优秀节目主持人的发展具有无限可能性。 作为较早开播的文化类电视节目之一，《中国诗词大会（第二季）》在继承首季的文化底蕴与审美格调的基础上，在内容与形式上守正创新，对2017中国文化类电视节目的丰富与繁荣具有开拓性意义。 少年强，则中国强。山东卫视《国学小名士》以孔孟之乡为起点，以国学少年为榜样，通过国学知识的比拼竞技培养青少年的国学兴趣，真正从少年开始注入我们的文化自信心与民族自豪感，是电视节目参与青少年人文思想教育的有效探索。 《诗书中华》作为东方卫视"中华系列"的首档节目，在传递诗文之美的同时，注重展现家庭、家风中的诗礼传承与文化濡养，不分群体与阶层，不分地域和国境，充分汇聚了当代中国人对优秀传统文化的热情与自信。		

续表

年份	名称	首播平台	类型
2017	《机智过人》	中央电视台	科技类节目
	《我是未来》	湖南卫视	
	致掌辞 身处网络时代的我们都与科技相关，科技类节目用创新的电视综艺手法，让原本复杂艰深的科学技术成为大众传播的热门话题。这是前沿科技走向大众的有益尝试，也是电视媒介面对科技发展等人类社会发展重大议题时所表现出的关切与努力。 作为中科院特别支持的中国首档原创科技秀，《我是未来》拉近了普通大众与严肃科学的距离。科学家对《我是未来》的深度参与，挖掘了电视节目营造尊重知识、尊重科学的社会氛围的可能性。 中央电视台《机智过人》聚焦人工智能等前沿科技领域，具有国家级媒体的科普示范性意义，它不仅呈现了科技精英与科技项目的互动机理，而且引入思考了人与机器、人与技术的关系等哲学性问题，为看似轻松热闹的电视综艺中赋予了更为厚重的命题。		
2017	《二十二》	—	电视纪录片
	致掌辞 二十二，是纪录片开拍时中国公开的"慰安妇"幸存人数，纪录片《二十二》用电影镜头抚摸悲剧幸存者的心理伤痛，唤起公众的历史记忆与人性反思，表现出纪录片的社会担当和文化使命，并以其卓有成效的传播启示了纪录电影的方向。		
2017	《白鹿原》	江苏卫视 安徽卫视	电视剧
	致掌辞 黄土地是中华儿女共有的民族记忆，《白鹿原》作为一部名著改编电视剧，交织着这片土地上挣扎的人物命运与特定年代对渺小个体的包裹与压力，是电视剧样式的人性剖析与深沉冷静。《白鹿原》制作过程精益求精，情节改编颇具时代性，人物群像饱满坚定，让我们看到了电视剧样式在呈现宏大历史背景与个体命运关系等复杂命题时所表现出来的潜力与可能性。		

续表

年份	名称	首播平台	类型
2017	《中国有嘻哈》	爱奇艺	真人秀
	致掌辞 《中国有嘻哈》首次聚焦中国嘻哈音乐，以精准独特的定位、个性强烈的风格、突破创新的编排、精良用心的制作，成功将国内原本主流外的嘻哈音乐推上主流舞台，引领新一波嘻哈音乐潮流。节目精准把握网生代年轻观众群体，提供面向青年人传播的优质范本。在网络综艺持续井喷的2017年，《中国有嘻哈》成为当之无愧的现象级网综，正式启动了嘻哈热及跟风潮。		

中国电视年度掌声·嘘声历届"嘘声"一览表

年份	名称
2011	"杨武事件""小悦悦事件"报道方式
2012	"虐童"等事件马赛克缺失凸显的媒介伦理问题
2013	叩问媒体"无边界"对媒体伦理的僭越 事件1：《新快报》陈永洲事件 事件2："李某某强奸案"部分媒体侵犯隐私、不良炒作
2014	媒介融合下的知识产权保护问题：版权和利益之争，网络知识产权保护
2014	国际新闻评论节目泛军事化：弱化误导受众对国际问题和现实世界的认知与判断
2015	重大突发事件下的本地权威媒体失语：天津爆炸事故，主流媒体失语，责任在谁？
2016	"王宝强离婚"事件舆论风波
2017	电视真人秀没有"真人"只有"秀"

中国电视年度掌声·嘘声历届"特别关注"一览表

年份	名称
2011	中央电视台纪录频道:国家电视台厚重的人文追求和历史气象
2012	武汉台《电视问政》、杭州台《我们圆桌会》:媒体一小步,民主一大步
2013	新媒体关系链传播改变电视的未来:以微信、微博、移动客户端、荧屏上的二维码作为考察对象,探讨新媒体如何"让电视更年轻"
2014	致敬杨伟光(1935—2014)
2015	"新媒体的新玩法":电视行业应关注新媒体对国家战略的迅速反应,关注"新玩法"对优质内容的激烈竞争,从而积极主动地应对媒介融合的新局面。
2015	Discovery《运行中国》、BBC《我们的孩子足够坚强吗?中国式教学》:异国视角触摸中国发展的核心问题与逻辑
2017	电视新闻怎样走进新时代?

北京大学电视研究中心特聘研究员暨中国电视年度掌声·嘘声推选委员会名单

按音序排列,括号内为时任职务

白岩松(中央电视台著名节目主持人)

陈小川(《中国青年报》原党组书记、社长、总编辑)

胡智锋(北京师范大学艺术与传媒学院院长、教授、博士生导师)

敬一丹(中央电视台著名节目主持人)

刘昶(中国传媒大学新闻学院院长、教授、博士生导师)

陆小华(新华社音视频部主任)

时统宇(中国社科院新闻与传播研究所研究员)

沈卫星(《光明日报》副总编辑,"明政智库"研究院院长)

滕俊杰[上海市电视艺术家协会主席,上海文化广播影视集团(SMG)监事长]

吴克宇(中央电视台总编室节目研发部主任)

尹鸿(清华大学新闻与传播学院教授、博士生导师、学位委员会主任)

俞虹(北京大学新闻与传播学院副院长、教授、博士生导师)

喻国明（北京师范大学新闻传播学院执行院长、教授、博士生导师）

张同道（北京师范大学纪录片中心主任，北京师范大学艺术与传媒学院教授、博士生导师）

张颐武（北京大学中文系教授、博士生导师）

张志君（中国教育电视台副总编）

推选委员会负责人：北京大学电视研究中心主任俞虹

白岩松　　　　　　　　陈小川　　　　　　　　胡智锋

敬一丹　　　　　　　　刘昶　　　　　　　　　陆小华

时统宇　　　　　　　　沈卫星

滕俊杰

吴克宇

尹鸿

俞虹

喻国明

张同道

张颐武

张志君

中国电视年度掌声·嘘声历届获奖单位出席代表名单

2017年中国电视年度掌声·嘘声获奖单位出席代表名单

按现场致掌顺序排列,括号内为时任职务

董卿(中央电视台《朗读者》制作人)
颜芳(中央电视台《中国诗词大会(第二季)》总导演)
徐龙河(山东卫视《国学小名士》监制)
王昕轶(东方卫视《诗书中华》总导演)
郭柯(《二十二》导演)
杨晖(唯众传媒创始人CEO、《我是未来》联合出品人)
吴墨冉(中央电视台《机智过人》执行总导演)
申捷(《白鹿原》编剧)
李小飚(《白鹿原》制片人)
王晓晖(爱奇艺首席内容官)

2016年中国电视年度掌声·嘘声
获奖单位出席代表名单

按现场致掌顺序排列，括号内为时任职务

郭志成（北京能量影视传播股份有限公司董事长、总经理）

叶君（清影工作室导演）

徐欢（中央电视台纪录频道历史人文创作组制片人、导演）

库尔班江·赛买提（上海江汗格文化投资发展有限公司总裁，《我从新疆来》第一季总制片人、总导演、总撰稿人）

何晴（《小别离》编剧）

苏晓（柠萌影业总裁）

2015年中国电视年度掌声·嘘声
获奖单位出席代表名单

按现场致掌顺序排列，括号内为时任职务

周旋（中央电视台新闻中心经济新闻部副制片人）

李斌（中央电视台新闻中心经济部记者）

邵晶（北京卫视中心副主任）

韩靖（北京卫视《生命缘》主创导演）

曾荣（东方卫视《急诊室故事》总制片人，恒顿传媒创始人、董事长）

王昕轶（东方卫视《急诊室故事》总导演，东方卫视独立制片人）

史岩（中央电视台纪录频道副总监，《高考》总导演）

贾丁（《高考》执行总导演）

张磊（腾讯视频节目出品中心总监，《我们15个》制片人）

雷淑敏（腾讯视频互动产品研发中心总监，《我们15个》首席产品经理）

李雪（《琅琊榜》导演）

刘敏涛（演员，《琅琊榜》静妃扮演者）

吕芃（山东广播电视台台长兼书记）

许诺（山东卫视《调查》栏目制片助理）

"年度嘘声"对话嘉宾

和冠欣（《北京日报》摄影记者）

"年度特别关注"对话嘉宾

白丽（Discovery亚太电视网中国区发行总监）

宋飞飞（Discovery亚太电视网中国区节目经理）

2014年中国电视年度掌声·嘘声
获奖单位出席代表名单

按现场致掌顺序排列，括号内为时任职务

曹日（中央电视台新闻中心国际部主任）

赵震（中央电视台新闻中心海外记者业务协调组制片人）
侯鸿亮（《北平无战事》制片人）
刘和平（《北平无战事》）编剧）
孙仝（《2014年北京电视台春节联欢晚会》总导演）
石强、孙曾田（《互联网时代》总导演）
祖光（《五大道》总导演）
季建南（江苏广播电视台广电新闻中心主任、公共频道总监）
刘洁（江苏网络电视台内容总监）

2013年中国电视年度掌声·嘘声
获奖单位出席代表名单

按现场致掌顺序排列，括号内为时任职务

谢涤葵（湖南卫视《爸爸去哪儿》制片人）
王士愿（湖南卫视《爸爸去哪儿》制片主任）
孔嘉欢（优秀公益广告主创代表，《美丽中国·鹦哥岭篇》总导演）
关正文（中央电视台《中国汉字听写大会》总导演）
李林（《汉字英雄》制片人）
郑毅（陕西卫视副总监）
包晓竹（贵州卫视《论道》制片人）
燕晓英（上海电视台新闻综合频道《七分之一》栏目制作人）
訾丽超（上海电视台新闻综合频道《七分之一》栏目出镜记者）

"年度特别关注"对话嘉宾

汪文斌（中央电视台网络传播中心主任）

2012年中国电视年度掌声·嘘声
获奖单位出席代表名单

按现场致掌顺序排列，括号内为时任职务

白岩松（中央电视台《新闻1+1》主持人）

刘明君（中央电视台《新闻1+1》副制片人）

陈江华（中央纪委宣教室教育处处长）

冯依民（中央电视台广告经营管理中心品牌副总监）

陈伟（浙江卫视节目中心副主任，《中国好声音》监制、总统筹）

陆伟（上海灿星制作副总经理，《中国好声音》宣传总监）

周艳（中央电视台纪录频道副总监）

朱乐贤（《舌尖上的中国》执行制片人）

黄尚建（武汉广播电视总台副总编辑）

黄勇贤（武汉电视台总编室副主任）

王平（杭州电视台《我们圆桌会》总策划）

张平（杭州电视台《我们圆桌会》制片人、主持人）

2011 年中国电视年度掌声·嘘声
获奖单位出席代表名单

按音序排列,括号内为时任职务

李欣蔓(中央电视台新闻中心记者)
柴静(中央电视台《看见》主持人)
李伦(中央电视台《看见》制片人)
王水明(浙江卫视副总监、"范长江奖"获得者)
黄小裕(浙江卫视《新闻深一度》制片人)
上官意慧(浙江卫视《新闻深一度》公众评论员)
易骅(深圳卫视副总监、《年代秀》制片人)
李晓风(云南电视台台长助理、云南卫视总监)
傅顺吉(北京乐听乐动文化传媒公司总经理)
夏娜佳(云南卫视编辑部副主任)

"年度特别关注"对话嘉宾
周艳(中央电视台纪录频道副总监)
韩雯(中央电视台纪录频道规划组制片人)

后 记

这本书是写给中国电视的，写给中国电视的创造者、思考者和关注者的，也是写给未来中国电视的观看者、探索者、研究者的。终于可以写下句号了，但依然意犹未尽。心存感恩，拱手言谢，一言难尽。

书中内容的创作主体是北京大学电视研究中心的特聘研究员们和年轻的硕博生工作团队。真巧，今天是9月8日，十三年前，2005年9月12日，是中心的成立日。那天阳光灿烂，北京大学百周年纪念讲堂的会议室更是光影璀璨，高朋满座，宏论厚望，不一而足。从此，这个有情怀、有思想、有行动的团队，一起愉快而有意义地走过了十三年！从此，每年的这个时节，大家都会聚集在一起"凑秋"——这是属于我们的专有名词。北大燕南园小院、颐和园昆明湖画舫、玉泉山下的御园汇、万柳29号工作室……都见证了我们在云淡风轻中头脑风暴的酣畅与快乐。一切终将成为过往，然而所有的曾经都会且应该留下痕迹。这本书记录了我们的品牌活动之一：中国电视年度掌声·嘘声。可事实上，掌嘘却是我们启动最晚的一个项目，所以，另外两个品牌项目也应和大家分享一下，因为它们属于这个团队。

记得十三年前的那天，成立仪式结束了，责任心满满的岩松即和大家说:"我们总要做点什么事儿吧?马上记者节到了,是不是可以做个公益性的活动?"就这么几句话,一个动议的种子就播种下土,开始酝酿萌发了。很快我们工作团队绞尽脑汁,几经碰撞策划并落实,于是,不到两个月后的记者节——2005年11月8日——便推出了中国记者节大型公益活动:"未名大讲堂——与名记者、名主持人、名专家面对面:今天,我们怎么做记者?"每年选择最当下、最前沿、最有冲击力的话题展开演讲与对话。这是一个无门槛的讲堂,以平等开放的姿态迎接每一位听众。他们中不仅有北大清华的学生,也有来自北京各院校的师生,以及从远道赶来的外地同学,甚至还有农民工兄弟。这是很让我们欣慰的。如今每到记者节各种活动尤其论坛频繁出现,但是十三年前的记者节是相当安静的,我们的未名大讲堂是风景这边独好,它也成了许多学生、听众每年的期待与约会,产生了非常积极的社会影响。而这一办就是十三年,今年将开办第十四届。这是我们三大品牌项目之一。

中心第二个品牌项目开始于2009年4月22日世界地球日的"地球·公民·传媒"文化论坛,2014年调整为大同小异的6月5日世界环境日的环保公开课,到今年已经圆满举办十届了。十年来,我们聚焦核危机、水危机、垃圾围城、电子垃圾等环境问题,也探讨公民与媒体的环保责任与意识,倡导极简生活;既有从宏观社会层面关注生态环境保护的议题,也有从微观青年学子角度发出的校园环保倡议书。我们以青年学子在行动为中心,试图在青年一代心中播下环保意识的种子,这在十年前同样是稀缺的。现今环保已成为国家发展的战略决策话题,或许我们真可以放下了。十年的时间,中心特聘研究员们与走进论坛的许多专家学者、名人大家们一起,对环境问题展开演讲与对话,影响了走进现场的几千听众。我们自己也从中受教,工作团队年轻学子的环保意识明显提升，将环保行动变为一种自觉。

关于掌嘘，已经在导言中说了不少，再增加一点背后的故事，说说这个名字的由来。当时大家提了好多个备选，对于掌嘘这个颇为口语化而又极富新意的名称，开始大家的意见很不一致。不少人认为这个名字似乎太口语、随意了，似乎与我们的学理范儿有些不搭，甚至颇带有学生味儿。可是，马上有特聘研究员反驳，学生味儿有什么不好，年轻啊，有活力。这好像是一丹的原话。大家觉得也是啊，有道理啊，加上其他的也没有一致被认同的，于是就这么定了。事实证明，这个简单明了、很接地气又上口的名称，非常给力，易于传播。如今说到掌嘘就知道它是谁家的孩子了。

是的，掌嘘是北京大学电视研究中心对于中国电视年度批评的活动，也是我们创立的一个并非宏大但已经形成一定影响力的有独特气质的文化品牌。有权威人士评价说它是中国电视的"奥斯卡"。这是对我们的肯定、鼓励，更是鞭策。未来只能做得更好！

面对这厚厚的书稿，首先特别感谢电视研究中心所有的特聘研究员们，是你们的精神和智慧形成了这本书可观的分量与价值！而书外的厚重与情谊更是难以估量。感恩，十三年来我们一路同行！相信未来，我们还将继续前行，创造并欣赏更多的风景。

特别致谢所有的掌声获得者，没有你们的精彩创造，就没有中国电视的发展进步！谢谢你们在百忙中安排时间，接受长时间的采访，为这本书增添了可触可感的充实而鲜活内容。

特别致谢我的好友北大培文总经理高秀芹博士，你的热情、才华、诗情、活力让人艳羡，我也常被感染；你的专业精神与严谨高效的追求，为这本书的出版打下前提基础。

特别致谢年轻的书雅编辑，你的认真负责与专业态度，是本书顺利出版的坚实保障。

尤其要致谢我亲爱的同学们，你们是电视研究中心项目完成的最强团队，是我强有力的左右臂。你们的努力与聪慧让每一次活动惊艳呈现！咱们是铁打的兵团一脉的精气神！爱你们！

本书成稿过程中，蒋锐同学在前期组稿中做了大量工作，李田同学作为助手在书稿编辑过程中分担了许多琐碎杂事，2016、2017级研究生们积极参与了对案例主创进行采访的工作，谢谢你们！

最后，特别的致谢要给予特别的您，周少雄先生——福建七匹狼实业股份有限公司董事长！由于您的慧眼、视野、追求、大度，我们才有了这一份缘——北京大学七匹狼文化传媒发展基金，才有了北京大学电视研究中心实现这些价值追求的可能。这份缘一结就是十一年！我们大家在一起从陌生、熟悉，到朋友乃至亲人般的愉悦舒畅。这世上不乏有钱人，但真正无所求地以纯公益之心鼎力支持，让学人们无后顾之忧地去践行对这个社会的理想、情怀的企业家并不多。因此，深深地感恩，一路有您，你们，同道人！

祝福中国电视——视频传播，愿你在掌嘘中健康发展，更添辉煌！

2018年9月8日于北京万柳